Heinrich Kühne

Kritische und unkritische Wanderungen über die Gefechtsfelder

der Preussischen Armeen in Böhmen 1866

Heinrich Kühne

Kritische und unkritische Wanderungen über die Gefechtsfelder der Preussischen Armeen in Böhmen 1866

ISBN/EAN: 9783743330269

Hergestellt in Europa, USA, Kanada, Australien, Japan

Cover: Foto ©ninafisch / pixelio.de

Manufactured and distributed by brebook publishing software (www.brebook.com)

Heinrich Kühne

Kritische und unkritische Wanderungen über die Gefechtsfelder der Preussischen Armeen in Böhmen 1866

Kritische und unkritische

Wanderungen

über die

Gefechtsfelder der Preußischen Armeen

in Böhmen 1866

von

Kühne,

General-Major und Kommandeur der 44. Infanterie-Brigade.

————

Viertes und fünftes Heft:

Das Gefecht von Soor
(bei Neu-Rognitz, Burkersdorf und Rudersdorf).
Allgemeine Rückschau.

Zweite Auflage.

Mit 3 lithographirten Plänen.

————

Berlin 1887.

Ernst Siegfried Mittler und Sohn
Königliche Hofbuchhandlung
Kochstraße 68—70.

Vorwort

Die Gründe, welche einen militäriſchen Schriftſteller, der den Verſuch wagt, mit ſeiner Kritik an kurz verfloſſene kriegeriſche Ereigniſſe heranzutreten, veranlaſſen können, mit der Nennung ſeines Namens zurückzuhalten, liegen ſo nahe, daß ich es nicht für nothwendig erachte, hier auf dieſelben einzugehen.

Dieſe Gründe ſind indeſſen für mich bezüglich meiner „Wanderungen" zu einem großen Theil hinfällig geworden, ſeit die gewaltigen Ereigniſſe des Krieges 1870/71 jene des Jahres 1866 faſt in hiſtoriſche Ferne rückten.

Meine Anonymität wurde aber zum Widerſpruch zu ſich ſelbſt, nachdem angeſehene militäriſche Literatur- und Fachblätter mich wiederholt als den Verfaſſer der vorliegenden „Wanderungen" bezeichneten.

Im Vorworte zum 1. Hefte habe ich in eingehender Weiſe die Geſichtspunkte dargelegt, welche mich bei Abfaſſung des Werkes leiteten, ſowie die Zwecke, welche ich durch daſſelbe zu erreichen ſtrebte.

Ich charakteriſirte meine „Wanderungen" dort als eine „taktiſche Studie".

Eine auf die bis dahin veröffentlichten oder auf privatem Wege mir eröffneten Quellen ſich ſtützende, möglichſt eingehende und unparteiiſche Darſtellung der Gefechte ſollte einerſeits mir das Fundament bieten, auf welchem ich meine Betrachtungen aufbauen konnte, wie auch andererſeits dem Leſer die feſten Stützen, ſich ein eigenes Urtheil über die Ereigniſſe zu bilden.

Von dieſen Ereigniſſen Maximen für die Truppenführung abſtrahiren: an denſelben den Werth und die Bedeutung allgemeiner taktiſcher Regeln und Prinzipien prüfen; auf etwaige Verſtöße gegen Letztere, ſowie auf die begangenen Verſäumniſſe hinweiſen; das Gefährliche eingeſchlichener Gewohnheiten und das Irrige allgemein gewordener Anschauungen, wo nothwendig, hervorheben; sowie endlich auf die durch die modernen Feuerwaffen bedingten, nothwendigen Veränderungen in der Taktik der verschiedenen Waffengattungen aufmerksam machen: das waren die Mittel, mit welchen ich das mir vorgesteckte Ziel zu erreichen strebte.

Der Grundgedanke für meine Arbeit entsproß einer mehrjährigen Thätigkeit als Lehrer der Taktik an der Kriegsschule zu Erfurt, die äußere Form derselben aber wurzelt in der sogenannten applikatorischen Lehr= methode, welche durch die wahrhaft klassische Vorschrift des ehemaligen General=Inspekteurs des Militär=Erziehungs= und Bildungswesens, General der Infanterie v. Peucker, „über die Methode, den Umfang und die Ein= theilung des Unterrichtes auf den Königlichen Kriegsschulen" in diesen von ihm ins Leben gerufenen Lehr= und Bildungs=Anstalten als nothwendige Ergänzung der deduzirenden Lehrmethode eingeführt wurde.

Fast gleichzeitig mit dem 1. Hefte meiner „Wanderungen" erschien noch vor Ausbruch des Krieges im Jahre 1870 das 1. Heft der von dem Oberst v. Verdy herausgegebenen „Studien über Truppenführung".

Der geniale Verfasser dieses weit verbreiteten Werkes erstrebte durch dieselbe Methode nur mit anderen Mitteln, wie ich, ein ähnliches, aber höher und weiter gestecktes Ziel, das sich nicht auf das, was bestimmte Ereignisse der kritisirenden Betrachtung zufällig bieten können, beschränken, sondern die ganze Lehre der Truppenführung umfassen sollte.

Gestützt auf eine reiche Kriegserfahrung, welche ihm einen unmittel= baren Einblick in das Getriebe der höheren Truppenführung erlaubte, von der Natur mit einer scharfen Beobachtungsgabe und mit einer ungewöhnlich lebhaften Phantasie begabt, welche ihn befähigten, sich vollständig in die durch die menschliche Natur im Allgemeinen sowie durch die Einwirkungen starker körperlicher Anstrengungen und Strapazen und drohender oder wirk= licher Gefahren im Besonderen beeinflußten und bedingten Stimmungen und Zustände der Truppen hinein zu versetzen, führt der Oberst v. Verdy in seinen „Studien" den Leser auf den Schwingen seiner Phantasie gleichsam über die sich abwickelnden Ereignisse hin fort, aber so nahe denselben, daß dem Beobachter keine noch so feine Nüance der an ihm vorüberziehenden farbenreichen und lebensvollen Bilder verloren geht, und daß auch die natürlichen Verhältnisse von Licht und Schatten, von Wichtigem und Unwichtigem, Großem und Kleinem sich nirgends verrücken, was für den inmitten thatsächlicher Ereignisse sich Bewegenden kaum zu vermeiden ist. —

Indem der Verfasser der „Studien" zwar von einer der Wirklichkeit entnommenen allgemeinen Situation ausgeht, uns dann aber nur Gebilde seiner Phantasie vorführt, gewinnt er den großen, nicht hoch genug zu schätzenden Vortheil, jene Gebilde frei von den Fesseln thatsächlicher Ereignisse zu gestalten, Alles, was ihm lehrreich und beachtenswerth scheint, in den Kreis seiner Betrachtungen hineinzuziehen, die Beweggründe der handelnden Personen darzulegen und an diesen wie an den fingirten Ereignissen die Kritik ohne Scheu und Rückhalt auszuüben.

Auf dieser Bahn liegt aber eine Klippe, die nur eine sichere Hand und ein scharfer Blick umschiffen können.

Nur ein Meister mit gründlichster Sachkenntniß, der den Stoff vollständig beherrscht und ihn künstlerisch zu gestalten vermag, wird im Stande sein, uns der Wirklichkeit vollständig entsprechende, einwandsfreie Phantasie-Gebilde vorzuführen.

In den Studien Verdy's tritt uns diese Meisterschaft auf jeder Seite entgegen: aber nicht Alle, die ihm folgten, können sich einer gleichen Fülle des Wissens, einer gleichen Sicherheit und Klarheit des Urtheils, eines gleichen künstlerischen Genies wie der Verfasser rühmen.

Gegenüber den langen theoretischen, meist etwas trockenen Auseinandersetzungen unserer taktischen Lehrbücher mußte die durchsichtige, anschauliche auf das Praktische abzielende Behandlungsweise desselben Stoffes seitens des Oberst v. Verdy gerade für die Truppen-Offiziere etwas außerordentlich Fesselndes und Packendes haben, so daß es kaum Wunder nehmen kann, wenn hier und da die Bedeutung der neuen Methode auch überschätzt wurde.

Unter Hinweis auf die Vorschrift resp. die Instruktion des General der Infanterie v. Peucker über die Methode des Lehrganges auf den Kriegsschulen resp. auf der Kriegs-Akademie, welche das Vorzüglichste enthalten dürften, was je über die applikatorische Lehrmethode gesagt ist, verzichte ich hier auf eine nähere Darlegung des wahren Werthes derselben.

Nur das Eine sei hier bemerkt, daß die applikatorische Lehrmethode immer nur eine Ergänzung der deduzirenden Methode, des dogmatischen Vortrages bildet, welchen sie zur Voraussetzung und Grundlage hat.

Es liegt daher im Wesen der Sache, daß ein auf die applikatorische Lehrmethode basirtes Werk mehr oder weniger an einem gewissen Mangel innerer logischer Entwickelung und systematischen Zusammenhanges, sowie an Unvollständigkeit leiden wird: so außerordentlich fesselnd, lehrreich und praktisch es im Uebrigen auch sein kann.

Man bedenke überdies, daß der Schriftsteller anders und ferner zum Leser steht, als der Lehrer zum Schüler, und daß der Hauptvorzug der applikatorischen Lehrmethode in der unmittelbaren, geistigen Anregung und Wechselwirkung, in dem ununterbrochenen Gedankenaustausch zwischen dem Lehrenden und Lernenden beruht.

Die oben angedeuteten Mängel eines auf die applikatorische Lehr= methode basirten Werkes werden, abgesehen von der Befähigung des Ver= fassers, viel schärfer hervortreten, wenn derselbe, der eigenen gestaltenden Geisteskraft mißtrauend, sich an den Verlauf thatsächlicher kriegerischer Ereignisse bindet, als wenn derselbe die Ereignisse seiner Phantasie ent= springen läßt.

Jene auch dem vorliegenden Werke anhaftenden Mängel einigermaßen auszugleichen, sollte der im letzten Hefte gegebene Rückblick auf sämmtliche in den Wanderungen zur Darstellung gebrachten Gefechte dienen.

Nicht unerwähnt möchte ich schließlich lassen, daß ich mit meinen Gefechtsdarstellungen zugleich einen Beitrag zur Geschichte des Feldzuges in Böhmen im Jahre 1866 liefern, sowie ferner durch das Werk im Ganzen jüngeren Kameraden eine praktische Anleitung geben wollte, wie man vom taktischen Gesichtspunkte aus Kriegsgeschichte zu studiren habe.

Für das Gefecht von Soor dienten mir als Quellen: die Werke des preußischen und österreichischen Generalstabes, die bisher veröffentlichten Geschichten der preußischen Garde=Regimenter — Garde=Füsilier=Regiment, 2. Garde=Regiment z. F., 2. Bataillon 3. Garde=Regiments z. F., Kaiser Franz=Regiment — einige Artikel militärischer Zuschriften und — zuletzt, aber nicht als die mindest bedeutenden erwähnt — mehrere Spezial= Berichte, welche mir von den betreffenden Truppentheilen zur Benutzung überlassen wurden.

Allen denen, welche mich auf diese Weise oder durch sachgemäße, freundliche Beurtheilung des Manuskripts in der Herstellung eines der Wirklichkeit möglichst nahe kommenden Gefechtsbildes und in der richtigen Auffassung der Situation unterstützten, spreche ich hiermit meinen auf= richtigsten Dank aus.

Solchen Dank bringe ich aber auch hier am Schlusse meiner „Wan= derungen" aus vollem Herzen allen den österreichischen Kameraden dar, welche mich einerseits in meinem Werke unterstützten, und die andererseits zu dessen weiter Verbreitung innerhalb der österreichisch=ungarischen Armee beitrugen.

Wir dürfen es vom Standpunkte allgemeiner Förderung der Wissen=
schaft gewiß nur aufrichtig willkommen heißen, wenn wenige Jahre nach
einem großen Kriege ein Werk von so entschieden kritischem Charakter, wie
die „Wanderungen", in der Armee des ehemaligen Gegners nicht nur an
sich eine weite Verbreitung, sondern sogar in einer höheren militärischen
Lehr=Anstalt, in welcher schon lange vor dem Erscheinen der Studien des
Oberst v. Verdy die applikatorische Lehrmethode mit außerordentlichem
Geschick und Erfolg angewendet wurde, als ein diese Applikation unter=
stützendes Lehrmittel Eingang fand. — Es spricht sich hierin eine seltene
Vorurtheilsfreiheit aus.

Eine besondere persönliche Befriedigung und Genugthuung wurde mir
aber zu Theil durch die chevalereske Art und Weise, in welcher seitens ein=
zelner Personen und Truppentheile der k. k. österreichisch=ungarischen Armee
die von mir angeregte, auf die „Wanderungen" bezügliche Korrespondenz
geführt wurde, vor Allem aber durch die überaus entgegenkommende und
kameradschaftliche Aufnahme, welche im Sommer 1873 der zum Besuch der
Weltausstellung während einiger Wochen in Wien sich aufhaltende „Wan=
derer" fand.

Kaum hatte ich mich, vollständig fremd im österreichischen Kameraden=
kreise, dem geistreichen und talentvollen Redakteur der österreichischen
militärischen Zeitschrift als den Verfasser der „Kritischen und unkritischen
Wanderungen" vorgestellt, als er mich in liebenswürdigster Weise in einen
kleinen Kreis höherer Offiziere einführte, in welchem ich mit einer zuvor=
kommenden Herzlichkeit und gemüthvollen Kameradschaftlichkeit empfangen
wurde, welche mir unvergeßlich bleiben werden.

Den Mitgliedern dieses, mir in einem leider nur kurzen Umgange so
lieb und werth gewordenen Kreises sende ich hiermit mit meinem Danke für
die mir damals gewährte freundliche Aufnahme einen herzlichen kamerad=
schaftlichen Gruß von den Ufern unseres herrlichen Rheins hinüber in ihre
prächtige Kaiserstadt an den Ufern der schönen, blauen Donau! —

Geschrieben zu Schloß Engers im Februar 1875.

Kühne,
Major à la suite des Generalstabes der Armee und
Direktor der Kriegsschule.

Vorwort

zur zweiten Auflage.

— —

Die nothwendig gewordene zweite Auflage der beiden letzten Hefte der „Wanderungen" erscheint als unveränderter Abdruck der ersten Auflage, da sich mir zu Veränderungen des ursprünglichen Wortlautes keine ausreichende Veranlassung geboten hat.

Thatsächliche Berichtigungen oder Ergänzungen meiner Darstellung der Ereignisse vom 28. Juni 1866 bei Soor, von irgend welchem Belang, sind mir weder unmittelbar zugegangen noch sonst zu Gesichte gekommen, eine Umarbeitung aber meiner Betrachtungen — insbesondere der in der Rück= schau enthaltenen — etwa von dem Gesichtspunkte aus, sie mit den heutigen taktischen Anschauungen und der gesteigerten Wirkung der heutigen Feuer= waffen in vollen Einklang zu setzen, erachte ich für unthunlich. Es würde dies im Widerspruch stehen mit der meinen Wanderungen zum Grunde liegenden Methode, welche einen unmittelbaren engen Anschluß an die Er= scheinungen der dargestellten Gefechte erheischt, — und auch durch ent= sprechende Anmerkungen würde nur Stückwerk von zweifelhaftem Werthe geboten werden können.

Zur sicheren Begründung derartiger Betrachtungen bedürfte es besonderer Wanderungen über die Gefechtsfelder der neuesten Kriege, in erster Linie derjenigen des deutsch=französischen Krieges von 1870/71.

Geschrieben zu Cassel im November 1886.

Kühne,
Generalmajor und Kommandeur der
44. Infanterie=Brigade.

Inhalts-Verzeichniß.

I.

Strategische Grundbedingungen des Gefechtes.

a. Oesterreichischerseits.

Am Schluß des 3. Heftes unserer Wanderungen sahen wir, wie das österreichische 10. Korps unter dem Befehl des Feldmarschall-Lieutenant Baron Gablenz am Abend des 27. Juni nach glücklichem Kampfe seine Bivouaks bei Trautenau bezog.

Es geschah dieses wie folgt:

Die Brigade Wimpffen: 3 Bataillone — das Regiment Bamberg Nr. 13 — in Trautenau.

2 Bataillone — das 3. und 4. Bataillon E.-H. Stephan Nr. 58 — auf den Höhen nördlich der Stadt zur Beobachtung der drei Straßen nach Altstadt, Goldenöls und Albendorf; 2 Bataillone — das 1. und 2. Bataillon E.-H. Stephan Nr. 58 — mit der Batterie der Brigade Grivicic 2/III auf dem Kapellenberg.

Die Brigade Grivicic mit der Batterie der Brigade Wimpffen 4/III auf dem Katzauer Berge.

Den Befehl über beide Brigaden führte der Ablatus des Kommandirenden, General-Major Baron Koller.

Die Brigade Mondel nördlich von Neu-Rognitz à cheval der Straße. Bei ihr befand sich der Feldmarschall-Lieutenant Baron Gablenz.

Die Brigade Knebel bei Hohenbruck. Das 28. Jäger-Bataillon blieb bei Trautenau, und zwar mit 2½ Kompagnie in der Kriblitzer Vorstadt und mit 3½ Kompagnie auf den Höhen südlich Parschnitz. Vom Regiment Kaiser Franz Joseph Nr. 1 hatte eine Division einige Gebäude von Parschnitz besetzt.

Die Korps-Geschütz-Reserve war noch am 27. Juni vollständig versammelt worden und scheint zwischen Hohenbruck und Neu-Rognitz bivouakirt zu haben.

Die Hauptfront des Armee=Korps war gegen Norden gerichtet, und der natürlichste Rückzug ging auf der Straße über Weiberkränke und Rettendorf nach Josephstadt. Ein Front= und Straßenwechsel gegen Osten resp. auf Pilnikau hatte also nicht stattgefunden.

In seinem Berichte an das Ober=Kommando über das Gefecht vom 27. Juni äußerte Feldmarschall=Lieutenant Baron Gablenz zu wiederholten Malen Besorgniß für seine rechte Flanke und sagte in dieser Beziehung: „Da meine rechte Flanke und mein Rücken bedroht ist, meine sämmt= lichen Truppen im Feuer waren und vom Kampfe erschöpft sind, so muß ich bringend bitten, daß Praußnitz mit Bezug auf Eipel durch eine entsprechend starke Truppe besetzt werde."

Hiernach erging in der Nacht vom 27. zum 28. Juni um 2 Uhr Morgens vom österreichischen Hauptquartier an das bei Lanzow östlich Miletin stehende 4. Korps der Befehl: „Alsogleich 2 Bataillone nach Praußnitz=Kaile zu entsenden, welche sich von der Besetzung von Eipel Ueberzeugung zu verschaffen, darüber zu melden und bis auf Weiteres in der dortigen Gegend zu verbleiben haben."

Das Kommando des 10. Korps wurde von dieser Verfügung mit folgen= dem Beisatz in Kenntniß gesetzt: „Das 8. Armee=Korps steht hinter dem 6. bei Dolan und hinter dem letzteren das 4. gegen Jaromer. Zwischen Skalitz und Nachod fand gestern ein Konflikt zwischen den Truppen des 6. Korps und dem Feinde statt. Skalitz ist in unsern Händen."

Vom 4. Korps, das bei Lanzow stand, war schon früher die Brigade Fleischhacker zur Deckung der Kommunikationen nach Arnau und Felgendorf bestimmt worden und stand mit 3 Bataillonen, ½ Batterie und ½ Eskadron bei Ober=Praußnitz und mit 4 Bataillonen, ½ Batterie bei Neuschloß.

Das österreichische Armee=Kommando hielt trotz des am 27. Juni erfolgten ernsten Zusammenstoßes zweier Korps mit dem Feinde und trotz der Bedrohung der rechten Flanke der Nord=Armee an dem Gedanken fest: mit dem Gros der Armee gegen die Iser zu rücken und sich in Vereinigung mit dem 1. Korps Clam=Gallas und dem sächsischen Armee=Korps auf die preußische I. Armee des Prinzen Friedrich Karl zu werfen. Das 10. Korps Gablenz und das 4. bei Lanzow stehende Korps sollten die Deckung der Armee gegen die preußische II. Armee des Kronprinzen übernehmen.

In diesem Sinne ergingen am 28. Juni früh 5 Uhr von Joseph= stadt aus neue Befehle.

Der Befehl für das 10. Korps Gablenz lautete wie folgt: „Sämmtliche Truppen des 10. Korps haben sammt dem 2. Dragoner=Regiment nach Praußnitz zurückzugehen und dort erneut Stellung zu nehmen."

Das 4. Korps sollte das 6. Korps in der Aufstellung bei Skalitz ablösen und die Brigade Fleischhacker wieder heranziehen.

Die während der Nacht angeordnete Detachirung von zwei Bataillonen des 4. Korps nach Praußnitz=Kaile erschien nicht

mehr nothwendig und der hierauf bezügliche Befehl wurde an=
nullirt, ohne daß jedoch das Kommando des 10. Korps davon
benachrichtigt wäre.

———

b. Preußischerseits.

Während das 1. Armee=Korps des General v. Bonin am 27. Juni nach
dem unglücklichen Gefecht bei Trautenau auf Schömberg und Liebau zurück=
geworfen war, hatte das 5. Armee=Korps des General v. Steinmetz sich durch
siegreichen Kampf das schwierige Defilee bei Nachod geöffnet. Die Garde er=
reichte gemäß der allgemeinen Armee=Disposition mit der 1. Garde=Infanterie=
Division Eipel und mit der 2. Garde=Infanterie=Division Kosteletz; ferner
Starkstadt mit der vom Kavallerie=Korps der I. Armee zum Garde=Korps
kommandirten schweren Garde = Kavallerie = Brigade Prinz Albrecht (Sohn)
Königliche Hoheit — und Dittersbach mit der Reserve=Artillerie.

Die 1. Garde=Infanterie=Division — Hiller v. Gärtringen — war am
27. Juni auf sehr beschwerlichen Gebirgswegen und Umwegen von Dittersbach
und Deutsch=Wernersdorf nach Eipel marschirt. Der äußerst anstrengende
Marsch betrug über 6 Meilen. Die Division blieb mit ihrem Gros auf dem
linken Ufer der Aupa, hatte indessen die Avantgarde auf das rechte Flußufer
vorgeschoben und Raatsch besetzt.

Die 2. Garde=Infanterie=Division — v. Plonski — war am 27. Juni
ebenfalls auf beschwerlichen Gebirgswegen von Pikau nach Kosteletz marschirt
und hatte ihre Avantgarde in der Richtung auf Skalitz bis in die Höhe von
Miletin marschiren lassen. Von hier war das 3. Garde=Ulanen=Regiment zu
einer Rekognoszirung bis Czernewahora vorgegangen und hatte jenseits dieses
Dorfes ein kleines, glückliches Gefecht mit 2 österreichischen Ulanen=Escadrons
vom Regiment Kaiser von Mexiko gehabt.

Seine Königl. Hoheit der Kronprinz von Preußen, Ober=Kommandant der
preußischen II. Armee, hatte sich am 27. Juni während seiner Anwesenheit
auf dem Gefechtsfelde von Nachod von der schwierigen Lage des 5. Korps
überzeugt und dem General v. Steinmetz für den 28. Juni die Unterstützung
der 2. Garde=Infanterie=Division v. Plonski von Kosteletz her zugesagt.

Vom 1. Armee=Korps empfing der Kronprinz erst am 28. früh 1 Uhr
durch einen Offizier seines Stabes eine Nachricht vom unglücklichen Ausgange
des Gefechtes von Trautenau, doch wußte dieser Offizier noch nicht, welche
Punkte die Truppen des Korps nach dem Gefechte eingenommen hatten.

Auf Grund dieser allgemeinen Situation faßte man beim preußischen
Armee=Kommando sofort den Entschluß, das 1. Armee=Korps durch das ge=
sammte Garde=Korps zu degagiren, um das Defilee von Trautenau zu öffnen,
und von der Unterstützung des 5. Armee=Korps Abstand zu nehmen.

Man rechnete hierbei auf das erneute Vorgehen des 1. Armee-Korps am 28. Juni um so sicherer, als man bis dahin von dem Rückmarsche desselben bis Schömberg und Liebau keine Nachricht erhalten hatte. Um 2 Uhr früh ertheilte der Kronprinz von Preußen im Hauptquartier zu Gronow für das Garde-Korps folgenden Befehl: „Da das Gefecht des 1. Armee-Korps bei Trautenau einen unentschiedenen Ausgang genommen hat, befehle Ich, daß das Garde-Korps seinen Vormarsch in der befohlenen Richtung bis Kaile fortsetzt und von dort, wenn das Gefecht bei Trautenau noch fortdauert, auf diesen Ort marschirt und sogleich in das Gefecht mit eingreift. Es muß möglichst früh aufgebrochen werden."*)

---

c. Folgerungen.

Nach den Anordnungen der beiden Armee-Kommandos hatte das österreichische 10. Korps — Gablenz — „zur Deckung des Marsches der Nord = Armee", welcher hinter (auf dem rechten Ufer) der Elbe in der Richtung auf Miletin und Gicin erfolgen sollte, bei Praußnitz-Kaile Stellung zu nehmen, während das preußische Garde-Korps „behufs Degagirung des 1. Armee-Korps und Oeffnung des Defilees von Trautenau" nach Kaile marschiren sollte, um dort eventuell in das Gefecht des 1. Armee-Korps bei Trautenau einzugreifen. Ein Zusammenstoß dieser beiden Korps in der Nähe von Praußnitz-Kaile war daher unvermeidlich.

Es mußte zunächst von den Entfernungen der verschiedenen Truppen-Körper beider Korps von Kaile und demnächst von der Aufbruchszeit derselben und von der durch die Beschaffenheit der Straßen bedingten Marschgeschwindigkeit abhängen, unter welchen Verhältnissen dieser Zusammenstoß erfolgen würde.

Als der Feldmarschall-Lieutenant Baron Gablenz um 7½ Uhr Morgens in Neu-Rognitz den Befehl zum Rückmarsch auf Praußnitz-Kaile erhielt, konnte er jedenfalls über die Verhältnisse beim preußischen 1. Armee-Korps durch seine Kavallerie hinlänglich unterrichtet sein, um zu wissen, daß er von dieser Seite schwerlich etwas zu fürchten habe und sich in seiner neuen Stellung bei Praußnitz gegen Trautenau nur durch Beobachtung zu sichern brauche. — Rekognoszirungs = Patrouillen, die der Sieger vom 27. Juni am frühesten Morgen des 28. Juni nach Schatzlar, Goldenöls und Albendorf entsenden

---

*) cfr. Seite 162 des Werkes: Der Feldzug von 1866 in Deutschland. Redigirt von der kriegsgeschichtlichen Abtheilung des Großen Generalstabes.

mußte, konnten nur mit der Nachricht zurückkehren, daß der Feind nirgends zu sehen sei.*)

Der Baron Gablenz konnte daher sofort sein ganzes Korps in die Stellung bei Praußnitz-Kaile führen und dort mit der Front gegen Osten Position nehmen, um eventuell das Debouchiren des Feindes aus dem schwierigen Gebirgsdefilee von Eipel zu verhindern.

Das Kommando des österreichischen 10. Korps war auf das Erscheinen des Gegners an diesem Punkte gefaßt; dies geht zweifellos daraus hervor, daß es selbst das Armee-Kommando in seinem Bericht über das Gefecht bei Trautenau auf die Gefährdung seiner rechten Flanke und seines Rückzuges aufmerksam gemacht und um Besetzung von Praußnitz mit Bezug auf Eipel gebeten hatte.

Der Marsch der österreichischen Truppen aus den Stellungen bei Trautenau, Katzauer Berg, Hohenbruck und Neu-Rognitz auf Praußnitz-Kaile wurde naturgemäß in 2 Kolonnen über Alt- und Neu-Rognitz ausgeführt. — Gelang es nun nicht, die auszuwählende Position bei Kaile vor dem Feinde mit allen verfügbaren Kräften zu besetzen: so war es sehr wahrscheinlich, daß dann während des Kampfes um dieselbe die vom Katzauer Berge über Alt-Rognitz vorgehende Kolonne in einfacher Ausführung ihres Marschbefehls in der Flanke des Feindes erschien. Ein für die Oesterreicher sehr günstiger Umstand.

Ziehen wir nur die räumlichen Verhältnisse, also die Entfernungen der bivouakirenden oder kantonnirenden Truppen vom wahrscheinlichen Punkte des Zusammenstoßes in Betracht, so standen vom österreichischen Korps: die Brigade Mondel resp. die Korps-Geschütz-Reserve bei Neu-Rognitz resp. zwischen diesem Orte und Hohenbruck und die Brigade Knebel bei letztgenanntem Orte, jenem Punkte, den wir uns nach den allgemeinen Verhältnissen östlich der großen Straße Neu-Rognitz-Kaile-Josephstadt etwa in der Nähe von Staudenz zu denken haben, mindestens eben so nahe oder näher, als die preußische 1. Garde-Infanterie-Division bei Eipel.

Diese räumlichen Verhältnisse ändern sich aber im Hinblick auf die Beschaffenheit des Terrains und der Marschstraßen zeitlich sehr zu Ungunsten der preußischen Truppen durch den Umstand, daß die Division Hiller in Ausführung ihres Vormarsches erst die Aupa bei Eipel passiren und demnächst ein enges Stadt- und Gebirgs-Defilee durchschreiten mußte, um sich aus einer schmalen und tiefen Marsch-Kolonne zum Gefecht zu entwickeln.

*) Es ist hier beispielsweise an das Verhalten des ebenfalls am 27. Juni bei Nachod siegreich gewesenen preußischen 5. Armee-Korps zu erinnern. Der General v. Steinmetz sandte am 28. Juni früh 5 Uhr seine Kavallerie zur Rekognoszirung auf den Straßen nach Neustadt und Skalitz vor und erhielt durch dieselben bis 7 Uhr Morgens die erforderlichen Meldungen über die Sachlage nach beiden Richtungen hin.

Die weiter entfernten österreichischen Brigaden aber standen bei Trautenau und auf dem Katzauer Berge dem wahrscheinlichen Orte des Zusammenstoßes viel näher als die preußische 2. Garde-Infanterie-Division v. Plonski, welche bis Eipel einen dreistündigen Marsch zurückzulegen und demnächst gleich der Division Hiller die Aupa zu passiren und aus einem engen Defilee heraus aufzumarschiren hatte.

Ausgleichen konnten diese Verhältnisse sich indessen durch den früheren Aufbruch der preußischen Truppen. Der Befehl zum Vormarsch auf Kaile wurde im preußischen Armee-Hauptquartier zu Hronow um 2 Uhr Nachts ausgegeben. Derselbe konnte — berücksichtigt man die zur Expedirung nothwendige Zeit und die durch die Nacht bedingte unvermeidliche Verzögerung — beim General-Kommando des Garde-Korps in Kostelez schwerlich vor 3½—4 Uhr und dann weiter der Korps-Befehl beim Kommando der 1. Garde-Infanterie-Division in Eipel ebenso nicht vor 5½—6 Uhr eintreffen. Wenn nun auch der Befehl des Armee-Kommandos eine möglichst frühe Aufbruchszeit empfahl, konnte die Division v. Plonski doch nicht wohl vor 4½—5 Uhr und die Division v. Hiller nicht vor 6½—7 Uhr mit allen ihren Truppentheilen den Marsch antreten. Hierbei darf nicht außer Acht gelassen werden, daß die letztgenannte Division am Tage vorher einen äußerst anstrengenden und beschwerlichen Marsch von 6 Meilen Länge zurückgelegt und sehr spät ihre Bivouaks und Kriegs-Kantonnements bezogen hatte.

Hiernach hatte das preußische Korps mit seiner Teten-Division an Zeit einen Vorsprung von etwa 1 Stunde, während die Division der Queue in Folge ihrer weiten Entfernung sich trotz des frühen Aufbruchs auch zeitlich dem österreichischen Korps gegenüber im Nachtheil befand. Aber auch der Vorsprung der Teten-Division erscheint zur Ausgleichung der sonstigen ungünstigen Verhältnisse nicht ausreichend.

Die bei Neu-Rognitz stehende österreichische Brigade befand sich so gut wie auf dem Gefechtsfelde und konnte bei den ersten Meldungen von der Annäherung des Feindes in kürzester Frist zur Deckung der Straße Neu-Rognitz-Kaile gegen Staudenz vorgeworfen werden. Zu ihrer unmittelbaren Unterstützung bereit standen aber: nahe bei Neu-Rognitz die Korps-Geschütz-Reserve und bei Hohenbruck eine zweite Infanterie-Brigade.

Es war nun allerdings fraglich, ob es diesen Truppen gelingen würde, in der Nähe von Staudenz so frühzeitig eine entsprechende Position zu nehmen, um das Debouchiren der preußischen Avantgarde aus dem sich östlich dieses Dorfes öffnenden Gebirgs-Defilee verhindern zu können. Unter allen Umständen konnten dieselben aber das offene Terrain bei Staudenz erreichen, bevor auch das Gros und die Reserve der preußischen Division Hiller zur Entwickelung gekommen waren. Ferner muß unbedingt angenommen werden, daß bei zweckmäßigen Dispositionen und sicherer, energischer Führung das ganze österreichische Korps jedenfalls früher Staudenz und die Höhen nördlich dieses Ortes erreichen würde, um dort das Debouchee zu umfassen, als es dem preußischen Garde-Korps möglich sein konnte, aus dem engen,

steilrändrigen, tiefen, mit Häusern bedeckten Defilee heraus zum Gefecht auf=
zumarschiren.

Wir werden auf diese Verhältnisse, nachdem wir die von den beiderseitigen
Korps=Kommandos erlassenen Dispositionen kennen gelernt haben, später noch
einmal näher eingehen.

Die Stärkeverhältnisse waren — wie dies in den folgenden Angaben
erläutert wird — für die Oesterreicher nicht ungünstig, und ganz unschätzbar
war für sie ihre quantitative und qualitative Ueberlegenheit an Artillerie.

Die Reserve=Artillerie des preußischen Garde=Korps war am 28. Juni
früh noch in Dittersbach, von wo sie in einem beschwerlichen Gebirgsterrain
bis Eipel einen starken Tagemarsch auszuführen hatte, so daß auf ihre
Unterstützung für den 28. Juni nicht zu rechnen war.

Die beiden preußischen Garde=Infanterie=Divisionen verfügten aber nur
über 48 Geschütze, denen der Feldmarschall=Lieutenant Baron Gablenz 72 Ge=
schütze entgegenstellen konnte, und zwar hatte er für die erste Periode des
voraussichtlichen Kampfes 5 Batterien der Korps=Geschütz=Reserve und min=
destens 1 Brigade=Batterie oder 48 Geschütze zur Hand. Diesen gegenüber
verfügte die Division Hiller im glücklichsten Falle über 24 — und zwar zum
Theil glatte — Geschütze.

Unter solchen Umständen halten wir uns zu dem Schluß
berechtigt: daß auf Grund der gegebenen strategischen und
numerischen Verhältnisse das österreichische 10. Korps bei
zweckmäßigen Maßregeln und sicherer, energischer Führung
sehr wohl im Stande war, wie am 27. Juni das Debouchiren
des preußischen 1. Armee=Korps bei Trautenau, so am 28. Juni
das Debouchiren des Garde=Korps bei Eipel zu verhindern:
und zwar lagen die Verhältnisse für dasselbe am zweiten
Tage günstiger wie am ersten.

Wenn wir hier nun gleich vorgreifend bemerken, daß das Resultat für
die österreichischen Waffen am 28. Juni weit ungünstiger als am 27. Juni
war, so müssen wir hinzufügen, daß neben andern, in den nachfolgenden
Blättern näher entwickelten Gründen nicht außer Acht gelassen werden darf:
wie das Korps des General Gablenz am Tage von Trautenau
nur einen Pyrrhussieg errungen hatte und durch die bedeutenden
Verluste desselben stark erschüttert war.

Ohne die Tapferkeit der ostpreußischen Truppen da, wo sie am 27. Juni
wirklich in das Gefecht geführt wurden, wäre von den Garden am 28. Juni
der Sieg nicht so leicht erkauft worden, wie es in der Wirklichkeit der Fall
gewesen ist.

In Betreff des oben nach dem offiziellen Werke des preußischen General=
stabes wörtlich wiedergegebenen Befehls, durch welchen das Ober=Kommando
der II. Armee dem General=Kommando des Garde=Korps seine Aufgabe für
den 28. Juni vorschrieb, erlauben wir uns, hier noch eine Bemerkung hinzu=
zufügen.

In dem Wortlaut jenes Befehls scheint eine den Verhält=
nissen nicht entsprechende Beschränkung zu liegen. — Das Garde=
Korps sollte am 28. Juni dem 1. Armee=Korps, von dem man zur Zeit der
Befehlsausgabe im Armee=Hauptquartier noch nicht wußte, daß es in der Nacht
bis Schömberg und Liebau zurückgegangen war, das Defilee von Trautenau
öffnen und zu dem Zwecke event. in ein Gefecht dieses Korps bei Trautenau
eingreifen. — Ein Passiren der Aupa durch das Garde=Korps war hiernach
geboten — und selbstverständlich, daß dies wenigstens in der Hauptmasse bei
Eipel stattfand. — Warum aber heißt es in dem Befehl, daß der Vormarsch
in der befohlenen Richtung „bis Kaile" fortzusetzen und „von dort"
eventuell in das Gefecht bei Trautenau einzugreifen sei? — Der Moment, in
welchem und die Art und Weise, auf welche dieses Eingreifen stattzufinden
habe und auszuführen sei, mußten dem General=Kommando vollständig über=
lassen bleiben und waren durchaus abhängig vom Verhalten des Feindes.

Man konnte daher gar nicht voraussehen, ob auch nur ein Truppentheil
des Armee=Korps wirklich bis Kaile gelangen würde, um dann „von dort"
in das Gefecht einzugreifen.

In der That erreichten am 28. Juni auch nur das Garde=Husaren=
Regiment und schwache Infanterie=Abtheilungen des Korps Kaile, alle übrigen
Truppentheile wurden unmittelbar von Raatsch aus in das Gefecht hinein=
gezogen.

Nach einer uns von kompetenter Seite zugegangenen Mittheilung hätte
auch — soweit sich unser Bürge dessen erinnert — im Originalbefehl nicht
„bis", sondern „auf" Kaile gestanden, und ebenso hätten die beiden Worte
„von dort" gefehlt.

———

II.

Die Ordre de bataille des preußischen Garde-Korps und des österreichischen 10. Korps im Gefechte bei Soor am 28. Juni 1866.

a. des preußischen Garde-Korps.

Kommandirender General des Garde-Korps: General der Kavallerie Prinz August von Württemberg K. H.

Chef des Generalstabes: Oberst v. Dannenberg.

Kommandeur der Artillerie: General-Major v. Colomier.

2. Garde-Infanterie-Division.

Kommandeur: General-Lieutenant v. Plonski.

Generalstabs-Offizier: Oberst-Lieutenant v. Voigts-Rhetz.

Kommandeur der Artillerie: Major Baron v. d. Goltz.

Avantgarde.

Kommandeur: Oberst v. Fabeck.

Kaiser Franz Garde-Grenadier-Regiment Nr. 2.

Füsilier-Bataillon	2. Bataillon	1. Bataillon
Major v. Delitz.	Oberst-Lieutenant v. Gaudy.	Major v. Böhn.

4. 4 pfdge Batterie

Hauptm. v. Schmeling.

Vom 3. Garde-Ulanen-Regiment:

4. Eskadron	1. Eskadron
Rittm. Zimmermann.	Rittm. v. Berge u. Herrndorff.

Vom Garde-Pionier-Bataillon:
3. Kompagnie

Hauptm. Owstien.

Gros.

Kommandeur: General-Major Freiherr v. Loën.

4. Garde-Regiment Königin: Oberst v. Strubberg.

Füsilier-Bataillon	2. Bataillon[1]	1. Bataillon
Major v. L'Estocq.	Major v. Glisczynski.	Major v. d. Osten.
Garde-Schützen-Bataillon	Füs.-Bat. 3. G.-Gr.-Regts. Elisabeth[2]	Füs.-Bat. Kais. Alex. G.-Gr.-Regts. Nr. 1
Major v. Besser.	Major v. Polczynski.	Major v. Rauchhaupt.

Abkommandirt waren:

[1] Die 7. Komp. zur Bedeckung der 3. 6 pfdge Batterie.

[2] Die 10. u. 11. Komp. von Eipel aus als rechte Flankenbedeckung der Division nach Groß-Schwadowitz

10

3. 6 pfbge Batterie
⑂⑂⑂⑂⑂⑂
Hauptm. Deibel.

3. 12 pfbge Batterie
⑂⑂⑂⑂⑂⑂
Hauptm. Hein.

Zur Bedeckung
7. Komp. Regts. Königin

Vom 3. Garde-Ulanen-Regiment:

3. Eskabron

2. Eskabron

Rittm. Freiherr Senfft v. Pilsach

Rittm. Freiherr v. Heintze.

2. leichtes Feldlazareth.

Reserve.

Kommandeur: Oberst v. Pritzelwitz.

3. Garde-Grenadier-Regiment Königin Elisabeth.

2. Bataillon

1. Bataillon[1]

Hauptm. v. Fabeck.

Major v. Zaluskowski.

Kaiser Alexander Garde-Grenadier-Regiment Nr. 1.

2. Bataillon

1. Bataillon[2]

Major v. Brixen.

Oberst-Lieutenant v. Brandenstein.

3. 4 pfbge Batterie
⑂⑂⑂⑂⑂⑂
Hauptm. v. Hirschfeld.

Bemerkung. Während des Gefechtes gegen 1½ Uhr formirte sich die 2. Garde-Infanterie Division, nach Lage der Verhältnisse, in 2 Brigaden, nämlich:

Brigade: Oberst v. Strubberg.
Füsilier-Bataillon Kaiser Franz Garde-Grenadier-Regiments.
Garde-Grenadier-Regiment Königin.
3. 12 pfbge Batterie.

Brigade: Oberst v. Fabeck.
Garde-Schützen-Bataillon.
Garde-Grenadier-Regiment Kaiser Alexander.
3. 6 pfbge Batterie.

In Reserve blieben hiernach:
1½ Bataillone Garde-Grenadier-Regiments Königin Elisabeth.
3. 4 pfbge Batterie.

1. Garde-Infanterie-Division.

Kommandeur: General-Lieutenant Hiller v. Gärtringen.
Generalstabs-Offizier: Major v. Kamefe.
Kommandeur der Artillerie: Major Bychelberg.

---

[1] Die 2. Komp. zur Bedeckung der Bagage.
[2] Die 3. Komp. zum Hauptquartier Sr. Königl. Hoheit des Kronprinzen.

Avantgarde.

Kommandeur: Oberst v. Kessel.

Füsilier-Bat. 3. G.-Regts. z. F.: Major v. Tempsky.

3. Bat. G.-Füs.-Regt. Oberst-Lieut. Graf Walderfee.　　Füs-Bat. 1. G.-Regt. z. F. Oberst-Lieut. v. Helldorff.

Füs.-Bat. 2. G.-Regt. z. F.: Major v. Erdert.[1]

Vom Garde-Jäger-Bat.: Oberst-Lieut. v. Röder.[2]
1. Kompagnie

Hauptm. Graf v. Carmer.

Vom Garde-Husaren-Regiment:
4. Eslabron

Rittm. Graf v. b. Gröben.

1. 4pfdge Batterie
∥∣ ∥∣ ∥∣ ∥∣ ∥∣ ∥∣
Prem.-Lieut. Witte.

1. leichtes Feldlazareth.

½ Kompagnie Krankenträger.

Vom Garde-Pionier-Bat.: Major Braun.[3]

4. Kompagnie　　　　　　　　　　　　　　　　2. Kompagnie

Hauptm. v. Abler.　　　　　　　　　　　　　　Hauptm. v. Berger.

Gros.

Kommandeur: General-Major v. Alvensleben.

2. Garde-Infanterie-Brigade: Oberst v. Pape.

Garde-Füsilier-Regiment: Oberst v. Werder.

2. Bataillon　　　　　　　　　　　　　　　　1. Bataillon[4]

Oberst-Lieut. v. b. Knesebeck.　　　　　　　　Major v. Tietzen.

2. Garde-Regiment z. F.: Oberst-Lieut. v. Neumann.

2. Bataillon　　　　　　　　　　　　　　　　1. Bataillon

Major v. Reutz.　　　　　　　　　　　　　　Major v. Petery.

Vom Garde-Jäger-Bat.:
2. Kompagnie

Hauptm. Graf v. Pourtales.

Abkommandirt waren:
[1]) Die 12. Komp. zur Bedeckung der Divisions-Bagage.
[2]) Die 3. u. 4. Komp. zur Bedeckung der Divisions-Bagage.
[3]) Die 1. Komp. beim Ponton-Train.
[4]) Die 4. Komp. zur Bedeckung der 1. 6pfdgen Batterie.

1. 6pfdge Batterie

||| ||| ||| ||| ||| |||

Hauptm. Braun.

Zur Bedeckung:
4. Kompagnie Garde-Füsilier-Regiments.

Vom Garde-Husaren-Regiment:
1. Eskadron

Rittm. v. Stralendorff.

Reserve.

1. Garde-Infanterie-Brigade: Oberst v. Obernitz.

3. Garde-Regiment z. F.

2. Bataillon   1. Bataillon

Major v. Barby.   Major v. Plehwe.

Vom 1. Garde-Regiment z. F.¹)
1. Bataillon

Major v. Kleist.

4. 12pfdge Batterie   5. 4pfdge Batterie

||| ||| ||| ||| ||| ||| ||| ||| ||| ||| ||| |||

Hauptm. v. Schmeling.   Hauptm. v. Eltester.

Vom Garde-Husaren-Regiment:

3. Eskadron   2. Eskadron

Rittm. v. Meyerinck.   Rittm. v. Rundstedt.

Rekapitulation.

2. Garde-Infanterie-Division.

Avantgarde:	3 Bats. Infanterie,	— Bat. Schützen,	2 Esk.,	1 Batt.,	1 Komp. Pioniere.
Groß:	5 .	1 .	2 .	2 .	— .
Reserve:	3½ .	— .	— .	1 .	— .
Summa:	11½ Bats. Infanterie,	1 Bat. Schützen,	4 Esk.,	4 Batt.,	1 Komp. Pioniere.

2. Garde-Infanterie-Division.

Avantgarde:	3¾ Bats. Infanterie,	1 Komp. Jäger,	1 Esk.,	1 Batt.,	2 Komp. Pioniere.
Groß:	4 .	1 .	1 .	1 .	— .
Reserve:	3 .	— .	2 .	2 .	— .
Summa:	10¾ Bats. Infanterie,	2 Komp. Jäger,	4 Esk.,	4 Batt.,	2 Komp. Pioniere.

Summa des Garde-Korps:

22½ Bats. Infanterie, 1½ Bat. Jäger resp. Schützen, 8 Esk., 8 Batt., 3 Komp. Pioniere.

---

1) Das 2. Bat. zur Bedeckung der Reserve-Art. auf dem Marsche von Braunau nach Kosteletz.

b. des österreichischen 10. Armee-Korps.

Feldmarschall-Lieutenant:	Baron Gablenz; zugetheilt General-Major Alex. Br. Koller.
Generalstabs-Chef:	Baron Bourguignon.
Artillerie-Chef:	Oberst Eisler.

Oberst Monbel des Infanterie-Regts. Nr. 75.
Gen.-St.-Off. Hptm. Wifer.

{ 12. Jäger-Bataillon.
Infanterie-Regt. Gr. Mazuchelli Nr. 10.
Infanterie-Regt. Herzog von Parma Nr. 24.
4. 4 pfdge Fuß-Batterie Nr. 1/III.

Oberst Grivicic des Infanterie-Regts. Nr. 19.
Gen.-St.-Off. Hptm. R. v. Anbrioli.

{ 16. Jäger-Bataillon.
Infanterie-Regt. K. Alex. Nr. 2.
Infanterie-Regt. Br. Airolbi Nr. 23.
4 pfdge Fuß-Batterie Nr. 2/III.

General-Major v. Knebel.
Gen.-St.-Off. Hptm. Bar. Mayerhofer.

{ 28. Jäger-Bataillon.
Infanterie-Regt. K. Fr. Jof. Nr. 1.
Infanterie-Regt. Erzh. Carl Nr. 3.
4 pfdge Fuß-Batterie Nr. 3/III.

General-Major Baron Wimpffen.
Gen.-St.-Off. Hptm. v. Bauer.

{ Infanterie-Regt. Baron Bamberg Nr. 13.
Infanterie-Regt. Erzh. Stephan Nr. 58 (4 Bat.).
4 pfdge Fuß-Batterie Nr. 4/III.

Ulanen-Regt. Graf Mensdorf Nr. 9: 3., 4., 5. Eskadron.

Korps-Geschütz-Reserve.

{ Kavallerie-Batterien Nr. 7 u. 8/III.
8 pfdge Fuß-Batterien Nr. 9 u. 10/III.
4 pfdge Fuß-Batterie Nr. 5/III.

Dem Korps-Kommando unterstellt:

Dragoner-Regt. Windischgrätz (1., 3., 4., 5. u. 6. Esk.) der 1. leichten Kavallerie-Division.
10. Sanitäts-Komp. u. Bespannungs-Eskadron Nr. 103.
3. Kompagnie des 5. Pionier-Bataillons.
Kriegsbrücken-Equipage u. Bespannungs-Eskadron Nr. 117.
Stabs-Truppen:
    2 Komp. des 4. Bats. vom Infanterie-Regt. Nr. 8.
    ½ Zug vom Husaren-Regt. Nr. 2.
    ½ Zug vom Husaren-Regt. Nr. 7.
Korps-Munitions-Park:
    1 Park-Komp. vom Artillerie-Regt. Nr. 3.
    Bespannungs-Eskadron Nr. 145, 146.
Kolonnen-Verpflegungs-Mag. u. Korps-Sanit.-Esk. Nr. 69—72.
Schlachtvieh-Vertheilungs-Depot.
Ambulance Nr. 8 mit Bespannungs- u. Korps-Sanit.-Reserve.
Fuhrwesen-Ergänzungs-Depot Nr. 10.
Fuhrwesen-Feld-Insp. Nr. 16.
Beim Armee-Korps-Haupt-Quartier:
    Fuhrwesen-Feld-Insp. Nr. 15.
    Boten-Jäger-Abtheilung.
    Gensdarmerie-Kriegsflügel.
    Kassa- u. Kanzlei-Bespannungs-Abtheilung.

Summa: 28 Bats., 8 Esk., 9 Batt., 1 Komp. Pion. u. Kr.-Br-Equip.

Das preußische Garde=Korps zählte nach obiger Ordre de bataille für den 28. Juni 22½ Bataillone Infanterie, 1 Bataillon Schützen, 2 Kompagnien Jäger, in Summa 24 Bataillone, 8 Eskadrons, 48 Geschütze, 3 Kompagnien Pioniere. Das österreichische 10. Korps dagegen 28 Bataillone Infanterie (außer= dem 1 Train=Bedeckungs=Kompagnie), 8 Eskadrons, 72 Geschütze, 1 Kompagnie Pioniere und eine Brücken=Equipage.

Die österreichische Infanterie hatte nach den Verlustlisten am 27. Juni ca. 4500 Mann verloren, so daß die Stärke der beiderseitigen Infanterie eine ungefähr gleiche war, ebenso stand es in Betreff der Kavallerie, wogegen die Oesterreicher ein bedeutendes Uebergewicht an Artillerie besaßen, und zwar nicht nur quantitativ, sondern auch qualitativ, da ¼ der preußischen Bat= terien glatte Geschütze führte. Diese Ueberlegenheit an Artillerie konnte, wie schon erwähnt, bei zweckmäßiger Verwendung von größter Wichtigkeit werden, da es österreichischerseits darauf ankam, die Entwickelung des preußischen Armee=Korps aus einem engen Defilee zu verhindern.

Bemerkungen zu obigen Ordres de bataille.

In der Ordre de bataille für das preußische Garde=Korps zum 28. Juni finden wir weder die zu dem Korps kommandirte schwere Garde=Kavallerie= Brigade, noch die Reserve=Artillerie aufgeführt.

Erstere war auf Befehl Sr. K. Hoheit des Kronprinzen von Preußen mit ihrer reitenden Batterie zur Unterstützung des General v. Steinmetz auf Skalitz dirigirt worden und trat auch dort noch, wie wir dies im 2. Hefte unserer Wanderungen sahen, in Thätigkeit; — die Reserve=Artillerie aber befand sich am Morgen des 28. Juni unter Bedeckung des 2. Bataillons 1. Garde=Regiments zu Fuß noch in Dittersbach und Braunau, so daß ihre Mitwirkung in dem am Vormittag sich entwickelnden Gefecht bei Staudenz, Soor und Burkersdorf nicht möglich war.

Wir wiesen schon früher darauf hin, wie durch das Fehlen dieser Artillerie= Massen die beiden Divisionen v. Hiller und v. Plonski dem österreichischen 10. Korps gegenüber in eine sehr üble Lage gerathen mußten und wie das feindliche Korps=Kommando gerade in seiner dadurch bedingten starken artille= ristischen Ueberlegenheit leicht das Mittel finden konnte, das Debouchiren des Armee=Korps aus dem Defilee von Eipel heraus vollständig zu verhindern. Die Trennung des Garde=Korps am 27. Juni in zwei, durch ein gebirgiges Terrain weit von einander geschiedene Marsch=Kolonnen hatte in Verbindung mit dem im Jahre 1866 in der preußischen Armee allgemein geübten Usus in Betreff der Disponirung über die Reserve=Artillerie, die weite Zurück= haltung der letzteren bedingt, so daß hierfür das General=Kommando des

Garde=Korps kein Vorwurf treffen kann. Es scheint auch, als ob die Zurück= haltung der Reserve=Artillerie vom Armee=Ober=Kommando angeordnet wäre: vielleicht um sie nöthigenfalls zur Unterstützung des 5. Armee=Korps verwenden zu können.

In den drei früheren Heften unserer Wanderungen haben wir wieder= holt auf das Unzweckmäßige der Disponirung der Reserve=Artillerie an die Queue der ganzen Marsch=Kolonne hingewiesen, insbesondere bei einem Vor= marsche durch ein Gebirgsdefilee, aus dem man sich einem das Debouchee umfassenden Feinde gegenüber zu entwickeln hat. — Es genügt daher, das= selbe hier nur als von Neuem bestätigt noch einmal hervorzuheben und zwar um so mehr, als jener Usus in unserer Armee, wie die Thatsachen des Krieges 1870/71 gelehrt haben, bereits ganz allgemein einem zweckmäßigeren hat weichen müssen.*)

Aus gleichen Gründen können wir uns in Betreff der Verwendung von 1 Infanterie=Bataillon zur Bedeckung der Artillerie=Reserve und von 3 Kom= pagnien — darunter ½ Jäger=Bataillon — zur Bedeckung des Trains der 1. Garde=Infanterie=Division einer eingehenden Betrachtung enthalten.

In Folge der Annahme neuer Prinzipien bezüglich der Verwendung und Marscheintheilung der Artillerie innerhalb eines Armee=Korps wird man nicht mehr nöthig haben, zur Bedeckung der weit zurückgehaltenen Hauptmasse der= selben auch noch ein ganzes Infanterie=Bataillon oder mehr dem Gefechte zu entziehen — und andererseits erscheint es jetzt nicht mehr oder wenigstens nur unter besonderen Umständen erforderlich, zur Deckung des Trains ge= schlossene Infanterie=Abtheilungen abzukommandiren. Die Train=Bedeckungs= Eskadrons und Marode=Kommandos können diesen Dienst versehen. — Jeden= falls müssen wir uns entschieden dagegen aussprechen, ein so kostbares und nicht hoch genug zu schätzendes Material, wie die durch ihren Ersatz ganz be= sonders bevorzugten Garde=Jäger, in der bezeichneten, doch immer nur mehr untergeordneten Weise zu verwenden.

In Betreff der Geschütz=Bedeckung zeigen die Ordres de bataille beider Infanterie=Divisionen die Eigenthümlichkeit permanenter Zutheilung einzelner Kompagnien zur Bedeckung von Batterien: — allerdings nicht konsequent durchgeführt. Wir halten eine solche Zutheilung im Allgemeinen nicht für zweckmäßig.

Es muß als Regel angenommen werden, daß die Artillerie im engsten Zusammenhange mit der Infanterie kämpft. Die Batterien haben alsdann

---

*) Beim preußischen Garde=Korps wurde durch Se. Königliche Hoheit den kom= mandirenden General schon auf dem Vormarsch des Armee=Korps zur Schlacht bei Königgrätz die Marschordnung geändert und die Reserve=Artillerie mehr an die Tete der Kolonne genommen. Es ist bekannt, welchen günstigen Einfluß auf den Gang der Schlacht das hierdurch ermöglichte frühzeitige Eingreifen dieser Artillerie=Masse thatsächlich gehabt hat.

nicht immer eine Spezialbedeckung nothwendig; gerathen sie in Gefahr, so ist es eine alte preußische Regel, daß der nächste Truppentheil mit seiner Ehre für die Vertheidigung und Erhaltung der Geschütze verpflichtet bleibt.

Die permanente Zutheilung von Spezialbedeckungen bindet unnöthig Gefechtskräfte, welche an anderen Punkten vielleicht schmerzlich vermißt werden.

Vorübergehend wird man einzelnen Batterien derartige Partikular= bedeckungen allerdings zuzutheilen haben, besonders wenn es darauf ankommt, die Flügel derselben zu decken, oder wenn die Artillerie ausnahmsweise ohne engeren Zusammenhang mit den anderen Waffen verwendet wird. In solchen Fällen genügt aber eine Kompagnie selten. — Bemerkenswerth bleibt noch, daß sich überhaupt nicht voraussehen läßt, ob die Batterie zweckentsprechender durch Infanterie oder durch Kavallerie zu sichern ist, und daß gerade Infanterie ein Hemmniß für die beweglichere Artillerie bildet.

Mit dem Vorschlage der „taktischen Rückblicke", jeder Batterie eine Kompagnie oder eine Eskadron permanent zuzutheilen, können wir uns durch= aus nicht einverstanden erklären. Es würden dadurch den Divisionen des Armee=Korps ein ganzes Infanterie=Regiment (resp. 2 Infanterie= und 1 Jäger= Bataillon) und ein ganzes Kavallerie=Regiment genommen werden. Dieser zweifellose Verlust an Kräften in der Gefechtslinie ist nicht aufzuwiegen durch den möglichen Vortheil, welcher der Artillerie dadurch geboten wird.

Eine fernere eigenthümliche Erscheinung der speziellen Ordre de bataille der 1. Garde=Infanterie=Division zu dem Gefechte vom 28. Juni tritt uns in der Formation einer schwachen, kombinirten Infanterie=Brigade durch Zu= sammenziehen der 4 Füsilier=Bataillone der Division entgegen.

Wir können diese Formation, namentlich unter den heuti= gen Gefechtsverhältnissen der Infanterie, nicht für praktisch er= achten.

Wenn in den Infanterie=Gefechten der letzten Feldzüge die Tendenz einer die Führung gefährdenden Durcheinanderwürfelung der Truppen, sowie einer fast übermäßigen Frontausdehnung und Zersplitterung ganz unverkenn= bar hervortritt: so müssen alle Mittel benutzt werden, diesem Uebel möglichst zu steuern und seine Folgen schnell zu beseitigen. Ein Hauptmittel hierzu liegt aber in dem Zusammenhalten der Regimenter, und wiesen wir in unseren Wanderungen schon einmal auf die Wichtigkeit hin, denselben zu diesem Zwecke weithin sichtbare und erkennbare Abzeichen zu geben. Die= selben werden dann den Magnet bilden, der die zerstreuten und abgekomme= nen Glieder am schnellsten wieder zum Ganzen heranzieht. — So wäre es von diesem Gesichtspunkte aus gewiß sehr zweckmäßig, wenn die Re= gimenter eines Armee=Korps sich beispielsweise außer durch die Farbe der Achselklappen auch noch durch die Farbe der Kragen und Aufschläge von einander unterschieden, oder an der Kopfbedeckung weit sichtbare Abzeichen hätten.

Die Festhaltung des gewohnten Brigade= und Regiments=Verbandes wird überdies den inneren Befehlsmechanismus und die Führung sehr erleichtern; dazu ist die Ausbildung unserer Infanterie eine so gleichmäßige und die innere Güte der Bataillone eine so wenig verschiedene, meist nur durch zufällige Umstände bedingte, daß auch hierdurch die Bildung von Elite = Brigaden nicht gerechtfertigt erscheint.

Wir sehen daher im Kriege von 1866 auch bei keinem anderen preußischen Armee=Korps eine derartige Formation anwenden.

Dieselbe erscheint allerdings am natürlichsten bei einem Armee=Korps, das selbst als ein Elite=Korps angesehen wird. Basirt sich auch der Ersatz unseres Garde=Korps wesentlich nur auf dem Prinzip eines kräftigen, regel= mäßigen, großen und schönen Körperbaues seiner Rekruten, und erscheint der= selbe daher nicht als ein solcher, der dem Korps — im Sinne der vom Standpunkte der Wissenschaft an die Ergänzungsweise eines Elite=Korps zu stellenden Anforderungen — von vorne herein den Stempel einer Elite auf= drückt: so wird das Armee=Korps doch durch die Verhältnisse thatsächlich zu einer Elite. — Es liegt dies nicht nur begründet in dem erhöhten Selbst= bewußtsein, das den Mannschaften in Folge ihrer Auswahl zur Garde natur= gemäß eingeflößt wird und in dem Geiste des Offizier=Korps, der da ge= tragen wird von dem Prinzip der noblesse oblige, sondern vielmehr in dem Umstande, daß die Truppen dieses Korps sich in unmittelbarer Nähe und fast beständig unter den Augen ihres Königlichen Kriegsherrn befinden. Hier= durch bieten sich diesen Truppen hundertfältige Anregungen zur höchsten An= spannung aller Kräfte! Und wenn unsere Garden in den beiden letzten Kriegen überall, wo sie ins Feuer kamen, wahrhaft Ausgezeichnetes und einer Elitetruppe Würdiges leisteten: so verbanken sie dies vor Allem dem hohen Wohlwollen, dem Interesse und dem strengen sachkundigen Auge, mit welchem ihr König und Kriegsherr über der gesammten Ausbildung aller seiner Truppentheile vom kleinsten Detail bis hinauf in die oberste Truppenfüh= rung wacht!

Es erscheint demnach wohl erklärlich, wenn das Prinzip der Elite in einem solchen Korps auf die Spitze getrieben wird; doch kann man dem auf der anderen Seite entgegen halten, daß gerade in einem Korps, dessen Truppen= theile sich sämmtlich durch gute Ausbildung und große Zuverlässigkeit aus= zeichnen, eine Auswahl derselben für besondere Zwecke am wenigsten ge= boten ist.

In der Ordre de bataille der 2. Garde=Infanterie=Division spricht sich denn auch das angedeutete Prinzip in weniger scharfer Weise aus. Sie giebt zur Avantgarde ein geschlossenes Regiment, und fällt es nur auf, daß man nicht auch in der Reserve ein geschlossenes Regiment zusammengehalten und das 2. Treffen des Gros aus drei einzelnen Bataillonen gebildet hat.

Im Kriege von 1870/71 ist auch im Garde=Korps grundsätzlich der Regi= ments=Verband festgehalten worden und hat keine Kombinirung von Füsilier= Brigaden stattgefunden.

Für das österreichische 10. Korps galt am 28. Juni die allgemeine Ordre de bataille, welche zu weiteren Bemerkungen keine Veranlassung bietet.

In Betreff der speziellen Marschordnungen beider Korps werden wir weiter unten Gelegenheit finden, noch einige Bemerkungen hinzuzufügen.

III.

Die Dispositionen der beiden Korps-Kommandos für den 28. Juni.

a. Oesterreichischerseits.

Sobald der Feldmarschall-Lieutenant Baron Gablenz um 7½ Uhr Morgens in Neu-Rognitz den Befehl zum Rückmarsch auf Praußnitz erhielt, traf er die entsprechenden Anordnungen. Er ließ zunächst den Train des Korps-Quartiers, die kleinen Trains der Truppen und den Korps-Munitions-Park unter Bedeckung einer Stabs-Infanterie vom Regiment Gerstner mit dem Auftrage aufbrechen, ohne Rast und mit möglichster Beschleunigung über Weiberkränke bis Rettendorf zurückzugehen.

Diesen Kolonnen sollten in nachstehender Reihenfolge: die Korps-Geschütz-Reserve, die Brigade Knebel und nach erfolgter Einziehung ihrer Vorposten die Brigade Wimpffen auf der Straße gegen Praußnitz-Kaile folgen. Das Dragoner-Regiment Fürst Windischgrätz und eine Kavallerie-Batterie der Korps-Geschütz-Reserve hatten zur Sicherung dieses Marsches in der linken Flanke über Alt-Rognitz gegen Staudenz zu rücken und auf den dortigen Höhen gegen Eipel Stellung zu nehmen.

Die Brigade Mondel war angewiesen, das marschirende Korps gegen Trautenau zu decken und den Rückmarsch erst dann anzutreten, wenn das Gros des Korps einen entsprechenden Vorsprung gewonnen hätte.

Die Brigade Grivicic erhielt den Befehl, aus der Aufstellung am Katzauer Berge über Alt-Rognitz und Rudersdorf auf Raatsch zu marschiren und dort entweder als Avantgarde mit der Front gegen Eipel Stellung zu nehmen, oder eventuell gegen die rechte Flanke des etwa gegen Kaile vorrückenden Gegners zu wirken.

Von den gegen Praußnitz-Kaile zurück disponirten Brigaden wollte Feldmarschall-Lieutenant Baron Gablenz die Brigade Knebel, welche bei Hohenbruck stand, auf den Höhen östlich von Burkersdorf, die Brigade Wimpffen von Trautenau her auf den Höhen von Kaile, Front gegen Eipel, entwickeln.

Nach dem Werke des österreichischen Generalstabes — dem auch die obigen Dispositionen entnommen sind — ging der Korps-Kommandant bei der Ausgabe derselben von der Voraussetzung aus: „daß die nach Josephstadt führenden Kommunikationen, welche das Korps zu benutzen hatte, gegen einen Angriff von Eipel her vorläufig durch 6 Bataillone und ½ Batterie des 4. Korps gesichert seien." — Weiter heißt es dann in demselben Werke: „daß der Feldmarschall-Lieutenant seinem Korps vorauseilte, um die bei Praußnitz-Kaile vermuthete Abtheilung in eine vorwärtige, geeignete Aufstellung zu führen und unter dem Schutze derselben den Aufmarsch des eigenen Korps vollführen zu lassen."

---

b. Preußischerseits.

Der kommandirende General des Garde-Korps, Prinz August von Württemberg K. H., befand sich in Kostelez und gab daselbst nach dem Eingehen des oben erwähnten Befehles vom Armee-Kommando, betreffend das Vorrücken des ganzen Korps gegen Kaile, sofort die erforderlichen Anordnungen.

Die 2. Garde-Infanterie-Division, deren Stab ebenfalls in Kostelez sich befand, wurde um 4½ Uhr alarmirt und in der Richtung auf Eipel in Marsch gesetzt, wo sie um 7³/₄ Uhr hinter der 1. Garde-Infanterie-Division und zwar speziell hinter der 1. Garde-Infanterie-Brigade eintraf. Die 2. Garde-Infanterie-Brigade passirte um diese Stunde Eipel, und die Avantgarde der 1. Division befand sich im Marsch auf Ober-Raatsch.

Die 1. Garde-Infanterie-Division v. Hiller hatte, wie bereits erwähnt, am 27. erst gegen Abend nach einem äußerst anstrengenden Marsche von 6 Meilen Eipel erreicht. Sie erhielt den Befehl zum Vormarsch auf Kaile erst gegen 6 Uhr und hatte dann ebenfalls den sofortigen Aufbruch ihrer Truppen angeordnet.

---

c. Bemerkungen zu diesen Dispositionen.

a. Zur Disposition des österreichischen Korps-Kommandos.

Bei Beurtheilung der nach dem Werke des österreichischen Generalstabes von dem Feldmarschall-Lieutenant Baron Gablenz für den 28. Juni erlassenen Dispositionen drängen sich uns folgende Fragen auf:

1) Entsprach die dieser Disposition zu Grunde liegende Idee den allgemeinen strategischen Verhältnissen des Korps?

2*

2) Kann die speziell gewählte Position in taktischer Be=
ziehung als eine zweckmäßige bezeichnet werden?

3) Waren die in Betreff der Einnahme der neuen Stellung
für die einzelnen Truppenkörper und Truppentheile ge=
gebenen Befehle zweckentsprechend?

4) Wie stand es rücksichtlich der Voraussetzung, auf welche
nach der angegebenen offiziellen Quelle die Anordnungen
des Korps=Kommandos sich stützten?

Wir wollen nunmehr diese Fragen einzeln beantworten.

1) Entsprach die den Dispositionen des österreichischen Korps=
Kommandos zu Grunde liegende Idee den allgemeinen
strategischen Verhältnissen des Korps?

Wir möchten diese Frage entschieden bejahen.

Diese Idee ging dahin: mit zwei Brigaden auf den Höhen östlich Burkers=
dorf und Kaile — also etwa nach dem Plan II auf den Höhen 506, 495 und
in den nördlich der letzteren und östlich Burkersdorf gelegenen Waldparzellen —
die Hauptaufstellung zu nehmen und zwar Front gegen Osten, gegen Eipel.
Eine 3. Brigade sollte als Avantgarde nach Raatsch, also bis unmittelbar
an das Defilee heran, aus welchem der Gegner sich entwickeln mußte, vor=
geschoben werden.

Die 4. Brigade hatte vorläufig die Deckung des Korps gegen Trautenau
und gegen den möglicherweise von dorther vorrückenden Feind zu übernehmen.

In Ausführung dieser Idee löste man zunächst die dem Korps durch das
Armee=Kommando gestellte Aufgabe: „den Marsch der Armee in einer Stellung
bei Praußnitz=Kaile gegen die Korps der von Osten zu erwartenden Armee des
Kronprinzen von Preußen zu decken".

Indem man unter dem Schutze einer, bis an das Defilee selbst vorge=
schobenen, starken Avantgarde dem Debouchee desselben gegenüber auf einer
für die Wirkung der Waffen günstigen Entfernung Position fassen wollte:
konnte man hoffen, in derselben den Feind an dem Debouchiren selbst zu ver=
hindern.

Zugleich lag aber diese Stellung so weit gegen Osten vorgeschoben, daß
dadurch sowohl die große Straße, welche über Weiberkränke und Rettendorf
nach Josephstadt resp. Schurz und Königinhof führt, als auch die Straße,
welche von Neu=Rognitz über Kaile und Chwalkowitz nach Skalitz führt, ge=
deckt wurden. — Auf der ersten mochten die Trains des Korps sich in voll=
kommener Sicherheit bewegen, während auf der letzteren die Verbindung mit
dem zu gleichem Zwecke — d. h. zur Deckung des Rückmarsches der Armee
gegen Skalitz — vorzuschiebenden 4. Korps erhalten werden konnte. Nur
ein Bedenken ließ sich gegen diese Stellung hervorheben, d. i. die Gefähr=
dung der linken Flanke, sowie auch des Rückzuges, wenn das preußische
1. Armee=Korps von Trautenau her gegen Praußnitz=Kaile vorging. Man

wußte beim österreichischen Korps-Kommando am Morgen des 28. Juni nicht genau, wie weit das bezeichnete preußische Armee-Korps in der Nacht zum 28. Juni zurückgegangen war, ob es sich noch in einem schlagfähigen und zu neuen Offensiv-Bewegungen geeigneten Zustande befand, und ob es vielleicht von rückwärts her Unterstützungen erhalten hatte.

Es kann daher die Frage aufgeworfen werden: ob es vortheilhafter ge= wesen wäre, eine Stellung auf den Höhen südlich Praußnitz-Kaile zu nehmen, welche die Front gegen Norden, also gegen Trautenau hatte und gleichzeitig in Bezug auf den Vormarsch feindlicher Kolonnen von Eipel nach Praußnitz eine Flankenstellung bildete.

Durch diese Stellung hätte man aber die Vereinigung und das Zu= sammenwirken der eventuell von Eipel (das preußische Garde-Korps) und Trautenau (das preußische 1. Armee-Korps) auf Kaile vorrückenden feind= lichen Kolonnen sehr begünstigt, und außerdem wäre die Ueberführung des eignen Korps in diese Stellung entschieden schwieriger gewesen.

Wie die Verhältnisse sich später wirklich gestalteten, hätte diese Ueber= führung ohne einen Zusammenstoß mit dem preußischen Garde-Korps nicht ausgeführt werden können.

Ueberzeugte man sich aber beim österreichischen Korps-Kommando am 28. Juni in aller Frühe durch weit vorpoussirte Rekognoszirungen davon, daß das preußische 1. Armee-Korps in der Nacht noch bis über die Grenze zurückgegangen und von Trautenau her zunächst Nichts zu befürchten war: so lag für die Stellung östlich Burkersdorf und Kaile keinerlei Besorgniß vor.

Es ist dies Resultat für die Beurtheilung der später vom Feldmarschall-Lieutenant Baron Gablenz getroffenen Maßregeln von Wichtigkeit.

2) Kann die speziell gewählte Position östlich Burkersdorf und Kaile in taktischer Beziehung als eine zweckmäßige bezeichnet werden?

Auch diese Frage dürfte zu bejahen sein.

Die Straße von Eipel auf Praußnitz-Kaile führt durch ein enges Gebirgs= Defilée mit hohen und steilen Rändern, welches die Entwickelung großer Kolonnen nach der Flanke zum Theil unmöglich macht und nach der Front auch noch in seinem Anfange außerordentlich erschwert.

Von Eipel steigt die Gebirgsschlucht allmälig nach Raatsch hinauf; bei Ober-Raatsch erst treten die Ränder weiter auseinander und die sanfter ge= böschten Abhänge gestatten eine freiere Entwickelung der Truppen. — Das eigentliche Debouchée ist indessen zwischen Staudenz und Ober-Raatsch auf wirksamste Kanonenschußweite von einem sich quer vorlegenden Höhenkamme beherrscht, so daß es der preußischen Kolonne sehr schwer werden mußte, sich zu entwickeln, wenn es der auf Raatsch disponirten österreichischen Avant=

garbe=Brigade — Grivicic — gelang, diese Höhe (520, 517, 512) recht=
zeitig zu besetzen.

Die österreichischerseits gewählte Hauptstellung östlich Burkersdorf und
Kaile ist zur Vertheidigung recht gut geeignet.

Die Front derselben würde von der Höhe beim alten Steinbruch in süd=
licher Richtung nach den Gehölzen östlich von Burkersdorf hinziehen und weiter
über die auf dem preußischen Plane durch die Zahlen 495 und 506 markirten
Kuppen nach der Chaussee zu gehen.

Die Haupt=Artillerie=Position liegt auf dem linken Flügel, von wo das
ganze Terrain bis zu den Höhen bei Raatsch zu beherrschen und die Hauptfront
von Staudenz überdies zu enfiliren ist: die österreichische überlegene
Artillerie konnte hier zur vollsten Geltung kommen.

Im Centrum bieten die bezeichneten Waldparzellen der Infanterie recht
gute Stützpunkte. Diese Parzellen bestehen durchgängig aus mittlerem Nadel=
holz und gestatten noch sehr wohl die Führung des Infanterie=Gefechtes.

Der Angreifer findet auf wirksame Gewehrschußweite von der Lisiere gar
keine Deckung im Terrain und konnte an dem Gefechtstage nur durch das
hohe Getreide seine Bewegungen dem Auge des Vertheidigers einigermaßen
entziehen.

Die Reserven sind hinter den Waldparzellen vollständig verdeckt zu placiren
und können von hier aus rechtzeitig in das Gefecht eingreifen. Auf dem rechten
Flügel findet zwischen Staudenz und Kaile die Kavallerie, unterstützt durch
reitende Artillerie, eine vorzügliche Verwendung.

Der Rückzug gegen Soor und weiter gegen Königinhof und Josephstadt
erscheint ganz ungefährdet, und das schwierige Terrain in den Flanken sichert
auch nach diesen Richtungen einigermaßen. — Umfassungen erfordern zeit=
raubende und schwer auszuführende Bewegungen.

3) Waren die in Betreff der Einnahme der neuen Stellung
für die einzelnen Truppenkörper und Truppentheile ge=
gebenen Befehle zweckentsprechend?

Es dürfte diese Frage nicht in gleicher Weise wie die beiden ersten be=
jahend zu beantworten sein.

Als zweckmäßig müssen wir es im Allgemeinen bezeichnen, daß die Trains
sogleich über Weiberkränke nach Rettendorf dirigirt wurden, als bedenklich
aber, daß man ihnen die Korps=Geschütz=Reserve unmittelbar folgen und also
die Tete der fechtenden Truppen übernehmen ließ. Unzweckmäßig endlich war
es, daß die Infanterie=Brigaden sich nicht in der natürlichen, durch die Ver=
hältnisse gegebenen Ordnung folgen, sondern durcheinander hindurch ziehen
sollten. — Es mußte hieraus ein ganz unnöthiger Zeitverlust
erwachsen, der dem Korps unter Umständen sehr gefährlich
werden konnte.

Den veränderten, strategischen Verhältnissen und dem vom Armee=Kom=
mando gegebenen Befehle entsprechend, hatte das Kommando des österreichi=
schen 10. Korps den Entschluß gefaßt, die Front von Norden gegen Osten
zu verändern und dem Defilee von Eipel gegenüber, aus welchem heraus
die Entwickelung einer feindlichen Kolonne zu erwarten war und vom Korps=
Kommando ausgesprochenermaßen auch erwartet wurde, von Neuem Stellung
zu nehmen.

Es kam nunmehr darauf an, diesen Entschluß schnell und energisch
auszuführen und sobald als möglich die gewählte — und wie wir gesehen
haben auch äußerst vortheilhafte — Position einzunehmen. Jede Stunde,
ja jede Minute unnöthiger Verzögerung involvirte die Ge=
fahr, eine neue größere Truppenzahl des Feindes aus dem
Defilee heraus ungehindert zur Entwickelung kommen zu
lassen.

Die Brigade Mondel, bei welcher sich der Feldmarschall=Lieutenant Baron
Gablenz befand, hatte der neuen Stellung zunächst, nördlich von Neu=Rognitz
à cheval der Straße ihr Bivouak bezogen. Sie konnte die Tete der Haupt=
kolonne des Korps übernehmen und sofort — also etwa 7³/₄ Uhr Morgens —
den Marsch gegen Kaile antreten. Die Entfernung bis zu den bezeichneten
Höhen und Gehölzen zwischen Burkersdorf=Kaile und Staudenz betrug etwa
³/₄ Meilen, so daß dieselben gegen 9 Uhr Vormittags besetzt sein konnten.

Der Brigade Mondel, welcher zur Aufklärung des Terrains am besten
eins der beiden Kavallerie=Regimenter beizugeben war, folgte am natürlichsten
die Korps=Geschütz=Reserve. Dieselbe erhielt durch die Infanterie=Brigade und
die Kavallerie einen angemessenen Schutz gegen feindliche Angriffe und konnte
ihrerseits den zuerst in der neuen Stellung anlangenden Infanterie=Bataillonen
eine Nachhaltigkeit im Widerstande verleihen, welche ausreichte, den übrigen
Theilen des Korps die erforderliche Zeit zum Herankommen und zum Ein=
greifen in das Gefecht zu verschaffen. — Ueberdies mußte auch durch die
Feuerwirkung dieser Masse von 40—48 Geschützen das Debouchiren des Feindes
aus dem engen Defilee im höchsten Grade erschwert werden.

Der Korps=Geschütz=Reserve schlossen sich, der Lage ihrer Bivouaksplätze
entsprechend, am einfachsten die Brigade Knebel und demnächst die Brigade
Wimpffen an.

Durch solche Dispositionen würde man am schnellsten die neue Position
erreicht und das nicht ohne Zeitaufwand und ohne Friktionen ausführbare
Durchziehen der Truppen durcheinander vermieden haben.

Ferner mußte man aber auch in Erwägung ziehen, ob es nicht angängig
war, zur Beschleunigung der Bewegung die Trains von vorne herein über
Altenbuch ausbiegen zu lassen und dadurch die große Straße nur für die Be=
wegung der fechtenden Truppen frei zu halten.

Die Brigade Mondel sollte nach dem Werke des österreichischen General=
stabes „das marschirende Korps gegen Trautenau hin decken und den Rück=

marſch erſt dann antreten, wenn das Gros des Korps einen entſprechenden Vorſprung gewonnen hätte." Wir können in dieſer Beſtimmung nur ein durch die Verhältniſſe nicht zu rechtfertigendes Feſthalten an einem beliebten Schema erkennen. — Stand man bei Trautenau nicht einem beſiegten Feinde gegenüber? und mußte man beim öſterreichiſchen Korps = Kommando um 7½ Uhr Morgens wirklich noch nicht, daß ſich die Vorpoſten nirgends dem Feinde gegenüber befanden, und daß auch vereinzelt zurückgebliebene Abtheilungen deſſelben am frühen Morgen auf Schömberg abmarſchirt waren und die Grenze wieder über= ſchritten hatten?

Sollte dies der Fall geweſen ſein, ſo läßt dieſe Unkenntniß nur auf Nachläſſigkeit im Betriebe des Vorpoſten= und Melde = Dienſtes ſchließen. Jedenfalls mußte man aber beim Korps=Kommando von der Lage der Verhält= niſſe dem preußiſchen 1. Armee=Korps gegenüber doch ſo viel, daß der Feind bei Trautenau keinerlei Anſtalten zum Vorrücken traf und überhaupt nirgends größere Abtheilungen bis jetzt gezeigt hatte. Unter ſolchen Umſtänden lag gar kein Grund vor, den Marſch des eigenen Korps aus Rückſicht gegen einen nicht vorhandenen oder thatenloſen Feind auch nur um ¼ Stunde zu verzögern, und konnte die Deckung des Rückzuges gegen Trautenau hin der daſelbſt ſtehenden Brigade Wimpffen als Arrieregarde ohne jedes Bedenken übertragen werden.

Ferner erſcheint es unzweckmäßig, daß Feldmarſchall = Lieutenant Baron Gablenz — wie es im Werke des öſterreichiſchen Generalſtabes heißt — beabſichtigte, durch die nähere Brigade Knebel die Höhen öſtlich Burkersdorf und durch die entferntere Brigade Wimpffen die Höhen öſtlich Kaile beſetzen zu laſſen. — Warum nicht umgekehrt, wie es das Einfachſte und Natür= lichſte war?

Befürchtete man, daß die Brigade Knebel nicht vor dem Feinde die Höhen öſtlich Kaile erreichte, ſo konnte dies die Brigade Wimpffen ſicherlich nicht. Stieß man aber während der Ausführung der bezeichneten Bewegungen auf den Feind, ſo mußte man doch den Umſtänden gemäß handeln, und es trat die Gefechtsführung gegenüber der Gefechts=Dispoſition in ihr Recht. Wann konnte denn überhaupt die Brigade Wimpffen, welche in Trautenau, ſowie ſüdlich und nördlich davon bivouakirte, die ihr zugedachte Poſition auf den Höhen öſtlich Kaile eingenommen haben?

Um 7½ Uhr erhielt das öſterreichiſche Korps=Kommando in Neu=Rognitz den Befehl, auf Praußnitz = Kaile zurückzugehen und daſelbſt Stellung zu nehmen. Neu=Rognitz iſt von den Höhen nördlich Trautenau ca. ³/₁ Meilen entfernt. Zieht man dieſe Entfernung in Betracht und berechnet man die zur Expedirung im Korps=Quartier, ſowie die ſpäter im Stabs=Quartier der Brigade zur Fertigſtellung, Expedirung und Beförderung der Spezial=Anord= nungen durchaus erforderliche Zeit, ſo iſt die Annahme, daß die auf den Höhen nördlich Trautenau zur Beobachtung der 3 Straßen gegen Altſtatt,

Goldenöls und Albendorf aufgestellten Bataillone des Regiments Erzherzog Stephan um 9 Uhr den Befehl zum Einziehen der Vorposten erhielten, gewiß keine ungünstige.

Das Einziehen der Vorposten erforderte in dem bedeckten, coupirten und durch die Steilheit der Böschungen sehr schwer paſſirbaren Terrain gewiß 1 Stunde Zeit, so daß die Brigade schwerlich vor 10 Uhr den Rückmarsch an= trat: dann konnte sie aber in ihrer ⁵/₄ Meilen entfernten neuen Poſition öſt= lich Kaile nicht vor 11¹/₂—12 Uhr Mittags eintreffen.

Das öſterreichiſche Korps=Kommando konnte aber gar nicht darauf rechnen, daß ihm der Feind so viel Zeit laſſen würde!

Nach dem Werke des öſterreichiſchen Generalſtabes traf ein um 11 Uhr von den Höhen bei Burkersdorf expedirter Befehl die Brigade Wimpffen vielleicht gegen 11¹/₂ Uhr „südlich Hohenbruck", ein Beweis, daß unsere obigen Annahmen nur als günſtige bezeichnet werden können.*)

4) Wie stand es rücksichtlich der Vorausſetzung, auf welche nach dem Werke des öſterreichiſchen Generalſtabes die An= ordnungen des Korps=Kommandos sich ſtützten?

Diese Vorausſetzung ging dahin: „daß die nach Joſephſtadt führenden Kommunikationen, welche das Korps zu benutzen hatte, gegen einen Angriff von Eipel her vorläufig durch 6 Bataillone und ¹/₂ Batterie des 4. Korps ge= sichert seien".

Das Werk des öſterreichiſchen Generalſtabes fügt dann noch das Weitere hinzu, „daß diese Vorausſetzung theilweise auf einem Mißverſtändniß beruhte, da die Halb=Brigade des letzteren Korps, welche der Feldmarſchall=Lieutenant Baron Gablenz nach einer vom General=Major Fleiſchhacker am 27. Abends angelangten Meldung mit 4 Bataillonen und ¹/₂ Batterie in Praußnitz bei Kaile vermuthete, in Ober=Praußnitz nordweſtlich Königinhof stand. Zwei andere Bataillone des 4. Korps in Praußnitz=Kaile zu ver= muthen, war jedoch das 10. Korps=Kommando berechtigt, weil es von der Zurücknahme der am Morgen des 28. vom Armee=Kommando ge= gebenen Disposition nicht verſtändigt war."

Ohne Kenntniß des Wortlauts der bezüglichen Meldung des General= Major Fleiſchhacker und der Benachrichtigungen, welche dem 10. Korps ſonſt

---

*) Die öſterreichiſche Militair=Zeitung „Der Kamerad" bringt in Nr. 14 des Jahrganges 1867 eine Erklärung des Oberſtlieut. v. Fidler im K. K. Generalſtabe, welche über diese Verhältniſſe intereſſante Angaben enthält. Darnach langte die Disposition des Korps=Kommandos in Trautenau um 8¹/₂ Uhr an. Es war 9¹/₄ bis 9¹/₂ Uhr geworden — das Einziehen der Vorposten, sowie das Sammeln der Truppenfuhrwerke, welche am frühen Morgen zu ihren Truppenkörpern gegangen waren — noch nicht vollendet, als der Geſchützkampf bei Neu=Rognitz hörbar wurde. Der G.=M. Baron Koller ließ Alarm blaſen und die Brigade Wimpffen rückte nach Neu=Rognitz ab. Die Vorposten waren noch immer nicht eingerückt.

über die Aufstellung des 4. Korps zugekommen waren, läßt sich unmöglich be=
urtheilen, wo die Hauptschuld dieses angeblichen „Mißverständnisses" lag.

Man muß indessen die Frage aufwerfen: Sollte der General=Major
Fleischhacker, da er über die Aufstellung einer seiner Halb=Brigaden bei
Praußnitz Meldung an das 10. Korps erstattete, von derjenigen der andern
Halb=Brigade bei Neuschloß gar keine Erwähnung gethan haben? Es er=
scheint dies um so unwahrscheinlicher, als die Aufstellung bei Neuschloß für
das Armee=Korps bei Trautenau fast von größerer Wichtigkeit war, als
diejenige bei Ober=Praußnitz. Wenn jene Mittheilung aber erfolgt ist, so
hätten beim Korps=Kommando des 10. Korps doch wohl Zweifel über die
Identität des gemeldeten und des angenommenen Praußnitz entstehen müssen,
sobald man die Entfernung des letzteren von Neuschloß in Betracht zog.
War es wahrscheinlich, daß man die beiden Halb=Brigaden 2 Meilen
von einander und durch ein Terrain getrennt aufstellen würde, welches eine
direkte Verbindung fast ganz aufhob? Wenigstens war dies nur anzunehmen,
wenn vom Armee=Ober=Kommando ein bestimmter Befehl vorgelegen hätte,
daß die Brigade beide Straßen nach Arnau resp. nach Eipel in Flanke und
Rücken des 10. Korps zu decken hätte. Daß schon am 26. oder spätestens
am 27. Juni früh ein derartiger Befehl erlassen sei, wird aber nirgends an=
gegeben.*)

---

*) Nachdem das Manuskript dieses Heftes bereits fertig gestellt war, erschien im
X. und XI. Heft des Jahrganges 1873 der österreichischen militairischen Zeitschrift ein
höchst interessanter Artikel des durch seine schriftstellerische Thätigkeit auf taktischem
Gebiete rühmlich bekannten Major Hotze vom österreichischen Generalstabe, betitelt
„Ober=Praußnitz oder Praußnitz".

In diesem Artikel wird schlagend nachgewiesen, daß eigentlich beim Korps=Kom=
mando des österreichischen 10. Armee=Korps das oben erwähnte Mißverständniß gar
nicht stattgefunden haben kann. — Freilich bleibt dann noch die offene Frage: Wie
fand die entgegenstehende Behauptung Eingang in das offizielle Werk des österreichi=
schen Generalstabes?

Major Hotze scheint Einsicht in die betreffenden Kriegs=Akten gehabt zu haben,
und erlauben wir uns daher, aus jenem Artikel hier noch einige Angaben aufzu=
nehmen.

Die Benachrichtigung des 4. Korps=Kommandos an das 10. Korps=Kom=
mando vom 27. Juni, betreffend die Aufstellung der Brigade Fleischhacker, lautete
darnach wie folgt:

„General=Major Fleischhacker hat den Befehl erhalten, mit 4 Bataillonen,
4 Geschützen und ½ Eskadron Preußen=Husaren nach Neuschloß vorzurücken
und Arnau zu besetzen und mit 3 Bataillonen Infanterie, 4 Geschützen und
½ Eskadron sich bei Mastig aufzustellen."

Nach dieser Mittheilung war es zweifellos, daß die genannte Brigade auf
der Straße Lanzau—Nieder= und Ober=Praußnitz—Mastig—Arnau echelonnirt stand.

Ferner konnte sich der Generalstab des 10. Korps von dem Ueberbringer der bezüglichen Meldung nicht Gewißheit verschaffen, welches Praußnitz in derselben gemeint war? Es lag ihm ja ausgesprochenermaßen außerordentlich viel an der Besetzung von Praußnitz-Kaile. — Ferner: Warum schickte man nicht am 27. Juni oder spätestens am 28. Juni in aller Frühe Patrouillen oder einen Generalstabs-Offizier oder Adjutanten mit einer kleinen Kavallerie-Bedeckung nach dem oft genannten Orte hin und trat, wie das selbstverständlich war, mit den daselbst vermutheten Truppen in Verbindung?

In solchen Dingen liegt ja die vom Generalstabe zu lösende Hauptaufgabe! Und fand man es denn gar nicht auffallend, daß jene Halb-Brigade, bei welcher ½ Eskadron eingetheilt war, gar Nichts von sich hören ließ? War es wahrscheinlich, daß dieselbe über ihr Eintreffen keine Meldung schicken und sich keine näheren Verhaltungsmaßregeln erbitten würde? Endlich: Erregte die Benachrichtigung des Armee-Kommandos von der Absendung zweier Bataillone nach Praußnitz-Kaile, zusammengehalten mit der früheren Meldung des General-Major Fleischhacker über die Besetzung von Praußnitz, insofern kein Bedenken bezüglich der Identität beider Ortschaften, als die erwähnte Benachrichtigung doch jedenfalls keinen Bezug darauf nahm, daß Praußnitz-Kaile schon besetzt sei und die beiden nachgesandten Bataillone unter den Befehl des dort kommandirenden höheren Offiziers treten würden?

Uebrigens werden wir noch nachweisen, daß das Mißverständniß, insofern es wirklich existirt hat, beim Beginn des Gefechtes leicht aufzuklären war und überhaupt nicht von so wesentlichem Einfluß auf den Gang desselben

Weiter sagt jener Artikel:

„Am 27. Abends 6¾ Uhr kam dem 10. Korps ein (nicht mehr vorfindiges) Schreiben des General-Major Fleischhacker zu, in welchem dieser meldete, mit einer Halb-Brigade bei Neuschloß, mit der anderen (Oberst Stocklin) bei Praußnitz Stellung genommen zu haben."

Es ist sehr zu bedauern, daß gerade dieses wichtige Schreiben, auf welches sich auch die oben angeführte Bemerkung des österreichischen Generalstabs-Werkes beziehen dürfte, verloren gegangen ist. Durch dasselbe könnte wenigstens konstatirt werden, ob in ihm eine ungenaue oder falsche, das bekannte Mißverständniß begründende Ortsbezeichnung gebraucht wurde. Aber wir fragen mit dem Major Hotze: Konnte man beim Kommando des 10. Korps nach der obigen Mittheilung des 4. Korps überhaupt annehmen, daß der Oberst Stocklin in Praußnitz-Kaile und nicht in Ober-Praußnitz stand? Sehr auffallen muß aber die Bemerkung in jenem Artikel, daß die oben erwähnte Meldung der Brigade Fleischhacker beim Kommando des 10. Korps bereits eingelaufen gewesen sei, als letzteres vom Ober-Kommando dringend erbat, „daß Praußnitz mit Bezug auf Eipel durch eine entsprechend starke Truppe besetzt werde". — Setzt doch diese Bitte an sich schon voraus, daß man beim 10. Korps annahm, dies Praußnitz-Kaile sei nicht besetzt. — Und schon am anderen Morgen früh soll man angenommen haben, es sei durch 6 Bataillone besetzt? Es liegt hier ein offenbarer Widerspruch vor.

sein konnte, wie dies seitens des österreichischen Korps=Kommandos hinge=
stellt wird.

Daß das Armee=Ober=Kommando dem Feldmarschall=Lieutenant Baron
Gablenz mit dem ihm am 28. früh 5 Uhr zugesandten Befehl, betreffend den
Rückzug auf Praußnitz, keine Benachrichtigung über die Annullirung seines
um 2 Uhr Nachts erlassenen Befehls betreffs der Absendung von 2 Bataillonen
des 4. Korps nach Praußnitz=Kaile zukommen ließ: entspricht allerdings nicht
einer korrekten und vorsichtigen Befehlsertheilung, kann aber füglich nicht als
eine grobe Vernachlässigung bezeichnet werden. Von der Möglichkeit einer
Entstehung des oft erwähnten „Mißverständnisses" konnte man beim Armee=
Ober=Kommando keine Ahnung haben, und da man jetzt das ganze 10. Korps
auf Praußnitz=Kaile dirigirte, erschien es von untergeordneter Bedeutung, ob
dasselbe dort noch 2 Bataillone eines anderen Korps vorfand oder nicht.

Schließlich wäre noch zu bemerken, daß Feldmarschall=Lieutenant Baron
Gablenz auch im günstigsten Falle um 7½ Uhr Morgens nicht unbedingt
auf die Anwesenheit dieser beiden Bataillone bei Praußnitz=Kaile rechnen
durfte, da erst um 2 Uhr Nachts der betreffende Befehl an dieselben expedirt
war und sie noch einen Marsch von 2 Meilen zurückzulegen hatten. Ein
Grund mehr, in aller Frühe des 28. Juni selbst Nachrichten über den Stand
der Dinge bei Praußnitz=Kaile einzuziehen.

β. Bemerkungen zu der preußischen Disposition.

Das Ober=Kommando der preußischen II. Armee hatte dem Garde=
Korps in der Nacht den Befehl zum Vorrücken auf Kaile ertheilt und Eile
empfohlen. — Da von Kostelez und Eipel nur die eine Straße über Raatsch
nach Kaile führte, mußte es am einfachsten und zweckmäßigsten sein, die bei=
den Divisionen in ihrer Reihenfolge, also mit der bei Eipel stehenden Division
v. Hiller an der Tete, zu lassen und den Aufbruch nach Möglichkeit zu be=
schleunigen.

Freilich wäre es sehr vortheilhaft gewesen, wenn nicht nur die beiden
Divisionen ihren Vormarsch getrennt hätten ausführen, sondern wenn auch
speziell das Debouchiren — zunächst der 1. Garde=Infanterie=Division — bei
Eipel durch ein an anderer Stelle — am günstigsten zwischen diesem Orte und
Trautenau, vielleicht bei Saugwitz — über die Aupa disponirtes Detachement
hätte unterstützt werden können.

Die in diesem Sinne am 27. Juni von der 1. Garde=Infanterie=Division
auf der Strecke Raußnitz—Eipel einerseits und durch einen vom General=Kom=
mando beauftragten Offizier unterhalb Eipel andererseits ausgeführten Re=
kognoszirungen hatten indessen keinen günstigen Uebergangspunkt ergeben.

Zur Beschleunigung des Aufbruchs hatte der kommandirende General
sofort nach dem Eintreffen des Befehls zum Vorrücken die Division v. Plonski
welche bei Kostelez bivouakirte, alarmirt und mit ihr den Marsch nach Eipel
angetreten. Der etwas spätere Aufbruch der bei letzterem Orte bivouakirenden

Division v. Hiller wurde bedingt durch den späteren Befehlsempfang und durch den Umstand, daß man erst das Herankommen der Division v. Plonski abwarten wollte.

Die unter II. gegebene spezielle Ordre de bataille des Armee=Korps für den 28. Juni setzt auch zugleich die Marsch=Ordnung für die beiden Infanterie= Divisionen fest. Es treten uns in derselben ganz ähnliche Erscheinungen ent= gegen, wie wir solche bereits in den früheren Heften unserer Wanderungen sowohl beim 5. wie beim 1. preußischen Armee=Korps gesehen und eingehend beurtheilt haben.

Indem wir daher auf jene Erörterungen zurückweisen, genügt es hier, noch einmal kurz hervorzuheben, welche von den getroffenen Marschordnungen sich auf Grund der mannigfachen Erfahrungen des Krieges von 1866 als nicht zweckmäßig herausgestellt haben und daher im Kriege von 1870/71 ver= mieden wurden.

1) Die Absonderung einer besonderen Reserve auf dem Marsche ist unnöthig und unter Umständen gefährlich, weil dadurch die Unter= stützung der anderen Truppen verzögert wird.

2) Die Avantgarde muß stärker mit Artillerie dotirt sein: im vor= liegenden Falle wenigstens mit 2 Batterien, welche dem vordersten Bataillon des Gros der Avantgarde zu folgen hatten. Die beiden anderen Batterien marschirten am zweckmäßigsten hinter dem vordersten Bataillon des Gros der Divisionen.

3) Die Avantgarde der 1. Garde=Infanterie=Division war etwas schwach mit Kavallerie versehen; wogegen die Zurückhaltung von 2 Eskadrons bei der Reserve kaum nothwendig sein dürfte. Wir halten die Ver= theilung der Kavallerie bei der 2. Garde=Infanterie=Division mit je 2 Eskadrons in der Avantgarde und im Gros für die zweckmäßigste.

4) Ganz einverstanden sind wir mit der Zutheilung der beiden Pionier= Kompagnien der 1. Garde=Infanterie=Division resp. der Pionier= Kompagnie der 2. Garde=Infanterie=Division zu den betreffenden Avantgarden der beiden Divisionen. Das Passiren schwieriger Defileen, welche möglicherweise vom Gegner ungangbar gemacht waren, erforderte nothwendig die Zuertheilung der Pioniere zur Avantgarde.

---

d. **Situation der beiden Armee=Korps um 8½ Uhr Morgens.**

Gegen 8½ Uhr Morgens, als, wie wir vorgreifend bemerken, die Spitzen der beiden Korps aufeinander stießen, gestalteten sich auf Grund der erlassenen Dispositionen die beiderseitigen Verhältnisse nun faktisch folgendermaßen:

Die Oesterreicher befanden sich mit einem Theile des Trains und der Korps=Geschütz=Reserve bereits im Marsche von Neu=Rognitz nach

Burkersdorf. Die Brigade Mondel stand bei Neu=Rognitz; die Brigade Knebel hatte soeben von Hohenbruck ihren Rückmarsch angetreten, ebenso das Regiment Windischgrätz=Dragoner mit einer reitenden Batterie; die Brigade Wimpffen hatte den Befehl zum Einziehen ihrer Vorposten noch nicht erhalten und konnte den Rückmarsch füglich nicht vor 9½ ober 10 Uhr Morgens beginnen, die Brigade Grivicic endlich bivouakirte noch ohne Befehl auf dem Katzauer Berge. Bei der Ungunst des Terrains zwischen Neu=Rognitz und dieser letzteren Stellung mußte man darauf gefaßt sein, daß die Brigade Grivicic den Befehl zum Vorrücken auf Ober=Raatsch vielleicht erst gegen 9 Uhr empfangen würde und daher diese Bewegung nicht vor 9¼ Uhr beginnen konnte.

Preußischerseits befand sich zu dem genannten Zeitpunkte die Infanterie der Avantgarde der 1. Garde=Infanterie=Division etwa zwischen Unter= und Ober=Raatsch, das Gros derselben Division passirte bei Eipel die Aupa, alles Andere aber stand noch rückwärts des letzteren Ortes.

Die preußische Avantgarde, in der Stärke von 4 Bataillonen Infanterie (darunter 1 Kompagnie Jäger), 1 Eskadron, 1 4pfdgen Batterie und 2 Kompagnien Pioniere, war hiernach in Unter=Raatsch der bereits oben näher bezeichneten Position westlich Staudenz etwa eben so nahe, als die nächste österreichische Brigade (Mondel), aber nicht so nahe als die österreichische Korps=Geschütz=Reserve. Sie hatte daher von vornherein 40 Geschütze sich gegenüber, während sie selbst nur über deren 6 verfügte; außerdem mußte die preußische Avantgarde auf den Angriff von einer und selbst von zwei Infanterie=Brigaden und von einem Kavallerie=Regiment (Windischgrätz=Dragoner) mit einer reitenden Batterie gefaßt sein, ehe sich das Gros der Division aus Raatsch entwickelt haben würde.

Es war hiernach die Ueberlegenheit auf österreichischer Seite, namentlich an Artillerie, eine so bedeutende, daß bei schneller und richtiger Erfassung der Situation und energischer Handlung seitens des österreichischen Korps=Kommandos die Besitznahme der öfter bezeichneten Höhen durch die Oesterreicher preußischerseits nicht verhindert werden konnte.

Die österreichischen Brigaden Knebel und Mondel sowie die Korps=Geschütz=Reserve und das Regiment Windischgrätz=Dragoner mit der ihm zugetheilten Batterie konnten bei den ersten Meldungen von der Anwesenheit des Feindes unter Beschleunigung ihres Marsches alsbald in die ausgewählte Position geworfen werden und gegen 10 Uhr Vormittags von den dominirenden Höhen südlich und südwestlich vom alten Steinbruch sowie von den dort gelegenen Waldparzellen Besitz genommen haben, da selbst die Brigade Knebel von Hohenbruck aus, von wo sie sich bereits in Marsch gesetzt hatte, nur etwa ¾ Meilen bis zu der bezeichneten Stellung zurückzulegen hatte.

Die Avantgarde der preußischen 1. Garde-Infanterie-Division setzte sich dann vermuthlich in Staudenz fest, während das Gros — freilich unter der vollen Feuerwirkung von 48—56 Geschützen — den Versuch machen mußte, sich auf und hinter den Höhen westlich von Ober-Raatsch zu entwickeln.

Ein weiteres Vorgehen der österreichischen Brigaden Knebel und Mondel gegen und über Staudenz hinaus war von fraglichem Erfolge, so daß es vortheilhafter erscheinen mochte, in der guten Stellung westlich Staudenz das Herankommen der rückwärtigen Brigaden abzuwarten.

Um 10 Uhr Morgens mußte man aber unter allen Umständen voll-ständig darüber im Klaren sein, daß von Trautenau her keine Gefahr drohte, und eine Beobachtung nach dorthin durch schwache Kavallerie-Abthei-lungen genüge. Auch die Brigade Wimpffen, welcher beim Erscheinen des Feindes bei Staudenz statt der Brigade Mondel jene Beobachtung zu über-tragen war, wurde mithin disponibel und konnte spätestens gegen 12 Uhr in der Position westlich Staudenz eintreffen, d. h. zu einer Zeit, wo das preußische Armee-Korps sich jedenfalls noch nicht den zu seiner Entwickelung erforderlichen Raum erkämpft und diese selbst ausgeführt haben konnte.

Nach Allem erscheint die Annahme, daß man österreichischerseits von dieser Stellung aus das Vorrücken der preußischen 1. Garde-Infanterie-Division bis gegen Mittag absolut verhindern konnte, gewiß gerechtfertigt: — um diese Zeit mußte aber die Brigade Grivicic, gemäß der bereits am Morgen erlassenen Disposition vom Katzauer Berge her bei Raatsch in des Feindes rechter Flanke eintreffen. Jetzt spätestens war der Moment gekommen, die Offensive zu ergreifen und Alles zurückzuwerfen, was preußischerseits debouchirt sein sollte.

Die Verhältnisse sind hier für die Oesterreicher sicherlich nicht zu günstig vorausgesetzt worden: es müßte denn sein, daß das Gablenz'sche Korps, trotz seines Sieges vom 27. Juni durch das Gefecht und den Verlust zu sehr erschüttert war, um mit demselben über-haupt noch an ein energisches, offensives Vorgehen denken zu können.

Wir geben zu, daß die Erkämpfung dieser den österreichischen Waffen vindicirten Erfolge wesentlich erleichtert sein würde, wenn das 10. Korps an einer bei Praußnitz-Kaile befindlichen Brigade des 4. Korps Unterstützung fand: — aber diese Unterstützung war zur Erreichung jener Erfolge keineswegs unbedingt nothwendig.

Die bisherige Auseinandersetzung läßt deutlich erkennen, daß die Lage des preußischen Garde-Korps um 8½ Uhr Morgens durchaus keine vortheilhafte war.

Die Schwierigkeit bestand darin: daß man sich aus einer in einem engen, keine seitliche Ausweichung gestattenden Defilee befindlichen, langen, schwerfälligen Marschkolonne bei ungünstigen Terrainverhältnissen, gegenüber einer guten Stellung des Feindes und unter der Feuerwirkung einer starken Artillerie zu entwickeln hatte.

Nur eine energische Offensive der Avantgarde, schnellste Entwickelung der nachfolgenden Truppentheile und entschlossene Ausnutzung aller etwa gewonnenen Vortheile konnte zu einem günstigen Resultate führen.

———————

IV.

Die Einleitung des Gefechts.

Kampf der preußischen Avantgarde gegen die österreichische Brigade Knebel und die Korps-Geschütz-Reserve (8½—11 Uhr Morgens).

1. Entwickelung der österreichischen Brigade Knebel und der Korps-Geschütz-Reserve.

Der Feldmarschall-Lieutenant Baron Gablenz war, wie wir oben sahen, seinem Korps vorausgeeilt, „um die bei Praußnitz-Kaile vermutheten Abtheilungen in eine vorwärtige geeignete Aufstellung zu führen und unter dem Schutze derselben den Aufmarsch des eigenen Korps vollführen zu lassen".

Etwa um 8½ Uhr Morgens erhielt der Feldmarschall-Lieutenant von der Spitze des Trains die Meldung, daß in der linken Flanke feindliche Kavallerie sich bewege, und überzeugte er sich bald persönlich davon: „daß sein Korps in der Entfernung von kaum 1500 Schritten auf den Höhen zwischen Staudenz und Neu-Rognitz von preußischen (Garde-) Husaren, hinter welchen kleine Abtheilungen Infanterie sichtbar waren, cotoyirt werde". — Er ließ sofort den in der Nähe von Burkersdorf befindlichen Theil des Trains feldeinwärts abfahren mit der Hauptdirektion auf Pilnikau und die südlich des Ortes zunächst der Straße gelegenen Waldparzellen durch die Train-Bedeckungs-Kompagnie besetzen. — Eine Batterie der Korps-Geschütz-Reserve, welche Burkersdorf bereits passirt hatte — Batterie 9/III —, fuhr auf der westlich der Chaussee gelegenen Höhe (602 des preußischen Planes) unter der Bedeckung des 1. Bataillons E.-H. Carl Nr. 3 auf, eröffnete sogleich das Feuer gegen die preußischen Truppen und brachte zunächst die schwachen Kavallerie-Abtheilungen zum Halten.

Hierauf wurde die an der Tete der Kolonne befindliche Korps=Geschütz=
Reserve und die heranrückende Brigade Knebel ohne Störung preußischerseits
nach der linken Flanke zum Gefecht entwickelt.

Die Brigade Knebel war um 8 Uhr von ihrem Lagerplatze südlich Hohen=
bruck angetreten und erhielt den ersten Befehl zu ihrer Entwickelung, als ihre
Tete den Straßentheilungspunkt südlich Neu=Rognitz erreicht hatte.

Der Feldmarschall=Lieutenant mußte bei Ausführung dieses Gefechtsauf=
marsches persönlich eingreifen, da in Folge des von einem Ordonnanz=Offizier
falsch verstandenen Befehls die Brigade Knebel sich anfänglich mit der Front
gegen Süden entwickelte und zwar im 1. Treffen: 2 Bataillone — II. u. III. —
des Infanterie = Regiments C.=H. Carl Nr. 3 und die Batterie 3/III.; im
2. Treffen: das Infanterie = Regiment Franz Joseph Nr. 1 (das 28ste Jäger=
Bataillon war noch nicht eingerückt aus Trautenau und das I. Bataillon
C.=H. Carl Nr. 3 war zur Bedeckung der Korps = Geschütz = Reserve abkom=
mandirt).

Der Feldmarschall=Lieutenant Baron Gablenz ordnete nun die entsprechende
Frontveränderung der Brigade an und befahl das Auffahren der 3 anderen
Batterien der Korps = Geschütz=Reserve. (Die 5. Batterie Nr. 7/III. war dem
Regiment Windischgrätz=Dragoner zugetheilt.)

Auf Grund dieser Befehle ließ der General=Major Knebel seine Batterie
— 3/III. — sogleich auf den Höhen zwischen und an den Straßen (südlich
603 des preußischen Planes) auffahren, feuern und seine Bataillone die Front
nach Osten einnehmen.

Von der Korps=Geschütz=Reserve fuhr die 4pfündige Fuß=Batterie Nr. 5/III.
links neben 3/III. und die beiden 8pfündigen Batterien Nr. 8 und 10/III. auf
dem südöstlichen Hange der Granner Koppe auf.

Zur Bedeckung der vorderen Batterien entsandte der General=Major Knebel
das II Bataillon des Infanterie=Regiments Franz Joseph Nr. 1 auf den
rechten Flügel und ließ durch das I. Bataillon desselben Regiments die vor=
gelegene Waldparzelle auf Kuppe 520 besetzen.

Die III. Bataillone beider Regimenter wurden zur Besetzung des südöstlich
Neu=Rognitz gelegenen ausgedehnten Waldes beordert, und das II. Bataillon
C.=H. Carl Nr. 3 hinter demselben zur Unterstützung aufgestellt.

Das Regiment Windischgrätz=Dragoner hatte, bei Alt=Rognitz angelangt,
den Geschützkampf in Südwesten vernommen und war in raschem Tempo nach
Neu=Rognitz geeilt, wo sich ihm erst die zugetheilte 4pfündige Kavallerie=Bat=
terie 7/III. anschloß. Das Regiment marschirte westlich Burkersdorf in der
Nähe der Batterie 9/III. auf, während die Kavallerie=Batterie 7/III. sich rechts
der Batterie 3/III. ins Feuer setzte.

Gegen 9 Uhr hatten die österreichischen Truppen daher fol=
gende Stellung eingenommen: In der Haupt=Linie standen: nördlich
von dem östlichen Theile von Burkersdorf zwischen den beiden Chausseen nach
Königinhof und Kaile (Kuppe 603 des preußischen Planes und südlich davon)
zwei 4pfündige und eine Kavallerie=Batterie, — 7/III., 3/III. und 5/III. —;

links davon in dem ausgedehnten Walde südöstlich von Neu=Rognitz und hinter demselben 3 Infanterie=Bataillone, nämlich: im 1. Treffen die III. Bataillone der Regimenter E.=H. Carl Nr. 3 und Franz Joseph Nr. 1 und im 2. Treffen das II. Bataillon des Regiments E.=H. Carl Nr. 3; — rechts der Artillerie= Position zwischen deren rechtem Flügel und dem Dorfe Burkersdorf das II. Ba= taillon des Infanterie = Regiments Franz Joseph Nr. 1. — Vorgeschoben vor diese Linien standen: das I. Bataillon desselben Regiments in den Waldparzellen zunächst östlich Burkersdorf (Kuppe 520) und die Trainbedeckungs= Kompagnie in der Waldparzelle südlich des Dorfes (Kuppe 540).

In zweiter Linie standen: auf dem Abhange der Granner Koppe nordwestlich von Burkersdorf (Kuppe 635) zwei 8pfündige Batterien — 8/III. und 10/III. — und südlich vom Dorfe (Kuppe 602) ebenso eine dritte 8pfün= dige Batterie — 9/III. —; zwischen beiden Artillerie=Positionen: das Regiment Windischgrätz=Dragoner und auf dem äußersten rechten Flügel das Bedeckungs= Bataillon der Korps=Geschütz=Reserve, das I. Bataillon des Infanterie=Regi= ments E.=H. Carl Nr. 3.

In dieser Aufstellung wurden die österreichischen Truppen etwa um 10 Uhr von der preußischen Avantgarde angegriffen.

Der Feldmarschall=Lieutenant Baron Gablenz hatte, wie es im Werke des österreichischen Generalstabes heißt — anfänglich noch hoffen können, unter dem Schutze der in der angegebenen Weise aufgestellten Brigade Knebel mit den übrigen Truppen noch Praußnitz zu erreichen.

---

2. Entwickelung und Vorgehen der preußischen Avantgarde.

Preußischerseits war gegen 8 Uhr Morgens die Avantgarde der 1. Garde= Infanterie=Division — Hiller v. Gärtringen — im Vormarsch auf Ober= Raatsch begriffen. Die 1. und 4. Eskadron Garde=Husaren rekognoszirten gegen den Feind, und zwar ging die 1. Eskadron v. Stralendorff über Stau= denz in nördlicher Richtung gegen Neu=Rognitz vor, behufs Deckung der rechten Flanke, während die 4. Eskadron — Graf Groeben — den Auftrag hatte, gegen die zwischen Ober=Soor und Burkersdorf liegenden Höhen vorzureiten und die Straße Josephstadt=Trautenau zu beobachten.

Von letzterer ging gegen 8½ Uhr die Meldung ein, daß starke feindliche Kolonnen auf der Chaussee von Königinhof nach Trautenau in Marsch ge= wesen wären. Andere Meldungen ließen den Feind auf Eipel vorrücken.

Die 2. Garde=Infanterie=Brigade hatte Eipel bereits passirt, während die 1. Garde=Infanterie=Brigade noch durch den Ort defilirte.

Um diese Zeit ging beim General=Kommando des Garde=Korps, welches sich auf den Höhen westlich von Ober=Raatsch befand, ferner die Nachricht ein, daß das 1. Armee-Korps am 27. Abends in die Berge zurückgegangen und die Verbindung mit demselben unterbrochen sei. Die Lage war hierdurch für das Garde-Korps eine höchst ungewisse und prekäre geworden. Wie standen die Verhältnisse in und bei Trautenau? Befand sich daselbst noch das ganze österreichische 10. Korps, mit welchem am Tage vorher das preußische 1. Armee-Korps gefochten hatte, oder hatte das erstere sogar Verstärkung erhalten? War das preußische Korps mit allen seinen Truppen zurückgegangen oder befand sich vielleicht noch eine Arrieregarde bei Parschnitz und Wolta? Wieweit war der General v. Bonin in der Nacht zurückgegangen? Konnte man bei einem Zusammenstoß mit dem Feinde auf die Unterstützung durch das 1. Armee-Korps oder durch einen Theil desselben rechnen? Wie stark waren die Truppen des Feindes, welche angeblich von Königinhof nach Trautenau marschirten, und gehörten die Truppen, welche auf Eipel vorrücken sollten, zu dieser anmarschirenden Verstärkung oder zu dem Korps Gablenz? Alle diese Fragen bedurften der Aufklärung! Die Division Hiller erhielt daher den Befehl, „zunächst in einer angemessenen Stellung das Weitere abzuwarten". — Eine solche Stellung schien sich nach Ansicht des Divisions-Kommandos aber nur hinter der Aupa zu finden, und wurde daher das Gros der Division dorthin in Marsch gesetzt, während die Avantgarde zur Deckung dieser Rückwärtsbewegung in einer Stellung auf den Höhen westlich Raatsch verblieb.

Bald indessen erkannte man das Falsche der eingegangenen Meldungen und überzeugte sich, daß auf der Straße von Trautenau nach Königinhof in dieser, also in der entgegengesetzten Richtung, als zuerst gemeldet war — eine lange Kolonne marschirte, die aber nur aus Fuhrwerken bestand. Einzelne Leute und Wagen wurden von den Kavallerie-Patrouillen eingebracht. —

Außerdem hatte ein vom Stabe des General-Kommandos zur Rekognoszirung in der Richtung auf den alten Steinbruch vorgesandter Offizier aus den dortigen Gehölzen Infanteriefeuer erhalten. Es stand mithin fest, daß sich feindliche Abtheilungen zwischen Raatsch und Trautenau befanden.

Inzwischen war es 9 Uhr geworden. Um sich nun überhaupt Gewißheit über die ganze Sachlage und Raum zur eventuellen Entwickelung des Korps zu verschaffen, befahl der kommandirende General, den Vorstoß auszuführen.

Von der Stellung des General-Kommandos auf Kuppe 520 nordöstlich Staudenz markirte sich zwischen die vorgelegenen Waldparzellen hindurch in weiterer Ferne die Granner Koppe als ein Punkt, von dem man wahrscheinlicherweise einen Einblick in das Terrain und in die Verhältnisse zwischen Neu-Rognitz und Trautenau gewinnen konnte. In dieser Richtung sollte daher der Vorstoß, welcher zunächst nur im Sinne einer Rekognoszirung angeordnet war, ausgeführt werden; allerdings lag ihm auch die bestimmt ausgesprochene Absicht zu Grunde, den Feind anzugreifen, wo man auf ihn stieß.

Die Avantgarde erhielt in Folge dessen den Befehl: durch Staudenz gegen die Chaussee bis Burkersdorf vorzugehen, wohin auch das Gros der 1. Garde-

36

Infanterie-Division folgen sollte. Man hoffte, auf solche Weise zugleich den Stoß in der für den Gegner empfindlichsten Richtung auszuführen, nämlich gegen seine Flanke und Rückzugslinie.

Die Avantgarde befand sich auf den Höhen westlich Raatsch in der Rendez-vous-Stellung und in folgender Formation:

Im Vortreffen: Das Füsilier-Bataillon 1. Garde-Regiments zu Fuß in Kompagnien auseinandergezogen.

Im 1. Treffen vom rechten nach dem linken Flügel: Das Füsilier-Bataillon 3. Garde-Regiments zu Fuß. Die Batterie Witte (1. 4pfündige). Das III. Bataillon Garde-Füsilier-Regiments.

Im 2. Treffen: Das Füsilier-Bataillon 2. Garde-Regiments zu Fuß. Die 1. Garde-Jäger-Kompagnie, 2. und 4. Kompagnie Garde-Pionier-Bataillons, das leichte Feldlazareth.

Aus dieser Stellung entwickelte sich die bald durch 2 Bataillone und 1 Batterie des Gros verstärkte Avantgarde durch Staudenz hindurch gegen die östlich Burkersdorf gelegenen Waldparzellen.

A. Entwickelung der Avantgarde und des I. und II. Bataillons Garde-Füsilier-Regiments im Allgemeinen.

Das Debouchiren durch Staudenz fand kurz nach 9 Uhr statt. — Die 1. 4pfündige Batterie — Witte — fuhr westlich vom Orte auf und hatte gegenüber der überlegenen Artillerie des Feindes einen sehr schweren Stand, welcher auch nicht wesentlich gebessert werden konnte, als nach dem vollendeten Aufmarsch der Avantgarde die aus dem Gros der Division zur Unterstützung herangeholte 1. 6pfündige Batterie — Braun — zunächst östlich des nördlichen Theils von Staudenz Stellung nahm. — Die 12 preußischen Geschütze standen hier während mehrerer Stunden einer vierfachen Ueberlegenheit gegenüber.

Noch ehe die Batterien sich ins Feuer setzen konnten, entwickelte sich die Infanterie westlich Staudenz zum Angriff gegen die Waldparzellen.

Von dem im Vortreffen befindlichen Füsilier-Bataillon des 1. Garde-Regiments z. F. v. Helldorff wurden die 10. und 12. Kompagnie zur Deckung der rechten Flanke gegen den alten Steinbruch detachirt und hatten hier, noch verstärkt durch ein Bataillon aus dem Gros, auf dem äußersten Flügel einen selbstständigen Kampf auszufechten.

Die 9. und 11. Kompagnie gingen durch den gerade vorgelegenen südlichen Theil des Dorfes hindurch. Die 9. Kompagnie wurde zur Partikularbedeckung der 1. 4pfündigen Batterie bestimmt, zog sich aber bald mit 2 Zügen wieder an die 11. Kompagnie heran. — Beide Kompagnien passirten demnächst die erste, westlich Staudenz gelegene Waldparzelle und gingen dann in Gemeinschaft mit den übrigen Bataillonen derartig gegen die Waldparzelle 520 vor, daß sie ihren

Platz zwischen der 9. und 10. Kompagnie des 3. Garde-Regiments zu Fuß und dem III. Bataillon des Garde-Füsilier-Regiments fanden. (S. u.)

Von den beiden Bataillonen des 1. Treffens ging das III. Bataillon des Garde-Füsilier-Regiments unter dem Oberst-Lieutenant Grafen Waldersee gegen das südliche Ende von Staubenz vor. Von da verfolgten die 10. und 11. Kompagnie den Wiesenstreifen, der sich gegen Burkersdorf hinauf-zieht. Die auf dem rechten Flügel befindliche 9. Kompagnie gerieth nach dieser Richtung etwas ab vom Bataillon und in Verbindung mit Füsilieren des 3. Garde-Regiments. — Die 12. Kompagnie auf dem linken Flügel war auch abgekommen, erreichte aber das Bataillon schon wieder bei den kleinen Wald-parzellen am Wiesenstreifen, wo dasselbe einen kurzen Halt machte. — Von hier gingen die 10., 11. und 12. Kompagnie gegen die Chaussee Neu-Rognitz—Kaile vor und formirten sich dort theils an der Chaussee, theils in der nahen Wald-lisiere gegenüber der südlich Burkersdorf gelegenen Waldparzelle (540). — Links von diesen 3 Kompagnien stand die 1. Garde-Jäger-Kompagnie, während die 9. Kompagnie der Garde-Füsiliere noch weiter rechts, etwas entfernt von der 10. Kompagnie Stellung genommen hatte.

Das Füsilier-Bataillon des 3. Garde-Regiments z. F. — v. Tempsky — war mit seinen 4 auseinandergezogenen Kompagnien gerade gegen Staubenz vorgegangen. Es erhielt den Befehl, zwei Kompagnien zur Deckung der linken Flanke in der Richtung auf Marschau zu detachiren und wurden hierzu die 11. und 12. Kompagnie bestimmt. — Die 9. und 10. Kom-pagnie gingen durch Staubenz hindurch und nahmen die Direktion auf die große Artillerie-Masse nördlich Burkersdorf, so daß sie in den nördlichen Theil der großen Waldparzelle (520) gelangten und dort an der Lisiere rechts neben der 9. und 11. Kompagnie des 1. Garde-Regiments z. F. Stellung nahmen. (S. o.)

Das im 2. Treffen stehende Füsilier-Bataillon des 2. Garde-Regiments z. F. — v. Erckert —, von welchem nur die 9., 10. und 11. Kom-pagnie zur Stelle waren, sollte eigentlich zur Deckung der linken Flanke nach Marschau rücken, auf Antrag seines Kommandeurs blieb es indessen in der Front. — Das Bataillon ging ebenfalls mit auseinandergezogenen Kompagnien durch Staubenz hindurch gegen Burkersdorf vor. Es passirte theils den nörd-lichsten Theil der Waldparzelle (520), theils ging es auf freiem Felde noch weiter nördlich gegen die feindliche Artillerie-Stellung und Burkersdorf vor, so daß es auf dem äußersten rechten Flügel der ganzen Aufstellung der Avant-garde stand. —

Die 1. Garde-Jäger-Kompagnie hatte sich gegen den Windmühlen-berg bei Kaile dirigirt, zog sich aber, als sie dort Nichts vom Feinde bemerkte, in nördlicher Richtung an die übrigen Kuppen heran und trat auf dem äußer-sten linken Flügel derselben neben der 12. Kompagnie der Garde-Füsiliere (s. o.) in Thätigkeit.

Die beiden Pionier-Kompagnien waren mit dem leichten Feldlazareth bei Staubenz zurückgeblieben.

Die beiden Eskabrons des Garde=Husaren=Regiments waren durch das starke Artilleriefeuer des Feindes gezwungen worden, sich etwas zurück zu ziehen und hatten südlich Staudenz hinter der dort befindlichen Waldparzelle Aufstellung genommen.

Das Vorgehen aller dieser Truppentheile fand ziemlich gleichzeitig statt, und wurden dieselben zunächst unterstützt durch das I. und II. Bataillon des Garde=Füsilier=Regiments.

Diese beiden Bataillone bildeten beim Vormarsch die Tete des Gros der 1. Garde=Infanterie=Division. Als der Befehl zum Rückmarsch für das Gros gegeben wurde, zögerte der Oberst v. Werder, Kommandeur des Garde=Füsilier= Regiments mit dem Antreten, um erst die in dem engen Defilee durch die Rückwärtsbewegung unvermeidlich entstehende Stockung sich vollständig lösen zu lassen, und vielleicht auch in der Hoffnung, daß bald wieder ein Befehl zum Vormarsch kommen würde. —

Als letzterer nun endlich gegeben wurde, standen seine Bataillone zur schnellen Unterstützung der Avantgarde bereit. — Dem II. Bataillon fehlte die 6. Kompagnie, die zur Deckung der Bagage in Eipel zurückgelassen war. Die beiden Bataillone formirten sich mit dem I. an der Tete nördlich Ober=Raatsch in Angriffs=Kolonne, Schützen=Züge an der Queue. Aus dieser Stellung rückten die Bataillone, nachdem sich das II. Bataillon rechts neben das I. ge= setzt hatte, dicht an das brennende Staudenz heran. Hier wurde zunächst Halt gemacht, da von der Avantgarde nichts mehr zu sehen war. — Der Oberst v. Werder ritt persönlich zur Rekognoszirung vor, erkannte das Gefecht der Avantgarde in den Waldparzellen, traf den Divisions=Kommandeur, General v. Hiller, und erhielt von ihm den Befehl, zur Unterstützung der Avantgarde so schnell wie möglich vorzurücken.

Man avancirte. Das II. Bataillon v. d. Knesebeck kam an den Nord= ausgang von Staudenz und traf in dessen Nähe den Major v. Helldorff mit der 10. und 12. Kompagnie des 1. Garde=Regiments zu Fuß. Das Bataillon hatte mit diesen Kompagnien gemeinschaftlich, wie schon oben bemerkt, später ein selbstständiges Gefecht durchzuführen. Das I. Bataillon — v. Tietzen — hatte die Pionier=Sektion vorgenommen, um quer durch das Dorf einen Weg bahnen zu lassen. Um besser hindurch zu kommen, theilte sich ferner das Bataillon in zwei Halbbataillone: rechts die 1. und 2. Kompagnie unter Hauptmann v. Ameyde, links die 3. und 4. Kompagnie unter Premier=Lieutenant Vogeley; der Schützenzug der 1. Kompagnie mußte als Partikular=Bedeckung bei der bei Staudenz im Feuer stehenden 1. 4pfündigen Batterie zurückbleiben.

Das Halbbataillon v. Ameyde schlug die Direktion grade auf die öster= reichische große Batterie nördlich Burkersdorf ein. Das Halbbataillon Vogeley die Richtung auf die vorgelegenen großen Waldparzellen. — Später zog sich das Halbbataillon v. Aweyde wieder mehr nach links an das Halbbataillon Vogeley heran.

Von diesen vier Kompagnien rückten nun die 3. Kompagnie — Vogeley — in die Lücke zwischen die 9. und 10. Kompagnie (s. umst.) in die vorderste Gefechtslinie ein, mit der Front gegen die Waldparzelle 540. Die beiden Züge der 1. Kompagnie nahmen als Soutien hinter der 10. Kompagnie, die 4. Kompagnie (Pr.-Lieutenant v. Putlitz) ebenso hinter der 11. und 12. Kompagnie Aufstellung. Die 2. Kompagnie war durch den Wald hindurch), etwas rechts vom Bataillon abgekommen und rückte zwischen die Füsiliere des 2. und 3. Garde-Regiments bis an die Westlisiere der großen Waldparzelle vor und in die vorderste Gefechtslinie ein. —

Diese ganze Entwickelung der Avantgarde fand unter dem Auge des kommandirenden Generals Prinz August von Württemberg K. H. statt, welcher schon bei den ersten falschen Meldungen von der Anwesenheit des Feindes sich mit seinem Stabe auf die Höhen 520—517 nordwestlich Raatsch begeben hatte. Diese Höhen gewährten eine gute Aussicht und ließen das ganze Terrain bis Burkersdorf und Kaile und bis zu den Waldungen beim alten Steinbruch hin vollständig übersehen.

Von diesem Aufstellungsorte war man im Stande, mittelst Fernrohre den Marsch der feindlichen Kolonne auf der Straße nach Königinhof zu beobachten und aus eigener Anschauung sich Ueberzeugung von der Unrichtigkeit der ersten Meldungen zu verschaffen: so kam es, daß der erste Befehl so schnell redressirt wurde.

B. Einige Details über die Ausführung der Vorwärtsbewegung der preußischen Avantgarde.

Das Debouchiren der einzelnen Bataillone und Kompagnien aus Staudenz heraus geschah unter dem heftigsten Feuer der österreichischen Batterien bei Burkersdorf, welche den ganzen Raum zwischen beiden Dörfern mit ihren Granaten überschütteten. Die preußischen Truppen fanden im Terrain selbst nur wenig Deckung und versuchten nun, durch möglichst gute Ausnutzung der kleinen Terrainfalten und des hohen Getreidestandes, sowie durch Wechsel der Formationen und Anwendung des Laufschrittes über ganz freie Stellen hinfort die Wirkung des feindlichen Feuers, so weit irgend angängig, abzuschwächen.

Das auf dem äußersten rechten Flügel befindliche Füsilier-Bataillon des 2. Garde-Regiments war mit der 11. Kompagnie an der Tete, der die 10. und dann die 9. folgten, durch Staudenz hindurch gegen die Waldparzelle östlich Burkersdorf vorgegangen. — Die 10. Kompagnie setzte sich demnächst links neben die 11., beide lösten ihre Schützenzüge auf und die 9. Kompagnie folgte geſchloſſen. — In den Waldparzellen fand man keinen bemerkenswerthen Widerſtand ſeitens des Feindes. —

Die 11. Kompagnie ging nördlich des Waldes bis zur Chauſſee Neu= Rognitz—Kaile vor und eröffnete von dort ihr Feuer gegen die öſterreichiſchen Batterien, gerieth aber gleichzeitig in ein heftiges Gefecht mit feindlicher In= fanterie (angeblich auch mit dem Jäger=Bataillon Nr. 28, das aber nach den öſterreichiſchen Berichten noch nicht zur Stelle war). — Als die Kompagnie in ihrer rechten Flanke vom Gegner umfaßt wurde, zog ſie ſich in das Gehölz zurück, wo die 10. Kompagnie die Liſiere mit 2 Zügen beſetzt hatte und die 9. Kompagnie geſchloſſen ſtand. Es war hier, wo der Hauptmann Görne, als ſeine Kompagnie in Folge der großen Verluſte durch das feindliche Granat= feuer etwas unruhig wurde, dieſelbe Points vornehmen und ausrichten ließ. Dieſe Maßregel verfehlte ihren Eindruck auf die Mannſchaften nicht.

Die 9. und 10. Kompagnie des 3. Garde=Regiments zu Fuß waren unter dem feindlichen Artilleriefeuer und geringem Widerſtande der öſterreichiſchen Infanterie links von den vorigen durch den Wald hindurch gerückt und hatten an der weſtlichen Liſiere deſſelben Stellung genommen. Von hier aus eröff= neten ſie nun ein langdauerndes Feuergefecht gegen die öſterreichiſchen Batte= rien und gegen die Infanterie bei Burkersdorf.

Rechts von dieſen Kompagnien rückte ſpäter die 2. Kompagnie des Garde= Füſilier=Regiments in die Feuerlinie ein.

Links hatten ſich den zuletzt genannten Kompagnien zunächſt die 11. Kom= pagnie und 2 Züge der 9. Kompagnie 1. Garde=Regiments zu Fuß und dann die ein wenig ſpäter herangekommene 9. Kompagnie des Garde=Füſilier=Regi= ments angeſchloſſen. Der Chef der letzteren, Hauptmann v. Schlichting, ließ die Scharfſchützenſektion an der Liſiere des Waldes ausſchwärmen und rückte dann mit ſeinen Tirailleurs bis an die Chauſſee vor, von dort ein heftiges Feuer gegen die in und unmittelbar bei Burkersdorf ſtehende öſterreichiſche Infanterie unterhaltend. Die Front der Kompagnie war gegen Burkersdorf gerichtet. Die 3 anderen Kompagnien des III. Bataillons der Garde=Füſiliere waren in der Nebeneinanderfolge 10., 11., 12. vom rechten Flügel ab, ohne mit feindlicher Infanterie in ein bemerkenswerthes Gefecht gekommen zu ſein, mehr links bis zur Chauſſee Neu=Rognitz—Kaile vorgerückt, ſodaß zwiſchen der 9. und 10. Kompagnie ein größerer Zwiſchenraum lag.

Der Oberſt=Lieutenant Graf Walderſee ließ mit den Schützen die Chauſſee= gräben und einige in der Nähe befindliche Lehmgruben ſtark beſetzen und die Soutiens der Kompagnien etwa 20 Schritt dahinter, ſo gut wie möglich ge= deckt, Aufſtellung nehmen. — Es entwickelte ſich nun zwiſchen den Schützen und der in der Waldparzelle 540 ſtehenden öſterreichiſchen Infanterie ein ruhiges langdauerndes Feuergefecht, das bei einer Entfernung von 500—600 Schritt keine bedeutende Wirkung haben konnte. — Der Feind war gut gedeckt und gab ſich wenig Blößen. — Es verſchoſſen in dieſem 1—1½ ſtündigen Feuer= gefecht die Mannſchaften der 11. Kompagnie beiſpielsweiſe 1—18 Patronen. — Ein Angriff auf die Stellung des Feindes war von dem Oberſt=Lieutenant

Grafen Walderſee, der hinter ſich keine Reſerve heranrücken ſah, ausdrücklich verboten worden.

Unterſtützt wurden dieſe 3 Kompagnien ſpäter, wie wir ſahen, durch die 3. Kompagnie der Garde=Füſiliere, welche zwiſchen die 9. und 10. Kompagnie in die Feuerlinie ein= und bis zur Chauſſee mit ihren Schützen vorrückte. Dieſe Kompagnie hatte ihre Front noch mit gegen die Waldparzelle 540 genommen.

Auf dem äußerſten linken Flügel der Linie war die 1. Garde=Jäger=Kompagnie ebenfalls bis an die Chauſſee vorgerückt und hatte von dort ihr Feuer auch gegen die Waldparzelle 540 eröffnet.

Oeſterreichiſcherſeits ſtand dieſem Angriff nach der Diſpoſition in der Waldparzelle 520 nur das vorgeſchobene I. Bataillon des Regiments Kaiſer Franz Joſeph Nr. 1 entgegen, und es war natürlich, daß daſſelbe einem ſo überlegenen Angriff gegenüber einen nachhaltigen Widerſtand nicht leiſten konnte. — Langſam fechtend zog ſich das Bataillon theils auf Burkersdorf, theils in die ſüdlich des Dorfes gelegene Waldparzelle 540 zurück, wo außerdem noch die Trainbedeckungs=Kompagnie ſtand.

Andererſeits war aber auch ein weiteres Vordringen der ſchwachen preußiſchen Avantgarde gegen Burkersdorf reſp. gegen die formidable Geſchütz=aufſtellung nördlich und gegen die Waldparzelle 540 ſüdlich davon um ſo weniger möglich, als man auch noch größere Infanterie=Abtheilungen in der Nähe von Burkersdorf, ſowie Kavallerie und Artillerie auf den weiter rückwärts gelegenen Höhen bemerkte.

Die preußiſchen Kompagnien beunruhigten indeſſen aus ihren Stellungen durch ihr Schützenfeuer die feindliche Artillerie derartig, daß die am meiſten bedrohte Batterie 7/III. in Folge der erlittenen großen Verluſte an Mannſchaften und Pferden ſich zur Abfahrt gezwungen ſah. — Dieſelbe nahm Stellung weiter rückwärts neben der 8pfündigen Batterie 10/III. an der Granner Koppe.

Die beiden preußiſchen Batterien — Witte und Braun — gingen ſpäter noch bis in die Nähe des alten Steinbruchs vor und nahmen daſelbſt erneuerte Aufſtellung. Gedeckt wurden dieſelben in ihrer rechten Flanke durch die 10. und 12. Kompagnie des 1. Garde=Regiments z. F. unter dem Major v. Helldorff und durch das II. Bataillon des Garde=Füſilier=Regiments v. d. Kneſebeck.

Die ſchwache preußiſche Avantgarde hatte ſich alſo mit verhältnißmäßig geringen Opfern in den Beſitz der wichtigen Höhen weſtlich Staudenz geſetzt. — Unter ihrem Schutze konnte ſich nun das Gros der 1. Garde=Infanterie=Diviſion zwiſchen 10½ und 11½ Uhr zum weiteren Angriff gegen die öſterreichiſche Stellung bei Burkersdorf ziemlich geſichert entwickeln.

C. Aufstellungen der beiderseitigen Truppen zwischen 11 und
11½ Uhr Vormittags. (Plan II.)

1. Oesterreichischerseits.

In erster Linie standen vom rechten Flügel ab:

In der Waldparzelle 540: Die Trainbedeckungs=Kompagnie und ein
Theil des I. Bataillons des Regiments Franz Joseph
Nr. 1.

In und unmittelbar nördlich von Burkersdorf: Der andere
Theil dieses Bataillons und das II. Bataillon des Regi=
ments Franz Joseph Nr. 1.

Nördlich Burkersdorf auf den Höhen zwischen beiden
Chausseen: Die beiden Batterien 3/III. und 5/III.

In den Waldungen südöstlich Neu=Rognitz: Die beiden III. Ba=
taillone der Regimenter Nr. 1 und 3 im ersten Treffen, das
II. Bataillon des Regiments E.=H. Karl Nr. 3 im zweiten
Treffen.

In zweiter Linie standen vom rechten Flügel ab:

Auf der Höhe 602 südwestlich Burkersdorf: Das I. Bataillon
des Regiments E.=H. Karl Nr. 3. Die Batterie 9/III.
Das Regiment Windischgrätz=Dragoner.

Auf der Granner Koppe nordwestlich Burkersdorf: Die drei
Batterien 7/III, 8/III. und 10/III.

Stellung der übrigen Theile des österreichischen Korps.

Die Brigade Mondel hatte, wie wir später noch näher kennen lernen
werden, bei Neu=Rognitz eine Aufstellung mit der Front
gegen Südosten genommen.

Die Brigade Wimpffen befand sich im Anmarsch und mochte Hohen=
bruck erreicht haben.

Die Brigade Grivicic war im Marsch von dem Katzauer Berge nach
Alt=Rognitz und ohne direkte Verbindung mit den übrigen
Theilen des Korps.

Die Trains befanden sich theils südlich Burkersdorf im Marsche nach
Königinhof, theils waren sie von der großen Straße aus=
gebogen, theils standen sie noch immer zwischen Hohenbruck
und Neu=Rognitz.

2. Preußischerseits.

Auf dem äußersten rechten Flügel der vordersten Linie standen:
die 1. und 5. 4pfündige Batterie beim alten Steinbruch.
Das II. Bataillon Garde=Füsilier=Regiments und die 10. und

12. Kompagnie 1. Garde=Regiments z. F. in dem Walde nördlich davon.

In der Hauptposition gegenüber Burkersdorf und der Wald= parzelle 540 standen vom rechten Flügel ab: Die 10., 9., 11. Kompagnie 2. Garde=Regiments z. F. Die 2. Kompagnie Garde=Füsilier=Regiments. Die 9. und 10. Kompagnie 3. Garde=Regiments z. F. Die 11. Kompagnie und 2 Züge der 9. Kompagnie des 1. Garde=Regiments z. F. Die 9., 3., 10., 11., 12. Kompagnie Garde=Füsilier=Regi= ments. Hinter diesen: Die 1. und 4. Kompagnie des= selben Regiments. Weiter links: Die 1. Garde=Jäger= Kompagnie.

Die beiden Pionier=Kompagnien der Avantgarde — die 2. und 4. — standen nebst dem leichten Feldlazareth bei Staudenz.

Die 1. und 4. Eskadron des Garde=Husaren=Regiments befanden sich hinter der Waldparzelle südlich Staudenz; die 11. und 12. Kompagnie 3. Garde=Regiments z. F. gegen Marschau detachirt.

Das Gros der 1. Garde=Infanterie=Division debouchirte um diese Zeit aus Staudenz, unmittelbar gefolgt von der Re= serve derselben.

Die Tete der 2. Garde=Infanterie=Division befand sich in Raatsch, das Gros derselben noch in Eipel.

---

3. Bemerkungen zu dieser Gefechts=Periode.

A. Die österreichischen Maßregeln im Allgemeinen.

Als der Feldmarschall=Lieutenant Baron Gablenz um 8½ Uhr Morgens in der linken Flanke seines Korps auf den Höhen westlich Staudenz schwache feindliche Abtheilungen bemerkte, konnte er nach unserer Ansicht nur einen den Verhältnissen entsprechenden Entschluß fassen: schnelle Entwickelung der nächsten Abtheilungen nach der bedrohten Flanke; Versuch, mit denselben bis zu der selbstgewählten Stellung östlich Burkersdorf und Kaile vorzudringen. Aufsuchen der Verbindung mit den in Praußnitz=Kaile etwa vermutheten Abtheilungen des 4. Korps behufs Einleitung einer gemeinsamen Aktion, Beschleunigung des Anmarsches der rückwärtigen Brigaden und demnächst eventuell entschlossenes Vorgehen, um den Gegner in das enge Gebirgs= Defilee zurückzuwerfen.

Die in der geschilderten Gefechtseinleitung von Seiten des österreichischen Korps=Kommandos getroffenen Maßregeln entsprachen dem Vorstehenden durch=

aus nicht. — Dieselben wurden nicht vom Geiste der durch die Verhältnisse gebotenen Offensive getragen.

Man ließ die dem Feinde zunächst befindlichen Truppen, da wo sie sich zufällig befanden, zum Gefecht aufmarschiren, und indem man das Heran= kommen des Feindes in einer passiven Defensive abwartete, ließ man sich von demselben das Gesetz vorschreiben.

Indem wir, den Ereignissen vorgreifend, ferner bemerken: daß seitens des österreichischen Korps=Kommandos auch später nicht einmal der Versuch gemacht wurde, aus der genommenen Stellung bei Burkersdorf herauszugehen, glauben wir diese Passivität als einen entschiedenen taktischen Fehler bezeichnen zu müssen. Der= selbe zeugt von einem Mangel an Energie und Entschlossenheit in der Führung.

Von einem höheren preußischen Offizier, der in dem Gefecht bei Burkers= dorf in der vordersten Linie focht, wurde uns beim Aussprechen unserer Ver= wunderung über das zaghafte Auftreten des sonst als energisch bekannten österreichischen Korps = Kommandeurs die Erwiderung zu Theil: daß man preußischerseits unter dem Eindrucke kämpfte, den Gegner vollständig überrascht zu haben.

Für die einzelnen Truppentheile mag diese Auffassung eine ganz richtige gewesen sein, auch giebt sie uns die beste Erklärung für das anscheinend rück= sichtslose und nicht ungefährliche Vorgehen der preußischen Avantgarde: aber in Betreff der Lage des österreichischen Korps=Kommandeurs scheint uns diese Auffassung eine doch nicht zutreffende zu sein.

Der Feldmarschall=Lieutenant Baron Gablenz erwartete das Heranrücken des Feindes in seiner Flanke von Eipel her ziemlich bestimmt. Das zeigen seine Befehle für die Brigade Grivicic und sein wiederholtes Verlangen nach einer Besetzung von Praußnitz=Kaile ganz klar. Der Feldmarschall=Lieutenant konnte daher unmöglich überrascht sein, als er die Meldung von der An= näherung schwacher feindlicher Kavallerie= und Infanterie=Abtheilungen erhielt: lag doch darin nur eine Bestätigung seiner vorgefaßten Meinung!

Vielmehr möchte sein Verhalten eine psychologische Erklärung finden in der schon früher angedeuteten moralischen Nachwirkung, welche das Gefecht vom vorigen Tage auf ihn und seine Truppen ausgeübt hatte.

Speziell war die Korps=Geschütz=Reserve zweifellos überrascht. Es lag dies eben in dem durch die unzweckmäßige Marschdisposition bedingten Mangel an ausreichenden Sicherheitsmaßregeln nach der bedrohten Flanke hin; — die Mittel und Kräfte der Trainbedeckungs=Kompagnie waren zu diesem Zwecke ganz ungenügend und die Kavallerie war nach Alt=Rognitz disponirt.

Im Uebrigen war der sofortige vorläufige Aufmarsch der Korps=Geschütz= Reserve in unmittelbarer Nähe der großen Straße durchaus gerechtfertigt. Es galt einerseits die Straße selbst frei zu machen und andererseits die Artillerie möglichst schnell in Gefechtsbereitschaft zu setzen: — sei es, um einen plötzlichen Angriff feindlicher Truppen zurückzuweisen, sei es, um aus diesen ersten

Positionen je nach dem weiteren Verlauf des Gefechts in dasselbe unterstützend und abwehrend einzugreifen. — Dagegen mußte man, den Fehler der Marschdisposition nach Möglichkeit wieder gut machend, die Bewegung der Infanterie-Brigaden, soweit irgend angängig, beschleunigen und die zuerst disponiblen Bataillone sofort nach der Flanke herauswerfen. Diese Bataillone waren anzuweisen, durch einen ener= gischen Vorstoß in der Richtung auf das Debouchee des Gebirgs= Defilees — also etwa auf Staudenz zu — schwache feindliche Abthei= lungen zurückzuwerfen, einem überlegenen Gegner gegenüber aber so weit als möglich nach vorwärts Position zu nehmen.

Es kam eben vor allen Dingen darauf an, die Marschstraße des Korps der Wirkung des feindlichen Feuers zu entziehen und sich einen Raum für die Entwickelung der allmälig heranrückenden Brigaden zu schaffen. — Ueberdies wurde man auf ein solches Verfahren noch besonders durch den Umstand hin= gewiesen, daß man ja selbst beabsichtigt hatte, das Korps in eine Position östlich Burkersdorf und Kaile hineinzuführen. Es war daher ein Fehler, mit dem Aufmarsch der an der Straßentheilung südlich Neu-Rognitz angelangten Brigade Knebel unnöthig Zeit zu verlieren, und verschlimmert wurde dieser Fehler durch die mangelhafte Befehlsübermittelung, welche eine Frontveränderung der Brigade und damit von Neuem eine unnöthige und gefährliche Zeitversäumniß bedingte.

In den beiden ersten Heften unserer Wanderungen haben wir wiederholt gegenüber der hohen Gefahr, welche die Durcheinanderwürfelung der preußischen Bataillone in der Gefechtslinie involvirte, den großen Vortheil hervorgehoben und anerkannt, welcher im Allgemeinen der Führung der österreichischen Bri= gaden durch eine vor dem Eintreten in das Gefecht ausgeführte normalmäßige Neben= und Hintereinanderstellung ihrer Bataillone und Divisions=Kolonnen erwuchs.

Dagegen hatten wir aber auch mehrfach Gelegenheit, darauf hinzuweisen, wie einerseits das durch die Verhältnisse gebotene und von der preußischen Führung nicht gescheute Abstehen von der zeitraubenden Ausführung eines reglementsmäßigen Aufmarsches derselben große Vortheile gewährte, und wie andererseits das schematische, ängstliche Festhalten der österreichischen Führung an dieser, an sich nur empfehlenswerthen Maßregel große Nachtheile mit sich führte oder wenigstens mit sich geführt haben würde, wenn der Gegner seinerseits nicht Unterlassungsfehler begangen hätte.

Die Wissenschaft der Taktik ist nicht im Stande, dem Führer für jede be= sondere Lage, in welche er im Kriege kommen kann, ein unfehlbares Rezept zu geben, weil sie eine Kunst behandelt, deren allgemeine Gesetze in ihrer An= wendung der Modifizirung durch den Geist und den Genius des freischaffenden Künstlers unterworfen bleiben.

Es ist daher auch unmöglich, die Fälle, in denen die Ausführung des reglementsmäßigen Aufmarsches der einzelnen Truppentheile und kleineren und größeren Truppenverbände vor ihrem Eintritt in das Gefecht erlaubt oder geboten ist, genau zu präzifiren. Im Allgemeinen können wir nur sagen: Dieses Aufmarschiren vor dem Gefecht ist unter allen Umständen sehr wünschenswerth und hat daher jederzeit stattzufinden, wenn nicht der durch die Ausführung des Aufmarsches bedingte Zeit= verlust eine größere Gefahr involvirt, als die mit der Nichtaus= führung deffelben fast nothwendig verbundene Zerreißung der Ordre de bataille, welche ihrerseits meist eine übermäßige Aus= dehnung der Gefechtslinie und eine die Führung außerordentlich erschwerende Durcheinanderwürfelung der Truppen zur Folge hat.

Auf welcher Seite die größere Gefahr liegt, das zu beurtheilen oder durchzufühlen ist Sache des Führers und wird sich hierbei das Maß seiner Kriegserfahrung, seines Talentes oder seines Genies dokumentiren.

Da, wo ein Gefecht bereits längere Zeit gewährt hat, und wo man beab= sichtigt, die vorderen Truppen, direkt oder indirekt, zu unterstützen oder auf= zunehmen, da, wo es gilt, mit wuchtigem Schlage die Entscheidung herbeizu= führen: müssen die Truppen unter möglichst strenger Festhaltung der Ordre de bataille vorgeführt werden und in solchen Fällen dürfte wohl nur sehr aus= nahmsweise die Zeit zur Ausführung des Gefechtsaufmarsches fehlen.

Da hingegen, wo es sich wie fast bei allen Avantgarden=Gefechten um ein Renkontre handelt; da, wo man den Feind überrascht hat, oder sich selbst überraschen ließ; da, wo es zunächst darauf ankommt, in schnellem Anlauf den Feind aus einer günstigen Position zu vertreiben, um sich selbst darin festzusetzen oder um Raum zu gewinnen, die rückwärtigen Truppen vor den Geschossen der feindlichen Waffen gesichert zu entwickeln; oder da, wo man in schnellem Ueberblick des Terrains die Nothwendigkeit, eine derartige günstige Position vor dem Feinde zu besetzen, erkannt hat: — in solchen und ähnlichen Fällen muß der Führer es verstehen, die Gunst des Augenblicks durch schnelles, entschlossenes und energisches Handeln auszukaufen und denselben nicht durch zeitraubende Bewegungen sich entschlüpfen lassen.

Der Führer wird sich aber um so eher von der Form frei machen können, je mehr er sich auf die Intelligenz und Selbst= ständigkeit seiner Unterführer verlassen kann.

Das Kommando des österreichischen 10. Korps befand sich am 29. Juni Morgens 8½ Uhr, als der Feldmarschall=Lieutenant Baron Gablenz die Mel= dung von dem Erscheinen schwacher feindlicher Abtheilungen in seiner Flanke erhielt, in einer der zuletzt geschilderten Lagen. In derselben mußte man sich der Fesseln äußerer Formen entschlagen und die nächsten Abtheilungen rück= sichtslos dem Feinde entgegen werfen.

Wurde die Brigade Knebel von vorne herein angewiesen, ihre vordersten 3 Bataillone auf das Schleunigste in die Gehölze östlich Burkersdorf vorzu= werfen, so würde man mit diesen Truppen, vollständig unbelästigt vom Feinde, das Gehölz zunächst westlich Staudenz haben besetzen und dadurch wahrscheinlich das Debouchiren der preußischen Avantgarde aus diesem Orte heraus verhindern können.

Aber selbst bei den getroffenen Dispositionen verblieb dem Korps-Kommandeur bis 11½ Uhr immer noch ausreichende Zeit, entsprechende Maßregeln zur Verhinderung einer gefährlichen Annäherung der feindlichen Vortruppen zu ergreifen.

Man konnte über die Situation im Allgemeinen nicht im Unklaren sein, da die Entwickelung der preußischen Avantgarde von den Höhen bei Burkersdorf vollständig zu übersehen war.

Man mußte also beim österreichischen Korps-Kommando wissen, daß sich bisher nur schwache feindliche Infanterie-Abtheilungen, unterstützt durch wenig Artillerie und Kavallerie, auf einer sehr ausgedehnten Front zum Angriff formirt hatten.

Erst 1½ Stunden nach den ersten Meldungen, nämlich um 10 Uhr, gingen diese Abtheilungen zum Angriff vor. Größere Massen des Feindes waren noch nicht zu sehen: aber Alles, was auf dem Gefechtsfelde erschien, kam von Raatsch und Staudenz her. Es war daher wohl zweifellos, daß sich hier ein feindliches Korps aus dem Defilee von Eipel her zu entwickeln bemühte. — Man konnte ziemlich genau schätzen, wie viel Truppen in einer bestimmten Zeit aus dem engen Loch heraussickern würden.

Es entstand daher die Frage: ob es nicht möglich sei, diese Entwickelung zu verhindern und gleichzeitig sein örtliches Operations-Objekt — die Höhen östlich Burkersdorf und Kaile — zu erreichen.

Offenbar lagen die Verhältnisse zur Zeit noch sehr günstig für die Erreichung dieser Zwecke. — Während die eigene Front durch die Artillerie eine Stärke gewann, an welcher bei einer einigermaßen angemessenen Unterstützung durch Infanterie und Kavallerie jeder feindliche Angriff abprallen mußte, so bot sich die Gelegenheit zu einem umfassenden Angriff gegen die dünne feindliche Linie von selbst.

Unter allen Umständen mußte man die Waldparzellen 520 und 540 behaupten, da sie für die Stellung der Artillerie von höchster Wichtigkeit waren. Man mußte daher, sobald man die feindliche Infanterie sich zum Angriff formiren sah, die schwachen Besatzungen derselben durchaus verstärken. Das II. Bataillon des Regiments Franz Joseph Nr. 1 stand zu diesem Zwecke bei Burkersdorf unmittelbar à portée und ebenso war das I. Bataillon des Regiments E.=H. Carl Nr. 3 zur Hand. Die Kavallerie reichte zur Deckung der weit zurückstehenden Artillerie zunächst vollständig aus. — Denken wir uns das erstgenannte Bataillon in die Parzelle 520, in welcher bereits das I. Bataillon desselben Regiments stand; das letztere in die Parzelle 540, zur Verstärkung der Trainbedeckungs-Kompagnie vorgeworfen, so ist kaum anzunehmen, daß die preußischen Avantgarden-Kompagnien im ersten Anlauf sich in den Besitz der Parzelle 520 gesetzt haben würden; eventuell konnte noch das II. Bataillon des Regiments E.=H. Carl Nr. 3 zur Unterstützung schnell hierher gezogen werden.

Demnächst konnten die in erster Linie auf und südlich der Höhe 603 aufgefahrenen Batterien unter dem Schutze eines die linke Flanke deckenden

Bataillons bis auf die Höhen westlich des alten Steinbruchs avanciren. — Von dieser Position aus, welche sich von dem Standpunkte 603 als eine weithin dominirende markirt, hatte die Artillerie eine vorzügliche Wirkung auf Staubenz und gegen die östlich davon gelegenen Höhen und gab daselbst der Stellung der vorgeschobenen Infanterie einen festen Halt. —

Von hier aus wirkte man einerseits besser gegen die preußischen Batterien, welche man bald zum Zurückgehen bis auf die Höhen bei Raatsch gezwungen haben würde — 24 gegen 12 Geschütze — und beschoß außerdem die angreifende Infanterie in der Flanke. —

Es würde dann auch gewiß nicht unterlassen sein, von diesen Höhen aus mit den noch verfügbaren, aus den Waldungen südöstlich Neu-Rognitz herangezogenen Bataillonen der Brigade Knebel direkt gegen die Flanke der schwachen preußischen Angriffslinie vorzubrechen.

Wir glauben kaum auf einen Widerspruch zu stoßen, wenn wir behaupten, daß das österreichische Korps-Kommando in der ganzen Zeit von 8½ bis 11 Uhr Vormittags nur den klaren und festen Willen zu haben brauchte, um mit geringen Opfern jedes Vordringen preußischer Truppen über Staubenz hinaus absolut zu verhindern. — Truppen zur Durchführung dieses Willens waren unmittelbar zur Stelle, das strategische Operations-Objekt des Korps gab dem Willen eine ganz bestimmte Richtung und schloß jedes Schwanken aus, während das Terrain und die Schwäche des Feindes die Durchführung durchaus begünstigten.

Gleichzeitig mit der Brigade Knebel war von Neu-Rognitz her die Brigade Mondel heranzuziehen. Die Brigade Wimpffen hatte die Deckung des Korps gegen Trautenau als Arrieregarde zu übernehmen, war aber ebenfalls vorläufig nach Neu-Rognitz zurück zu beordern.

Sobald das Dragoner-Regiment Windischgrätz herankam, mußte es den Befehl erhalten, mit seiner Batterie in der Richtung auf Kaile vorzugehen, die feindliche Kavallerie zu werfen und in dem offenen Terrain nördlich Kaile das Vorgehen des Feindes nach Möglichkeit aufzuhalten. — Das Regiment konnte auch noch durch die Ulanen angemessen verstärkt werden.

Während der Ausführung dieser Bewegungen mußte die Situation sich vollständig aufklären. Bald würde man erkannt haben, wie man es zunächst nur mit einer schwachen feindlichen Avantgarde zu thun hatte, und ebenso würde man alsbald erfahren haben, daß Kaile von österreichischen Truppen nicht besetzt sei.

Es galt dann, den Vortheil der augenblicklichen Ueberlegenheit auszunutzen. Die noch disponiblen Batterien mußten unter dem Schutze der inzwischen herangekommenen Bataillone der Brigade Mondel auf den Höhen südlich der von der Infanterie besetzten Gehölze (etwa Kuppe 495 des preußischen Planes) auffahren, während die Infanterie auf dem rechten Flügel zur Besetzung der Höhen östlich Kaile verwendet wurde.

Somit halten wir es für zweifellos, daß nach 2½—3 Stunden, also gegen 11 bis 11½ Uhr Vormittags, das österreichische Korps-Kommando auf den

Höhen westlich Staudenz, in der allgemeinen Linie „Alter Steinbruch — Ost= spitze von Kaile" zwei Infanterie=Brigaden (Knebel und Mondel), 5—8 Eska= drons und 7 Batterien oder 56 Geschütze aufgestellt haben konnte, während die Brigade Wimpffen im Anmarsch war und — da man um diese Zeit doch endlich darüber Gewißheit erlangt haben mußte, daß von Trautenau nichts zu befürchten sei — als Reserve zur Disposition stand.

Um diese Zeit — 11—11½ Uhr Mittags — waren aber erst 6 Bataillone, 2 Batterien à 6 Geschütze und 1 Kavallerie=Regiment preußischerseits zur Ent= wickelung gelangt, während der Rest der Division Hiller noch im Begriff war, aus dem Defilee heraus aufzumarschiren und die Division Plonski sich noch in langer Marschkolonne mit der Queue bei Eipel und auf dem linken Ufer der Aupa befand.

Die Lage wäre hiernach für die Oesterreicher eine sehr günstige gewesen und mußte sich noch wesentlich verbessern, sobald während des nun bei Staudenz voraussichtlich entbrennenden Kampfes die schon um 8 Uhr Morgens von den Höhen östlich Kriblitz auf Ober=Raatsch beorderte Brigade Grivicic plötzlich in der Flanke des Feindes erschien.

Dann mochte der Moment gekommen sein, offensiv vorzugehen und den Gegner in das enge Defilee und über die Aupa zurückzuwerfen. — Wenn nun von alledem nichts geschah, so drängt sich uns die Frage auf: ob das Kommando des österreichischen Korps etwa in der Stärke und vortheilhaften Lage der faktisch eingenommenen Position bei Burkersdorf ein entsprechendes Aequivalent für die durch eine schnelle Offensive sich ihm bietenden Vortheile fand?

_____

B. Beschreibung und Beurtheilung der österreichischen Stellung bei Burkersdorf.

Die von einem Theil der österreichischen Korps=Geschütz= Reserve zwischen den beiden Straßen nach Josephstadt (Königin= hof) und Kaile eingenommene Position beherrscht zwar das ganze vor= liegende Terrain, welches sich mit sanft geböschten Wellen nach Süden und Osten gegen Praußnitz=Kaile und Staudenz hinuntersenkt, doch wird die Artillerie= wirkung durch die den südlichen Abfall bedeckenden Waldparzellen beschränkt.

Sobald diese Parzellen (520) in die Hände des Angreifers gefallen sind, gewähren sie demselben eine verdeckte, nur 500—1000 Schritt von der Artillerie= position entfernte Aufstellung. Jene Position wird dadurch zum Theil unhaltbar. Hierzu kommt noch, daß sich auf dem rechten Flügel jener Artillerieposition, etwa 300 Schritt von ihr entfernt, ein Steilabfall im Terrain befindet, welcher den feindlichen Schützen gestattet, in schnellem Anlauf unter den Schutz zu kommen, und daß auf dem linken Flügel derselben kleine Baumpartien, Hohlwege und plötzliche Terrainsenkungen den Tirailleurs des Angreifers ebenfalls eine gedeckte Annäherung auf 400 bis 300 Schritt gewähren. — Es bedarf also zur Sicherung der Batterien einer hartnäckigen Vertheidigung der nächstgelegenen Waldparzellen.

Burkersdorf bietet nur einen mangelhaften Stützpunkt in der Front, und hieraus ist es zu erklären, daß das Dorf bei der Einnahme der Stellung unbesetzt blieb. Beabsichtigte man indessen kein offensives Vorgehen aus der Position, so war es angezeigt, den Ort, so weit es die Zeit erlaubte, flüchtig zur Vertheidigung einzurichten und ihm eine bestimmte Besatzung zu geben.

Der Dorftheil östlich der Straße besteht aus zwei hintereinander liegenden Gruppen kleiner, einstöckiger, meist aus Holz erbauter, mit Schindeln oder Stroh gedeckter, zu einer hartnäckigen Vertheidigung wenig geeigneter Häuser. Die Gehöfte liegen vereinzelt und sind nur von schwachen, leicht zu durchbrechenden, niedrigen Zäunen und Hecken umgeben. Die der Straße zunächststehende Häusergruppe ist etwas dichter zusammengebaut und hat auch einzelne massive Gebäude.

Im Allgemeinen wird sich indessen die Vertheidigung in diesem Dorftheile zersplittern, und die Leitung des Gefechts ist dadurch erschwert.

Da, wo sich von der Chaussee der Weg nach Deutsch=Prausnitz abzweigt, liegt östlich der Straße die Brauerei: ein festes, massives, von einer hohen Mauer umgebenes und zu einer hartnäckigen Vertheidigung sehr wohl geeignetes Gehöft mit einem zweistöckigen Haupt= und mehreren Neben=Gebäuden.

Die Chaussee selbst bildet einen natürlichen Dorfabschnitt. An der Westseite derselben liegen mehrere, zum Theil zweistöckige, feste, massive Gehöfte, allerdings weder zusammenhängend, noch von starken Umfriedigungen umfaßt. — Ein bis zwei Bataillone, denen doch mindestens zwei Stunden Zeit zur Einrichtung und Verstärkung der Oertlichkeit verblieben, hätten sich in dem Dorfe recht gut festsetzen und einnisten können. Die Frontausdehnung desselben beträgt gegen Südosten nur etwa 500 Schritt.

Ungünstig für die Vertheidigung von Burkersdorf sind seine tiefe Lage im Terrain und die im Osten und Süden vorgelegenen Waldparzellen, welche dem Angreifer bis auf 400 und 300 Schritt eine verdeckte Annäherung gestatten.

Die Waldparzellen südlich des Dorfes auf der Kuppe 540 des preußischen Planes und westlich davon sind zwar ziemlich dicht, aber für Tirailleurs und kleine Kolonnen noch ganz gut zu passiren; größere Kolonnen können sehr bequem zwischen den vereinzelten Parzellen hindurch und seitlich derselben vorbrechen.

Die Waldparzellen östlich des Dorfes auf Kuppe 520 und östlich davon bestehen aus wenig dichtem, mittlerem Nadelholz, das die Bewegung der Infanterie im Allgemeinen nicht wesentlich behindert.

Die Beschaffenheit der rechten Flanke der Position ist als günstig zu bezeichnen. Die erwähnten Waldparzellen südlich von Burkersdorf gewähren der Infanterie sehr vortheilhafte Stütz= und Vertheidigungspunkte und liegen so hoch, daß man von ihren Lisieren das ganze Terrain einsehen und mit Artillerie= und Infanteriefeuer beherrschen kann. Der Angreifer findet wenig Deckung im Vorterrain. Vor Allem aber ist die Gunst des Terrains für das Auftreten von Kavallerie und reitender Artillerie hervorzuheben. Im Süd= osten jener Parzellen finden beide Waffengattungen bis nach Kaile und Staudenz hin in dem leicht gewellten und sanft gebösschten Terrain ein vollständig freies Feld für ihre Wirksamkeit.

Viel ungünstiger erscheint die Beschaffenheit der linken Flanke der Position, wo ausgedehnte Waldungen die Uebersicht verhindern, die Ver= theidigung erschweren und eine verdeckte Annäherung des Feindes gestatten. — Das Terrain ist hier kurz und steil gebösscht, von tiefen Schluchten mit jähen Rändern, sehr unregelmäßig geformten Wasserrissen und hohen, senkrechten Terrassen und Steilabfällen durchschnitten. Der Waldbestand ist von sehr ungleicher Beschaffenheit, zum Theil niedrig, dicht und selbst für Schützen und kleine Kolonnen kaum zu passiren. Im Ganzen wird die Führung und höhere Leitung eines Gefechtes in diesem Abschnitt außerordentlich erschwert und erfordert so viel Kräfte, daß es bedenklich erscheinen muß, sich überhaupt in einen Kampf daselbst einzulassen. — Uebrigens drohte von dieser Seite zunächst keine Gefahr.

Der Rückzug aus der Position wird nach Westen gegen Pilnikau hin durch die Stellung auf der Granner Koppe mit den südwestlich davon gelegenen Höhen und Wäldern begünstigt. Der Abschnitt ist wenigstens zur Vertheidigung durch Infanterie geeignet, und wenn auch der Abzug der Artillerie und Kavallerie sowie namentlich der Trains in dem steil gebösschten, nur von schmalen, steinigen Wegen durchzogenen Terrain nicht ohne Gefahr ist, so wird dadurch auch die Verfolgung des Feindes erschwert und gehemmt.

Das Werk des österreichischen Generalstabes läßt darüber im Ungewissen, ob dem Kommando des 10. Korps in Bezug auf seine Rückzugslinie besondere Instruktionen zugingen. Berücksichtigt man jedoch, daß das Korps auf der Josephstädter Straße zurückgezogen wurde, um in Gemeinschaft mit dem bei Skalitz aufgestellten Korps den Abmarsch der Armee gegen die Iser zu decken, daß eine eventuelle Zusammenwirkung, also eine Annäherung beider Korps, im Sinne ihrer Aufgaben lag, und daß dieselben endlich im unglück= lichsten Falle den besten Stützpunkt an den Elbfestungen fanden: so muß die Josephstädter Straße als die der allgemeinen strategischen Situation am besten entsprechende Rückzugslinie für das 10. Korps bezeichnet werden.

Eben diese Straße lag aber vollständig in der rechten Flanke der Burkersdorfer Stellung. — Demnächst erscheint die Position aber auch zu eng für die darin zur Verwendung kommenden Truppen.

Wenn man sich entschloß, sofort die gesammte Korps=Geschütz=Reserve zu entwickeln und unter ihrem Schutze die im Anmarsch begriffenen Brigaden in das Gefecht zu bringen, so verdient solches die vollste Anerkennung. Die Wirkung

4*

dieses Entschlusses mußte aber sofort wieder abgeschwächt werden, sobald man in der Ausführung desselben die Hälfte der disponiblen Batterien 800—900 Schritt rückwärts der Hauptposition in Stellungen hineinbrachte, von welchen aus das Ueberschießen der vorderen Truppen mindestens nicht ohne Gefahr und Bedenken war; überdies konnte von dort aus die Wirkung gegen die sich in einer Entfernung von 3000 Schritt entwickelnden und in kleinen Kolonnen formirten Angriffstruppen nur eine geringe sein.

Schon die Rücksicht auf Ausnutzung der Ueberlegenheit an Artillerie mußte daher zu einer Ausdehnung der Stellung hindrängen, und zwar wies das Terrain auf eine Verlängerung des rechten Flügels hin.

Dort erhielt man die Möglichkeit einer Zusammenwirkung mit den in Praußnitz=Kaile angeblich vermutheten Truppen des 4. Korps sowie eine bessere Deckung der Rückzugsstraße und eine ausgiebigere Beherrschung des Angriffs= terrains.

Endlich müssen wir es als einen großen Mangel der Stellung bezeichnen, daß die Anmarschlinie der rückwärtigen Brigaden und Trains mitten durch dieselbe hindurchging.

Die Straße nach Josephstadt war von den letzteren nur unter dem vollen Feuer des Gegners passirbar, da sie wenige Schritte hinter den vorderen Batterien und nahe vor der Front der hinteren Artillerie=Aufstellung entlang führt.

Man konnte doch im Momente des ersten Zusammenstoßes mit dem Feinde, in welchem man nur „schwache Kavallerie= und Infanterie= Abtheilungen" auf 1500—2000 Schritt Entfernung bemerkte, auch Praußnitz= Kaile noch von eigenen Truppen besetzt wähnte, unmöglich schon die Benutzung der Hauptrückzugslinie und die Erreichung der selbst gewählten Position voll= ständig aufgegeben haben!?

Allerdings war ein Theil des Trains sofort auf Pilnikau abgebogen, und ein weiterer Theil desselben hatte bereits weiter vorwärts Weiberkränke erreicht, dagegen befand sich der Rest der Trains noch bei Neu=Rognitz und mußte sollte er nicht auf sehr schlechte und beschwerliche Seitenwege verwiesen werden, mitten durch die eingenommene Stellung hindurchgehen.

Nach Allem erscheint die Position keineswegs sehr stark und günstig und die Einnahme derselben nur erklärlich durch das Bestreben, namentlich mit der die Bewegung hemmenden Artillerie schnell aus der Marsch= in die Gefechts= formation überzugehen. Sobald aber dieser Zweck erreicht war, mußte man unter allen Umständen energisch vorgehen, um Terrain zu gewinnen, und wenn angängig die selbstgewählte Stellung einnehmen.

Wie stand es nun mit der Vertheilung der Truppen in der genommenen Stellung?

C. Die Vertheilung der österreichischen Truppen in der Stellung.

Dieselbe kann nicht durchgängig als zweckmäßig bezeichnet werden:

Die Verwendung von 3 Bataillonen Infanterie, also von der Hälfte der überhaupt zunächst disponiblen Bataillone, in den ausgedehnten und schwierig zu passirenden Waldungen des linken Flügels südöstlich von Neu=Rognitz war eine halbe und daher falsche Maßregel. Sie brachte zur Führung des Gefechtes zu wenig, zur bloßen Beobachtung und Flankensicherung aber viel zu viel Kräfte in Verwendung. Dazu warf man die Bataillone in das bedeckte Terrain hinein, ohne ihnen einen bestimmten zu vertheidigenden Abschnitt, eine markirte Lisiere anzuweisen und anweisen zu können. Es kann daher kaum verwundern, wenn von der Gefechtsthätigkeit dieser Truppen die Berichte nichts zu melden wissen.

Da zunächst von dieser Seite gar keine Gefahr drohte, würde 1 Bataillon zur Deckung des linken Flügels der Artillerie vollkommen genügt haben. Vorgeschobene Unteroffizier=Posten und weit ausgreifende Patrouillen mußten etwaige Umfassungs= und Umgehungs=Versuche des Feindes rechtzeitig melden.

Wurde dieser Flügel dann wirklich vom Gegner ernstlich bedroht, so stand bei Neu=Rognitz die ganze Brigade Mondel à portée, die Umgehungs=Kolonne des Gegners zu flankiren, auch konnte unter Umständen die über Rudersdorf disponirte Brigade Grivicic in diesem Sinne verwendet werden.

Viel wichtiger war dagegen, wie schon oben bemerkt, eine stärkere Besetzung der auf dem rechten Flügel der Artillerie=Position gelegenen Waldungen. Hier lag der bedrohteste Punkt, und nur von hier aus konnte man mit den etwa in Praußnitz vermutheten Truppen in Verbindung treten.

Benutzte man überdies das günstige Terrain zwischen den Waldparzellen und Praußnitz zur Verwendung der Kavallerie und reitenden Artillerie und brachte man ebendaselbst diejenigen Batterien der Korps=Geschütz=Reserve in Position, welche in der Hauptaufstellung keinen Platz mehr fanden, so wurden wenigstens alle disponiblen Gefechtskräfte frei zur Aktion.

Endlich wäre es immer noch vortheilhafter gewesen, Burkersdorf durch 1—2 Bataillone zu besetzen, statt in jene Waldungen auf dem linken Flügel 3 Bataillone hineinzuwerfen.

Das Regiment Windischgrätz=Dragoner war von Alt=Rognitz, dem Kanonendonner folgend und seine ihm durch die Disposition ertheilte Direktion auf Staudenz aufgebend, direkt auf Neu=Rognitz gerückt.

Dieser Entschluß ist anfechtbar, weil die Marschkolonne dadurch ihres Flankenschutzes beraubt wurde und das Regiment doch immer hoffen durfte, durch eine Beschleunigung seines Marsches in der befohlenen Direktion noch rechtzeitig auf dem Gefechtsfelde und zwar wahrscheinlich in der Flanke des Feindes zu erscheinen; — überdies mußte nun die Verbindung mit der Brigade Grivicic vollständig verloren gehen.

Andererseits sind der Geist und Thatendrang anzuerkennen, welche den Kommandeur des Regiments antrieben, sich so schnell als möglich auf dem bequemsten und dadurch nächsten Wege dorthin zu begeben, wo der Kampf entbrannt war; — auch mochte ihm das Terrain zwischen Alt-Rognitz und Staudenz für das Auftreten der Kavallerie zu wenig geeignet erscheinen. Wenn daher die Kritik mit ihren etwaigen Einwendungen gegen die Bewegung im Allgemeinen zurückhalten muß, so wird sie es doch als **fehlerhaft zu bezeichnen haben, daß man zur Deckung der Flanke der Hauptkolonne und zur Verbindung mit der Brigade Grivicic nicht wenigstens 1 Eskadron in der ursprünglichen Richtung beließ.**

Fehlerhaft war es überdies, daß man seitens des Korps-Kommandos das herangekommene Regiment nicht zu einer sofortigen Rekognoszirung gegen Praußnitz-Kaile verwandte. — Man setzte ja bei dem genannten Orte 6 Infanterie-Bataillone und ½ Batterie voraus. Von den Höhen bei Burkersdorf reicht der Blick bis zu den Höhen südlich Praußnitz-Kaile: nirgends ließ sich von den erwarteten Truppen etwas sehen. Wo waren dieselben, warum griffen sie nicht in das Gefecht ein, warum gaben sie nicht durch einige Schüsse ein Zeichen ihrer Anwesenheit? — Nur eine Rekognoszirung konnte Antwort auf diese wichtigen Fragen geben, und war dieselbe aber auch ganz abgesehen hiervon durchaus nothwendig, da ihre Ergebnisse in Bezug auf den Feind für die weiteren Entschlüsse und Dispositionen des österreichischen Korps-Kommandos von entscheidendem Einfluß sein mußten. Ueberdies fand die Kavallerie dort das für ihre Thätigkeit am besten geeignete Terrain.

D. Beurtheilung der preußischerseits getroffenen Anordnungen.

Um 8½ Uhr Morgens erhielt man beim General-Kommando des preußischen Garde-Korps die Meldung von dem Marsche feindlicher Kolonnen in der Richtung von Königinhof auf Trautenau resp. in der Richtung auf Eipel. In Folge dessen sollte die vordere Division in einer zweckentsprechenden Stellung die weitere Aufklärung der Sachlage abwarten. Eine solche Stellung glaubte der Divisions-Kommandeur nur hinter der Aupa finden zu können, und ließ daher Kehrt machen. Nach kurzer Zeit erhielt man richtigere Meldungen und ging alsbald wieder vorwärts. Durch diese kurze, rückgängige Bewegung entstand eine Verzögerung in der Entwickelung des Korps. Dieser Aufenthalt hätte von einem energischen Gegner zu seinem Vortheile sehr gut ausgebeutet und dem preußischen Korps gefährlich werden können. Es drängen sich uns daher zwei Fragen auf:

1) War das Zurückgehen der Kolonnen unter der Voraussetzung
   der Richtigkeit der eingegangenen Meldungen der allge=
   meinen Situation und den Terrainverhältnissen entsprechend?

2) Welche Maßregeln sind zu ergreifen, um das Eingehen unrichtiger
   Meldungen, die leicht verhängnißvolle Folgen haben können, möglichst
   zu vermeiden?

Wir beantworten zunächst die erste Frage.

Die Aufgabe des preußischen Garde-Korps ging dahin, das 1. Armee=
Korps, welches am Tage vorher bei Trautenau ein unentschiedenes Gefecht be=
standen haben sollte, zu degagiren, zu dem Ende gegen Kaile vorzurücken und
eventuell in das sich etwa neu engagirende Gefecht bei Trautenau einzugreifen.

Als die Meldungen von dem Vorrücken feindlicher Kolonnen gegen Traute=
nau und Eipel eingingen, konnte man wohl nur vermuthen, daß die ersteren das
österreichische Korps, welches am Tage vorher das 1. Armee=Korps geschlagen hatte,
noch verstärken, und die letzteren diese Bewegung gegen Eipel hin decken sollten.

Konnte man nun darauf rechnen, daß das 1. Armee=Korps am 28. Juni
den Kampf bei Trautenau von Neuem aufnehmen würde, so mußte die Lage
desselben durch die vorrückende Verstärkung des Feindes sehr gefährdet er=
scheinen, und erwuchs für das Garde-Korps die Pflicht, Alles zu versuchen, um
das 1. Korps zu unterstützen und zu degagiren. Dies würde also die Aktion
nach vorwärts und nicht nach rückwärts getrieben haben, und zwar um so
mehr, als auch das dem Armee=Korps gestellte Marschziel — Kaile — ebenfalls
vorwärts und nicht rückwärts lag.

Außerdem ist nicht zu verkennen, daß, wenn man bis hinter die Aupa zu=
rück ging, leicht die Nothwendigkeit eintreten konnte, das sehr schwierige Defilee
von Eipel und Raatsch, welches zum Theil schon passirt war, Angesichts des
Feindes wieder nehmen zu müssen. Trotz aller dieser Bedenken erscheint der
Entschluß, die volle Aufklärung der Situation in einer zweckent=
sprechenden Stellung, welche dann allerdings nur hinter der Aupa
sich bot, abzuwarten, durch die Meldung gerechtfertigt, welche man, wie
oben erwähnt, in Betreff des 1. Armee=Korps in demselben Augenblick erhielt,
als die Nachrichten über das Vorrücken des Feindes gegen Trautenau und
Eipel hin einliefen.

Jener Meldung zufolge war das 1. Armee=Korps am 27. Juni Abends
in die Berge zurückgeworfen und die Verbindung mit demselben unterbrochen
worden. Man wußte also nicht, ob dasselbe am 28. Juni wieder vorgehen und
schlagen, event. wann in das Gefecht eingreifen konnte.

Hierdurch wurde die Lage des preußischen Garde=Korps — immer unter
der Voraussetzung der Richtigkeit der über die Bewegungen des
Feindes eingegangenen Meldungen — eine äußerst prekäre. Wenn es
auch wirklich gelang, den feindlichen Kolonnen gegenüber, welche den Meldungen
zufolge gegen Eipel vorrückten, die gute Position am Ausgange des Debouchées
— östlich von Staudenz — zu gewinnen und zu behaupten und unter ihrem
Schutze zunächst die Division Hiller zur Entwickelung zu bringen, wozu

immerhin mehrere Stunden Zeit erforderlich waren: so mußte man dann bald durch die von Trautenau her drohende Gefahr in die übelste Lage kommen.

Man wußte beim General=Kommando des preußischen Garde=Korps, daß am 27. Juni das 1. Armee=Korps gegen das ganze österreichische 10. Korps im Gefecht gestanden hatte, und wahrscheinlich waren ihm über die Stärke des Feindes bei Trautenau noch übertreibende Mittheilungen zugegangen.

Dieser Feind wurde nun, wie die eingehenden Meldungen besagten, durch lange Kolonnen, die von Königinhof gegen Trautenau marschirten, verstärkt. Da auch andere Kolonnen gegen Eipel vorrücken sollten, mußte man annehmen, daß man sich einem sehr bedeutend überlegenen Feinde gegenüber befand.

War das 1. Armee=Korps nun nicht mehr schlagfähig und zum sofortigen Eingreifen in das Gefecht bereit, so lag die Gefahr nahe, daß das Garde= Korps, während es in der Front Staudenz gegenüber in einen hartnäckigen Kampf verwickelt war, plötzlich über Alt=Rognitz und Burkersdorf her von einem ganzen österreichischen Korps in die Flanke gefaßt wurde und zwar wahr= scheinlich in einem Augenblick, wo die Division Plonski noch in tiefer Marsch= Kolonne in dem schmalen und beschwerlichen Gebirgsdefilee sich befand. — Bei der Ungunst des Terrains konnte das Korps hier leicht einer vollständigen Katastrophe verfallen.

Diese Erwägungen rechtfertigen den Entschluß, mit der Division Hiller vorerst in einer entsprechenden Stellung die volle Aufklärung der Sachlage abzuwarten, vollkommen, und so ungern man sich dazu entschließen mochte, eine rückgängige Bewegung anzuordnen, konnte man sich dem nicht entziehen, sobald man die Ueberzeugung gewonnen hatte, daß sie im Hinblick auf die strategische Lage des Korps und auf die Ungunst des Terrains zur Nothwendig= keit wurde.

Im schlimmsten Falle konnte man das 1. Korps veranlassen, wenigstens am 29. Juni in aller Frühe gegen Trautenau wieder vorzurücken und dann gemeinschaftlich mit ihm, eventuell auch noch durch das 5. Korps unterstützt, über die Aupa wieder vorgehen und sich durch eine solche gleichzeitige Aktion die Pässe öffnen.

Daß es dem General=Kommando des preußischen Garde= Korps nicht an Schnelligkeit und Festigkeit des Entschlusses und an Energie in der Ausführung mangelte, beweisen der nach Rich= tigstellung der falschen Nachrichten sofort erlassene Befehl zum Wiederantritt des Vormarsches und die weitere Ausführung dieses Befehls. Die Situation mußte natürlich ganz anders erscheinen, sobald man die Meldung erhielt, daß große Kolonnen des Feindes, vorwiegend aus Fuhrwerk bestehend, in der Richtung von Trautenau auf Königinhof und nicht umgekehrt marschirten, und daß gegen Eipel keine Truppen vorrückten.

Man konnte hieraus den Schluß ziehen, daß keine Verstärkungen von Josephstadt her im Anrücken auf Trautenau begriffen seien, sondern daß vielmehr das bei letzterem Orte stehende Korps, welches am Tage vorher mit dem 1. Korps gekämpft hatte, sich auf dem Rückmarsch befinde und wahrscheinlich seine Trains vorausgeschickt habe. Vielleicht wurde diese Vermuthung auch durch die Ge= fangenen bestätigt. — Jedenfalls brauchte man nicht mehr zu befürchten, einem sehr überlegenen, die eigene Flanke bedrohenden Feinde gegenüber zu stehen und konnte nun Alles daran setzen, das Korps auf dem rechten Ufer der Aupa zur Entwickelung zu bringen. — Dazu brauchte man Raum, und den gewann man am schnellsten und sichersten durch eine entschlossene Offensive, welche überdies die beste Aufklärung der Situation versprach und auch hoffen ließ, den offenbar sehr sorglos marschirenden Gegner von der Flanke her über= raschend anzufallen.

Wir kommen nun zur Beantwortung der zweiten Frage: Welche Maß= regeln sind zu ergreifen, um das Eingehen unrichtiger Meldungen, die verhängnißvolle Folgen haben können, möglichst zu vermeiden?

Zunächst ist hier zu bemerken, daß das Eingehen unvollständiger, unrichti= ger oder selbst unwahrer Meldungen niemals ganz zu vermeiden sein wird. Es muß indessen einen Hauptgesichtspunkt für die Friedensausbildung, sowie für die Führung im Kriege bilden, sich möglichst guter Meldungen zu ver= sichern, da sie als Grundlage für alle wichtigen Entschlüsse dienen.

Das Ober=Kommando der preußischen II. Armee hatte vor dem Ausbruch des Krieges, so viel uns bekannt ist, keine Instruktion über das taktische Ver= halten der Truppen im Gefecht erlassen, dagegen hatte es einige wichtige Regeln, das Nachrichten= und Meldungswesen betreffend, in Erinnerung gebracht. Durch den betreffenden Befehl war den Offizieren auf das Strengste einge= schärft worden, keine Meldung zu erstatten, von deren Richtigkeit sie sich nicht persönlich überzeugt hatten. — Das ist ein sehr richtiger und wohl zu be= achtender Grundsatz. Erhält ein Offizier von einer weit detachirten Patrouille eine Meldung, deren schnelle Expedirung ihm nothwendig erscheint, so daß es an Zeit mangelt, sich von ihrer Richtigkeit vorher persönlich zu überzeugen, so muß er dies in seiner Meldung bemerken, nach deren Absendung sich sofort von der Wahrheit ihres Inhalts Ueberzeugung verschaffen und demnächst, wenn nöthig, eine zweite berichtigende Meldung nachsenden.

Wir müssen daher in dem vorliegenden Falle fragen: Sind die betreffen= den Meldungen von Offizieren eingegangen, und haben event. diese sich vor der Absendung persönlich von der Wahrheit des Inhalts überzeugt?

Unsere „Allerhöchsten Verordnungen über die größeren Truppenübungen vom Jahre 1861" suchen eine erhöhte Garantie für das Einziehen zuverlässiger Nachrichten durch die Bestimmung zu erreichen, daß bei der Avantgarde eines größeren Truppenkörpers stets ein Generalstabs=Offizier den Vortrupp be= gleiten soll. Er ist speziell mit der Regelung des Nachrichten= und Melde= wesens daselbst betraut.

Wir fragen daher weiter: Befand sich beim Vortrupp der Avantgarde des Garde-Korps am 28. Juni ein Generalstabs-Offizier? Sind ihm die in den allegirten Verordnungen bezeichneten, unten näher angegebenen Mittel zur prompten Einziehung sicherer Nachrichten zur Disposition gestellt worden, und wurden die betreffenden Meldungen überhaupt von seiner Seite zurückgesandt? Wir sind nicht in der Lage, alle diese Fragen zu beantworten, auch kommt es hier darauf gar nicht an. Dagegen möchten wir auf die Sache selbst ihrer Wichtigkeit wegen noch näher eingehen, da uns ein Fall spezieller bekannt ist, aus welchem sich ergiebt, daß man — wenigstens anfänglich — jener allgemeinen Verordnung nicht überall nachkam.

In den allegirten Allerhöchsten Verordnungen heißt der die prompte Einziehung sicherer Nachrichten betreffende Passus folgendermaßen:

„Diese passive Form (nämlich der die marschirende Truppe umgebende Rahmen von Patrouillen und ihren Soutiens) und ihr Material genügt bei Weitem nicht dem dringenden Bedürfnisse, Nachrichten vom Feinde zu erhalten.

Sie reichen wohl aus, um gegen Hinterhalt und Ueberfall zu sichern, um aber dem Feinde rechtzeitig und weithin in die Karten zu sehen, bedarf es eines anderen Modus, eines aktiven und intelligenten Organs. Es handelt sich darum, mit einem schnellen Blick aus Stärke und Waffengattung, Marschdirektion &c. die feindlichen Absichten zu errathen, Distanzen richtig zu messen, die Zeit, welche ihre Zurücklegung fordert, die Gefahren, welche daraus erwachsen können, zu berechnen und darüber eine ausreichende Meldung zu machen. Dieses geht über den Horizont des gemeinen Mannes und des Unteroffiziers, und es ist gefährlich es ihnen zuzumuthen. Nur gewandte Kavallerie-Offiziere auf schnellen Pferden mit tüchtigen Ordonnanzen und unter Umständen mit Kavallerie-Bedeckung können und sollen diesen Dienst versehen.

Sie sind die Augen des kommandirenden Generals, von ihren Meldungen hängt das Schicksal ganzer Operationen ab; es kann daher auf diesen Dienstzweig nicht Fleiß und Uebung genug verwendet werden. Die Offiziere in hinreichender Anzahl halten sich beim Vortrupp der Avantgarde auf, dort zur Disposition eines Generalstabs-Offiziers, welcher diesen begleitet und mit Aufklärung des Terrains und Rekognoszirung ganz besonders beauftragt ist. Der Letztere ertheilt ihnen planmäßig ihre Aufträge, je nachdem die Lokalität sie gestattet und begünstigt.

Ihre Meldungen gehen sämmtlich an diesen Generalstabs-Offizier zurück, der sie zu sammeln und zu vergleichen hat, um sich gegen Tartaren-Nachrichten zu sichern. Gehen solche ein, und es wird selten daran fehlen, so werden sie durch jene Offiziere verifizirt.

Alles Wichtige meldet er an den Kommandeur der Avantgarde zurück, der es je nach seiner Tragweite den betreffenden Kommandos mittheilt." Klarer, bestimmter, präziser, einleuchtender ist eine instruktionsmäßige Anordnung kaum zu geben; trotzdem scheint dieselbe nicht überall befolgt zu sein. Am 1. Juli marschirte das 1. Armee-Korps von Pilnikau über die Elbe nach Ober-Praußnitz; in dem Grunde bei dem letztgenannten Orte angelangt, hielt die Avantgarde und schickte eine Meldung zum Gros zurück, wo sich der Stab des General-Kommandos befand. Es verbreitete sich schnell das Gerücht, daß auf dem vorgelegenen Plateau von Swicin große Truppenmassen des Feindes ständen, Landeseinwohner sollten bestimmte Nachrichten darüber gebracht haben. Die Sache schien an sich große Wahrscheinlichkeit zu besitzen. — Bald sah man einen Generalstabs-Offizier des General-Kommandos an der Kolonne vorbeitraben, und es währte nicht lange, so erschien er mit einem Zuge Ulanen oben auf der Höhe, wo man deutlich erkennen konnte, wie mehrere kleine Patrouillen nach den besten Uebersichtspunkten entsandt wurden. Nach kurzer Zeit kehrte ein Ulan mit der ersten Meldung zurück, ihm folgten in geringen Zeiträumen eine zweite und dritte, und die ganze Kolonne setzte sich wieder in Bewegung.

Der Generalstabs-Offizier hatte offenbar bald erkannt, daß eine Tartaren-Nachricht getäuscht hatte; aber die ganze Kolonne war über eine halbe Stunde unnütz aufgehalten und dadurch angestrengt worden. Befand sich der Generalstabs-Offizier, den Allerhöchsten Verordnungen entsprechend, bereits vorne bei der Avantgarde, so fiel dieser Aufenthalt fort, und wahrscheinlich wurde jene Nachricht überhaupt nicht rückwärts befördert.

Erst nach der Schlacht bei Königgrätz sahen wir einen Generalstabs-Offizier täglich die Avantgarde begleiten.

In Bezug auf den angeführten Spezialfall ist uns außerdem bekannt geworden, daß dem Generalstabs-Offizier beim Vortrupp keineswegs die in den Allerhöchsten Verordnungen angeführten Organe zur Disposition gestellt waren, und daß er als Substitut für jene „intelligenten und gewandten Kavallerie-Offiziere in hinreichender Zahl mit schnellen Pferden und tüchtigen Ordonnanzen" nur über einen blutjungen, so eben von der Kriegsschule entlassenen Portepeefähnrich und einen alten, von den Strapazen des Avantgarden-Dienstes mitgenommenen Sergeanten verfügen konnte. Das entsprach allerdings weder dem Geiste noch dem Wortlaute der Verordnung, und es lohnt sich wohl, näher auf die Frage einzugehen: welche Generalstabs-Offiziere zu diesem Avantgarden-Dienste zu verwenden sind, und woher die betreffenden Kavallerie-Offiziere und Ordonnanzen entnommen werden sollen?

So lange unsere Divisionen auch im Kriege nur einen Generalstabs-Offizier haben, kann derselbe neben seiner sonstigen, der Anspannung aller geistigen Kräfte erfordernden Thätigkeit nicht auch noch zu diesem, unter Umständen im höchsten Grade anstrengenden und aufreibenden Dienste verwendet werden. Derselbe muß überdies zur unbedingten Disposition des Divisions-

Kommandeurs bleiben und kann ebensowenig wie dieser an den Vortrupp ge=
bunden werden. — Endlich ist dagegen zu bemerken, daß die Aufmerksamkeit
auch des Tüchtigsten und Arbeitskräftigsten durch die tägliche Gewohnheit leicht
eingeschläfert wird.

Steht die Division daher in einem höheren Verbande, so ist von dem
Stabe desselben — sei es ein Armee=Korps oder eine Armee — ein General=
stabs=Offizier zu diesem Avantgarden=Dienste zu bestimmen.

Die bei den höheren Stäben disponible größere Anzahl von Generalstabs=
Offizieren wird dies erlauben, und finden gerade die jüngeren unter ihnen hier
ein willkommenes Feld selbstständiger Wirksamkeit, welches die volle Entwickelung
und Ausbeutung ihrer militärischen Kenntnisse und Anlagen gestattet.

Tritt die Division ganz isolirt auf, so sind einige gewandte und intelligente
Kavallerie=Offiziere mit diesem Dienstzweige zu betrauen, und ist einem von
ihnen die Verantwortlichkeit für prompte Ausführung desselben zu übertragen.

Es wird an geeigneten Offizieren gewiß nicht fehlen, und findet vielleicht
der etatsmäßige Stabs=Offizier des Kavallerie=Regiments der Division, insofern
ein solcher vorhanden ist, hier eine sehr angemessene Verwendung; beim Be=
ginne des Gefechts würde er selbstverständlich in das Regiment zurücktreten.

Woher werden nun die dem Generalstabs = Offizier zur Disposition zu
stellenden Kavallerie=Offiziere und tüchtigen Ordonnanzen zu nehmen sein?

Die Regimenter der Divisions=Kavallerie können bei ihrem anstrengenden,
zu vielen Detachirungen veranlassenden Dienste die Offiziere nicht entbehren,
und sie täglich aus den Regimentern der Reserve zu kommandiren, wäre für
die Betreffenden unter Umständen kaum durchführbar. Die höheren Stäbe
müssen daher diese unterstützenden Organe, wenn irgend möglich, in sich selbst
suchen. Wir finden bei jedem General=Kommando 2—3 Ordonnanz=Offiziere
kommandirt, welche keine schriftlichen Arbeiten zu besorgen haben und daher
für den beregten Dienstzweig vollständig disponibel sind. Man setze ihre An=
zahl auf 3 fest und stelle wenigstens 2 von ihnen dem betreffenden General=
stabs=Offizier der Avantgarde täglich zur Disposition; werden mehr erforderlich,
oder ist der Dienst zu anstrengend, so können zu demselben auch noch die
zweiten Adjutanten der Infanterie und Kavallerie herangezogen werden. Beim
General=Kommando verblieben dann immer noch 2 Generalstabs=Offiziere (außer
dem Chef) und 4—5 Adjutanten resp. Ordonnanz=Offiziere. Mit dem Beginn
des Gefechtes kehren sämmtliche Offiziere zum General=Kommando zurück.
Außer diesen Offizieren kann der Generalstabs=Offizier je nach den Umständen
auch den Offizieren der Eskadrons, welche sich in der Avantgarde befinden,
seine Aufträge ertheilen.

Auch „die tüchtigen Ordonnanzen" werden von den in dieser Richtung
schon vielfach in Anspruch genommenen Kavallerie=Regimentern nur sehr un=
gern gegeben, und erscheint ein beständiger Wechsel derselben überdies nicht
vortheilhaft.

Bei der Stabswache des General=Kommandos befinden sich 19 gewandte
Kavalleristen mit guten Pferden, ihre Thätigkeit reduzirt sich auf dem Marsche

ziemlich auf Null, und dürfte es für sie recht heilsam sein, ab und zu in einen angestrengten Dienst hineinzukommen. Wir meinen, 4—5 Mann könnten zu diesem Zwecke in täglichen Ablösungen sehr wohl disponibel gemacht werden. Noch vortheilhafter wäre es natürlich, wenn man speziell zu diesem Ordonnanz= dienste im Frieden Leute heranbildete und im Kriege bei den höheren Stäben vertheilte.

Hiernach würden von dem General=Kommando resp. Armee=Kommando täglich 1 Generalstabs=Offizier, 2 Ordonnanz=Offiziere oder Adjutanten und 4—5 Stabs=Ordonnanzen zum Vortrupp der Avantgarde zu kommandiren sein.

Eine kurze allgemeine Instruktion hat diesen Dienst zu regeln und das Verhältniß des Generalstabs=Offiziers zu demjenigen der Division, sowie zu dem Avantgarden=Kommandeur festzustellen; — dem letzteren bleibt er natürlich untergeordnet und hat ihm auch zunächst alle Meldungen zu erstatten. — Morgens vor dem Abreiten meldet sich dieser Offizier bei dem Chef des Generalstabes, um von demselben die weiteren Befehle und Instruktionen in Empfang zu nehmen. Zur vollständigen Erfüllung seiner Aufgabe ist es durch= aus erforderlich, daß jener Generalstabs=Offizier mit der allgemeinen Situation möglichst vertraut ist; dahin rechnen wir die Kenntniß der Aufgabe des Korps, der Stärke und Marschdirektion der Neben=Korps, der Marschdirektion des Armee=Kommandos, der Nachrichten vom Feinde u. s. w. Nur auf dieser Basis vermag er die eingehenden Meldungen und die sich darbietenden Er= scheinungen richtig zu beurtheilen, das Falsche vom Richtigen zu sondern und Tartaren=Nachrichten als solche zu erkennen.

Dieser Generalstabs = Offizier würde überdies nach Beendigung des Marsches die eingenommene Vorposten=Aufstellung zu rekognosziren und beim General=Kommando darüber Meldung zu erstatten haben. Letzteres erhält dadurch die schnellste und sicherste Benachrichtigung von den getroffenen Sicherungs= Maßregeln; besondere Meldungen des Vorposten=Kommandeurs werden un= nöthig, und beim Stabe befindet sich immer ein Offizier, der durch persönliche Anschauung mit den Verhältnissen in vorderster Linie bekannt und im Terrain orientirt, daher für besondere Aufträge wohl zu verwenden ist und auch über Vieles Auskunft geben kann.

Schon bei einer früheren Gelegenheit wiesen wir in unseren Wanderungen darauf hin, daß es nothwendig sei, den Divisionen 2 Generalstabs=Offiziere beizugeben. Alsdann kann der eine von ihnen — wenn erforderlich — den Dienst bei der Avantgarde versehen. In der Armee befindet sich eine große Anzahl früherer Generalstabs=Offiziere, aus welcher das erforderliche Bedürfniß leicht zu decken ist.

Die im Jahre 1870 herausgegebenen Verordnungen über die Ausbildung der Truppen im Felddienst behandeln den Aufklärungs= und Sicherheitsdienst in etwas anderer Weise als die oben angezogenen Verordnungen vom Jahre 1861 und fehlen in Folge dessen in den ersteren die in Vorstehendem eingehender behandelten Bestimmungen, betreffend die prompte Einziehung sicherer Nach= richten bei der Avantgarde.

Trotzdem glaubten wir bei der Wichtigkeit dieses Dienstes und bei der Zweckmäßigkeit der durch die alliirten Bestimmungen festgesetzten Regelung hier auf denselben näher eingehen zu müssen.

Nachdem die falschen Meldungen berichtigt waren und man um 9 Uhr Morgens seitens des preußischen General-Kommandos den Befehl zum Vor= rücken der Avantgarde ertheilt hatte, wurde derselbe sehr energisch und in zweck= entsprechender Weise ausgeführt. Die Bataillone der Avantgarde formirten sich in 2 Treffen in Kompagnie=Kolonnen und sicherten die Flanken durch je 2 Kompagnien.

Durch die letztere Maßregel wurde die Ausdehnung eine für die dispo= niblen Kräfte unverhältnißmäßig große. An sich war das Streben nach Flanken= sicherung durch die Ungewißheit der Situation und die Bedecktheit des Flanken= terrains gerechtfertigt, nur erscheinen die dazu verwendeten Abtheilungen viel zu stark. — Dieselben konnten immer nur Beobachtungszwecke haben, für welche auch die Hälfte der verwendeten Kräfte und vielleicht noch weniger aus= gereicht haben würden. Nach Marschau hin hätte man sich mit einer starken Kavallerie=Patrouille begnügen können.

Der Angriff selbst wurde energisch ausgeführt, ohne lange Vorbereitung, da es vornehmlich galt, sich dem Artilleriefeuer zu entziehen, den schützenden Wald zu erreichen und aus der Ueberraschung beim Feinde Vortheil zu ziehen. Besonders hervorzuheben ist die Geschicklichkeit in der Ausnutzung des Terrains, in der zweckmäßigen Veränderung der Formationen und in der Anwendung des Laufschrittes behufs Abminderung der Wirkung des feindlichen Artillerie= feuers.

Die Bataillone und Kompagnien bleiben im Allgemeinen fest in der Hand ihrer Führer, es kommt sogar vor, daß ein Kompagnie=Chef, um nach dem Passiren eines Gehölzes die Ordnung wiederherzustellen, an der jenseitigen Lisiere mitten im feindlichen Feuer seine Kompagnie rangiren und ausrichten läßt. — Höchstens könnte die Kritik nach den besonderen Gründen fragen, welche Veranlassung boten, zur Sicherung der beiden Flanken je 2 Kompagnien zweier verschiedener Bataillone des Centrums zu verwenden? Jedenfalls wäre es zweckmäßiger gewesen, diese Flankendeckungen, wenn man sie einmal für noth= wendig erachtete, entweder von den betreffenden Flügel=Bataillonen zu geben, oder nur ein Bataillon zur Erreichung des erwähnten Zweckes zu zerreißen.

Das Auftreten der Avantgarden=Batterie gegenüber der überwältigenden Ueberlegenheit des Feindes und ihr späteres Avanciren verdient die vollste An= erkennung. Es war zweckmäßig, daß man zu ihrer Unterstützung so bald als möglich eine zweite Batterie aus dem Gros der Division heranzog.

Die Kavallerie konnte nicht wohl zur Thätigkeit gelangen, da die feindliche Kavallerie sich nicht zeigte, während die Infanterie in dem waldigen Terrain kämpfte. — Die starke Artillerie=Masse der Oesterreicher mußte die Vorwärts= bewegung der schwachen, ohnedies schon weit vorgeschobenen und sehr exponirten Avantgarden=Bataillone an der Westlisiere der Waldparzellen zum Stehen bringen und auch das etwaige Vorbrechen der Kavallerie verhindern.

V. Durchführung und Entscheidung des Gefechtes.

A. Entwickelung der preußischen 1. Garde = Infanterie = Division. Kampf derselben mit den österreichischen Brigaden Knebel und Mondel und der Korps=Geschütz=Reserve. Rückzug der Oester= reicher auf Altenbuch. 11—2 Uhr Mittags.

a. Angriff auf die Waldparzelle 540 südlich Burkersdorf.

Während des Kampfes der preußischen Avantgarde hatte der Rest des Gros der 1. Garde=Infanterie=Division Staudenz passirt und entwickelte sich von 11 Uhr ab unter dem fortgesetzten Feuer der feindlichen Artillerie mit der Front gegen Westen hinter und zu beiden Seiten der Avantgarden=Infanterie.

Von der Reserve der 1. Garde=Infanterie=Division rückte die Infanterie schnell genug nach, um mit dem I. und II. Bataillon des 3. Garde=Regiments zu Fuß in den nächsten Gefechtsmoment noch thätig eingreifen zu können.

Die 5. 4pfdge Batterie, v. Eltester, löste die durch den Kampf mit dem vierfach überlegenen Gegner hart mitgenommene 1. 4pfdge Batterie Witte der Avantgarde ab.

Die Entwickelung wurde in nachfolgender Weise ausgeführt: Die beiden Grenadier = Bataillone des 2. Garde = Regiments zu Fuß, aus benen das Gros der Division noch bestand, nachdem das I. und II. Bataillon des Garde=Füsilier=Regiments, wie wir sahen, bereits in die vorderste Gefechtslinie eingerückt waren, formirten sich unter dem Oberst= Lieutenant v. Neumann am Westausgange von Raatsch an der Chaussee nach Kaile mit der Front gegen Burkersdorf und erhielten den Befehl, gegen das Gehölz östlich dieses Dorfes vorzugehen.

Die Bataillone suchten — ebenso wie früher die Infanterie der Avant= garde — durch geschickte Benutzung aller Terrainfalten und Anwendung ange= messener Formationen und des Laufschritts die Wirkung des massenhaften, feind= lichen Artillerie=Feuers während des Vorgehens bis zur Ostlisiere der Wald= parzelle 520 nach Möglichkeit abzuschwächen.

An der bezeichneten Lisiere formirten sich die beiden Bataillone zum Angriff. Die Kompagnien marschirten — in der Reihenfolge: 1. 2. 3. 5. 6., vom rechten Flügel ab — auf Zug=Intervalle nebeneinander auf. Die Schützen aufgelöst nahe vor der Front. — Die 7. und 8. Kompagnie als Halbbataillon geschlossen hinter dem linken Flügel. — Die 4. Kompagnie befand sich als Partikular=Bedeckung bei der nördlich des Gehölzes vorgehenden 1. 6pfdgen Batterie Braun.

Der General=Lieutenant v. Hiller befahl, daß diese beiden Bataillone durch die vordere Linie der Kompagnien der Avantgarde resp. der Garde= Füsiliere hindurch und zum Angriff gegen die Waldparzelle 540 vorgehen, die an der Westlisiere des Waldes bereits befindlichen Kompagnien aber daselbst halten bleiben und zur eventuellen Aufnahme eines zurückgeschlagenen Angriffs dienen sollten. — Die außerdem noch zum Gros der Division gehörige 2. Kom= pagnie — Gr. v. Pourtales — des Garde = Jäger = Bataillons scheint erst etwas später zur Entwickelung gekommen zu sein, so daß sie sich nur noch im letzten Momente des Gefechtes in unbedeutender Weise an der Ver= folgung des Feindes betheiligen konnte.

Die beiden ersten Bataillone des 3. Garde=Regiments zu Fuß, welche die Tete der Reserve der 1. Garde=Infanterie=Division bildeten, folgten alsbald geschlossen dem Gros, und zwar nahm das I. Bataillon v. Plehwe die Direktion gegen die Waldparzelle 520, die Reserve der von dort vor= gehenden Abtheilungen bildend, während das II. Bataillon — v. Barby — rechts davon, die Waldparzelle 520 links lassend, sich gegen die Höhen nördlich Burkersdorf dirigirte. Die 2. und 3. Eskadron des Garde=Husaren=Regiments blieben mit der abgelösten Batterie Witte, den beiden Pionier=Kompagnien und der 1. und 4. Eskadron der Avantgarde bei Staudenz.

Das I. Bataillon 1. Garde=Regiments zu Fuß hatte nach dem ersten Rückzugsbefehl die Aupa bereits wieder überschritten und auf dem linken Ufer derselben eine Stellung genommen, als der Befehl zum Vormarsch eintraf. — Als das Bataillon die Aupa=Brücke wieder erreichte, defilirte die 2. Garde= Infanterie=Division über dieselbe — das Bataillon mußte warten und traf, ohne sich an dem Gefecht betheiligen zu können, erst am Nachmittage wieder bei seiner Division ein. — Bei diesem Bataillon befand sich auch die 4. 12pfdge Batterie v. Schmeling.

Ausführung des Angriffs.

Die beiden Grenadier=Bataillone des 2. Garde=Regiments zu Fuß rückten, dem oben angeführten Befehl des General=Lieutenants v. Hiller entsprechend, gegen die westliche Lisiere des Waldes 520 vor. Der Oberst v. Pape, welcher nach der Ordre de bataille die 2 Garde=Infanterie=Brigade kommandirte, ließ dann von sämmtlichen Hornisten das Signal „Schnellvorwärts" geben, die Tambours schlugen, und im Marsch! Marsch! brachen die Kompagnien aus dem Walde heraus und gegen die Waldparzelle 540 vor. Unaufhaltsam ging die Angriffsbewegung durch diese und die nächsten Waldparcellen hindurch; auch die 7. und 8. Kompagnie hatten sich in die vorderste Linie eingedrängt. — Die auf dem rechten Flügel befindliche 1. Kompagnie hatte sich, als sie in ihrer Flanke beschossen wurde, gegen Burkersdorf gewandt, bald aber wieder an das Regiment herangezogen, die Attacke desselben nahe nördlich der Nordlisiere der Waldparzelle begleitend. —

Der Befehl des General v. Hiller in Betreff der vorderen Kompagnien war nicht zur Ausführung gelangt. Als der Oberst v. Pape dicht hinter den Kompagnien der Avantgarde das Signal „schnell avanciren" geben ließ, um durch die ersteren hindurch zu gehen, hatte der Oberst-Lieutenant Graf Walder= see seinerseits das Signal „Seitengewehr pflanzt auf!" geben lassen. Er selbst ritt seinen Kompagnien, Hurrah! rufend, voran. — Neben und vor den Kompagnien des 2. Garde-Regiments stürzten sich nun die Garde=Füsiliere vorwärts gegen die Waldparzelle 540.

Weder der General v. Alvensleben, Kommandeur des Gros der Division, noch Oberst v. Werder, Kommandeur des Garde=Füsilier=Regiments, konnten die Truppentheile der Avantgarde festhalten: es war, als ob Alles von einem Taumel ergriffen sei. Die Kompagnien hatten sich fast ganz aufgelöst.

An diesem Vorgehen betheiligten sich, außer den 7 Kompagnien des 2. Garde=Regiments zu Fuß, fast alle Kompagnien der Avantgarde und ihre Unterstützung, und zwar von der 3. Kompagnie Garde=Füsilier=Regiments nach links bis zum äußersten linken Flügel. Es waren dies also die 3., 10., 11., 12. und dahinter die 1. und 4. Kompagnie der Garde=Füsiliere, ferner die 1. Garde=Jäger=Kompagnie.

Im Ganzen traten also gegen die Waldparzelle 540 in diesem Gefechts= momente 14 Kompagnien in Thätigkeit, und war es daher natürlich, daß die= selben, ohne einen irgendwie bemerkenswerthen Widerstand an der schwachen, feindlichen Besatzung zu finden, bis zur Westlisiere dieser Parzelle und der nahe gelegenen Gehölze resp. bis zur Chaussee Neu = Rognitz—Burkersdorf — Königinhof vordrangen.

Die preußischen Kompagnien geriethen aber während dieser Bewegung, wie dies bei der Anlage und Ausführung derselben ganz unvermeidlich war vielfach durcheinander, so daß es unmöglich ist, den Weg der einzelnen Kom= pagnien zu verfolgen.

Während der nächsten 1½ stündigen, also bis gegen 1 Uhr Mittags dauern= den Gefechtsperiode nahmen diese Truppen etwa nachstehende Stellung ein.

Die vorderste Linie zog sich von der kleinen Remise südlich der Kuppe 602 längs der Nord=West= und Südlisiere der Waldparzelle nördlich 628, und standen hier vom rechten Flügel ab: die 1., 2., 3. Kompagnie 2. Garde=Regiments zu Fuß, 2 Züge Garde=Jäger, die 10. Kompagnie Garde=Füsilier=Regiments, die 5. und 6. Kompagnie 2. Garde=Regiments zu Fuß, die 9. Komp. 1. Garde=

Regiments zu Fuß, die 7. und 8. Kompagnie 2. Garde-Regiments zu Fuß und endlich noch 3 Kompagnien Garde-Füsilier-Regiments. Die anderen Kompagnien standen nahe hinter der vordersten Linie im Gehölz.

———

b. Angriff auf Burkersdorf.

Fast gleichzeitig mit diesem Angriff gegen die Waldparzelle 540 war von den weiter nördlich sich befindenden Kompagnien der preußischen Avantgarde ein Angriff gegen Burkersdorf und gegen die nördlich davon aufgestellten österreichischen Truppen ausgeführt worden.

Als nämlich die Batterien Braun und Witte unter dem Schuße ihrer Partikular-Bedeckungen aus ihrer Position beim alten Steinbruch noch weiter vorwärts rückten, um den Kampf der Infanterie in der vordersten Linie inten= siver unterstützen zu können, hielt der mit der 9., 10. und 11. Kompagnie 2. Garde-Regiments zu Fuß auf dem äußersten rechten Flügel der Avantgarde befindliche Major v. Eckert diesen Moment günstig zum Angriff auf Burkers= dorf. — Er führte sein Bataillon, die 9. und 10. Kompagnie im 1. und die 11. Kompagnie im 2. Treffen aus dem Walde bis dicht an die Chaussee Neu= Rognitz—Kaile vor, wo sie zunächst gegen die feindliche Artillerie und gegen zwei in deren Nähe stehende Eskadrons vom Regiment Mensdorf-Ulanen ein 10 Minuten langes, heftiges Schützenfeuer unterhielten. — Dann gingen alle 3 Kompagnien gleichzeitig im Laufschritt gegen die Chaussee Trautenau— Königinhof vor und wandten sich von dort aus gegen den nordwestlichen Theil von Burkersdorf. — Man fand keinen heftigen Widerstand. Die Kompagnien drangen in den nordwestlichen Theil des Dorfes ein und machten daselbst eine größere Zahl von Gefangenen, angeblich auch vom Regiment Parma Nr. 24 der Brigade Mondel (?). — Nachdem der Feind das Dorf vollständig ge= räumt hatte, sammelte der Major v. Eckert seine 3 Kompagnien im nordwest= lichen Theile von Burkersdorf bei der Fahne.

Ziemlich gleichzeitig mit diesem Angriff hatte die 9. Kompagnie des Garde= Füsilier-Regiments, Hauptmann v. Schlichting, einen Angriff gegen die östlich der Chaussee gelegenen Theile von Burkersdorf ausgeführt.

Diese Kompagnie nahm die Richtung gegen das starke Gehöft am süd= lichen Eingange des Dorfes. Dasselbe wurde trotz des heftigen Kreuzfeuers feindlicherseits im ersten Anlauf genommen. Hauptmann v. Schlichting besetzte den ganzen Dorftheil östlich der Chaussee und machte daselbst viele Gefangene, besonders in dem zuerst angegriffenen Gehöft. Später sammelte Hauptmann v. Schlichting seine Kompagnie an der Chaussee, man ruhte, und die erschöpften Leute holten Wasser herbei, den brennenden Durst zu löschen.

Zwischen den Füsilieren des 2. Garde-Regiments zu Fuß auf dem rechten und der 9. Kompagnie Garde-Füsilier-Regiments auf dem linken Flügel waren im Centrum vom rechten Flügel ab bie 11. Kompagnie 1. Garde=Regiments zu Fuß, die 9. und 10. Kompagnie des 3. Garde=Regiments zu Fuß und die 9. Kompagnie 1. Garde=Regiments zu Fuß ebenfalls gegen das Dorf vor= gegangen und in dasselbe eingedrungen, so daß im Ganzen 8 Kompagnien ziemlich zu derselben Zeit gegen Burkersdorf vorgingen.

Die 2. Kompagnie Garde=Füsilier=Regiments, Hauptmann Aweyde, welche sich noch hier auf dem rechten Flügel befand, hatte ihren Schützenzug mit den Schützen des Füsilier = Bataillons des 2. Garde=Regiments zu Fuß gegen Burkersdorf vorgeschickt. Die beiden anderen Züge führte der Hauptmann Aweyde in der Absicht, von Norden her in das Gefecht um das Dorf ein= zugreifen, dorthin, wo früher die österreichische Artillerie gestanden hatte.

Er kam so an die Chaussee Neu=Rognitz—Burkersdorf etwa 1000 Schritt nördlich dieses Dorfes, aus welchem er ein lebhaftes, aber bei der großen Entfernung wirkungsloses Feuer erhielt. — Plötzlich sah man feindliche Haufen aus dem nordwestlichen Ausgange von Burkersdorf herausstürzen. Der Haupt= mann Aweyde ging nun im Laufschritt nach dem Dorfe hinunter, ohne sich indessen dort noch an dem Kampfe betheiligen zu können. Unterwegs war er durch das Erscheinen einer feindlichen Ulanen=Eskadron, gegen welche er Schützen ausschwärmen ließ, aufgehalten worden.

Burkersdorf war durch 2 Divisionen vom 2. Bataillon des österreichischen Infanterie=Regiments Kaiser Franz Joseph Nr. 1, sowie durch einen Theil des 1. Bataillons desselben Regiments besetzt. Diese Infanterie war unter= stützt durch eine sehr starke Artillerie, sowie durch Kavallerie und hätte sich wohl länger halten können, wenn sie einerseits mehr Zeit gehabt hätte, sich in dem Orte zur Vertheidigung einzurichten, und wenn nicht andererseits, wie wir sehen werden, der Feldmarschall=Lieutenant v. Gablenz bereits die Idee eines hartnäckigen Widerstandes aufgegeben hätte. —

Von dem preußischen Garde=Husaren=Regiment waren inzwischen auch die 2. und 3. Eskadron durch den Rittmeister v. Meyerinck aus der Reserve südlich von dem brennenden Dorfe Staudenz vorüber nach der kleinen Waldparzelle vorgeführt worden, wo die 1. und 4. Eskadron bereits standen.

Das Regiment bekam vom kommandirenden General den Befehl, die linke Flanke der 1. Garde=Infanterie=Division gegen etwaige Kavallerie=Angriffe zu decken.

Da das Regiment in seiner Aufstellung durch das Feuer der feindlichen Artillerie westlich Burkersdorf (9/III) belästigt wurde, beschloß der Kommandeur desselben — Oberst v. Krosigk —, jene Batterie anzugreifen, und ging zu diesem Zwecke mit den 3 ersten Eskadrons durch Kaile hindurch bis nach den sich anschließenden Häusern von Praußnitz vor. Als die Tete daselbst ankam, fuhren die österreichischen Batterien ab.

Inzwischen war es auch weiter nördlich in den Waldungen südöstlich Neu=Rognitz sowie bei diesem Dorfe selbst zu einem Zusammenstoß gekommen.

c. **Kampf in den Waldungen südöstlich Neu=Rognitz und bei diesem Dorfe.**

In den südöstlich Neu=Rognitz und nördlich der Höhen 603, 588, 577 und 591 (alter Steinbruch) gelegenen ausgedehnten Waldungen standen, wie wir früher sahen, österreichischerseits die beiden dritten Bataillone der Infanterie=Regimenter Franz Joseph Nr. 1 und E.=H. Carl Nr. 3, — mit dem II. Bataillon des Regiments E.=H. Carl Nr. 3 hinter sich die Reserve. Als nun preußischerseits das II. Bataillon (excl. der 6. Kompagnie) Garde = Füsilier=Regiments unter dem Oberst=Lieutenant v. d. Knesebeck und vor ihm die 10. und 12. Kompagnie des 1. Garde=Regiments zu Fuß unter dem Major v. Hell=dorff in der Richtung auf den alten Steinbruch und auf dem von Staudenz über die Höhen 577 und 588 gegen die Chaussee führenden Wege vorgingen, wurden sie plötzlich in der rechten Flanke aus dem Walde lebhaft beschossen.

Die beiden Kompagnien des 1. Garde=Regiments zu Fuß drangen zuerst unter heftigem Gefecht in den zunächst gelegenen Theil des Waldes ein, während die Garde=Füsiliere später hinter den Grenadieren fortzogen und — diese rechts lassend — mehr westlich gegen den Wald vorgingen.

Der Oberst=Lieutenant v. d. Knesebeck nahm die ganze 8. Kompagnie vor und folgte mit der 5. und 7. Kompagnie als Halbbataillon dahinter. Im weiteren Vorgehen setzten sich die beiden letzteren Kompagnien, um sich besser vor dem feindlichen Feuer zu schützen, rechts neben die 8. Kompagnie, welche von ihrem Chef, Hauptmann v. Knobelsdorff, bis auf einen halben Schützenzug vollständig aufgelöst wurde.

Man konnte preußischerseits die Stärke des Feindes nicht beurtheilen, auch seine Schützen kaum sehen, da der Wald an der Lisiere bis auf 100 Schritt hinein aus mannshoher Schonung bestand. -- Später wurde der Bestand zwar höher und lichter, doch war das Terrain vielfach durch Schluchten zerrissen, mit Unterholz bedeckt, nur sparsam mit Blößen versehen und daher so schwierig und unübersichtlich, daß die taktische Ordnung sich mit dem fortschreitenden Gefecht nothwendig lockern mußte. Hauptmann v. Knobelsdorff nahm mit aufgepflanztem Seitengewehr die Lisiere durch Sturm, und kam man hier mit feindlichen Schützen in's Handgemenge. — Das Gefecht der 8. Kompagnie ging nun in dem Walde langsam vorwärts.

Der Oberst=Lieutenant v. d. Knesebeck hatte den Schützenzug der 7. und den halben Schützenzug der 5. Kompagnie rechts in der Verlängerung der Schützen der 8. Kompagnie ausschwärmen lassen. — Der Rest beider Kompagnien, die 5. auf dem rechten Flügel, folgte den Schützen.

Im Walde ging das Gefecht langsam fort, man traf auch einmal auf geschlossene feindliche Abtheilungen, die dem Schnellfeuer der Tirailleurs wichen.

Die österreichischen Bataillone hatten es hier offenbar zu keinem hart=näckigen Kampfe kommen lassen und zogen sich trotz ihrer bedeutenden Ueber=

legenheit zum größten Theil in westlicher Richtung nach der Chaussee Trautenau —Königinhof, zum Theil aber auch auf Neu-Rognitz zurück.

Die 8. Kompagnie des preußischen Garde-Füsilier-Regiments trat an der Stelle aus dem Walde heraus, wo derselbe die Chaussee Neu-Rognitz—Burkers= dorf trifft. Die Kompagnie machte hier Halt. Ein halber Schützenzug ging, feindliche Schützen vor sich her treibend, nahe der Chaussee in südlicher Richtung bis auf 600 Schritt an die große Batterie nördlich Burkersdorf vor und trug durch sein Feuer zum Abzug der Artillerie bei. Ein anderer halber Schützenzug der Kompagnie setzte sich gegen eine feindliche, anscheinend aus allen Waffen bestehende Kolonne ins Feuer, welche in den Wald westlich von Neu-Rognitz abzog.

Die beiden geschlossenen Züge der 7. Kompagnie v. Ribbentrop trafen während des Gefechtes der 8. Kompagnie bei dieser ein und nahmen auf der Chaussee, Front gegen Neu-Rognitz, Stellung.

Der Schützenzug der 7. Kompagnie und der halbe ausgeschwärmte Schützenzug der 5. Kompagnie, welche rechts neben den Schützen der 8. Kom= pagnie vorgegangen waren, traten an der Spitze aus dem Walde, die dem Südausgange von Neu-Rognitz auf 250 Schritt gegenüberliegt.

Die 5. Kompagnie, Hauptmann Schickfuß, war der Schützenlinie, wie wir sahen, auf dem äußersten rechten Flügel gefolgt. Sie gerieth daselbst in ein sehr schwieriges, durch viele Schluchten unterbrochenes, unwegsames Terrain und kam nur sehr langsam vorwärts. — Die Kompagnie hatte ihre Front gegen Norden und trat an dem Wege Alt-Rognitz—Neu-Rognitz aus dem Walde. Hier erhielt sie aus letzterem Dorfe plötzlich Feuer und nahm nun die Front dorthin. — Ein Zug schwärmte an der Waldlisiere aus. Der Rest blieb vor= läufig geschlossen dahinter.

Die beiden Kompagnien des 1. Garde-Regiments zu Fuß wurden von ihrem Bataillons-Kommandeur, nachdem die Garde-Füsiliere bei ihnen vorbei gegangen waren, wieder zu den übrigen Theilen der Avantgarde herangeführt und langten bei derselben während des Gefechts um Burkersdorf und die süd= lich gelegenen Waldparzellen an, ohne jedoch noch unmittelbar in den Kampf eingreifen zu können.

Zu einem etwaigen Angriff auf Neu-Rognitz standen also nur 3 preu= ßische Kompagnien bereit und zwar vom rechten Flügel ab:

Die 5. Kompagnie der Garde-Füsiliere — Hauptmann v. Schick= fuß — (exkl. einen halben Schützenzug) an der Westlisiere der an dem Wege Alt-Rognitz—Neu-Rognitz dem letztgenannten Orte zunächst gelegenen Waldparzelle.

Der Schützenzug der 7. und ½ Schützenzug der 5. Kompagnie an der dem Süd-Ausgange von Neu-Rognitz zunächst gelegenen Waldparzelle.

Die 7. Kompagnie — v. Ribbentrop — mit 2 Zügen an der Chaussee dem Süd-Ausgange von Neu-Rognitz gegenüber.

Die 8. Kompagnie — v. Knobelsdorff — dahinter in der Nähe des Vereinigungspunktes der beiden Chausseen mit ihren Schützen theils gegen Süden, theils gegen Westen ausgeschwärmt.

Aus den bezeichneten Stellungen gingen dann die schwachen preußischen Kompagnien gegen Neu=Rognitz und die dort stehende Brigade Mondel zum Angriff vor.

Es ist daher nothwendig, zunächst auf die seitens des österreichischen Brigade=Kommandeurs getroffenen Anordnungen und auf die Beschaffenheit der von seiner Brigade eingenommenen Stellung etwas näher einzugehen.

Die Brigade Mondel hatte sich beim Beginn des Gefechtes auf ihrem Lagerplatze mit der Front gegen Südost entwickelt — die Batterie und das Infanterie=Regiment Mazzuchelli Nr. 10 im ersten Treffen, das andere Regiment Parma Nr. 24 im zweiten Treffen, das 12. Jäger=Bataillon in Reserve —, war dann gegen Neu=Rognitz vorgerückt und stand nunmehr nordwestlich dieses Ortes à cheval der Straße. — Die 3. Division des Regiments Maz=zuchelli Nr. 10 hatte die nördlichste Häusergruppe des genannten Dorfes be=setzt, die 1. und 2. Division desselben Regiments standen an der Süblisiere des Waldes, nordwestlich davon, der Rest der Infanterie in und hinter dem Walde (südlich der Zahl 569 des preußischen Planes). Die Batterie 1/III war auf der anderen (östlichen) Seite der Chaussee nördlich Neu=Rognitz in Position gebracht worden.

Beschreibung und Beurtheilung der Stellung der Brigade Mondel bei Neu=Rognitz.

Die Stellung der Brigade Mondel ist als keine günstige zu bezeichnen.

Die Wirkung der Artillerie konnte nur eine beschränkte sein, und ihre Position lag so nahe dem Walde, daß sie von der Lisiere desselben auf das Aeußerste gefährdet war.

Der Wald südwestlich der Straße, in welchem die Infanterie stand, be=steht aus jungem dichten Tannenholz und erschwert Bewegung und Leitung der Truppen, überdies liegt er zum größten Theil in der Tiefe und gestattet von seiner Lisiere aus keine ausgiebige und gute Feuerwirkung.

Die Häuser am nordwestlichsten Ende von Neu=Rognitz sind ebenfalls nicht gut zur Vertheidigung geeignet. Sie sind zwar meist massiv, aber ein=stöckig und mit Schindeln gedeckt. Die Gehöfte liegen isolirt hintereinander und werden nur durch schwache Latten= und Bretterzäune von einander ge=trennt. Erst da, wo die Straße von Alt=Rognitz die Häuser trifft, liegt west=lich derselben ein festes, zweistöckiges, ziegelgedecktes, massives, zur Vertheidigung leicht herzustellendes Gebäude, die Schmiede; sie zeigt noch jetzt zahlreiche und deutliche Kugelspuren.

Die übrigen Gehöfte des Dorfes stehen zu beiden Seiten der Chaussee isolirt hintereinander. Die Häuser sind zwar zum Theil massiv, aber gleich=falls einstöckig, mit Schindeln gedeckt und mit Brettern verkleidet; — östlich der Straße liegen sie etwas tiefer als westlich. Zur Vertheidigung ist auch dieser Theil des Dorfes nicht wohl geeignet.

Gegen diese Stellung gingen nun die preußischen Kompagnien trotz ihrer Schwäche zum Angriff vor. Es war dies zwischen 11 und 12 Uhr; also in der Zeit nicht viel verschieden von den preußischen Angriffen auf die öster= reichische Stellung bei Burkersdorf und auf die südlich davon gelegene Wald= parzelle 540.

Auf dem preußischen rechten Flügel hatte die 5. Kompagnie, Hauptmann v. Schickfuß, da das Feuer des zuerst aufgelösten Zuges nicht wirksam genug erschien, noch einen zweiten Zug aufgelöst. Die Oesterreicher fanden in den kleinen Häusern und in den Gärten ohne Umzäunung nicht viel Deckung und wichen zurück, als die beiden ausgeschwärmten Züge im Sturm vorgingen und in die nächsten Gehöfte am Haupteingange von Alt=Rognitz her eindrangen; auch die österreichische Batterie 1/III war durch das Feuer dieser Kompagnie zum Abzuge gezwungen worden.

Zu derselben Zeit waren der Schützenzug der 7. Kompagnie und der halbe Schützenzug der 5. Kompagnie aus der von ihnen besetzten Waldspitze nach einem einleitenden Schnellfeuer gegen den Südeingang des Dorfes vor= gebrochen und hatten sich in den nächsten Häusern und Gehöften festgesetzt.

Auf der Chaussee avancirten die beiden anderen Züge der 7. Kompagnie mit einem Theil der 8. Kompagnie. — Ihre Schützen gingen in den Chausseegräben vor, während ein Halbzug sich über die Chaussee fort gegen das dort liegende einzelne Gebäude dirigirte.

Diese Züge unter Hauptmann Ribbentrop blieben zunächst vor dem Dorfe halten, welches zur Zeit also von der 5. Kompagnie und einem Zuge der 7. Kompagnie besetzt war.

Die Leute, durch den beschwerlichen Vormarsch außerordentlich erschöpft, suchten vor Allem ihren brennenden Durst zu löschen. Sie waren der Ruhe sehr bedürftig und jedenfalls viel zu schwach, um sich im Dorfe gründlich fest= setzen und dasselbe einem einigermaßen energischen Angriff des Feindes gegen= über halten zu können.

Oesterreicherseits hatte die 3. Division des Regiments Mazzuchelli Nr. 10 das Dorf vollständig geräumt, und waren sogar die an der Wald= lisiere hinter dem Dorfe aufgestellten Divisionen desselben Regiments durch das Feuer der preußischen Schützen zum Rückzug genöthigt worden. Noch mehr: das ganze, im ersten Treffen stehende Regiment der Brigade Mondel mußte hinter das Regiment Parma Nr. 24 zurückgehen. — Das Letztere war in= zwischen mit dem 1. Bataillon und der 4. Division in erster, und den anderen Abtheilungen in zweiter Linie an dem Waldrand vorgerückt. Es hielt im Vereine mit der 1., 2. und der halben 3. Kompagnie des zur Brigade Knebel gehörigen 28. Jäger=Bataillons, welche in diesem Augenblicke von Trautenau her in dem Walde ankamen und sich rechts von Parma aufstellten, ein weiteres Vordringen der preußischen Abtheilungen ab.

Da in diesem Augenblicke — zwischen 12¼ und 12½ Uhr Mittags — noch immer ein Theil des österreichischen Korps=Trains, welcher die nach der Disposition etwa um 8 Uhr Morgens zu beginnende Bewegung verspätet an=

getreten hatte, nördlich Neu=Rognitz stand und in Gefahr gerieth, genommen zu werden, wurde österreichischerseits unter dem Schutze der Batterie der Bri= gade Wimpffen, welche herbeigeholt war und Neu=Rognitz mit Hohlgeschossen bewarf, ein Gegenangriff auf das genannte Dorf ausgeführt. Es brachen zu diesem Zwecke die in erster Linie befindlichen Divisionen und Kompagnien (im Ganzen 10½ Kompagnie) aus dem Walde heraus, während zur Unter= stützung die 5. und 6. Division und dann das 3. Bataillon Parma bis an die verlassene Waldlisiere vorrückten.

Diesem Angriff mußten die schwachen, isolirt kämpfenden preußischen Kompagnien um so mehr weichen, als vom General v. Hiller beim 2. Ba= taillon des Garde=Füsilier=Regiments die Nachricht einging, daß dasselbe auf Unterstützung nicht zu rechnen habe, und als man ferner wahrnahm, daß sich bei Rudersdorf ein hitziges Gefecht entsponnen hatte.

Der Hauptmann Schickfuß wich mit seiner durch die feindliche Uebermacht von allen Seiten umfaßten Kompagnie in die vorher besetzte Waldlisiere zurück, während die Schützen der 7. Kompagnie in die Waldlisiere südlich Neu=Rognitz sich zurückzogen. — Der Hauptmann Ribbentrop, 7. Kompagnie, versuchte zwar mit seinem an der Chaussee stehenden Soutien von 2 Zügen vorzugehen, ohne indessen bei der Ueberlegenheit der Oesterreicher an der Sachlage etwas ändern zu können. — Eine Verbindung zwischen der 5. und 7. Kompagnie der preußischen Garde=Füsiliere fand übrigens nicht statt. — Als nun der Haupt= mann v. Schickfuß sich ein Gefecht bei Rudersdorf entwickeln hörte, ging er, um nicht abgeschnitten zu werden und um auch diejenigen Leute trinken zu lassen, welche im Dorfe nicht dazu gelangt waren, bis an den Bach, etwa 1000 Schritt hinter seiner ersten Stellung, zurück.

Oberst=Lieutenant v. b. Knesebeck verblieb mit seinen beiden Kompagnien, der 7. und 8., zunächst ruhig in seiner Stellung Neu=Rognitz südlich gegen= über und nahm die 7. Kompagnie noch etwas mehr in den Wald zurück. Bei dem einzelnen Gehöft westlich des Dorfes kam es wieder zum Schützengefecht, und beschossen die preußischen Tirailleurs von dort aus auf eine Entfernung von beinahe 1000 Schritt feindliche Truppenabtheilungen, welche über Sorge auf Altenbuch abzogen.

Die Oesterreicher folgten den zurückweichenden preußischen Kompagnien nicht über Neu=Rognitz hinaus, sondern trat der Oberst Mondel auf Be= fehl des Korps=Kommandanten nach 1 Uhr den Rückzug auf Altenbuch und Pilnikau an.

Zuerst gingen das Regiment Mazzuchelli Nr. 10, das 12. Jäger=Bataillon und die Batterie 1/III und 2/III zurück.

Das Regiment Parma Nr. 24 und 2½ Kompagnie des 28. Jäger= Bataillons folgten erst später, nachdem die Trains vollständig abgefahren waren.

Sobald man preußischerseits in Erfahrung gebracht hatte, daß der Feind im Abzuge begriffen sei, folgte man ihm.

Der Oberst=Lieutenant v. b. Knesebeck zog die 7. und 8. Kompagnie in den südlichen Theil des Dorfes. Auch die 5. Kompagnie — Schickfuß —

war wieder vorgegangen, nachdem die Verbindung mit dem Bataillon her=
gestellt war, und besetzte hier den nördlichen Theil von Neu=Rognitz.

Der Oberst=Lieutenant v. b. Knesebeck schickte gegen 2 Uhr Nachmittags
die 7. und 8. Kompagnie in den gegenüberliegenden Wald, um den nun auch
von dort sich abziehenden Feind zu verfolgen, zog indessen beide Kompagnien
wieder heran, als das Gefecht bei Rudersdorf lebhafter zu werden schien. Er
sammelte seine 3 Kompagnien im Dorfe. Die Leute waren aufs Aeußerste
erschöpft.

Es sei hier gleich erwähnt, daß später hier mehrere vereinzelte Kom=
pagnien der Brigade Grivicic auftraten, welche durch Feuer zurückgewiesen
wurden. — Nachdem wir so die österreichischen Truppen auf allen Punkten
ihrer Aufstellung von Neu=Rognitz über Burkersdorf bis zur Waldparzelle 540
südlich des letzteren Ortes zurückgeworfen sehen, ist es nothwendig, auf die vom
österreichischen Korps=Kommando während dieser Gefechtsperiode getroffenen
Anordnungen einzugehen.

d. Das österreichische Korps=Kommando in der Zeit von 11—1 Uhr.

Ueber die Auffassung der Gefechtslage um 11 Uhr Vormittags seitens
des österreichischen Korps=Kommandos spricht sich das Werk des österreichischen
Generalstabes folgendermaßen aus:

„Hatte der Feldmarschall=Lieutenant Baron Gablenz anfänglich
hoffen können, unter dem Schutze der Brigade Knebel mit den anderen
Truppen noch Praußnitz zu erreichen, so mußte diese Hoffnung nun
um so mehr schwinden, als ein aus Praußnitz kommender, berittener
Pionier=Offizier die Nachricht brachte, daß daselbst keine österreichi=
schen, wohl aber preußische Truppen ständen. Der Rückzug schien
daher nur mehr nach Westen möglich.

Feldmarschall=Lieutenant Baron Gablenz ließ gegen 11 Uhr
die Brigaden Knebel, Mondel und Wimpffen von der Sachlage in
Kenntniß setzen und gab denselben für den Rückzug hinter die Elbe
die Linie über Pilnikau nach Neuschloß an.“

Mit diesen Rückzugsgedanken im Hintergrunde erschien dem Feldmarschall=
Lieutenant, als sich der Angriff der preußischen 1. Garde=Infanterie=Division
entwickelte, die Stellung bei Burkersdorf umfaßt und nicht mehr haltbar, und
war es daher natürlich, daß die preußischen Bataillone auf keinen hartnäckigen
Widerstand stießen.

Die rechte Flügel=Batterie der österreichischen Haupt=Artillerie=Aufstellung
war bereits, wie wir sahen, durch das Schützenfeuer der preußischen Avant=
garden=Bataillone zum Abzuge auf die Granner Koppe gezwungen worden, ihr
folgten, von allen Seiten durch das Feuer der preußischen Schützen belästigt,

die beiden anderen Batterien 3/III und 5. III, und fuhren dieselben sogleich auf beschwerlichen Feld= und Waldwegen gegen Altenbuch ab.

Nach ihnen räumten, wie wir sahen, die Bataillone in dem ausgedehnten Wald südöstlich Neu=Rognitz, nämlich das II. und III. Bataillon C.=H. Carl Nr. 3 und das III. Bataillon Kaiser Franz Joseph Nr. 1 ihre Aufstellung und wichen vor dem II. Bataillon (3 Kompagnien) v. b. Knesebeck des preußi= schen Garde=Füsilier=Regiments und der 10. und 12. Kompagnie — Major v. Helldorff — des 1. Garde=Regiments z. F. in die westlich der Chaussee ge= legenen Waldparzellen zurück. Diese Bataillone hatten sich auf keinen auch nur irgend bemerkenswerthen Widerstand eingelassen. Zuletzt gingen die beiden ersten Bataillone des Regiments Kaiser Franz Joseph Nr. 1 zurück. — Von ihnen hatte das II. Bataillon, welches bis dahin auf dem rechten Flügel der Artillerie zwischen dieser und dem Dorfe Burkersdorf aufgestellt war, auf An= ordnung des Oberst de Rieux Burkersdorf mit 2 Divisionen, unter Major van der Sloot, besetzt, während die 3. Division in einer Aufnahmestellung an dem Wege nach Altenbuch zurückgehalten wurde. Das Bataillon hielt, durch Theile des I. Bataillons unterstützt, im Dorfe die angreifende Infanterie der preußischen Avantgarde wenigstens so lange auf, bis die übrigen Theile des I. Bataillons, welche sich noch in dem Gehölz südlich des Dorfes befanden, in gleiche Höhe mit demselben angekommen waren. Sodann ging der Komman= deur des Regiments, Oberst de Rieux, mit dem II. Bataillon und einem Theile des I. über die Burkersdorfer Höhe gegen Altenbuch zurück, während der Rest des I. Bataillons mit der Trainbedeckungs=Kompagnie seinen Rückzug auf Soor nahm. Als das Centrum der Preußen in Burkersdorf eindrang, räumten auch die österreichischen Batterien auf der Granner Koppe — 7/III, 10/III, 8/III — ihre Position und zogen sich, gefolgt von dem zur Geschütz= bedeckung kommandirten I. Bataillon C.=H. Carl Nr. 3, theils direkt gegen Altenbuch, theils auf den Maierhof Hainwiese (südwestlich der Granner Koppe in der Nähe der Zahl 558) zurück. Den letzteren Weg nahm die eigentlich zum Regiment Windischgrätz=Dragoner gehörige Kavallerie=Batterie 7/III, sowie die Batterie 10, III.

Die Brigade Mondel hatte, wie wir sahen, mit einigen vereinzelt auf= tretenden preußischen Kompagnien um den Besitz von Neu=Rognitz, aber eben= falls nur matt gekämpft. Man ließ sich das Dorf durch einen schwachen An= griff nehmen, setzte sich dann, als der Abzug des Trains in Gefahr gerieth, wieder in den Besitz des Ortes, um ihn bald darauf ohne äußere Nöthigung, dem höheren Befehl zum Rückzuge folgend, von Neuem zu räumen und sich, ziemlich unbelästigt vom Feinde, auf Altenbuch und Pilnikau zurückzuziehen.

Die Brigade Wimpffen hatte sich an dem Gefechte gar nicht betheiligen können, da sie noch vor Mittag vom Ablatus des Korps=Kommandanten, Feldmarschall=Lieutenant Baron Koller, angewiesen war, über Sorge nach Pilnikau zurückzugehen. Nur die Brigade=Batterie fuhr zur Unterstützung der Brigade Mondel auf der Höhe südlich Hohenbruck auf und wirkte im letzten Momente gegen Neu=Rognitz.

Ein Theil des Korps=Trains, welcher bei Beginn des Gefechtes über Weiberkränke hinaus gelangt war, fuhr bis Josephstadt, während der Korps=munitionspark, der längere Zeit bei Weiberkränke gehalten, über Soor und Pilnikau nach Neustadt zurückging. — Einige Wagen fielen in preußische Hände.

An die Brigade Grivicic allein war gegen 11 Uhr von Seiten des Korps=Kommandos ein bestimmter Befehl expedirt worden. Derselbe lautete dahin: ein etwa engagirtes Gefecht abzubrechen, sich, wenn nicht anders möglich, über Trautenau zurückzuziehen, die Vereinigung mit dem Armee=Korps ehebaldigst zu bewirken und unter allen Umständen über Pilnikau nach Neuschloß hinter die Elbe zu gehen.

Die Brigade erhielt diesen Befehl nicht und hatte ein besonderes Gefecht durchzukämpfen, auf das wir weiter unten näher eingehen werden.

---

c. Bemerkungen zu dieser Gefechts=Periode.

α. Beurtheilung der österreichischerseits getroffenen Anordnungen.

Die österreichische Oberleitung krankte während dieser zweiten Gefechts=periode an den Folgen und Nachwirkungen der bis dahin an den Tag gelegten Unentschlossenheit.

Wenn das Korps=Kommando freilich in der Einleitung des Gefechtes der schwachen preußischen Avantgarde gegenüber nicht einmal den Versuch wagte, das ihr durch den Befehl des Ober=Kommandos und durch die eigene Dis=position gestellte Ziel zu erreichen, so kann es kaum Wunder nehmen, wenn auch jetzt jener Versuch unterblieb.

Wir müssen aber fragen: ob die Verhältnisse sich durch das Vordringen der preußischen Avantgarde derartig zum Nachtheil des österreichischen Korps verändert hatten, daß dadurch der um 11 Uhr Vormittags erlassene Rückzugs=befehl gerechtfertigt erscheint.

Die Antwort dürfte kaum bejahend ausfallen. Um 10 Uhr Vormittags hatten sich 12 preußische Kompagnien in den Besitz der Waldparzelle 520 ge=setzt und das in demselben aufgestellt gewesene österreichische Bataillon ver=trieben; diese Kompagnien standen — seit 10½ Uhr zumeist — an der West=lisiere des Waldes im Feuer. Das Feuer der österreichischen Artillerie bot ihnen Halt. — Etwa um 11 Uhr langten 4 Kompagnien zur Unterstützung im Walde an; — weitere Unterstützungen, und zwar 2 Bataillone, waren im Be=griff, aus Staudenz zu debouchiren. — Auf österreichischer Seite war durch die preußischen Schützen nicht nur die vorderste Artillerie=Stellung stark gefährdet, sondern auch die Hauptmarschstraße des Korps Trautenau—Neu=Rognitz—Burkers=dorf—Josephstadt äußerst bedroht. — Diese Straße mußte für die zum Theil noch nicht abmarschirten Trains frei gehalten werden. — Hiernach war der Versuch „zunächst die Waldparzelle 520 wieder zu nehmen" durch die Umstände augenscheinlich geboten, und mußte man dies beim österreichischen Korps=Kom=mando zwischen 10½ und 11 Uhr erkennen.

Welche Kräfte standen für diesen Versuch zur Disposition?

In erster Linie 48 Geschütze, welche ihr Feuer auf die Parzelle konzentriren und den preußischen Kompagnien den Aufenthalt in derselben sehr bedenklich machen konnten. Weiter standen zum Gegenangriff unmittelbar zur Hand: das I. und II. Bataillon des Regiments Franz Joseph Nr. 1; demnächst waren sehr schnell heranzuholen: das I. Bataillon E.=H. Carl Nr. 3, welches seinen Zweck, die Artillerie zu sichern, durch eine derartige Verwendung am besten erfüllt haben würde, und das II. Bataillon des Regiments E.=H. Carl Nr. 3 hinter den Waldungen südöstlich Neu= Rognitz. Die beiden III. Bataillone der Regimenter Franz Joseph Nr. 1 und E.=H. Carl Nr. 3 waren wohl kaum aus diesen Waldungen schnell heranzuziehen.

Die bezeichneten 4 Bataillone konnten in einem Moment zum Angriff schreiten, in dem die 12 Kompagnien der preußischen Avantgarde entweder noch gar keine Unterstützung erhalten hatten oder eben durch 4 weitere Kompagnien unterstützt wurden.

Die preußischen Kompagnien standen auf einer verhältnißmäßig sehr ausgedehnten Front in langer, dünner Linie ohne Reserven, so daß das Gelingen eines kräftigen konzentrischen Vorstoßes namentlich gegen einen der Flügel und zwar am einfachsten und natürlichsten gegen den preußischen rechten Flügel zum mindesten als sehr möglich bezeichnet werden muß: — besonders wenn die Artillerie den Angriff gründlich vorbereitete.

Weiter stand aber um diese Zeit die Brigade Mondel gefechtsmäßig mit der Front nach Südosten bei Neu=Rognitz aufmarschirt, dies Dorf schwach besetzt haltend.

Neu=Rognitz ist von der West= und Nordlisiere der Waldparzelle 520 nicht viel weiter entfernt als Staudenz, so daß, wenn die Brigade Mondel gegen 11 Uhr den Befehl erhielt, schleunigst zur Unterstützung der Brigade Knebel in der Richtung auf Burkersdorf und die östlich davon gelegenen Waldparzellen vorzurücken, deren vorderste Bataillone daselbst noch früher anlangen konnten, als die nächsten Bataillone des Gros der preußischen 1. Garde=Infanterie=Division.

Es darf hierbei nicht außer Acht gelassen werden, daß die preußischen Bataillone unter der Wirkung eines starken Artilleriefeuers vorrücken mußten, und daß deren Bewegung hierdurch sowie durch das Terrain und die anzunehmenden Formationen nothwendig verzögert wurde.

Die Brigade Mondel konnte dagegen innerhalb der eigenen Stellung, die vorhandenen zahlreichen Wege benutzend, ihre Bewegung möglichst beschleunigen. Ihre Bataillone würden ziemlich gleichzeitig auf dem Gefechtsfelde angelangt sein, wo sie dann je nach den Umständen dem Feinde in Front oder Flanke entgegengeworfen werden konnten.

Es dürfte nach Allem kaum zu leugnen sein, daß bei energischem Handeln in der Zeit zwischen 11 und 12 Uhr Mittags auf österreichischer Seite in der Nähe von Burkersdorf eine Ueber=

legenheit erzielt und der Feind wieder auf Staudenz zurückge=
worfen werden konnte.

Nichts stand entgegen, währenddessen auch die Brigade Wimpffen heran=
zuziehen.

Ob es dann später möglich geworden wäre, mit Hülfe dieser Brigade und
der inzwischen von Alt=Rognitz und Burkersdorf her eingreifenden Brigade
Grivicic die zur Entwickelung gekommenen Kräfte des Feindes wieder in das
Defilee zurückzuwerfen, entzieht sich auch der nachträglichen Beurtheilung, weil
vollständig abhängig vom Verhalten des Gegners und von den Erfolgen der
einzelnen Truppentheile und Brigaden.

Zugestanden muß werden, daß diese Möglichkeit bereits an Wahrscheinlich=
keit viel verloren hatte, nachdem das österreichische Korps=Kommando die Zeit
von 8½ bis 11 Uhr Vormittags zur Einnahme der vorzüglichen Höhenposition
westlich Staudenz ungenützt verfließen ließ, während das preußische General=
Kommando immer mehr und mehr Truppen aus dem Defilee zum Gefecht
entwickelt hatte.

Im Ganzen sind wir aber der Ansicht, daß die Lage des österreichischen
Korps um 11 Uhr Vormittags keine solche war, welche dem Feldmarschall=
Lieutenant Baron Gablenz das vollständige Aufgeben der seinem Korps gestellten
Tagesaufgabe und den Befehl zum Rückzuge mit Nothwendigkeit aufgedrängt
hätte; — wir glauben vielmehr, daß der Versuch, das verlorene Terrain wieder
zu gewinnen und den Feind auf Staudenz zurückzuwerfen, nicht nur durch die
Umstände geboten war, sondern auch Aussicht auf Erfolg hatte.

Das österreichische Generalstabswerk sagt in Betreff der Motive, welche
dem Entschlusse des Feldmarschall=Lieutenant Gablenz zum Rückzuge zu Grunde
lagen, wörtlich wie folgt:

„Hatte Feldmarschall=Lieutenant Baron Gablenz anfänglich hoffen
können, unter dem Schutze der Brigade Knebel mit den anderen Truppen
noch Praußnitz zu erreichen, so mußte diese Hoffnung nun (gegen 11 Uhr
Mittags) um so mehr schwinden, als ein aus Praußnitz kommender
berittener Pionier=Offizier die Nachricht brachte, daß daselbst keine
österreichischen, wohl aber preußische Truppen ständen. — Der Rückzug
erschien daher nur mehr nach Westen möglich."

Hiernach wird der Nichtbesetzung von Praußnitz=Kaile durch
Theile der Brigade Fleischhacker in so bestimmter Weise ein Aus=
schlag gebender Einfluß auf die Anordnungen des Feldmarschall=
Lieutenant Baron Gablenz zugeschrieben, daß wir uns nicht berechtigt
glauben, im Anschluß an die oben erwähnte ziemlich deutlich ausgesprochene
Ansicht eines bekannten österreichischen Schriftstellers diese offizielle Motivirung
einfach zu negiren.

Jene Ansicht des Majors Hotze geht — insofern wir aus seiner Abhand=
lung den verschleierten Kern richtig herausgeschält haben — dahin, daß seitens
des österreichischen Korps=Kommandos der Nichtbesetzung von Praußnitz=Kaile
nachträglich eine Bedeutung untergeschoben ist, welche sie am 28. Juni 1866

nicht haben konnte, da dem Korps-Kommando diese Nichtbesetzung schon beim oder vor dem Beginn des Gefechtes bekannt gewesen wäre.

Der Major Hoße hat die obige Ansicht so schlagend begründet, daß wir innerlich derselben beitreten; um sie aber von unserem Standpunkte als Grund= lage für unsere Betrachtungen zu benutzen, dazu bedürfte es einer offi= ziellen Berichtigung der oben angezogenen Stelle des österreichi= schen Generalstabs-Werkes.

Nehmen wir also das angeführte Motiv als richtig an, so muß uns die Art und Weise, wie die obige, überdies sehr ungenaue Meldung — da höchstens preußische Patrouillen bis Praußniß gelangt sein konnten — dem österreichischen Korps-Kommando zugekommen sein soll, in gerechtes Erstaunen setzen.

Also war von 7½ bis 11 Uhr Mittags vom Korps-Kommando gar Nichts geschehen, die Verbindung mit den angeblich in Prauß= niß vermutheten österreichischen Truppen herzustellen, **und ein aus Praußniß kommender Pionier=Offizier brachte die Meldung der Nicht= besetzung dieses Ortes durch österreichische Truppen.**

Wer war dieser Pionier=Offizier? In welchem Verhältniß stand er zum Korps=Kommando? Wie kam er nach Praußniß? Was hat er dort zu thun? Was bewog ihn, dem Feldmarschall-Lieutenant eine Meldung von der Nichtbesetzung dieses Ortes durch österreichische Truppen zu überbringen?

Das Werk des österreichischen Generalstabes stellt das Eingehen dieser wichtigen und angeblich so folgenschweren Meldung als etwas Zufälliges hin.

Dies bleibt aber um so unerklärlicher, als der Baron Gablenz am Morgen seine persönliche Anwesenheit bei Praußniß für nothwendig erachtet hatte und sich selbst dorthin begeben wollte, um die Truppen des 4. Korps in eine mehr vorwärts gelegene Position zu bringen.

Jedenfalls würde der ganze Hergang, wie er im Werke des österreichischen Generalstabes berichtet wird, ein eigenthümliches Licht auf die Thätigkeit des österreichischen Korps=Generalstabes werfen!

Eine zweite Frage würde dahin gehen, ob die vom Feldmar= schall-Lieutenant Baron Gablenz getroffenen Anordnungen den Verhältnissen entsprachen, nachdem derselbe — vielleicht im Hin= blick auf den Zustand seines Korps — die Ueberzeugung von der Unlösbarkeit der seinem Korps gestellten Aufgabe, „bei Prauß= niß=Kaile neue Stellung mit der Front gegen Osten zu nehmen", gewonnen und demgemäß den Entschluß zum Rückzuge gefaßt hatte.

Wir sind **nicht** geneigt, diese Frage zu bejahen. — Zur Begrün=
dung unserer Ansicht bliebe zu untersuchen, welche Rückzugsstraßen dem Korps
unter den obwaltenden Umständen zur Verfügung standen, wie dieselben zum
feindlichen Angriff lagen, ob sie demgemäß ganz oder zum Theil zu benutzen
waren, und welche Schwierigkeiten oder Erleichterungen sie der Ausführung
des Rückzuges boten?

Das Resultat dieser Erörterungen muß von wesentlichem Einfluß auf die
am zweckmäßigsten zu ergreifenden Maßregeln sein.

Die Wahl der Rückzugslinie eines selbstständig auftretenden Armee=Korps
wird in erster Linie von den strategischen Verhältnissen abhängig sein.

Das Ober=Kommando der österreichischen Nord=Armee hatte trotz der
ernstlichsten Bedrohung seiner rechten Flanke in seiner Disposition für den
28. Juni an dem Gedanken festgehalten, mit dem Gros der Armee auf dem
rechten Elbufer gegen die Iser vorzurücken und sich in Vereinigung mit dem
1. Korps — Clam Gallas — und dem sächsischen Armee=Korps auf die
preußische I. Armee des Prinzen Friedrich Karl zu werfen.

Das 10. Korps Gablenz und das 4. Korps Festetics sollten die Deckung
der Armee gegen die preußische II. Armee des Kronprinzen übernehmen, und
waren ihnen für den 28. Juni die Stellungen bei Praußnitz=Kaile und Skalitz
angewiesen worden.

Hiernach hatten diese beiden Korps möglichst gemeinschaftlich zu operiren,
und war die Aufrechthaltung der gegenseitigen Verbindung für die Komman=
deurs beider Korps von großer Wichtigkeit. Diese Verbindung wurde am
bequemsten hergestellt auf der Straße Neu=Rognitz—Kaile—Skalitz, unbequemer,
weil weiter, auf der Straße Neu=Rognitz—Burkersdorf—Weiberkränke—Netten=
dorf: — nur auf einer dieser beiden Straßen konnte man sich dem 4. Korps
nähern.

Sobald man eine andere Straße einschlug, entfernte man sich von dem=
selben und gab eine, erforderlichen Falls direkt zu gewährende Unterstützung auf.

Die Dispositionen des Feldmarschall=Lieutenant Baron Gablenz hatten
dem Train und dem Korps=Munitionspark für den 28. Juni die Straße über
Weiberkränke und Rettendorf angewiesen: ein unwiderlegbares Zeugniß, daß
auch der Feldmarschall=Lieutenant diese Straße als seine Rückzugslinie ansah.

Die beiden Verbindungen über Burkersdorf—Rettendorf resp. über Kaile
wurden überdies durch gute Chausseen gebildet und begünstigten als solche den
Marsch der Truppen.

Wie stand es nun mit der Benutzbarkeit beider Straßen für das öster=
reichische 10. Korps um 11 Uhr **Mittags**?

Die Straße über Kaile war vom Feinde besetzt und konnte nur benutzt
werden, wenn man denselben mindestens bis auf die Höhen bei Raatsch zurück=
warf; — aber auch die Straße von Weiberkränke und Rettendorf lag bereits
im Wirkungsbereich der preußischen Vortruppen.

Bedenkt man nun, daß die Letzteren auf die Tete des ·österreichischen Korps gestoßen waren, und daß Stunden vergehen mußten, ehe die Brigaden Mondel und Wimpffen und der bei Hohenbruck noch befindliche Theil des Trains Burkersdorf passirt hatten, so ergiebt sich, daß auch diese Straße, also die eigentliche Rückzugslinie für das Korps des Feldmarschall-Lieutenant Baron Gablenz, von 11 Uhr Mittags ab nur benutzbar war, wenn sich derselbe durch einen Offensivstoß wenigstens in den Besitz des Abschnittes „Höhe 577 (westlich vom alten Steinbruch) Waldparzelle 520 und Terrain südlich davon" setzte.

Geschah dies nicht, so blieb nur noch übrig, nach Westen hin auszubiegen, um über Altenbuch die Straße Trautenau—Pilnikau—Neustadt zu gewinnen und bei letzterem Orte eventuell die Elbe zu überschreiten.

Diesen Weg wählte der Feldmarschall-Lieutenant Baron Gablenz.

Die Verlegung der Rückzugslinie von Rettendorf über Altenbuch auf Pilnikau konnte aber nicht ohne große Schwierigkeiten und Zeitverlust ausgeführt werden.

Zunächst war es fraglich, ob sich der Korps-Munitionspark und die Trains, welche bereits bis Weiberkränke oder darüber hinaus gelangt waren, überhaupt noch heranziehen ließen, und mußte man jedenfalls darauf gefaßt sein, dies nicht ohne Verluste bewerkstelligen zu können. Demnächst waren aber auch die Wege, welche von Hohenbruck (Brigade Wimpffen und ein Theil des Trains), Neu-Rognitz (Brigade Mondel) und Burkersdorf (Brigade Knebel und Korps-Geschütz-Reserve) nach Altenbuch führten, sehr schlecht und führten durch ein bergiges, schluchtiges und bedecktes Terrain. Man mußte mithin auch hier fürchten, große Verluste zu erleiden, wenn der Gegner, den Rückzug erkennend, heftig nachdrängte. Hierzu kam endlich noch die Rücksicht auf die Brigade Grivicic. Dieselbe befand sich um 11 Uhr Vormittags im Marsch vom Katzauer Berg über Alt-Rognitz und Rudersdorf auf Raatsch, wo sie Stellung zu nehmen hatte. Man mußte sie beim österreichischen Korps-Kommando um diese Zeit in der Gegend von Rudersdorf vermuthen, und jedenfalls konnte dieselbe den Befehl zum Rückzuge frühestens bei diesem Orte oder erst zwischen demselben und Raatsch erhalten.

War diese Brigade auf den Feind gestoßen?

Wie hatte sich eventuell der Kampf gestaltet?

War der Oberst Grivicic in der Lage, das Gefecht alsbald abzubrechen, und stand ihm der Rückzug überhaupt noch frei? Durfte man die Brigade sich selbst überlassen?

Das waren Fragen, deren Beantwortung für die Maßregeln des österreichischen Korps-Kommandos von gewichtigem Einfluß werden mußte.

Man konnte dieselben um 11 Uhr Vormittags in der Gegend von Burkersdorf an sich nicht beantworten.

Eins aber mußte man sich sagen: Zeitgewinn war Existenzfrage für das Korps geworden.

Man brauchte Zeit, um die Trains, den Korps=Munitionspark und die Korps=Geschütz=Reserve nach und nach auf den schlechten Wegen nach Pilnikau abfahren zu lassen und diese Wege für den Marsch der Truppen frei zu machen. — Man brauchte ferner Zeit, um die Brigade Grivicic von dem beschlossenen Rückzuge in Kenntniß zu setzen und heranzuziehen.

Dieser Zeitgewinn war aber durch ein passives Stehenbleiben in der mangelhaften Stellung bei Burkersdorf gewiß nicht zu erreichen, sondern nur durch einen kräftigen Vorstoß, welcher den Feind zum Stutzen brachte und seinen Augen den inzwischen begonnenen Rückzug entzog.

Wir kommen mithin zu dem Schluß, daß der Feldmarschall=Lieutenant Gablenz unter allen Umständen — also selbst, wenn er sich jetzt schon zum Rückzuge und zum Abbiegen gegen Westen entschloß — den Versuch machen mußte, sich wieder in den Besitz der Waldparzelle 520 zu setzen und seine vordersten Batterien bis in die Nähe der Höhen 577 vorzuschieben.

Unter dem Schutze einer solchen Stellung konnte man ziemlich sicher den Rückzug einleiten und die entfernten Brigaden heranziehen.

Die oben angeführten Maßregeln des österreichischen Korps=Kommandos, wonach die Brigaden Knebel, Mondel und Wimpffen zum alsbaldigen Rückzug angewiesen wurden, dürften daher den Verhältnissen nicht entsprochen haben.

Wenn sich das Korps=Kommando überdies damit begnügt haben sollte, die genannten Brigaden — wie es im Werke des österreichischen Generalstabes heißt — von der Sachlage einfach in Kenntniß zu setzen und denselben für den Rückzug hinter die Elbe die Linie über Pilnikau nach Neuschloß anzugeben; so wäre darin ein Zeichen großer moralischer Niedergeschlagenheit kaum zu verkennen.

Mit einem solchen allgemeinen Befehl gab das Korps=Kommando die feste Leitung des Korps aus der Hand — und es würde die üblen Folgen desselben gewiß bitter empfunden haben, wenn nicht die preußische 1. Garde=Infanterie=Division durch die übermäßigen Marschanstrengungen vom 27. Juni in die Unmöglichkeit versetzt gewesen wäre, dem Feinde in nachdrücklicherer Weise zu folgen.

Gerade in derartigen Lagen wird es darauf ankommen, das Vertrauen in die Sicherheit und Festigkeit der oberen Leitung bei den unteren Kommando=Behörden nicht zu erschüttern. — Dazu gehört aber, daß man bestimmte Befehle darüber giebt, welche Wege die einzelnen Theile des Korps einzuschlagen haben, in welcher Reihenfolge, eventuell in welcher allgemeinen Marschordnung sie ab=marschiren sollen, in welcher Weise die mit dem Feinde in Berührung stehenden Brigaden sich demselben zu entziehen haben, welche Truppen den Rückzug zu decken wo und auf wie lange sie den Kampf aufzusuchen oder fortzusetzen haben u. s. w.

Wo alle derartigen Bestimmungen fehlen, schwindet naturgemäß auch das Vertrauen in die Führung, und man überläßt dem Zufall, was man vorsorg=lich zu bedenken und anzuordnen verpflichtet ist.

Gehen wir nun zu dem Verhalten der einzelnen Truppentheile des öster=
reichischen Korps während dieser Gefechtsperiode über, so dürfte dasselbe uns
nur zu wenigen Bemerkungen Veranlassung geben.

Die Truppen leisteten zwar nirgends einen hartnäckigen Widerstand, doch
war dies nur die Folge des gegebenen Rückzugsbefehls oder der Terrain=
gestaltung.

Die Artillerie konnte sich in ihrer Stellung nördlich Burkersdorf
unmöglich halten, sobald die feindlichen Schützen in den Stand gesetzt waren,
sich auf wirksame Gewehrschußweite im Terrain einzunisten, auch entsprach es
nur den durch die höheren Befehle gegebenen Verhältnissen, wenn diese Batterien
sich auf den beschwerlichen Wegen gleich nach Pilnikau abzogen, ohne von
Neuem Stellung zu nehmen. Es wurden dann diese Wege frei für diejenigen
Batterien, welche noch weiter rückwärts standen.

Die schwache Besatzung der Waldparzelle 540 konnte dem über=
mächtigen Angriffe keinen Widerstand leisten, und wenn die Besatzung von
Burkersdorf trotz der Vortheile, welche ihr der Schutz der Häuser bot, vor
einem nur wenig stärkeren Angriff ohne harten Kampf wich, so findet dies
ausreichende Erklärung in den Verhältnissen.

Die wenigen schwachen Kompagnien waren an sich nicht stark genug zu
einer hartnäckigen Vertheidigung des Ortes und hatten auch keine ausreichende
Zeit gehabt, sich in demselben zu orientiren und die Oertlichkeit zur Ver=
theidigung einzurichten; überdies würde ein längerer Widerstand derselben an
der allgemeinen Sachlage nichts geändert, wohl aber die Kompagnien in die
Gefahr gebracht haben, abgeschnitten und gefangen genommen zu werden.

Die 3 Bataillone der Brigade Knebel, welche in dem Walde süd=
östlich Neu=Rognitz zum Gefecht kamen, wichen allerdings vor einem entschieden
schwächeren Feinde zurück, und man sollte meinen, daß sie wohl im Stande
gewesen seien, hier einen längeren Widerstand zu leisten, um so mehr, da sie
der Gefahr, abgeschnitten zu werden, weniger ausgesetzt waren.

Trotzdem möchten wir auch diesen Bataillonen keinen Vorwurf aus ihrem
wenig hartnäckigen Widerstand machen. — Man hatte diese Bataillone, wie
wir früher bereits bemerkten, anscheinend ohne jede nähere Instruktion über
Zweck, Feind, Stellung und Angabe des zu vertheidigenden Abschnittes in ein
ausgedehntes, waldiges und überaus durchschnittenes Terrain hineingeschickt
und sie so gleichsam in die Finsterniß hinausgestoßen.

Kann man sich da wundern, wenn dann die Führer, im Finstern herum=
tappend, bei der ersten Berührung mit dem Feinde sich dorthin zurückzogen,
wo sie hoffen konnten, die allgemeine Lage wenigstens einigermaßen zu über=
sehen und sich Licht über dieselbe zu verschaffen?

Die Brigade Mondel endlich kämpfte erst recht mit einem sehr unter=
legenen Feinde und ließ sich sogar von wenigen Kompagnien den anfänglich
besetzten Theil von Neu=Rognitz wieder fortnehmen, auch verfolgte sie dieselben
nicht, als sie zur Rettung der bedrohten Trains einen Gegenstoß in das Dorf
hinein ausführte. Trotzdem trifft auch hier die Führung durchaus kein Vor=

wurf. — Der Wille des entschlossenen Kommandeurs dieser Brigade war durch den Befehl des Korps-Kommandeurs gebunden.

Man könnte hier wohl die Frage aufwerfen: ob es nicht den Verhältnissen entsprochen haben würde, wenn der Oberst Mondel, als er von Burkersdorf her die Kanonenschüsse hörte, mit seiner Brigade alsbald dorthin abgerückt wäre?

Schon in den früheren Heften unserer Wanderungen haben wir selbst bei glücklichem Erfolge auf die Gefahr hingewiesen, welche das „Losmarschiren auf den Kanonendonner" häufig einschließt.

Hier aber, wo die Brigade Mondel den speziellen Auftrag hatte, den Marsch des Korps gegen Trautenau hin zu decken und erst nach dem Durch=zug der Brigade Wimpffen dieser zu folgen, würde der Kommandeur derselben eine kaum zu rechtfertigende Verantwortung auf sich genommen haben, wenn er ohne Genehmigung des in der Nähe befindlichen Korps-Kommandos nach Burkersdorf abmarschirt wäre.

Nach dem Werke des österreichischen Generalstabes war trotzdem die Brigade des Oberst Mondel, als sich das Gefecht bei Burkersdorf entspann, auf ihrem Lagerplatz Front nach Südost aufmarschirt und gegen Neu=Rognitz vorgerückt.

Indem der Oberst Mondel auf eigene Verantwortung eine Front annahm, welche der ihm durch die Disposition zugewiesenen gerade entgegengesetzt war, und indem er sich demnächst dem Gefechtsfelde näherte, zeigte er den Willen und Entschluß, sofort in das Gefecht einzugreifen. Er übernahm mit diesen Maßregeln zweifellos eine große Verantwortung. Als er dann aber in der Nähe von Neu=Rognitz die neue Disposition erhielt, durfte er unmöglich dem bestimmten Befehle zum Rückzuge ungehorsam werden. Sein Ausharren bei Neu=Rognitz bis gegen 1 Uhr Nachmittags und sein gelegentlicher Vorstoß, um dem Train, welcher noch bei Hohenbruck stand, Zeit zur Abfahrt zu gestatten, entsprachen durchaus den gegebenen Verhältnissen, so daß sich die Kritik hiermit nur einverstanden erklären kann.

β. Beurtheilung der preußischerseits getroffenen Maßregeln.

1. Die Anlage des Angriffs im Allgemeinen.

Der preußische Angriff wurde den Verhältnissen entsprechend eingeleitet und mit Energie ausgeführt. Man wartete gerade nur so lange, als erforder=lich war, um die Bataillone des Gros der 1. Garde=Infanterie=Division unter dem Schutze der verstärkten Avantgarde zu entwickeln, und ging dann gemeinsam mit diesen auf der ganzen Linie zum Angriff vor. Bei längerem Warten — vielleicht bis zur völligen Entwickelung der Reserven der 1. Division oder gar bis zum Herankommen der 2. Division — konnte der günstigste Moment leicht verloren gehen und der Gegner Zeit zum Heranziehen von Verstärkungen oder zum Ausweichen gewinnen.

6*

Die von der Avantgarde errungenen Vortheile mußten schnell ausgebeutet werden.

Unter solchen Verhältnissen einmal zur weiteren Offensive entschlossen, war es daher nothwendig, nur eine schwache Reserve zurückzuhalten und fast alle disponiblen Kräfte in vorderster Linie zur Thätigkeit zu bringen. Nur rücksichtslose Energie und möglichste Stärke im ersten Angriffe konnten Erfolg versprechen. Weitere Verstärkungen erhielt man durch die heranrückende und sich allmälig entwickelnde 2. Garde-Infanterie-Division; wahrscheinlich hatte man auch beim General-Kommando des preußischen Garde-Korps den Gedanken an die Möglichkeit eines Eingreifens von Abtheilungen des 1. Armee-Korps noch nicht aufgegeben.

Für den Fall des Rückschlages war es gerathen, die Lisiere von Staudenz zu besetzen, um diesen wichtigen Punkt nicht sofort opfern zu müssen, und den Ort überdies durch die disponiblen 2 Pionier-Kompagnien schnell in Ver= theidigungszustand setzen zu lassen.

Der Druck auf den rechten Flügel der österreichischen Stellung gegen Burkersdorf und die Waldparzelle 540 entsprach nicht nur den Terrain= verhältnissen, welche hier eine freiere Entwickelung der Kräfte und eine bessere Uebersicht und Leitung des Gefechtes als auf dem feindlichen linken Flügel gestatteten, sondern auch der strategischen Situation, indem das feindliche Korps dadurch von seiner Hauptverbindung nach Josephstadt abgedrängt und in ein sehr ungünstiges Terrain hineingeworfen wurde.

Die vom Beginne des Gefechtes durch das preußische General-Kommando gewählte Direktion des Angriffs war in der That „die dem Gegner empfindlichste Richtung".

2. Die Ausführung des Angriffs im Speziellen.

Wenn die obere Führung ursprünglich beabsichtigte, den Angriff gegen Burkersdorf und die Waldparzelle 540 nicht mit allen disponiblen Kräften auszuführen, sondern zunächst nur die herangekommenen Verstärkungen dazu zu verwenden, so können wir uns aus den ad 1 bereits angeführten Gründen nicht damit einverstanden erklären. Wäre der Gefechtszweck wirklich nur mit diesen Truppen zu erreichen gewesen, so würden ihn wahrscheinlich schon die Avantgarden-Kompagnien mit ihrer nächsten Verstärkung erreicht haben!

Ueberdies mußte man wissen, daß der Rest der 1. Division zur eventuellen Aufnahme und Verstärkung von Staudenz heranrückte. — Es kann gegen unsere Betrachtung nicht in das Gewicht fallen, daß man bei der schwachen Besatzung der Waldparzelle 540 seitens des Feindes wahrscheinlich auch ohne Mitwirkung der eigenmächtig vorbrechenden Avantgarden-Kompagnien in den Besitz derselben gelangt wäre: das konnte der ganzen Gefechtslage nach nicht angenommen werden.

Eine andere Frage ist die: ob es praktisch war, das vordere Treffen in seiner Stellung liegen lassen und mit der Verstärkung durch dasselbe hindurch zum Angriff vorbrechen zu wollen? Wir können dies nicht zugeben. Ein derartiges Manöver wird im Gefecht an sich außerordentlich schwer durchzuführen sein und verstößt gegen den Grundsatz, „die Gefechtskraft des vordersten, mit dem Feinde engagirten Treffens vollständig auszunutzen". Wir finden diesen Grundsatz auch im Neuabdruck unseres Reglements als solchen ausgesprochen. Allerdings gestattet das Reglement auf derselben Seite (200), daß das 2. Treffen auf beiden Seiten des Flügel=Bataillons im 1. Treffen vorgeht und daß es alsdann dieses selbst „zur Retablirung in die 2. Linie hinter die anderen beiden Bataillone desselben Regiments zurücknimmt". Ist dieser Satz schon an sich beschränkend, so kann er überhaupt nur als eine Ausnahme angesehen werden, deren Voraussetzung darin zu suchen ist, daß die Bataillone des 1. Treffens der Retablirung bedürftig seien.

Dies fand im vorliegenden Falle aber offenbar nicht statt. Die Avant= garden=Kompagnien hatten thatsächlich keinen heftigen Widerstand gefunden, auch keine sehr bedeutenden Verluste erlitten und während des Stillstandes im Ge= fecht einige Zeit gehabt, die etwa gestörte Ordnung wieder herzustellen.

Wir sind daher der Ansicht, daß es angemessener gewesen wäre, die Avant= garden=Kompagnien zu verstärken und dann mit dem vorderen Treffen unter Zurückhaltung einer sehr geringen Reserve den Angriff gegen die Waldparzelle auszuführen.

In diesem Sinne könnte dann noch gefragt werden, ob es nicht zweck= entsprechender war, die beiden nachrückenden Bataillone des 2. Garde=Regiments zu Fuß nicht hinter dem ersten Treffen, sondern wenigstens zum Theil neben demselben zu entwickeln, um den feindlichen Flügel besser zu umfassen? —

Die Frage muß vom allgemeinen Standpunkte aus bejaht und wohl auch zugegeben werden, daß wenigstens 1 Bataillon in der auf der Vormarschlinie am südlichsten gelegenen Waldparzelle Deckung fand und von dort zur Ver= längerung des äußersten linken Flügels des Vordertreffens sich entwickeln konnte. — Es ist indessen zu bemerken, daß derartige Verhältnisse an sich schwer zu übersehen sind, namentlich wenn die Truppen aus der Marsch=Kolonne her= aus sofort durch die Gewalt der Umstände in das Gefecht hinein und zugleich auf eine weite Strecke nach vorwärts getrieben werden. Da geht den Führern sehr leicht die Uebersicht und die klare Erkenntniß der Situation auf allen Punkten verloren. Es fehlt dann eben an Zeit, die Verhältnisse genau zu beurtheilen, und wenn nun das Gefecht zum Stehen kommt, dann ist und bleibt es das Natürlichste, die Verstärkungen auf dem nächsten Wege heran= zuziehen und möglichst zusammen zu behalten.

Am allerwenigsten wird man aber den Führern dieser Verstärkungen, also hier speciell denen des 2. Garde=Regiments zu Fuß, einen Vorwurf über die Richtung des Vormarsches machen können.

Sie sahen und hörten von Staudenz aus, daß in den vorgelegenen Wald=
parzellen und in der Richtung auf Burkersdorf, wo überdies die Haupt=
Artillerie=Masse des Feindes stand, gekämpft wurde, und führten also ihre
Bataillone sehr richtig auf dem kürzesten Wege dorthin und zwar um so mehr,
als sie hier auf demselben durch die nächsten Waldparzellen die beste Deckung
fanden.

Das Vorgehen der Kompagnien des vorderen Treffens, welche
vorwiegend dem Garde=Füsilier=Regiment angehörten, kann an sich — da
einmal der Befehl zum Stehenbleiben gegeben war — von der
Kritik natürlich nicht gebilligt, aber gewiß entschuldigt werden. —
Ist die Kritik überhaupt gerne geneigt, das Durchgehen der Truppen nach
vorwärts zum Angriff zu entschuldigen, so kommt hier noch in Betracht, daß
es kaum möglich gewesen sein wird, den Befehl auf der ganzen, ziemlich aus=
gedehnten und zu einem großen Theil in waldigem Terrain befindlichen Linie
bekannt zu geben, und daß es in einem ersten Gefecht von den Truppen zu viel
verlangt ist, stehen zu bleiben, wenn von rückwärts auf der ganzen Linie das
Signal „Avanciren" ertönt, und nun die Kompagnien des hinteren Treffens
mit Hurrah! an das vordere heran kommen. — Wir wiederholen, daß man unter
den obwaltenden Umständen einen derartigen Befehl nicht hätte geben sollen. —

Die Bataillone befanden sich bis zum Augenblick des Angriffes — abgesehen
von den durch die Disposition detachirten und von sehr vereinzelten, etwas
abgekommenen Kompagnien — fest in der Hand der Führer. Die Regimenter
waren nicht mehr durcheinander gekommen, als die ursprüngliche Ordre de
bataille der Division, welche die Bataillone von 4 verschiedenen Regimentern
in die Avantgarde brachte, solches bedingte. Der Angriff wurde nach Richtung
und Zeitmoment von der höheren Führung bestimmt. — Dagegen war es bei
der beschriebenen Art seiner Ausführung unvermeidlich, daß die Regimenter,
Bataillone und Kompagnien, welche gegen die Waldparzelle vorgingen, sehr
durcheinander geriethen.

Die gegen Burkersdorf vorgehenden Bataillone blieben besser in
der Hand der Führer.

Das Verhalten der durch die Waldungen südöstlich von Neu=
Rognitz gegen dieses Dorf avancirenden Kompagnien dürfte von
der Kritik nur zu billigen sein. — Sie handelten den Verhältnissen und
der Terraingestaltung entsprechend und erreichten, was sie unter den obwaltenden
Umständen nur erreichen konnten.

Ohne Rücksicht auf die Stärke des Feindes griffen sie denselben an und
wagten sich, ihn verfolgend, in ein sehr ungünstiges Terrain hinein. — Wenn
bereits bei der Vertheidigung hervorgehoben wurde, daß in Folge der Bedeckt=
heit und Durchschnittenheit des Abschnittes die österreichischen Truppen, die doch
immerhin schon beim Vorgehen den Wald durchschritten hatten, nicht zusammen
zu halten waren, so erscheint es sehr erklärlich, daß die preußischen Kompagnien
an zwei verhältnißmäßig weit auseinander liegenden Punkten aus dem Walde
heraustraten.

An beiden gingen sie sofort zum Angriff des Dorfes vor und vertrieben den Feind; — daß sie bei ihrer vierfachen Unterlegenheit an Zahl demselben gegenüber keine größeren Resultate erreichen konnten, war natürlich.

Man könnte allerdings fragen: ob es überhaupt räthlich und den Ver- hältnissen entsprechend war, mit einer so geringen Truppenzahl sich in einen derartigen Terrainabschnitt hinein zu wagen und sich so weit von den übrigen Truppen zu entfernen?

Die beiden Kompagnien des 1. Garde-Regiments zu Fuß hatten den bestimmten Befehl, die rechte Flanke der Avantgarde zu decken; einen ähnlichen Auftrag dürfte auch das II. Bataillon des Garde-Füsilier-Regiments erhalten haben.

Als diese Truppen nun bei ihrem Vormarsch gegen die Chaussee aus den Waldungen in der rechten Flanke beschossen wurden, mußten sie nothwendig, um ihre Aufgabe zu erfüllen, versuchen, den Feind von dort zu vertreiben. — Drang derselbe seinerseits vorwärts, so bedrohte er die preußische Artillerie in sehr bedenklicher Weise und brachte wahrscheinlich die ganze Angriffsbewegung ins Stocken.

Auf den Höhen dem Walde gegenüber Stellung zu nehmen, würde sehr gefährlich gewesen sein, und blieb es immer das Beste, den Wald zu säubern. Als man die große Ausdehnung desselben und das schwierige Terrain erkannte, hätte man vielleicht sich sammeln, den Feind durch Patrouillen beobachten und, wenn sich kein passender Abschnitt zur Vertheidigung fand, wieder auf die Höhen westlich des alten Steinbruchs sich zurückziehen und später gegen die Chaussee mit vorgehen können.

Hätte man so gehandelt, so würde die Kritik ein solches Verfahren als durchaus sachgemäß und zweckentsprechend sowie als ein Zeichen ausgezeichneter Gefechtsdisziplin haben erkennen müssen. Dieselbe wird daher auch gegen das Verfahren der beiden Kompagnien des 1. Garde-Regiments zu Fuß nichts einwenden können. Diese Kompagnien zogen sich wieder an die Avantgarde heran, weil das II. Bataillon des Garde-Füsilier-Regiments die Deckung der Flanke übernehmen konnte, während ihr Führer eine weitere Entfernung gegen Neu-Rognitz hin und in die ausgedehnten Waldungen hinein jedenfalls als nicht in seiner Aufgabe liegend erachtete.

Die Kritik wird aber auch das von den Garde-Füsilieren eingehaltene Verfahren, das immerhin das Gepräge der Kühnheit trägt, billigen müssen.

In solchen Verhältnissen ist es für die nachhinkende Kritik sehr schwer, wenn nicht unmöglich, zu sagen: das war richtig und das war falsch.

Die Artillerie tritt zur direkten Unterstützung des Infanterie-Angriffes zwar nur in geringem Maße hervor, doch findet dies in den Verhältnissen eine ausreichende Erklärung, und muß im Allgemeinen deren Auftreten als ein kühnes und den Verhältnissen entsprechendes bezeichnet werden. Die beiden zuerst in Position gebrachten Batterien der Avantgarde und des Gros hatten, wie wir sahen, gegen eine vierfache Ueberlegenheit an Artillerie gekämpft und nun viel in Ordnung zu bringen; hieraus erklärt sich, daß sie zunächst nicht gemeinſam mit der Infanterie vorgehen konnte. Die Batterien der Reſerve waren bei der erſten rückgängigen Bewegung in eine Aufnahmeſtellung jenſeits der Aupa dirigirt worden, ſo daß es ſehr ſchwer war, ſie wieder nach vorne zu bringen, glücklicherweiſe gelang es indeſſen, wenigſtens eine von ihnen heran zu ſchaffen, welche eine der Avantgarden=Batterien ablöſen mußte. Alsbald folgten die beiden disponiblen Batterien der inzwiſchen vorgegangenen Infanterie in mehrere Poſitionen, unterſtützten zum Theil deren Angriff auf das Dorf Burkersdorf und beläſtigten ſpäter den Rückzug des Gegners.

Wir ſahen, daß der Major v. Erkert ſogar in dem Vorgehen dieſer Batterien die unmittelbare Veranlaſſung fand, mit ſeinem Bataillon zum An= griff gegen Burkersdorf vorzurücken.

Die aus dem Garde=Huſaren=Regiment beſtehende Diviſions= Kavallerie kam während dieſes Gefechts nur in untergeordneter Weiſe zur Verwendung. Dieſelbe diente vorwiegend zur Deckung der linken Flanke der Diviſion, woſelbſt ſie ein im Allgemeinen freies und offenes, daher für ihre Thätigkeit günſtiges Terrain fand; allein es fehlte an einem angemeſſenen Angriffs=Objekte. — Als man ein ſolches in der feindlichen Artillerie zu erkennen glaubte, ging man ſofort dagegen vor: nur will es uns dünken, als ob die Bewegung zu weit ausholte. — Von Kaile aus ziehen ſich, wie dies auf dem Plane auch erſichtlich iſt, mehrere Terrainmulden nach dem bewaldeten Terrain ſüdlich Burkersdorf hinauf; dieſelben boten allerdings kaum Deckung gegen das feindliche Artillerie=Feuer, doch konnte man durch die Schnelligkeit der Bewegung und angemeſſene Formationen deren Wirkung ab= ſchwächen. Es kam aber darauf an, in möglichſt enger Verbindung mit der Infanterie zu bleiben, um zur Verfolgung des Feindes à portée zu ſein.

B. Kampf der Brigade Grivicic bei Rudersdorf gegen Theile der 2. Garde=Infanterie=Diviſion 12—5½ Uhr Nachmittags. Pl. III.

a. Die Verhältniſſe bei der Brigade Grivicic bis zum Beginn dieſes Kampfes.

Die Brigade Grivicic war zur Zeit, als der Kampf bei Burkersdorf begann, noch nicht aus ihrem Bivouak auf dem Katzauer Berge abmarſchirt, da ihr der um 7³/₄ Uhr aus Neu=Rognitz expedirte Befehl zum Vormarſch auf Rudersdorf erſt um 9½ Uhr zukam.

Die nach der allgemeinen Ordre de bataille zur Brigade gehörige Bat= terie 2/III befand ſich, wie wir im 3. Hefte unſerer Wanderungen ſahen, in der Nacht vom 27. zum 28. Juni bei der Brigade Wimpffen und hatte, obgleich zum Einrücken angewieſen, die eigene Brigade 9½ Uhr Vormittags noch nicht erreicht. Dagegen war die Batterie 4/III der Brigade Wimpffen, welche am 27. Juni auf dem Katzauer Berge zu der Brigade Grivicic gestoßen war, in Folge höheren Befehls mit den Abtheilungen Mensdorf=Ulanen, die sich auf dem Katzauer Berge befanden, nach Trautenau zurückgegangen, um sich dort wieder mit ihrer Brigade zu vereinigen.

Die Brigade Grivicic befand sich hiernach thatsächlich ohne Artillerie und Kavallerie, als sie sich gegen 10 Uhr Vormittags — nach dem Verluste vom vorigen Tage etwa nur noch 5000 Mann stark — über Rudersdorf nach Raatsch in Marsch setzte.

Um 11 Uhr Vormittags befand sich die Brigade im nördlichen Theile von Alt=Rognitz.

Es war um diese Zeit, als vom österreichischen Korps=Kommando die neuen Ordres zum Rückzuge erlassen wurden.

Der für die Brigade Grivicic gegebene Befehl sagte bestimmt: „daß die= selbe ein etwa engagirtes Gefecht abbrechen, sich — wenn nicht anders möglich — über Trautenau zurückziehen, die Vereinigung mit dem Armee=Korps ehebaldigst bewirken und unter allen Um= ständen über Pilnikau und Neuschloß hinter die Elbe zurückgehen sollte".

Diesen Befehl hat der Oberst Grivicic nicht erhalten.

Gegen 12 Uhr Mittags war die Avantgarde der österreichischen Brigade bis nach Rudersdorf gekommen, als dieselbe plötzlich auf preußische Infanterie stieß.

Der Oberst Grivicic ließ seine Avantgarde — das III. Bataillon des Infanterie=Regiments Alexander Nr. 2 — am Südende der nach dem Orte hinab ziehenden Schlucht zum Gefecht aufmarschiren. Das I. Bataillon desselben Regiments formirte sich als Unterstützung hinter dem III.; das 16. Jäger= Bataillon besetzte den Rand links neben der Avantgarde.

Die 3 Bataillone des Infanterie=Regiments Airoldi Nr. 23 zog Oberst Grivicic rechts auf dem nach Staudenz führenden Wege vor und wies dieselben an, mit 2 Bataillonen im 1. und 1 Bataillon im 2. Treffen längs dieses Weges Front nach Südosten, also im Haken zur Aufstellung der zuerst angekommenen Truppen, aufzumarschiren.

Das II. Bataillon des Regiments Alexander Nr. 2 bildete die Reserve der Brigade.

Das III. Bataillon dieses Regiments und das 16. Jäger=Bataillon hatten kaum ihre Aufstellung erreicht, als ein preußisches Garde=Bataillon über das Stein=Kreuz gegen die südlich der Schlucht gelegenen Gehöfte vorging.

b. Das Vorgehen der Teten=Bataillone des Gros der 2. Garde= Infanterie=Division v. Plonski gegen Rudersdorf.

Preußischerseits hatte man beim General=Kommando das Erscheinen feind= licher Abtheilungen bei Alt=Rognitz gegen 11½ Uhr durch Patrouillen in Er= fahrung gebracht. Um diese Zeit befand sich die Tete der 2. Garde=Infanterie= Division v. Plonski noch in Raatsch.

Die Avantgarde derselben war in folgender Weise formirt:

Vorhut: 1. und 4. Eskadron 3. Garde-Ulanen-Regiments,
Füsilier-Bataillon Kaiser Franz Garde-Grenadier-Regiments Nr. 2,

Gros: II. Bataillon desselben Regiments,
4. 4pfdge Batterie,
I. Bataillon Kaiser Franz Garde-Grenadier-Regiments Nr. 2,
3. Kompagnie Garde-Pionier-Bataillons,

Nachhut: 4. Kompagnie des Kaiser Franz Garde-Grenadier-Regiments Nr. 2.

Die Tornister waren abgelegt und auf requirirten Wagen verladen worden. Zwischen 11½ und 11¾ Uhr erhielt das an der Tete des Gros befindliche II. Bataillon des Kaiser Franz Garde-Grenadier-Regiments Befehl, rechts abzubiegen und über Rudersdorf auf Alt-Rognitz zu marschiren. — Das Bataillon sollte, falls die eingegangene Meldung sich als richtig erwies, dem Feinde entgegen gehen und so die marschirende Kolonne in der Flanke sichern.

Das Bataillon bog in Ober-Raatsch aus der Kolonne heraus gegen Norden hin ab, die 5. Kompagnie v. Wittich befand sich an der Tete.

Der Gedanke, endlich an den Feind zu kommen, hob die Kräfte der durch die Anstrengungen des Marsches, durch Hitze und Staub schon sehr ermüdeten Mannschaften.

Während des Marsches zog der Bataillons-Kommandeur, Oberst-Lieutenant v. Gaudy, die 8. Kompagnie v. d. Goltz bis in die Höhe der 5. Kompagnie rechts vor und bildete so ein erstes Treffen.

Hauptmann v. d. Goltz hatte seinen Schützenzug vorgenommen, dem der 7. und 8. Zug dicht folgten.

Hauptmann v. Wittich hingegen hatte wegen des unübersichtlichen und durchschnittenen Terrains seine Züge auf 250 Schritt auseinander gezogen und ließ jeden Zug mit einer Spitze vorgehen. — Hinter der Mitte der 5. Kompagnie marschirte geschlossen das aus der 6. und 7. Kompagnie bestehende Halbbataillon v. Witzleben.

Die 8. Kompagnie erhielt schon eine ganze Strecke vor Rudersdorf Feuer durch feindliche Schützen, sie bemerkte auch zuerst stärkere österreichische Abtheilungen, welche aus dem genannten Dorfe debouchiren wollten und beim Erblicken der preußischen Kompagnien das östlich vom Stein-Kreuz an dem südlichen Rande des Hohlweges nach Raatsch allein stehende Gehöft (A) besetzten.

Dies Gehöft wurde demnächst von der 8. Kompagnie und dem Schützenzug der 5. Kompagnie angegriffen.

Der 1. Zug (der 5. Kompagnie) war über das Stein-Kreuz gegen die dicht dahinter liegende Anhöhe vorgegangen und stieß dort auf feindliche Abtheilungen, welche in dem Grunde ihre Gewehre zusammengesetzt hatten, während andere Abtheilungen dahinter im Begriff waren, aus Rudersdorf zu debouchiren. — Hauptmann v. Wittich ließ den Zug auf dem Kamm der Höhe sofort ausschwärmen und feuern. Der Gegner, obgleich zum Theil sichtlich überrascht, antwortete bald.

Das Feuer wurde gegenseitig mit Heftigkeit geführt und Hauptmann v. Wittich schwer verwundet. — Der Zug setzte sich dann der feindlichen Ueberlegenheit gegenüber in dem erwähnten Gehöft (B) nördlich vom Stein= bruch fest.

Der 2. Zug (der 5. Kompagnie) war mehr westlich in die nördlich der Kuppe 344 gelegene Waldparzelle gerathen und hatte sich von dort, als er das heftige Feuer zur Rechten vernahm, an den 1. Zug herangezogen. Beide hielten vorläufig das Gehöft (B) nördlich vom Stein=Kreuz besetzt, während das Halbbataillon v. Witzleben — 6. und 7. Kompagnie — sich noch geschlossen und gedeckt am Wege hinter dem Stein=Kreuz befand.

Um diese Zeit war zwar Unterstützung für das gänzlich isolirte Bataillon schon im Anrücken, aber noch sehr weit entfernt.

Das I. Bataillon v. Böhn des Kaiser Franz Garde=Grenadier=Regiments Nr. 2, welches hinter dem II. Bataillon marschirte, war, als letzteres von Raatsch nach Norden abbog, geradeaus geblieben.

Auf dem Kamme des ersten Höhenzuges westlich Raatsch erhielt der Major v. Böhn den Befehl, mit seinem Bataillon in der Richtung auf Alt= Rognitz abzubiegen und das II. Bataillon zu unterstützen.

Von dem inzwischen entbrannten und — wie wir sehen werden — sehr verlustreichen Kampf des letztgenannten Bataillons wußte man noch nichts. Es war bis dahin nur die Meldung vom Oberst=Lieutenant v. Gaudy ein= gegangen, daß er den Feind in Rudersdorf getroffen habe und ihn angreifen werde.

Man hörte indessen das Schießen in der Richtung des genannten Dorfes. Der Major v. Böhn beeilte nun seinen Vormarsch, soweit es die Kräfte der Leute nur immer zuließen. Der Schall des Gewehrfeuers gab die Richtung, und in dieser ging es über Sturzacker, durch Waldparzellen hindurch und über tiefe beschwerliche Schluchten hin fort. Nur so gelang es, unter Aufbietung aller Kräfte den Kameraden gerade im gefährlichsten Momente zu Hülfe zu kommen.

c. Charakterisirung des Terrains bei Rudersdorf.

Rudersdorf liegt zum größten Theil auf dem Wiesengrunde einer tief ein= geschnittenen Bergschlucht und nur mit vereinzelten Gehöften auf deren steilen und schwer ersteiglichen Hängen. — Diese Schlucht ist in ihrem südöstlichsten Zweige, durch welchen der Hauptweg nach Unter=Raatsch geht — da, wo es zunächst zum Gefecht kam —, am unzugänglichsten. Die Ränder fallen hier 30—40 Fuß hoch jäh zur Sohle hinunter und zwängen dieselbe an ihrem Ursprunge zu einem engen Hohlwege zusammen. — Es ist selbstverständlich, daß in diesem Theile der Schlucht die Ränder nur durch Infanterie in zerstreuter Ordnung erklettert werden können, und gilt das besonders von dem Südrande.

Der preußische Gefechtsplan giebt ein entschieden treueres und mehr charakteristisches Bild dieser Terraingestaltung als der österreichische Plan.

Die äußersten Baulichkeiten von Rubersdorf nach Raatsch und Staudenz hin liegen in der Nähe des steinernen Kreuzes am oberen Schluchtenrande auf dem Plateau. Dieselben bilden zwei zum Theil mit Mauern umgebene, geschlossene und zur Vertheidigung sehr wohl geeignete Gehöfte, aus festen, massiven Haupt= und mehreren Nebengebäuden bestehend. — Nördlich dieser Gruppe liegen auf der Thalsohle die Dorfhäuser zerstreut; sie sind klein, ein= stöckig, nur zum Theil massiv, haben keine festen Umfriedigungen und eignen sich daher mangelhaft zur Vertheidigung.

Auf dem preußischen Gefechtsplane theilt sich der von Raatsch nach Rubers= dorf führende Weg gerade am Anfangspunkte der Schlucht derartig, daß ein Weg durch den Hohlweg direkt in das letztgenannte Dorf hinabgeht, während der andere am nördlichen Schluchtenrande etwa 400 Schritt weit entlangzieht und sich dann erst nach der Thalsohle hinunterfenkt. Dieser letztere Weg führt nun an der südwestlichen Lifiere eines kleinen Gehölzes fort, welches bei einer Länge von etwa 150 Schritt und einer ungefähren Breite von 50 Schritt seine schmale Front nach Südosten, nach Raatsch hin wendet. Auf dem öster= reichischen Plane ist dieses Gehölz verzeichnet, während es auf dem preußischen fehlt. Dasselbe besteht aus mittlerem Nadelholze und erscheint zur Ver= theidigung durch eine kleine Infanterie=Abtheilung sehr wohl geeignet; — natürlich kann es bei seiner geringen Ausdehnung leicht umfaßt und umgangen werden.

Die Schlucht, an welche sich der rechte Flügel der österreichischen Stellung anlehnte — westlich vom steinernen Kreuze — hat ebenfalls steile, schwer ersteigliche Ränder; der westliche Hang ist mit ziemlich dichtem Nadelholz bestanden.

Von der Position der österreichischen Brigade Grivicic aus ist das Angriffs= terrain zwar dominirt, doch findet ein von Raatsch kommender Angreifer in den vorgelegenen Waldparzellen bis auf 300 und 400 Schritt eine verdeckte Annäherung. — Diese Parzellen bestehen aus mittlerem Nadelholz, das die Bewegung von Schützen und kleinen Kolonnen gestattet.

d. Kampf des II. Bataillons Kaiser Franz Garde=Grenadier=Regiments
Nr. 2 gegen die Brigade Grivicic.

Auf dem rechten Flügel ging die vom 1. Schützenzug unterstützte 8. Kom= pagnie v. d. Golz gegen das am Rande der Schlucht gelegene und wahrscheinlich von Abtheilungen des österreichischen 16. Jäger=Bataillons besetzte Gehöft A zum Angriff vor. — Die beiden Schützenzüge 1 und 4 waren aufgelöst, die beiden anderen Züge 7 und 8 folgten dicht dahinter, und drangen alle 4 Züge beim ersten Anlauf in das Gehöft ein.

Die Oesterreicher wichen theils in das Dorf, theils in das auf dem Plateau nördlich der Schlucht gelegene Gehölz zurück. Letzteres wurde von ihnen stark besetzt.

Die beiden preußischen Schützenzüge folgten hierher und setzten sich auf dem Plateau der Lisiere gegenüber fest, ohne indessen in dieselbe eindringen zu können. Beide Schützen=Offiziere wurden verwundet. Der Hauptmann v. b. Goltz folgte mit dem 7. und 8. Zuge und stellte sich in dem am Wege gelegenen Steinbruch auf, wo er indessen vom Feuer des Feindes sowohl aus den Häusern des Dorfes zur Linken wie aus dem Wäldchen in der Front sehr belästigt wurde.

Als der Kommandeur des Bataillons sah, daß seine beiden im ersten Treffen befindlichen Kompagnien kein weiteres Terrain gewinnen konnten, ent= schloß er sich, sie durch das Halbbataillon v. Witzleben zu unterstützen, und setzte sich persönlich an die Spitze desselben.

Er führte die beiden Kompagnien in der Richtung auf das Gehöft A vor und wollte aus der Schlucht des Weges Rudersdorf—Raatsch die Waldparzelle angreifen, aus der heftig auf die 8. Kompagnie v. b. Goltz gefeuert wurde. — Als er jene Schlucht an der Spitze des Halbbataillons passirte, fiel er, von zwei feindlichen Kugeln tödtlich getroffen; ein gleiches Schicksal traf bald darauf den Führer der 7. Kompagnie, Premier=Lieutenant v. Reitzenstein.

Hauptmann v. Witzleben blieb im Vorgehen und schickte an die im Gehöft B befindlichen beiden Züge der 5. Kompagnie den Befehl, ihn durch ein Vorgehen in seiner linken Flanke zu sichern.

Diese beiden Züge wurden indessen in diesem Augenblicke selbst angegriffen und zwar von Abtheilungen des 1. Treffens des Regiments Airoldi Nr. 23, die sich aus der westlich gelegenen Schlucht über die Kuppe 350 fort zum Angriff auf das Gehöft B entwickelten.

Hauptmann v. Witzleben, hiervon unterrichtet, beschloß dennoch, weiter gegen das Wäldchen vorzugehen. — Er gab das Kommando zum Angriff, welchem sich auf dem Plateau die beiden Schützenzüge I und IV auf dem rechten Flügel anschlossen.

Nach wenigen Schritten fiel der seinen Leuten kühn vorangeeilte Führer des Halbbataillons tödtlich ins Herz getroffen; ihm folgte bald der Lieutenant v. Weiher. Zwei der jüngsten Offiziere mußten die Führung der Kompagnien übernehmen. Trotz großer Verluste blieb das Bataillon im Vorgehen, tam- bour battant drang es schließlich in das Wäldchen ein. — Der Feind zog sich in das Dorf und in die weiter nördlich gelegene Waldparzelle zurück.

Zwischen den einigermaßen schützenden Baumstämmen suchten sich die beiden Kompagnien und die Schützenzüge I und IV zu ordnen und erwiderten von der Lisiere aus das feindliche Feuer aus dem Dorfe und der erwähnten Wald= parzelle.

Inzwischen hatten die beiden ersten Züge der 5. Kompagnie dem über= legenen Angriffe des Regiments Airoldi und dem Feuer aus Rudersdorf gegen= über das Gehöft B nach dem hartnäckigsten Widerstand räumen müssen; sie gingen nach dem oberen Schluchtenrande auf dem Wege Rudersdorf—Raatsch zurück.

Hauptmann v. b. Goltz ſtand mit dem 7. und 8. Zuge immer noch in dem Steinbruch, wo er nun auch von dem Gehöft B aus beſchoſſen wurde; er konnte ſich in Folge deſſen nicht mehr länger halten und folgte dem Reſt der 5. Kompagnie.

In dieſem für das Bataillon höchſt kritiſchen Augenblick bemerkte der Hauptmann v. b. Goltz heranmarſchirende preußiſche Truppen: es war das I. Bataillon, das die heiß erſehnte Hülfe brachte.*)

e. Eingreifen des I. Bataillons Kaiſer Franz Garde-Grenadier-Regiments Nr. 2.

Wir verließen den Major v. Böhn, als er mit ſeinem Bataillon unter Aufbietung aller Kräfte, dem Schalle des Gewehrfeuers folgend, über alle Terrainhinderniſſe fort von der Höhe weſtlich Raatſch gegen Rudersdorf vorrückte.

Der Major v. Böhn hatte ſein Bataillon in 2 Halbbataillone getheilt. Die 2. und 3. Kompagnie, Hauptmann v. Bentivegni, marſchirte links der 1. und 4. Kompagnie — Hauptmann v. Wißmann.

Die Halbbataillone hatten ihre Schützenzüge vorgenommen und jeden derſelben zur Hälfte ausſchwärmen laſſen.

In dieſer Formation ging der Vormarſch des Bataillons in dem ſchluchtigen und bedeckten Terrain zwiſchen den Kuppen 340 und 400 (Pl. II) hindurch in der Richtung auf die Waldparzellen ſüdöſtlich des Stein-Kreuzes vorwärts. Die erſten Schüſſe erhielt das linke Flügel-Halbbataillon v. Bentivegni aus der Waldparzelle C, bis wohin ſich einige Schützen des Regiments Airolbi vorgewagt hatten. Der II. und III. Schützenzug erhielten ſofort den Befehl, ganz auszuſchwärmen und die Waldparzelle vom Feinde zu ſäubern, ihnen folgte

---

*) Obige Darſtellung ſtimmt in Betreff der Lage einzelner der in Rede ſtehenden kleinen Oertlichkeiten nicht genau mit derjenigen überein, welche in der neuerdings erſchienenen "Geſchichte des Kaiſer Franz Garde-Grenadier-Regiments Nr. 2 vom Premier-Lieutenant v. Puttkamer" gegeben iſt. — Nach letzterer ſind die Schützenzüge I und IV, ſowie die 6. und 7. Kompagnie bis in das Wäldchen E vorgedrungen, und liegt der Steinbruch, bei welchem der Hauptmann v. b. Goltz lange Zeit mit dem 7. und 8. Zuge geſtanden, nicht unten im Hohlwege, ſondern da, wo auf dem Plan III das kleine Wäldchen gezeichnet iſt, in welchem nach unſerer Darſtellung die 6. und 7. Kompagnie und die Schützenzüge I und IV ſtanden, und das auf dem preußiſchen Plane fehlt.

Für die Charakteriſtik des Geſechtes dürfte dieſe Verſchiedenheit nur unweſentlich ſein, und ſind wir daher um ſo mehr bei unſerer Darſtellung verblieben, als ſie beſſer mit den öſterreichiſchen Berichten übereinſtimmt, als ferner die Beſetzung des Wäldchens E durch 2⅔ preußiſche Kompagnien, während doch viel ſpäter um das Wäldchen D und um die Höhe des Stein-Kreuzes reſp. um die Höhen 338—340 hartnäckig gekämpft wird, etwas unwahrſcheinlich erſcheint, und als endlich im Hinblick auf das mehr erwähnte, auf dem preußiſchen Plane fehlende Wäldchen das Einſchleichen eines Irrthums in die andere Darſtellung wohl denkbar iſt.

das geschlossene Halbbataillon, die Richtung auf die Waldparzelle D ein=
schlagend. (Pl. II u. III.)

Das rechte Halbbataillon v. Wißmann hatte im Grunde am Bache einen
kurzen Halt gemacht, die erschöpften Leute trinken lassen und dann die Richtung
auf die Höhe nördlich der Waldparzelle 340 eingeschlagen.

Hier sah der Führer des Halbbataillons vor sich das Stein=Kreuz nebst
einigen Häusern von Rudersdorf und südlich des ersteren in der Richtung der
Zahlen 338—340 eine feindliche Schützen=Linie.

Es waren die Schützen des österreichischen III. Bataillons vom Regiment
Alexander Nr. 2, welches inzwischen auch das Gehöft B besetzt hatte.

Der Oberst Grivicic glaubte es mit der Tete des von Eipel vorrückenden
Feindes zu thun zu haben und wollte, nachdem es ihm gelungen war, sich in
den Besitz der Höhe beim Stein=Kreuz zu setzen, die eingenommenen Positionen
festhalten.

Zu diesem Zwecke und um eine günstigere Stellung zum Gros des Korps,
über dessen Schicksal ihm nichts bekannt war, einzunehmen, schob der Oberst
Grivicic seinen rechten Flügel mehr vor, indem das Regiment Airoldi zum
größten Theil die Waldparzelle D besetzte. — Gegen diese Stellungen auf
der Höhe und im Walde ging nun zunächst der Angriff des preußischen
I. Bataillons vom Kaiser Franz=Regiment.

Auf dem rechten Flügel leitete der Major v. Böhn persönlich die Be=
wegung. — Vom Halbbataillon v. Wißmann wurden die beiden Schützenzüge
1 und IV gegen die feindlichen Schützen bei 338—340 vorgeworfen. Ihnen
folgte das geschlossene Halbbataillon zum Angriff: gleichzeitig ging weiter rechts
in der Schlucht Hauptmann v. d. Goltz mit der 8. Kompagnie und dem dort
stehenden Theile der 5. Kompagnie wieder vor und versuchte den auf der Höhe
stehenden Feind in der linken Flanke zu umfassen. Das Halbbataillon v. Wiß=
mann avancirte wie auf dem Exerzirplatz im Tritt und ausgerichtet. Es wurde von
dem österreichischen Bataillon mit einer fast wirkungslosen Salve auf 150 Schritt
empfangen, dann stürzten die preußischen Grenadiere im Marsch! Marsch! mit
Hurrah! vorwärts. — Der Feind wich zum größten Theil in das Gehöft B,
zum Theil aber auch in den Wald D zurück. Gegen diesen Wald hatten sich
die beiden Schützenzüge I und IV des I. Bataillons gezogen, und wurde es
noch nöthig zum Angriff auf das Gehöft den 1. Zug des genannten Bataillons
ausschwärmen zu lassen. — Es kam hier zu einem mit Bajonett und Kolben
geführten Handgemenge, das schließlich mit dem Rückzuge der Oesterreicher
endete. Bei Fortnahme des Gehöftes hatten sich auch Abtheilungen des
2. Bataillons betheiligt.

Das Halbbataillon v. Wißmann machte, nachdem das Gehöft genommen
war, Halt. Der 1. und 8. Zug schwärmten gegen die zunächst liegenden
Häuser aus und nahmen das im Grunde gelegene Rudersdorf unter Feuer.

Während des geschilderten Gefechtsmomentes hatte das Halbbataillon
v. Bentivegni sich gegen die österreichischen Abtheilungen des Regiments Airoldi
Nr. 23 gewandt, welche in der Waldparzelle D standen. Diesem Halbbataillon

schlossen sich später die beiden Schützenzüge I und IV unter Führung des Hauptmann v. Kaphengst an.

Die Oesterreicher hatten sowohl die Süblisiere als auch die Ostlisiere des Waldes besetzt. Gegen erstere avancirten die durch die Parzelle 340 vorge= zogenen Schützenzüge II und III, gegen letztere das Halbbataillon und weiter rechts die Schützenzüge I und IV. — Der Feind hielt nicht nur tapfer Stand, sondern brach auch mit einer Divisions=Kolonne tambour battant aus der Süblisiere zum Angriff vor. Derselbe mißlang jedoch. Die Schützenzüge II und III folgten, die Oesterreicher versuchten sich in der Nordecke des Wäldchens zu sammeln: da drang der Hauptmann v. Bentivegni mit dem Halbbataillon vor und auch bald in den Wald ein.

Der Feind wich und folgten ihm die 4 Schützenzüge langsam durch das ziemlich dichte Holz hindurch, dasselbe säubernd.

Der Major v. Böhn sammelte sein durch den Kampf und die Anstrengungen aufs Aeußerste erschöpftes Bataillon beim Stein=Kreuz, das vorgelegene Gehöft und die Waldparzelle besetzt haltend, ohne indessen einen weiteren Angriff auf Rudersdorf auszuführen.

Als dieses Bataillon in der Nähe des Stein=Kreuzes ins Gefecht kam, war es 12³/₄ Uhr gewesen. Eine halbe Stunde später war das II. Bataillon aus seiner bedrängten Lage befreit.

Beide Bataillone unterhielten nun gegen Rudersdorf ein langsames Feuer; es entstand eine Gefechtspause.

Während derselben waren weitere Abtheilungen der 2. Garde=Infanterie= Division gegen diesen Theil des Gefechtsfeldes herangerückt.

f. Entwickelung und Vorgehen der 2. Garde=Infanterie=Division gegen Alt=Rognitz und Trautenau.

Während des oben geschilderten Kampfes hatte die 2. Garde=Infanterie= Division die Höhen westlich von Raatsch erstiegen. Dieselbe erhielt auf ihrem weiteren Vormarsch nach Kaile den Befehl, die Richtung auf Trautenau ein= zuschlagen. — Schon vorher waren von Raatsch aus das Füsilier=Bataillon des 3. Garde=Regiments Königin Elisabeth aus dem Gros und die beiden anderen Bataillone desselben Regiments aus der Reserve gegen Rudersdorf zur Unterstützung der daselbst kämpfenden beiden Bataillone vom Kaiser Franz Grenadier=Regiment vorbeordert worden.

Von diesen 3 Bataillonen waren 4 Kompagnien abkommandirt: nämlich die 10. und 11. Kompagnie zum Schutze der rechten Flanke gegen Schwadowitz, die 2. Kompagnie zur Sicherung der Bagage der Division und die 4. ebenso zur Bedeckung der Munitionswagen. Das Regiment zählte mithin nur 8 Kom= pagnien.

Die 1. und 3. Kompagnie als Halbbataillon v. d. Lochau, später durch Major v. Zaluskowski geführt, befanden sich als Vortrupp der Reserve in erster Linie, links daneben formirte sich das II. Bataillon, und als zweites Treffen folgten die 9. und 12. Kompagnie.

Es wurde durch die bewaldeten Schluchten hindurch gegen die lange Süd=
front der Dörfer Alt=Rognitz und Rudersdorf vorgegangen.

Auf dem äußersten rechten Flügel erreichten die beiden auseinander ge=
zogenen Kompagnien des I. Bataillons — rechts die 1., links die 3. Kompagnie
— gegen 3 Uhr Nachmittags die Waldparzellen südlich und westlich der Kuppe
318 und stießen daselbst auf kleine feindliche Abtheilungen.

Links von diesen beiden Kompagnien hatte sich das Halbbataillon Hackewitz
— 9. und 12. Kompagnie — aus dem 2. Treffen in die vorderste Linie ein=
geschoben und nahm dasselbe die Direktion auf den hoch gelegenen, von einer
massiven Mauer umgebenen Kirchhof St. Pauli und Johann mitten in dem
Dorfe Alt=Rognitz. Noch weiter links avancirte das I. Bataillon.

Diese preußischen Abtheilungen kamen zum großen Theil in den Rücken
der Brigade Grivicic, dieselbe von einer direkten Verbindung mit den übrigen
Theilen des österreichischen Korps westlich Neu=Rognitz abschneidend.

Jetzt erst gewann Oberst Grivicic die Ueberzeugung, daß das eigene
Armee=Korps bei Burkersdorf angegriffen und wahrscheinlich in der Richtung
gegen Pilnikau ausgewichen sei. Er beschloß nun, sich gleichfalls dahin zu
ziehen; doch der Ausführung eines geregelten Rückzuges stellten sich in diesem
Augenblicke bereits große Hindernisse entgegen. Die ermüdeten Truppen, welche
seit 24 Stunden ohne Nahrung waren, hatten das Gefecht durch 3 Stunden
mit Bravour geführt; als aber der Feind so überraschend im Rücken und in
der rechten Flanke erschien, gerieth der rechte Flügel des Regiments Airoldi
Nr. 23, welches schon Tags zuvor so furchtbar gelitten hatte, in Unordnung,
und einen Augenblick beschossen sich sogar dessen Abtheilungen gegenseitig. —
Das Mißverständniß wurde zwar durch den Oberst Grivicic bald behoben,
aber es war nicht möglich, das Regiment in einer Aufnahmestellung festzuhalten.

Der linke Flügel der Brigade in Rudersdorf kämpfte noch fort, mußte
nun aber gleichfalls aus dem Gefecht gezogen werden. Als Oberst Grivicic
den Bataillonen dieses Flügels den Befehl zum Rückzuge — vielleicht zwischen
3 und 3½ Uhr Nachmittags — ertheilte, wurde er durch einen Schuß vom
Pferde gestreckt und mußte fortgetragen werden.

Hierauf trat eine förmliche Auflösung der Brigade ein und kämpften
einzelne Abtheilungen derselben ohne Zusammenhang und höhere Leitung, wie
sie der Zufall zusammenführte, in den verschiedenen Gehöften des weit hin=
gestreckten Ortes. Der verwundete Oberst Grivicic ermunterte zwar noch die
Leute zum Zusammenhalten und bemühte sich, den Rückzug nach Westen hin
zu dirigiren, doch war er nicht im Stande, Ordnung in die gelösten Massen
zu bringen und mußte später das Kommando an den Oberst Baron Gamerra
des Regiments Airoldi übergeben.

Von dem preußischen Garde=Grenadier=Regiment Elisabeth fand das
Halbbataillon v. Zaluskowski — 1. und 3. Kompagnie — einen nachhaltigeren
Widerstand in dem vorspringenden Gehöft F an der Südlisiere des östlichen
Theils von Alt=Rognitz.

Der Feind eröffnete aus demselben ein lebhaftes Feuer, sofort ging die

1. Kompagnie zum Angriff vor, aber schon dem ersten Schützenanlauf wehte nach kurzer Gegenwehr ein weißes Tuch entgegen. Hauptmann v. d. Lochau nahm hier 3 Offiziere 108 Mann verschiedener österreichischer Truppentheile gefangen. — Die Gesammtzahl der Gefangenen, welche das Halbbataillon bei seinem Vorgehen machte, belief sich auf 3 Offiziere 215 Mann, auch eroberte es eine österreichische Fahne vom Regiment Alexander Nr. 2.

Sobald der Major v. Böhn, welcher um diese Zeit mit seinem Bataillon — dem I. vom Grenadier-Regiment Kaiser Franz Nr. 2 — immer noch beim Stein-Kreuz und in den nächst gelegenen Gehöften und Waldparzellen stand, das Vorgehen zu seiner Linken bemerkte und auch sah, daß das feindliche Feuer aus dem Dorfe schwächer wurde, ordnete er sofort ein gemeinsames Vorgehen seiner beiden Halbbataillone — v. Wißmann und v. Bentivegni — an.

Fast ohne Verluste drangen dieselben in die Lisiere von Rudersdorf ein und nahmen, die einzelnen Gehöfte umzingelnd, in kurzer Zeit, ohne nennens-werthen Widerstand zu finden, 3 Offiziere 243 Mann gefangen. Ganz Rudersdorf wurde vom Feinde gesäubert. — Zwischen 4 und 5 Uhr Nachmittags trafen da, wo die Dörfer Rudersdorf und Alt-Rognitz sich berühren, das Halbbataillon v. Zaluskowski vom Regiment Elisabeth und das I. Bataillon v. Böhn vom Regiment Franz zusammen. — Etwas später erschien auch der Hauptmann v. d. Goltz mit dem Rest des II. Bataillons vom Regiment Franz an dieser Stelle. Derselbe hatte in Folge der äußersten Erschöpfung seiner Mannschaften an dem letzten Vorstoß des I. Bataillons nicht Theil nehmen können. Er bat den Major v. Zaluskowski um Leute, um die vielen Ver-wundeten, welche Durst hatten, herunter in die Nähe des Baches tragen zu lassen. Auf eine Aufforderung des Majors meldete sich fast das ganze Ba-taillon zu diesem Liebesdienst.

Die genannten 2½ Bataillone blieben noch längere Zeit an der bezeich-neten Stelle.

Währenddessen war das Halbbataillon Hackewitz — 9. und 12. Kompagnie (v. Renthe) — des Regiments Elisabeth gegen den Kirchhof St. Pauli und Johann vorgegangen. Die 9. Kompagnie rechts, die 12. links, die Schützen-züge vor der Front, schritt das Halbbataillon zum Angriff. Das feindliche Feuer war lebhaft, aber wirkungslos. Vor dem ersten Anlauf der 12. Kom-pagnie wich der Feind aus seiner Position und zog sich nach der circa 600 Schritt nördlich des Dorfes gelegenen Waldlisiere zurück, um dort von Neuem Stellung zu nehmen; es waren circa 2 Kompagnien Infanterie und 1 Kompagnie Jäger. — Die 12. Kompagnie besetzte den Kirchhof, die 9. die daneben liegenden Gehöfte. — Man beschloß den Angriff gegen die Waldlisiere und leitete denselben durch ein die feindliche Stellung flankirendes gedecktes Vorgehen von 2 Zügen der 9. Kompagnie ein. — Der Feind beschoß sowohl die Aufstellung wie das neu erfolgende Hervorbrechen der beiden Kompagnien lebhaft, zog sich dann aber eiligst zurück.

Eine weitere Verfolgung des Feindes seitens dieser beiden Kompagnien fand nicht statt.

Das auf dem äußersten linken Flügel des Regiments Elisabeth gegen den nordwestlichen Theil von Alt-Rognitz avancirende I. Bataillon traf nur auf Versprengte — die, wie wir oben schon sahen, sogar bis Neu-Rognitz kamen —, ohne indessen ein eigentliches Gefecht zu bestehen. Das Bataillon machte eine große Anzahl von Gefangenen.

Die Brigade Grivicic war sonach vollständig aufgelöst und zersprengt. Die einzelnen Theile derselben zogen sich theils gegen Trautenau, theils gegen Hohenbruck und Neu-Rognitz zurück und fielen, der Orientirung und Leitung entbehrend, zum großen Theil dem Gros der preußischen 2. Garde-Infanterie-Division bei seinem Vorrücken auf Trautenau in die Hände. — Ein Theil der Mannschaften verbarg sich in den Wäldern und versuchte in der Nacht zum 29. sich durch den Feind hindurch zu schlagen.

g. Bemerkungen zu diesem Gefechtsmoment.

α. Das Auftreten der preußischen Bataillone.

Das Auftreten der beiden Bataillone des preußischen Kaiser Franz Grenadier-Regiments ist über alles Lob erhaben; es wurde getragen von dem Geiste der entschlossensten Initiative und des kühnsten Wagens.

Die Kritik könnte höchstens gegen das Verhalten des II. Bataillons den Einwand einer gefährlichen Tollkühnheit erheben. Bedenkt man indessen, daß das Bataillon zum ersten Male an den Feind herankam, und Führern wie Mannschaften daran liegen mußte, in dem Feldzuge nicht mit einer rückgängigen Bewegung zu debütiren; daß es bestimmten Befehl hatte, sich dem Feinde entgegen zu werfen; daß man von der überwältigenden Ueberlegenheit des letzteren anfänglich keine Kenntniß hatte; daß man glaubte, auf baldige Unterstützung rechnen zu dürfen; daß man vielleicht hoffte, durch kühnes Vorgehen dem Feinde zu imponiren und ihn über die eigene Schwäche zu täuschen; daß endlich der Rückzug zunächst nicht gefährdet erschien und auch in dem bewaldeten Terrain Halt und Schutz fand: — so sind das Alles Gründe, welche auch diejenige Kritik als stichhaltig anerkennen muß, der das bestechende Moment eines kühnen, soldatischen Wagens und der Erfolg nicht genügen.

Beide Bataillone verbanden mit dem Geiste einer rücksichtslosen Offensive den Muth zäher Ausdauer in der Behauptung der gewonnenen Punkte bis zur Ankunft der Verstärkungen. — Die Bataillons-Kommandeure leiteten die Bewegung ihrer Kompagnien und diese blieben fest in der Hand ihrer Führer, auch als die verwundeten oder gefallenen Kompagnie-Chefs und Kompagnie-Führer durch ganz junge Offiziere ersetzt werden mußten.

Das Eingreifen der Verstärkungen fand durchaus zweckentsprechend statt, da es einerseits den Charakter einer entschiedenen Offensive trägt und andererseits die Richtung gegen Flanke und Rücken des Feindes einhält. Alle Abtheilungen griffen, so wie sie herankamen, schnell und sicher in das Gefecht ein, in so weit sie überhaupt auf den Feind stießen. — Das Infanterie-Gefecht dieses Tages charakterisirt sich preußischerseits hier wie an allen übrigen Punkten des Kampffeldes durch ein entschlossenes und schnelles Vorgehen mit mehreren kleinen, gut zusammenwirkenden und durch starke Schützenlinien gedeckten und unterstützten Kolonnen.

Auffallen könnte es, daß die Verstärkungen verhältnißmäßig spät an= langten und die beiden Bataillone des Kaiser Franz=Regiments bei Rudersdorf während 2—3 Stunden in einer Lage verblieben, die bei einem energischen Auftreten der österreichischen Brigade möglicherweise zu einer Vernichtung jener Bataillone führen konnte.

Dazu war das Auftreten der Brigade Grivicic in der Flanke des preußi= schen Garde=Korps für dieses keineswegs ohne Gefahr und schien energische Abwehr zu fordern. Wie wir heute die Sachlage übersehen, hätte allerdings ein durch die österreichische Brigade gegen die preußische Rückzugslinie auf Raatsch ausgeführter kräftiger Vorstoß — wenn auch anfänglich von Erfolg — an dem Resultate des Gefechtes nicht nur nichts geändert, sondern jene Brigade wahrscheinlich einer vollständigen Gefangennahme zugeführt: das konnte man aber bei dem preußischen Divisions= und General=Kommando zwischen 12 und 3 Uhr Nachmittags nicht wissen.

Die Erklärung für das späte Erscheinen größerer Massen bei Rudersdorf finden wir in dem Umstande, daß man preußischerseits die bei Rudersdorf gemeldeten Kräfte des Feindes anfänglich nicht auf die Stärke einer ganzen Brigade veranschlagte. — Hierzu war man gewissermaßen berechtigt, da sich von der bezeichneten Seite kein Geschützfeuer vernehmen ließ, während jede österreichische Infanterie=Brigade organisationsmäßig mit einer Batterie versehen war. Vermuthlich werden die beiden Bataillons=Kom= mandeure vom Kaiser Franz=Regiment die feindlichen Kräfte aus den gleichen Gründen unterschätzt und dem entsprechend Meldungen zurückgesandt haben.

Die Kritik wird das späte Erscheinen der Verstärkungen bei Rudersdorf um so mehr entschuldigt finden, als deren Anmarsch durch ungünstiges Terrain außerordentlich erschwert und verzögert wurde. — Wir sahen die einzelnen Abtheilungen die letzten Kräfte und den letzten Athem daran setzen, um so schnell wie möglich auf dem Gefechtsfelde zu erscheinen.*)

---

*) Wir haben obige Betrachtungen genau in der Form gegeben, welche sie in unserem Manuskript hatten, fügen hier aber eine uns von kompetenter Seite zugegangene Auslassung hinzu, die Aufschluß giebt über die Auffassung der Sachlage beim General= Kommando des preußischen Garde=Korps. — Danach war die Stärke des bei Ruders= dorf aufgetretenen Feindes allerdings auf eine Brigade geschätzt und gemeldet worden. Man glaubte indessen, die beiden Bataillone des Kaiser Franz Grenadier=Regiments würden, wenn auch vielleicht nur mit großen Verlusten, im Stande sein, den Anmarsch der feindlichen Brigade so lange aufzuhalten, bis dieselbe durch die allgemeine Situation zum Rückzuge auf Trautenau gezwungen würde. — Man wollte sich in der Front durch starke Detachirungen nach der Flanke nicht schwächen, indem man sehr richtig annahm, daß die Erfolge an dem entscheidenden Punkte nothwendig auch solche an dem Neben= punkte nach sich ziehen würden. — Wir geben hier eine Aeußerung wieder, welche am

3. Das Auftreten der Brigade Grivicic.

In dem oben geschilderten Auftreten der Brigade Grivicic gegenüber den beiden preußischen Garde=Grenadier=Bataillonen spricht sich anscheinend Un= entschlossenheit und Zaghaftigkeit aus.

Die Brigade hatte den Befehl, auf Raatsch zu marschiren und dort ent= weder als Avantgarde mit der Front gegen Eipel Stellung zu nehmen oder eventuell gegen die rechte Flanke eines auf Kaile vorrückenden Feindes zu wirken.

Nach dem Sinne und Wortlaut dieses Befehles mußte der Oberst Grivicic die ihm entgegenstehenden schwachen preußischen Kräfte unbedingt energisch angreifen, um durch deren Zurückwerfen Klarheit in die Situation zu bringen und eventuell „auf die rechte Flanke des auf Kaile vorrückenden Feindes zu wirken".

Wenn nun statt dessen die 7 Bataillone starke Brigade gegenüber dem anfänglich isolirt mit einem einzigen Bataillon auftretenden und dann nur noch durch ein zweites Bataillon verstärkten Feinde in der Zeit von 12½ bis 3 Uhr Nachmittags kein Terrain gewann: so erscheint die Verurtheilung des Auftretens derselben seitens der Kritik durch dieses Faktum gerechtfertigt.

Hierbei sind indessen verschiedene Nebenumstände in Betracht zu ziehen, durch welche ein solches Urtheil wesentlich modifizirt wird.

Zu ihnen rechnen wir die Ermüdung und mangelhafte Verpflegung der Truppen sowie die Nachwirkung des Gefechtes vom 27. Juni, in welchem die Brigade einen Verlust von 34 Offizieren und 1471 Mann erlitten hatte, d. h. von etwa 20 Prozent ihrer Gesammtstärke.

Entscheidender war jedoch der Mangel an Kavallerie und Artillerie.

Indem man dem Brigade=Kommandeur die Kavallerie nahm, welche am 27. Juni mit seinen Bataillonen gefochten hatte, ohne sie durch andere zu ersetzen, schickte man denselben gleichsam mit verbundenen Augen in ein außer= ordentlich schwieriges Terrain hinein.

---

28. Juni beim preußischen General=Kommando von maßgebender Seite fiel, nachdem die Meldung vom Erscheinen einer feindlichen Brigade bei Rudersdorf eingegangen war: „Die (diese Brigade) sehen wir heute Abend Alle gefangen in Trautenau wieder, und zwar um so sicherer, je mehr Erfolg wir in der Front haben. — Die Grenadiere vom Franz werden zwar bluten, aber vernichten werden sie sich nicht lassen; Terrain brauchen sie ja nicht zu gewinnen." — Hierbei hatte man allerdings immer noch eine stille Hoffnung, wenigstens einzelne Abtheilungen vom preußischen Armee=Korps durch den Kanonendonner herangezogen zu sehen.

In obiger Aeußerung spricht sich eine so korrekte Auffassung der Gesammt=Gefechts= lage und ein so kühnes und zugleich zweckmäßiges Handeln aus, daß wir — um uns von gegnerischer Seite nicht den Vorwurf der Parteilichkeit in unserer Kritik zuzuziehen — nicht glaubten, eine solche Auffassung als Grund= lage für unsere Betrachtungen nehmen zu dürfen.

Ohne Kavallerie war es — namentlich nachdem auch das Regiment Windischgrätz-Dragoner seine dispositionsmäßige Marsch-Direktion eigenmächtig geändert hatte — dem Oberst Grivicic unmöglich, in dem schwierigen Terrain die Verbindung mit dem Armee-Korps zu erhalten und sich Kenntniß von den Ereignissen bei Burkersdorf zu verschaffen. — Er befand sich über die allgemeine Situation in Folge dessen vollständig im Dunkeln.

Kann es da Wunder nehmen, wenn er zaghaft und anscheinend unentschlossen handelte?*)

Hierzu trat noch das unglückliche Verhängniß, durch welches die Brigade auch ihrer Batterie beraubt wurde!

Welch andere Wirkung mußte es nicht nur für die unmittelbare Vertheidigung der Position bei Rudersdorf, sondern auch für das ganze Verhalten der beiden Armee-Korps haben, sobald die Brigade Grivicic um 12 Uhr Mittags oder noch früher — was beim Vorhandensein von Kavallerie und bei schnellerer Uebermittelung des Befehles zum Vormarsch sehr wohl möglich war — bei erstgenanntem Orte Geschützfeuer ertönen ließ?

Nach Allem müssen wir es als einen entschiedenen und nicht zu entschuldigenden taktischen Fehler bezeichnen, daß die weit detachirte und zur künftigen Avantgarde bestimmte Brigade Grivicic ihren Vormarsch vom Katzauer Berge nach Raatsch ohne Kavallerie und Artillerie ausführen mußte.

An der Energie des heldenmüthigen Brigade-Kommandeurs, der hier persönlich in das Gefecht eingriff und rücksichtslos sein Leben einsetzte, kann schon im Hinblick auf das Auftreten seiner Brigade am Tage vor Trautenau nicht gezweifelt werden: — seine Zaghaftigkeit war nur eine Folge der Ungewißheit und Isolirtheit seiner Lage.

Wenn wir dann ferner die Tapferkeit vollständig anerkennen, mit welcher die in das Gefecht geführten Truppentheile der Brigade sich schlugen, so müssen wir doch hinzufügen, daß bei größerer taktischer Gewandtheit der Unterführer und der Truppen der einbrechenden Auflösung wohl erfolgreicher hätte entgegengetreten werden können, als solches in der Wirklichkeit der Fall gewesen ist.

Die unglückliche Katastrophe, welcher die Brigade verfiel, würde aber vermieden sein, wenn sie den Rückzugs-Befehl des Korps-Kommandos erhalten hätte. — Dieser Befehl soll um 11 Uhr Vormittags bei Burkersdorf expedirt sein, und war daher zu erwarten, daß

---

*) Bemerkung. Wir wissen aus zuverlässiger Quelle, daß sich bei der Brigade Grivicic, als sie den Befehl zum Vormarsch auf Raatsch erhielt, noch 1 Eskadron Mensdorff-Ulanen befand. Dieselbe mußte jedoch in Folge eines besonderen und bestimmten Befehls des General-Major Baron Koller nach Trautenau abmarschiren. — Was bewog den Ablatus des kommandirenden Generals zu dieser Maßregel? Lag hier ein bestimmter Befehl des F.-M.-L. Baron Gablenz vor? Mußte man sich nicht hier wie dort sagen, daß die Brigade Grivicic unbedingt Kavallerie nothwendig hatte?

derselbe spätestens bis 12½ Uhr bei Rudersdorf eintreffen würde. — Es war dies also der Moment, wo man das II. Bataillon des preußischen Kaiser Franz Grenadier=Regiments geworfen hatte und in welchem soeben das I. Bataillon desselben Regiments anlangte resp. in das Gefecht einzugreifen im Begriff stand.

Wir sahen oben, daß etwas später, vielleicht gegen 1½ Uhr, bei Ruders= dorf eine Gefechtspause eintrat, da die vom Kampf und Marsch aufs Aeußerste erschöpften preußischen Bataillone denselben kräftig fortzusetzen außer Stande waren.

Nichts konnte also den Oberst Grivicic hindern, um diese Zeit ungestört vom Feinde einen geordneten Rückzug durch Alt=Rognitz in der Richtung auf Pilnikau resp. Trautenau anzutreten.

Möglicherweise wäre es ihm gelungen, Hohenbruck und von dort die Straße auf Pilnikau noch ohne Berührung mit den übrigen Truppentheilen der preußischen Division v. Plonski zu erreichen: gelang dies dem Oberst Grivicic aber auch nicht, so hätte er doch in besserer Ordnung eine mehr nörd= liche Richtung einschlagen können.

Wir fragen daher nach der Ursache und den näheren Um= ständen, in Folge deren jener wichtige Befehl die Brigade Grivicic gar nicht erreichte?

Das Werk des österreichischen Generalstabes antwortet uns hierauf nicht, es sagt nur: „da der Befehl zum Rückmarsch auf Pilnikau den Oberst Grivicic nicht erreichte . . .“

Eine sehr eingehende Antwort erhalten wir dagegen von dem oder einem der Ueberbringer des in Rede stehenden Befehls — dem Korps=Sous=Chef des Generalstabes, Oberst=Lieutenant v. Fibler.

Derselbe erzählt die Ausführung seines Auftrages in Nr. 14 des Jahr= ganges 1867 der österreichischen Militärzeitung „Der Kamerad“ wie folgt:

„. . Ich kehrte zum Korps=Kommandanten zurück und erhielt jetzt erst (es wäre dies, wie eine spätere Bemerkung des Aufsatzes andeutet und wie solches auch mit den Angaben im Werke des österreichischen Generalstabes überein= stimmen würde, gegen 11 Uhr Vormittags gewesen) den Befehl, die Brigade Oberst Grivicic zurückzurufen.

Nur von dem mir zugewiesenen Stabs=Husaren begleitet, ritt ich auf der Straße gegen Trautenau ab, um außerhalb des Gefechtsbereichs zur Brigade Oberst Grivicic zu gelangen.

Auf den Feldern südlich Hohenbruck stand noch immer der größte Theil des Korps=Trains in wilder Unordnung verfahren, kleine Abtheilungen und einzelne Reiter der vorwärts Trautenau gestandenen Kavallerie sprengten feld= einwärts westlich Hohenbruck: ein Einholen derselben war — ohne die Aus= führung des dringenden Auftrages bedeutend zu verzögern — nicht möglich und ich so ohne Bedeckung geblieben.

Endlich in Hohenbruck fand ich einen einzelnen berittenen Botenjäger des 10. Armee=Korps; ich hielt ihn an, schrieb zur größeren Sicherheit, daß die

Brigade Grivicic den Befehl des Korps-Kommandanten jedenfalls erhalte, auf einen Zettel: „An Brigade Grivicic. Rückzug über Pilnikau! Fibler (m. p.)“ übergab ihn dem Botenjäger mit dem bringenden Auftrag, daß er über Trautenau den Weg nach Alt-Rognitz und Rudersdorf einschlage und so weiterhin die bezeichnete Brigade zu erreichen versuche. Ich selbst wählte den näheren Weg, bog ohne Aufenthalt jenseits Hohenbruck von der Straße rechts ab, und da mein Stabs-Husar versuchte, seine abgehetzte Mähre, auf welcher er mir kaum zu folgen vermochte, gegen ein unfern der Straße herrenlos hinschreitendes preußisches Dienstpferd zu vertauschen, so setzte ich den Weg allein fort.

Ueber den ersten Bergrücken gelangt und auf dem zweiten die Richtung auf Alt-Rognitz nehmend, befand ich mich plötzlich in einem aus dem rechts gelegenen Walde unterhaltenen, ziemlich heftigen Gewehrfeuer; nun links abbiegend und das Tempo beschleunigend, setzte ich nach dem östlichen Rücken über und, auf diesem weiter galoppirend, gewahrte ich zwar zu meinen Füßen das Dorf Alt-Rognitz, aber auch den vorliegenden Wald vom Feinde besetzt. Einzelne preußische Infanteristen liefen aus dem Walde gegen mich — deren andere den Abhang rechts herauf — sie Alle schreiend: „Ergeben — ergeben Sie sich!“

Inmitten dieser kritischen Situation erkannte ich, daß die Brigade Grivicic auch von dieser Seite vom 10. Korps schon abgeschnitten und daß ich in der Verfolgung meiner Mission nur die Wahl zwischen dem wahrscheinlichen Tode oder der unvermeidlichen Gefangenschaft habe, die Erfüllung meines Auftrages daher unmöglich geworden sei.

Ich entschloß mich also zur Umkehr, welche ich auch — anfänglich unter einem von zwei Seiten kommenden heftigen Kugelregen — durchführte.

Am Abend desselben Tages rückte auch jener Botenjäger in das Lager von Neuschloß ein, welcher von mir von Hohenbruck zur Brigade Grivicic entsendet war.

Er hatte den ihm bezeichneten Weg eingeschlagen, war jedoch bald, nachdem er Trautenau passirt, auf feindliche Kavallerie-Patrouillen gestoßen; von diesen verfolgt und in die Berge gejagt, schloß er sich weiterhin jenem Theile der Brigade Grivicic an, welcher der Katastrophe von Rudersdorf entgangen war.“

Zunächst kann es nur als sehr zweckmäßig bezeichnet werden, daß man die Ueberbringung des überaus wichtigen Befehls dem Sous-Chef des Korps-Generalstabes übertrug. Derselbe mußte mit den Verhältnissen aller Theile des Armee-Korps so vollständig vertraut sein, daß er dem Oberst Grivicic genaue Auskunft über die allgemeine Situation und die Intentionen des Korps-Kommandanten, sowie nöthigenfalls auch entsprechenden Rath ertheilen konnte, wie die Brigade am besten unter Berücksichtigung der von ihm auf seinem Ritt erforschten Verhältnisse des Terrains und des Feindes auf dem Raume zwischen Rudersdorf—Alt- und Neu-Rognitz und Hohenbruck ihrer gefährlichen Lage entzogen werden konnte.

Ferner kann kaum daran gezweifelt werden, daß der Oberst-Lieutenant v. Fibler in seiner bedrängten Lage Alles that, was die Verhältnisse geboten, um dem Oberst Grivicic den Befehl zukommen zu lassen. — Ob es ihm möglich gewesen wäre, nachdem er der Gefahr der Gefangenschaft kaum entgangen war, noch einmal auf weiterem Umwege den Versuch zu machen, sein Ziel zu erreichen, kann — weil völlig von den speziellsten Verhältnissen abhängig — Niemand außer ihm selbst beurtheilen — und wenn ein bewährter Mann in seiner Stellung dies für eine Unmöglichkeit erklärt, so muß die Kritik solches einfach anerkennen.

Dagegen wird dieselbe es mit Recht als fehlerhaft bezeichnen, daß man dem Oberst-Lieutenant v. Fibler nicht eine ausreichende Kavallerie-Bedeckung mitgab, um so weit als möglich die Ausführung seines Auftrages sicher zu stellen. Die Wahl der Persönlichkeit des Befehlsüberbringers beweist, daß man beim Korps-Kommando sich der Wichtigkeit des Befehls und der Gefahr, in welche die Brigade Grivicic durch den beschlossenen Rückzug gerathen mußte, sehr wohl bewußt war. Man mußte aber die allgemeine Lage genug kennen, um auch die Möglichkeit des Vorhandenseins feindlicher Abtheilungen in dem Raume, welchen der Befehlsüberbringer zu durchschneiden hatte, in Betracht zu ziehen.

In solchen Fällen ist es aber unbedingt nothwendig, dem Offizier eine starke Bedeckung an Kavallerie mitzugeben, damit derselbe nicht durch feindliche Patrouillen abgefangen oder zur Umkehr gezwungen werde und auch Mittel habe, um je nach den Umständen durch Vervielfältigung des Befehls den Versuch zu machen, ihn auf verschiedenen Wegen und durch mehrere Ueberbringer an sein Ziel zu befördern.

Wie der Offizier sich zu dieser Bedeckung verhalten und dieselbe eventuell verwenden will, muß ganz seiner Intelligenz überlassen bleiben, und ist beispielsweise der Fall sehr denkbar, daß er dieselbe feindlichen Patrouillen entgegen wirft oder getheilt an verschiedenen Punkten auftreten läßt, um den Feind zu täuschen, während er selbst mit 2—3 Ordonnanzen seinen Weg fortsetzt.

In der angedeuteten Beziehung werden unter dem Vorwande der Schonung oder nicht hinreichenden Stärke der Kavallerie resp. der Stabswachen, oder in dem sich allmälig einschleichenden Gefühl der Sicherheit vielfache Unterlassungssünden begangen: das weiß am besten derjenige, der sich in ähnlicher Lage wie hier der Oberst-Lieutenant v. Fibler befunden hatte.

Auffallen muß es, daß der Oberst-Lieutenant v. Fibler, wenn er wirklich gegen 11 Uhr Vormittags aus der Gegend zwischen Neu-Rognitz und Burkersdorf mit dem Befehl abritt, zwischen Hohenbruck und Neu-Rognitz durch preußische Infanterie an der Ausführung seines Befehls verhindert wurde.

Nach der oben gegebenen Relation des Sous-Chefs des österreichischen Korpsstabes nahm derselbe den Weg über Hohenbruck und wandte sich — nachdem er diesen Ort passirt hatte (also nördlich desselben) — rechts ab auf Alt-Rognitz. Hiernach müßte sich die geschilderte Scene in dem walbigen und sehr hügeligen Terrain zwischen Hohenbruck und dem nordwestlichen Ende von Alt=Rognitz und zwar etwa um 12 Uhr herum abgespielt haben.

Nun ist es aber zweifellos, daß jenes Terrain nur durch Infanterie der 2. Garde=Infanterie=Division v. Plonski betreten ist, welche um jene Zeit noch in der Entwickelung aus dem Gebirgs=Defilee heraus begriffen war, und selbst mit kleinen detachirten Abtheilungen jenes Terrain erst 2 Stunden später er= reicht haben konnte.

Wir sahen die ersten Abtheilungen des Regiments Königin Elisabeth erst um 3 Uhr Nachmittags bei Alt=Rognitz auftreten. — Unsere Zeitangaben stimmen aber so völlig mit denjenigen der beiden Generalstabswerke und der Spezialberichte der preußischen Truppentheile überein, daß wir gezwungen sind, die Zeitangabe des Oberst=Lieutenant v. Fibler als eine irrthümliche zu be= zeichnen.

Wie leicht sich derartige Irrthümer in Gefechtsrelationen unbewußt ein= schleichen können, weiß derjenige am besten, der im redlichsten Streben nach objektiver Darstellung eines Gefechtes sich verzweiflungsvoll bemüht hat, die Angaben aus den Spezialberichten verschiedener Truppentheile in Einklang zu bringen.

Wir glauben aber die große Wahrscheinlichkeit eines Irrthums seitens des Oberst=Lieutenant v. Fibler aus den sonstigen Zeitangaben seines Berichtes darthun zu können.

Nach demselben soll die Brigade Mondel bereits um 9 Uhr Vormittags bei Neu=Rognitz mit preußischen Truppen in Kampf gerathen sein, zwischen $9^1/_4$—$9^1/_2$ Uhr sich nach Räumung von Neu=Rognitz wieder in den Besitz des Dorfes gesetzt und um 11 Uhr ihren Rückzug angetreten haben.

Wir halten diese Angaben für durchaus falsch.

Der Kampf um Neu=Rognitz wurde durch ein Bataillon des Gros der preußischen I. Garde = Infanterie =Division — II. Bataillon Garde = Füsilier= Regiments v. d. Knesebeck — geführt, das zwischen 9 und $9^1/_2$ Uhr Vormittags zweifellos noch gar nicht zur Entwickelung gekommen war und sich noch im Gebirgs=Defilee bei Raatsch befand.

Der Kampf der Brigade Mondel bei Neu=Rognitz spann sich in Wirklich= keit etwa 2 Stunden später ab, als der Oberst=Lieutenant v. Fibler angiebt.

Ein Zweifel in seinen Angaben erscheint auch schon durch den Umstand gerechtfertigt, daß nach denselben der Kampf in Neu=Rognitz eine Stunde früher stattgehabt haben soll, als der Kampf bei Burkersdorf, was der ganzen Sachlage nach nicht möglich war.

Ferner giebt der Oberst=Lieutenant v. Fibler bestimmt an, daß er zur Brigade Grivicic erst entsendet wurde, nachdem er vorher eine Aufnahme= stellung für die Brigade Wimpffen bei Mittel = Altenbuch ausgesucht hatte. — Letzteres kann wohl nicht eher angeordnet sein, bevor man sich beim Korps= Kommando zum Rückzuge nach Pilnikau entschlossen hatte; dies soll aber nach dem Werke des österreichischen Generalstabes um 11 Uhr Vormittags statt= gehabt haben.

Legen wir aber wirklich diesen Zeitmoment etwas früher, so kann doch immerhin der Oberst-Lieutenant v. Fibler um 11 Uhr, oder wie er in seiner Relation sogar angiebt, um 10½ Uhr unmöglich von jener Rekognoszirung zurück gewesen sein.

Die Entfernung vom Standpunkte des österreichischen Korps-Kommandos bis Mittel-Altenbuch betrug ½ Meile, der Oberst-Lieutenant v. Fibler hatte also selbst auf direktem Wege eine Strecke von mehr als 1 Meile zurückzulegen und außerdem eine Gefechtsstellung auszusuchen; wir meinen nun, daß er dazu gewiß eine Zeit von 1½ Stunden nothwendig hatte, und zwar um so mehr, als er die gewählte Stellung auch noch vorher dem Generalstabs-Hauptmann der Brigade Wimpffen bezeichnete.

Nach Allem kommen wir zu dem Schluß, daß der Sous-Chef des österreichischen Korpsstabes nicht zwischen 10½ und 11 Uhr, sondern etwa erst 2 Stunden später zur Brigade Grivicic entsendet wurde: — dann konnte er allerdings von detachirten preußischen Infanterie-Abtheilungen an der Ausführung seines Auftrages behindert sein, und unter dieser Voraussetzung stimmen wir ihm vollständig bei, wenn er in seinem Bericht in Betreff seiner Absendung zur Brigade Grivicic wiederholt sagt: „es war zu spät": — darin müssen wir dann aber einen Fehler des Korps-Kommandos erkennen.

Ein solcher würde ferner darin zu finden sein, wenn man nur einen Offizier zur Brigade Grivicic sandte.

Der Oberst-Lieutenant v. Fibler spricht sich hierüber in dem oben angeführten Berichte folgendermaßen aus:

„In seiner Relation über die Ereignisse des 28. Juni sagt er (der Korps-Kommandant): „„Unter Anordnung dessen (der Front-veränderung links der Brigade Knebel) sandte ich der Brigade Grivicic über Trautenau den Befehl, ein etwa engagirtes Gefecht abzubrechen, sich, wenn nicht anders, über Trautenau zurückzuziehen, die Vereinigung mit dem Armee-Korps ehemöglichst zu bewirken, jedenfalls aber über Pilnikau nach Neuschloß hinter die Elbe zu rücken, da dies die Rückzugslinie des eigenen Korps sei.""

Und nach Darstellung des Gefechtsverlaufes fährt der Bericht fort:

„„Während dieser Zeit entsendete ich sowohl den Oberst-Lieutenant v. Fibler des Generalstabes, als 2 Ordonnanz-Offiziere über Trautenau an die Brigade Grivicic, um diese zum schleunigen Rückzuge zu befehligen, die jedoch sämmtlich mit der Meldung zurücklangten, diese Brigade nicht mehr angetroffen zu haben, wobei der Erstere kaum der Gefahr feindlicher Gefangenschaft entkam, so ...."""

Hiernach wären also mindestens 4 Offiziere, davon einer gleich beim, ja fast noch vor dem Beginn des eigentlichen Gefechtes an die Brigade Grivicic mit dem betreffenden Befehl gesandt worden.

Der Oberst-Lieutenant v. Fibler macht hierzu folgende Bemerkungen:

„Es ist nachgewiesen, daß die Brigade Grivicic außer der ersten Disposition keine Nachricht vom Korps-Kommando bekam.

Wer hatte also die hier aufgeführten ersten und schon beim Beginn des Gefechtes an die Brigade Grivicic entsendeten Befehle zu überbringen? Zu welcher Stunde wurden die beiden Ordonnanz-Offiziere ent= sendet? Welchen Weg schlugen diese sowie der Ueberbringer des ersten Befehls ein? Warum konnten sie die Brigade Grivicic nicht er= reichen?"

Diese wichtigen und sachgemäßen Fragen bleiben in jenem Aufsatze vom Jahre 1867 unbeantwortet, und bis jetzt sind noch keine weiteren Quellen er= öffnet worden, aus denen die Antwort gegeben werden könnte.

Ebenso können wir den Umstand noch nicht aufklären, warum der $7^3/_4$ Uhr Morgens aus dem Korps-Quartier zu Neu-Rognitz expedirte Befehl zum Vor= marsch die Brigade Grivicic erst um $9^1/_2$ Uhr erreichte. — Die bloße Ent= fernung kann einen Zeitaufwand von $1^3/_4$ Stunden nicht rechtfertigen.

Sollte die am Abend des 27. Juni eingeschobene Befehls = Instanz des Adlatus, General=Major Baron Koller, die Schuld dieser Verzögerung tragen? Durch diese Instanz war die Brigade Grivicic der Unterstützung ihrer Kavallerie beraubt worden, auch hatte dieselbe nicht dahin gewirkt, daß die am 27. Juni verwechselten Batterien der Brigaden Wimpffen und Grivicic am 28. Juni entweder vor Ausführung der neuen Disposition in ihre alten Verbände zurückgetreten waren, oder — falls sich dem durch Zeit und Terrainverhältnisse unüberwindliche Schwierigkeiten entgegenstellten — auch noch für den 28. Juni bei den fremden Brigaden verblieben.

Wir sind ferne davon, durch Vorstehendes einen Vorwurf gegen die Person des Adlatus des Korps=Kommandanten erheben zu wollen: wir möchten nur auf die Gefahr hinweisen, welche die Einsetzung derartiger vor= übergehender, mit den erforderlichen Befehlsorganen nicht ver= sehener Kommandobehörden involvirt. Liegt es doch in der Natur der Sache, daß denselben die nothwendige Detailkenntniß der personellen wie materiellen und lokalen Verhältnisse bei den ihnen plötzlich unterstellten Truppen= abtheilungen fehlt, und daß für sie die natürlichen Reibungen, welche mit der Befehlsertheilung an die Truppen und mit der Führung unvermeidlich ver= bunden sind, in bedeutend erhöhtem Maße hervortreten werden.

Wir hegen die feste Ueberzeugung, daß, wenn die beiden Brigaden Wimpffen und Grivicic unter einem organisationsmäßig bestehenden und seit Beginn des Feldzuges funktionirenden Divisions=Kommando vereinigt worden wären, dieses dafür Sorge getragen hätte, daß der Brigade Grivicic der Befehl zum Vor= marsch früher zugegangen und dieselbe auf demselben nicht ohne Kavallerie und Artillerie geblieben wäre.

Schon oben wurde aber darauf hingewiesen, welchen Einfluß dies möglicher= weise auf den Gang des ganzen Gefechtes ausgeübt hätte.

Schließlich müssen wir hier noch in Kurzem eine Bemerkung aus dem Aufsatze des Oberst=Lieutenant v. Fidler berühren.

Es heißt in demselben, daß nach einem Berichte des österreichischen Korps=
Kommandos bereits in dem Moment, als der Feldmarschall=Lieutenant Baron
Gablenz auf dem Gefechtsfelde erschien und persönlich die Frontveränderung
der Brigade Knebel anordnete, ein Offizier an die Brigade Grivicic mit dem
Befehl zum Rückzug auf Pilnikau abgesandt wäre.

Es wäre dies also in einem Moment gewesen, in welchem vom
Feinde sich nur erst Kavallerie=Patrouillen und vielleicht die
ersten kleinen Infanterie=Abtheilungen gezeigt hätten.

Uns schien es nun unmöglich, daß der Feldmarschall=Lieutenant Baron
Gablenz schon in diesem Augenblick ohne jede äußere Nöthigung den Entschluß
zum Rückzug gefaßt haben konnte und da auch nach dem Werke des öster=
reichischen Generalstabes solches erst gegen 11 Uhr Vormittags der Fall gewesen
sein soll, haben wir unseren früheren Betrachtungen Letzteres als das Richtigere
zu Grunde gelegt.

VI.
Rückzug und Verfolgung.

A. Die bei Neu=Rognitz und Burkersdorf fechtenden Truppen=
theile betreffend.

Am Schluß der oben geschilderten Gefechtsperiode sahen wir die öster=
reichischen Truppen, welche bei Neu=Rognitz und Burkersdorf gekämpft hatten,
nämlich die Brigaden Mondel und Knebel, die Korps=Geschütz=Reserve und das
Regiment Windischgrätz=Dragoner auf Befehl des Korps=Kommandanten in
vollem Abzuge gegen Westen in der Richtung auf Altenbuch. —
Ihnen gegenüber befanden sich preußischerseits in vorderer Linie:

A. Bei Neu=Rognitz und westlich davon in den Waldungen,
gegenüber der abziehenden Brigade Mondel:
Das II. Bataillon Garde = Füsilier = Regiments Oberst = Lieutenant
v. d. Knesebeck.

B. In und bei dem Dorfe Burkersdorf:
Das Füsilier=Bataillon 2. Garde=Regiments zu Fuß (3 Kompagnien)
v. Erckert,
bie 9. und 10. Kompagnie 3. Garde=Regiments zu Fuß,
bie 9. und 11.   =   1.   =   =   =   =
bie 9. und 2.   =   Garde=Füsilier=Regiments,
bie 10. und 12.   =   1. Garde=Regiments zu Fuß
waren im Heranrücken begriffen.

C. In und bei der Waldparzelle 540 südlich Burkersdorf:

I. Bataillon Garde-Füsilier-Regiments (exkl. 2. Kompagnie).

III. Bataillon = = = (exkl. 9. Kompagnie).

I. Bataillon 2. Garde-Regiments zu Fuß (exkl. 4. Kompagnie).

II. Bataillon 2. = = = =

1. Garde-Jäger-Kompagnie.

Diese Bataillone und Kompagnien waren sehr durcheinander gekommen.

D. Zunächst hinter den Truppen ad B. und C.:

Das II. Bataillon 3. Garde-Regiments zu Fuß auf dem rechten Flügel,

das I. Bataillon 3. Garde-Regiments zu Fuß auf dem linken Flügel.

Von den österreichischen Truppen hatten, wie wir sahen, die Batterien auf der Granner Koppe zuletzt ihre Position geräumt und zogen sich unter dem Schutze des I. Bataillons E.-H. Karl Nr. 3 theils direkt auf Altenbuch, theils auf den Meierhof Hainwiese zurück. — Letzteren Weg nahm die Kavallerie-Batterie 7/III und die Batterie 10/III, sammt dem Regiment Windischgrätz-Dragoner, welches sich mit der ihm ursprünglich zugetheilten Kavallerie-Batterie wieder vereinigte.

Der Oberst Fürst Windischgrätz organisirte bei jenem Meierhofe persönlich mit diesen Truppen und einzelnen Infanterie-Abtheilungen einen letzten Widerstand, den er zwar bald aufgeben mußte, ohne indessen vom Feinde gedrängt zu werden.

Die Oesterreicher konnten daher unbelästigt ihren beschwerlichen Rückzug fortsetzen.

Die Brigaden Knebel und Mondel, sowie die Korps-Geschütz-Reserve wurden unter dem Schutze der gar nicht in das Gefecht gekommenen Brigade Wimpffen, welche westlich Altenbuch eine neue Aufnahme-Stellung genommen hatte, bei diesem Dorfe gesammelt.

Von hier rückte das ganze Korps — mit Ausnahme der Infanterie der Brigade Grivicic — über Kottwitz hinter die Elbe nach Neuschloß ins Bivouak. Die Brigade Mondel hatte die Queue. Die letzten Abtheilungen des Korps trafen um 9 Uhr dort ein.

Diejenigen Abtheilungen aber, welche über Soor zurückgeworfen waren, kamen am Abend in Königinhof an und vereinigten sich erst am 29. Juni mit dem Armee-Korps.

Ein Theil des Korps-Trains, welcher beim Beginn des Gefechtes über Weiberkränke hinaus gelangt war, fuhr bis Josephstadt.

Der Korps-Munitionspark, der längere Zeit bei Weiberkränke gehalten hatte, war über Soor und Pilnikau nach Neustadt zurückgegangen. Ein Munitionswagen, der Kassenwagen und ein Theil des Trains vom Ulanen-Regiment Graf Mensdorff, welcher sich der Queue des Korps-Munitionsparkes angeschlossen hatte, fiel in die Hände der Preußen.

Auf preußischer Seite hatte der Kommandeur der Avantgarde der 1. Garde=Infanterie=Division, Oberst v. Kessel, für dieselbe den Befehl ertheilt, sich in Burkersdorf zu sammeln.

Unter den oben geschilderten Verhältnissen war es sehr schwer, diesen Befehl weiter zu geben und auszuführen.

Nach und nach sammelten sich indessen die 4 Bataillone der Avantgarde — soweit ihre Kompagnien nicht detachirt waren — im Dorfe, wo sie zuerst etwas ruhten.

Als die Meldung von der Annäherung feindlicher Abtheilungen aus der Richtung von Neu=Rognitz und gleichzeitig nähere Nachrichten vom Kampfe des II. Bataillons Garde=Füsilier=Regiments bei diesem Orte einliefen, wurden die Ausgänge von Burkersdorf durch die 9. und 10. Kompagnie des 3. Garde= Regiments zu Fuß besetzt und Unterstützung gegen Neu=Rognitz vorgeschickt.

Letztere bestand aus der 9. und 11. Kompagnie des Garde=Füsilier=Regi= ments. — Die 9. Kompagnie rückte bis zur Chaussee=Gabelung (592) vor, wo sie westlich der Straße Stellung nahm, ohne indessen zum Schuß zu kommen. Die 11. Kompagnie ging noch etwas weiter vor und nahm Stellung an der Waldlisiere etwa 400 Schritt südlich Neu=Rognitz zu beiden Seiten der Chaussee, wo sie noch ein leichtes Schützengefecht mit vereinzelten feindlichen Abtheilungen hatte, die gegen Altenbuch abzogen. Nach $1\frac{1}{2}$ Stunden rückten beide Kom= pagnien wieder nach Burkersdorf, wo sie indessen die Avantgarde nicht mehr vorfanden.

Diese hatte inzwischen den Befehl erhalten, von Burkersdorf nach der Waldparzelle nördlich der Kuppe 628 abzurücken, dort ein Bivouak zu beziehen und Vorposten gegen Soor auszusetzen.

Hier rückten die beiden oben bezeichneten Kompagnien des Garde=Füsilier= Regiments gegen 6 Uhr Nachmittags ein, ebenso die zur Deckung der linken Flanke schon am Vormittag vor Beginn des Gefechtes gegen Marschau deta= chirten beiden Füsilier=Kompagnien des 3. Garde=Regiments zu Fuß — die 11. und 12. — gegen 8 Uhr Abends.

Die zur Deckung der rechten Flanke detachirt gewesenen beiden Kompagnien — die 10. und 12. des 1. Garde=Regiments zu Fuß — waren noch in Burkers= dorf zur Avantgarde gestoßen, ebenso die beiden von Staudenz vorgegangenen Pionier=Kompagnien.

Die 4. Eskadron des Garde=Husaren=Regiments war auf dem linken Flügel der Division gefolgt und hatte sich gegen Burkersdorf gezogen, wo das Terrain freier zu werden schien und wohin sich — zufolge einer Benachrichtigung seitens des General v. Hiller — feindliche Kavallerie zurückgezogen haben sollte. — Die Eskadron kam auf diesem Vormarsch mehrfach in Granatfeuer, ohne Ge= legenheit zum Eingreifen in das Gefecht zu finden.

Der Feind war bereits in vollem Rückzuge.

Die Eskadron erhielt den Befehl, nach Trautenau zu reiten, um zu sehen, ob diese Stadt auch vom Feinde besetzt sei. Das Vorgehen der 2. Garde= Infanterie=Division machte diese Detachirung gegenstandslos.

Die 1. Eskadron übernahm in Folge der Abwesenheit der 4. am Tage die Vorposten gegen Soor.

Gegen Abend wurde dieselbe durch das III. Bataillon Garde=Füsilier=Regiments abgelöst. Die 4 Kompagnien desselben nahmen ihre Aufstellung an der Lisiere der Waldparzelle nördlich 628. Die 10. Kompagnie westlich, die 11. Kompagnie östlich unmittelbar an der Chaussee; die 9. und 12. Kompagnie auf den Flügeln. — Bei Nacht waren Horchtrupps von 10 Mann Stärke an geeigneten Punkten vorgeschoben und theilweise eingegraben worden.

Die Bataillone des Gros und der Reserve der 1. Garde= Infanterie = Division waren ebenfalls zu sehr erschöpft, um eine energische und weitere Verfolgung des abziehenden Feindes ausführen zu können.

Wir bemerkten oben, daß der Kommandeur des österreichischen Dragoner= Regiments — Fürst Windischgrätz — auf dem Wege nach Altenbuch bei dem Gehöft Hainwiese noch einen letzten Widerstand organisirte.

Derselbe ließ die seinem Regiment ursprünglich zugetheilte Kavallerie= Batterie 7/III auf der Kuppe südöstlich des Gehöftes Hainwiese auffahren, nachdem er derselben durch einen Zug Dragoner ein Geschütz nachgeschafft hatte, welches von der Batterie beim Ersteigen des steilen Abhanges zurück= gelassen war.

Ferner sammelte der Oberst Fürst Windischgrätz einzelne weichende Ab= theilungen der Regimenter C.=H. Karl Nr. 3 und Kaiser Franz Joseph Nr. 1, vertheilte Munition an dieselben und besetzte mit ihnen das Gehöft und den angrenzenden Waldsaum. — Der Kommandant der 8pfdgen Batterie 10/III ließ auf dem Rückzuge gegen Ober=Altenbuch 3 Geschütze an der Waldspitze zwischen Burkersdorf und Hainwiese ins Feuer setzen; — es scheint auch, als ob der Rest dieser Batterie nordwestlich von Hainwiese Aufstellung genommen habe.

Von der Infanterie des Gros der preußischen Division, welche sich in der großen Waldparzelle nördlich der Kuppe 628 befand, wandte sich die 1., 2. und 3. Kompagnie des 2. Garde=Regiments zu Fuß gegen die abziehenden Kolonnen der Oesterreicher. — Die 2. und 3. Kompagnie begnügten sich, den= selben von der Westlisiere des Waldes ein lebhaftes Feuer nachzusenden, da die vollständige Erschöpfung der Leute vorläufig kein weiteres Vorgehen ge= stattete.

Die 1. Kompagnie erreichte den kleinen, isolirten Busch etwas südwestlich der Kuppe 602 und schob von dort Schützen gegen das nordwestlich gelegene Gehölz vor.

Man bemerkte von hier die längs der Waldlisiere abziehende österreichische Batterie 10/III, eröffnete gegen dieselbe ein wohlgezieltes Feuer und brachte derselben solche Verluste bei, daß sie 2 Geschütze und 3 Munitionswagen stehen ließ.

Währenddessen war die 5. 4pfdge Batterie Eltester mit ihrer Partikular= Bedeckung — Schützenzug der 1. Kompagnie Garde=Füsilier=Regiments —, nachdem sie zuerst an der Chaussee Neu=Rognitz—Kaile eine Stellung genommen hatte, herangekommen und setzte sich westlich Burkersdorf auf eine Entfernung 1700 Schritt der österreichischen Aufstellung beim Gehöft Hainwiese gegenüber ins Feuer.

Das Gehöft wurde in Brand geschossen, die Artillerie des Feindes zum Abzuge gezwungen.

Um diese Zeit erschien das I. Bataillon 3. Garde=Regiments zu Fuß in dem Terrain westlich Burkersdorf und etwas später auch die 4. Eskadron Garde=Husaren=Regiments, von der bereits oben die Rede war.

Als man preußischerseits das Abziehen der österreichischen Truppen aus Hainwiese bemerkte, ging die 2. Kompagnie des 2. Garde=Regiments zu Fuß gegen das Gehöft vor und wurde durch Abtheilungen des I. Bataillons 3. Garde= Regiments zu Fuß unterstützt. Man brachte alsdann die stehengebliebenen Geschütze zurück.

Eine weitere Verfolgung über Hainwiese hinaus fand nicht statt.

Mehr nördlich hatte das II. Bataillon des 3. Garde=Regiments zu Fuß die Richtung auf die Granner Kuppe genommen und 2 Kompagnien bis dorthin vorgeschoben, welche abziehende Abtheilungen des Feindes beschossen.

Es war dies hier der weiteste Punkt, bis zu welchem die preußischen Truppen vorgingen.

Auf dem äußersten rechten Flügel der 1. Garde=Infanterie=Division hatte das II. Bataillon des Garde=Füsilier=Regiments bei Neu=Rognitz gekämpft, und sahen wir, wie sich dasselbe nach dem Abzuge der Brigade Mondel in den Besitz des Dorfes setzte und dem Feinde auch in den jenseitigen (nördlich des Dorfes gelegenen) Wald zwei Kompagnien — die 7. und 8. — nachsandte. Dieselben wurden indessen bald wieder herangeholt und der Feind nicht weiter verfolgt.

Das Gros und die Reserve der 1. Garde=Infanterie=Division bezogen am Nachmittage, nachdem sie ihre Truppen gesammelt hatten, südlich und östlich von Burkersdorf ein Bivouak, sich durch Vorposten gegen Altenbuch hin sichernd.

Hinter denselben traf gegen Abend auch die Reserve=Artillerie des Armee=Korps unter dem Schutze des II. Bataillons 1. Garde=Regiments zu Fuß ein. Diese Truppen waren am frühen Morgen von Braunau abgerückt, er= reichten um 11 Uhr Vormittags Kostelez, brachen von da um 5 Uhr Nach= mittags wieder auf, marschirten ohne längeren Aufenthalt durch Eipel, Unter= und Ober=Raatsch, bis nach dem Schnittpunkte der Wege Raatsch—Kaile und Staudenz—Marschau, woselbst sie Abends 9¾ Uhr anlangten und ein Bivouak bezogen. — Die Infanterie sicherte dasselbe durch Vorposten in der Richtung auf Kaile.

B. Die bei Rudersdorf resp. im Terrain gegen Trautenau auf=
tretenden Truppen betreffend.

Auf diesem Theile des Gefechtsfeldes sahen wir in der letzten Gefechts=
periode österreichischerseits die Brigade Grivicic und preußischerseits das I. und
II. Bataillon des Kaiser Franz Grenadier=Regiments Nr. 2, sowie die drei
(in Folge der Detachirungen nur 8 Kompagnien zählenden) Bataillone des
3. Garde=Grenadier=Regiments Königin Elisabeth kämpfend auftreten.

Von diesen Truppen befand sich die Brigade Grivicic in voller Auflösung,
und es ist unmöglich, die Bewegung der einzelnen Bataillone derselben zu
verfolgen.

Preußischerseits standen da, wo die Dörfer Rudersdorf und Neu=Rognitz
sich berühren, die beiden Bataillone des Kaiser Franz Grenadier=Regiments
und das (2 Kompagnien zählende) I. Bataillon des Regiments Königin Elisabeth.
Das ebenfalls nur 2 Kompagnien starke Füsilier=Bataillon dieses Regiments
befand sich in der Nähe des Kirchhofes St. Pauli und Johann von Alt=Rognitz
und das I. Bataillon im nordwestlichen Theile dieses Dorfes.

Die 2. Garde=Infanterie=Division war anfänglich, nachdem sie zur Ent=
wickelung gelangt war, vom kommandirenden General auf Staudenz dirigirt
worden. — Dieselbe sollte hinter dem linken Flügel der 1. Garde=Infanterie=
Division als Echelon auf Nieder=Soor folgen, um so auf die Rückzugslinie
des Feindes zu wirken.

Als indessen das Gefecht in der rechten Flanke bei Rudersdorf andauerte,
und man auch die letzte Hoffnung aufgeben mußte, nach dieser Richtung von
dem 1. Armee=Korps degagirt zu werden, waren zuerst die 3 Bataillone des
Regiments Königin Elisabeth dorthin detachirt und dann vom kommandirenden
General der Befehl gegeben worden, daß die 2. Garde = Infanterie = Division
hinter der 1. Garde=Infanterie=Division fort über Neu=Rognitz gegen Trautenau
vorgehen sollte.

Durch die Entsendung der oben bezeichneten 5 Bataillone, welche aus der
Kolonne nach der Flanke herausgeworfen wurden, wie man sie gerade im
Moment des eintretenden Bedürfnisses zur Hand hatte, war die Ordre de
bataille der Division zerrissen worden.

Der General v. Plonski ließ in Folge dessen gegen 1½ Uhr Mittags
neue Brigaden formiren:

Brigade Oberst v. Strubberg:
  Füsilier=Bataillon Kaiser Franz Grenadier=Regiments Nr. 2.
  4. Garde=Grenadier=Regiment Königin.
  3. 12pfündige Batterie.

Brigade Oberst v. Fabeck.
  Garde=Schützen=Bataillon.
  Kaiser Alexander Garde=Grenadier=Regiment Nr. 1.
  3. 6pfündige Batterie.

Die Brigade Oberst v. Strubberg hatte die Tete, sie nahm das Füsilier=
Bataillon des Kaiser Franz Grenadier=Regiments in die Avantgarde. Es war
2½ Uhr Nachmittags, als angetreten wurde.

Das Bataillon — in Kompagnie = Kolonnen auseinandergezogen, die
9. und 10. Kompagnie im 1. Treffen — dirigirte sich durch die Waldungen
beim alten Steinbruch hindurch auf Neu=Rognitz. Auf diesem Vormarsche
wurden 3 Kompagnien vom General v. Plonski gegen Alt=Rognitz detachirt,
um dort die Oesterreicher im Rücken zu fassen; als deren Führer aber das
Gefecht daselbst verstummen hörte, zog er sich wieder nach Neu=Rognitz heran.

Von hier verfolgte das Bataillon die Chaussee auf Trautenau. Die
11. Kompagnie marschirte über die dicht bewachsenen Waldkuppen in der rechten
Flanke als Seitendeckung. Als man dort vielleicht 500—600 Oesterreicher —
Versprengte der Brigade Grivicic — aus Alt=Rognitz nach dem Kapellenberg
hinauflaufen sah, wurde auch noch die 9. Kompagnie dorthin geworfen. Beide
Kompagnien machten 14 Offiziere und circa 550 Mann zu Gefangenen,
darunter der Oberst Grivicic. — Demnächst besetzten die 10. und 12. Kom=
pagnie mit dem Grenadier=Regiment Königin Trautenau, während die 9. und
11. Kompagnie im Süden der Stadt blieben.

Vom Regiment Königin war das I. Bataillon auf die Grabenhäuser
dirigirt worden und detachirte seine Abtheilungen bis nach Weigelsdorf und
Kaltenhof. (Pl. I.) Ueberall traf man Versprengte der Brigade Grivicic.

Die Brigade Fabeck folgte der Brigade Strubberg über Neu=Rognitz auf
der Straße nach Trautenau, sammelte auf diesem Vormarsche ebenfalls noch
viele Versprengte und ließ das II. Bataillon des Regiments Alexander gegen
Nieder = Altstadt vorgehen, woselbst 4 Offiziere 40 Mann des österreichischen
Regiments Kaiser Alexander in ihre Hände fielen.

Eine aus Trautenau zurückgegangene Abtheilung wurde von der 4. Eskadron
3. Garde=Ulanen=Regiments an der Spinnerei erreicht, wo 9 Offiziere und
400 Mann sich ergaben.

Gegen 5½ Uhr Nachmittags endete die Verfolgung.

Die Division Plonski bivouakirte in und bei Trautenau; — Theile der=
selben auch bei Alt= und Neu=Rognitz.

Bei Alt=Rognitz bivouakirte das II. Bataillon Kaiser Franz Grenadier=
Regiments, um dort für seine Verwundeten zu sorgen und die Todten zu
begraben. Während der Nacht sicherte es sich durch Feldwachen nach allen
Seiten und rückte am 29. Juni Vormittags wieder zum Regiment bei Trautenau
ein. Auf dem Marsche dorthin stieß es auf österreichische Jäger und nahm
3 Offiziere und einige Hundert Mann gefangen.

Bei Neu=Rognitz bivouakirte von der Division das II. Bataillon und die
9. und 12. Kompagnie des 3. Garde=Regiments Königin Elisabeth.

8*

C. Ereigniffe während der Nacht.

Von der Brigade Grivicic befand sich noch eine große Anzahl Versprengter in den zahlreichen Waldparzellen des Schlachtfeldes verborgen.

Dieselben verfuchten am frühen Morgen des 29. Juni sich zu ihrem Korps durchzuschlagen, bei welcher Gelegenheit es zu Kämpfen mit den preußischen Truppen kam, die in Folge derfelben noch eine bedeutende Zahl von Gefangenen einbrachten.

Eine 500—600 Mann starke österreichifche Kolonne des Regiments Airolbi stieß gegen 3 Uhr Morgens in der Nähe der östlich Burkersdorf gelegenen Waldparzellen auf eine preußische Feldwache.

Dieselbe alarmirte durch ihre Schüffe das Bivouak.

Zunächst eilten das I. Bataillon und die 6. und 8. Kompagnie des 3. Garde=Regiments zu Fuß, und dann von Neu = Rognitz her auch die 7. Kompagnie des Regiments Königin Elisabeth zur Unterstützung der Feldwache herbei. — Ferner verlegte die 2. Eskadron des Garde = Hufaren = Regiments dem Feinde den Weg, während die 3 anderen Eskadrons nach Kaile und Staubenz zu vorgingen.

Nach kurzer Gegenwehr ergab sich die österreichische Kolonne mit dem Kommandeur des Regiments Airolbi.

Außerdem waren auch die beiden Grenadier=Bataillone des 2. Garde=Regiments zu Fuß in südöstlicher Richtung gegen die Linie Staubenz—Kaile vorgerückt. Dieselben stießen ebenfalls auf kleinere und größere Abtheilungen von Versprengten und brachten mehrere Hundert Gefangene ein.

Daß das II. Bataillon Kaiser Franz Grenadier=Regiments Nr. 2 am 29. Juni Vormittags auf seinem Marsch von Alt=Rognitz nach Trautenau auch auf eine kleine Abtheilung Versprengter gestoßen war und dieselbe gefangen genommen hatte, ist bereits oben erwähnt worden.

Ueberhaupt wurden von beiden preußischen Divisionen im Laufe des Vormittags des 29. Juni starke Kommandos zum Abfuchen des Gefechtsfeldes bestimmt, welche meist mit einzelnen Gefangenen zurückkehrten.

D. Bemerkungen zu diefer Gefechtsperiode.

a. Die österreichifchen Anordnungen betreffend.

Der Rückzug der Hauptmasse des österreichischen Korps gegen Pilnikau fand im Allgemeinen in Ordnung statt. Auseinanderreißungen der Truppen waren bei den schwierigen Terrainverhältnissen — und bei der Brigade Knebel insbesondere noch in Folge der ausgedehnten Aufstellung derfelben — unvermeidlich.

Man verfuchte indeffen durch entsprechende Aufnahmestellungen — so bei Burkersdorf und bei Hainwiese — oder durch Gegenstoß — seitens der Brigade

Mondel — den Abzug der am meisten bedrohten Abtheilungen (Trains) zu sichern: — daß trotzdem bei einzelnen derselben Auflösung eintrat, dürfte als durch die Verhältnisse bedingt und unvermeidlich anzuerkennen sein.

Besonders hervorzuheben ist das energische und sachgemäße Auftreten des Kommandeurs der Windischgrätz=Dragoner. War auch der von ihm auf den Höhen bei Hainwiese organisirte Widerstand an sich nicht von Bedeutung, so wurde durch denselben doch der einreißenden Auflösung entgegengewirkt.

Sachgemäß war es ferner, daß der Sous=Chef des Generalstabes zur Rekognoszirung einer Aufnahmestellung für die Brigade Wimpffen entsandt und diese in eine solche hineingeführt wurde, nachdem man einmal den Ent= schluß gefaßt hatte, die Brigade zur Erfüllung des dem Korps gestellten Auf= trages nicht zu verwenden und sie nicht zur Unterstützung in die kämpfende Linie vorzuführen.

Von der vollständigen Auflösung der Brigade Grivicic geben die geschil= derten Ereignisse ein sprechendes Zeugniß.

Physische und moralische Elemente trugen vereint dazu bei, diese Truppen, welche Tags vorher so tapfer gekämpft und auch in den ersten Gefechts= momenten bei Rudersdorf noch standhaft gefochten hatten, in einen so traurigen Zustand zu versetzen.

Die Brigade Grivicic hatte am 27. Juni den weitesten Marsch zurück= zulegen gehabt. Um 8½ Uhr Morgens war sie von Jaromer aufgebrochen, gegen 3 Uhr Nachmittags traf sie auf dem Gefechtsfelde bei Alt=Rognitz ein, wurde sofort zum Angriff vorgeführt, zurückgeschlagen und von Neuem vor= geführt.

Siegreich durchschritt sie dann das außerordentlich schwierige Terrain zwischen Alt=Rognitz und dem Katzauer Berge, wo die Mannschaften erst mit eingebrochener Dunkelheit, völlig erschöpft von den Anstrengungen des Marsches und des Kampfes, zur Ruhe gelangten.

Mit der Verpflegung sah es nicht besonders aus, und fand man nicht Zeit, noch Kräfte und Stimmung zum Abkochen.

Die sehr bedeutenden Verluste der Brigade — 34 Offiziere 1471 Mann — ließen keine rechte Siegesfreudigkeit aufkommen.

Am andern Tage sollte vor dem Beginn der weiteren Operationen abgekocht werden: man war damit noch nicht fertig, als der Befehl zum Vor= marsch eintraf.

Mit hungerigem Magen und ohne sich von den Anstrengungen des Tages vorher völlig erholt zu haben, ging es vorwärts: zunächst wieder durch ein sehr beschwerliches Terrain und dann unter sengenden Sonnenstrahlen durch ein enges Defilee hindurch.

Vom eigenen Korps hatte man seit dem 27. Abends nichts gesehen, und gewiß gab es kaum einen Soldaten in der Brigade, der auf dem Marsche nach Rudersdorf — wenn ihm auch eine Einsicht in die Situation fehlte — nicht von dem unheimlichen Gefühle einer ihn umgebenden, unbekannten Gefahr überschlichen wurde.

Derartige Stimmungen entstehen unter ähnlichen Verhältnissen nur zu leicht in einer Truppe und pflanzen sich dann schnell und mit unwiderstehlicher Macht auf den Einzelnen fort.

Als nun bei Rudersdorf der Zusammenstoß mit dem Feinde erfolgte, die gewöhnte Unterstützung der Kavallerie und Artillerie fehlte, plötzlich in der Flanke und im Rücken, von wo auch vielleicht der Donner der Geschütze seit Langem dumpf herüberschallte, feindliche Truppen erschienen und der Befehl zum Rückzug kam: da brach der innere Halt in den Bataillonen und Divisionen zusammen, und eine Panique bemächtigte sich der Gemüther.

Solchen Verhältnissen gegenüber muß die Kritik der Schwäche der mensch= lichen Natur nothwendig Rechnung tragen. Nur alte, kampfgewohnte, taktisch tüchtig geschulte, von Vertrauen zu den ihnen bekannten kriegsgeübten Offizieren erfüllte Truppen werden eine so harte Prüfung glücklich bestehen.

Die Anstrengungen der Versprengten, sich zusammenzuschließen und den Versuch zu machen, am andern Tage die Linie des Feindes zu durchbrechen und sich zum eigenen Korps durchzuschlagen, verdienen gewiß Anerkennung, wenngleich sie natürlich Erfolge nicht haben konnten.

b. Die preußischen Anordnungen betreffend.

Daß man preußischerseits bei Burkersdorf und Neu=Rognitz die Verfolgung nicht weiter und energischer betrieb, findet seine Erklärung und Rechtfertigung sowohl in dem physischen Zustande der Truppen, wie in der Beschaffenheit des Terrains und in der strategischen Lage des Armee=Korps.

Der höchst anstrengende Gewaltmarsch der 1. Garde=Infanterie=Division am 27. Juni und das Vorrücken derselben am 28. Juni durch das enge und schwierige Defilee von Eipel hatte die Truppen dermaßen ermüdet, daß man an eine energische Verfolgung durch dieselben nicht denken konnte. Dazu war das Terrain zwischen Burkersdorf und Altenbuch so coupirt und bedeckt, daß schon aus diesem Grunde die Verfolgung mit den auseinandergekommenen Bataillonen gefährlich werden mußte.

Artillerie und Kavallerie konnten, sobald der Feind die schützenden Wälder erreichte, gar nicht zur Verwendung kommen. Ueberdies mußte gegen 1 Uhr, als die Brigaden Mondel und Knebel im vollen Abzuge auf Pilnikau waren, ein weiteres Folgen in dieser Richtung auf Grund der allgemeinen strategischen Lage nicht unbedenklich erscheinen.

Um diese Zeit wußte man bei Burkersdorf, daß größere feindliche Infanterie= Abtheilungen im Vormarsch von Alt=Rognitz auf Raatsch begriffen und von Theilen der 2. Garde=Infanterie=Division bei Rudersdorf angegriffen seien. Die ganze 2. Garde=Infanterie=Division war auf Trautenau dirigirt worden. Die Situation war also durchaus nicht klar. — Wie stark war der Gegner bei Rudersdorf? Hatte man es bisher mit dem Haupttheil seiner Kräfte zu thun gehabt oder nicht? Wird die 2. Garde=Infanterie=Division bei Trautenau auf den Feind stoßen, wie wird sich dort eventuell der Kampf gestalten? Das alles waren Fragen, deren zweifelvolle Beantwortung es nicht räthlich erscheinen lassen konnte, in das schwierige Terrain nach Pilnikau zu folgen.

Es hätte hierdurch leicht eine vollständige Zerreißung des Armee-Korps und unter Umständen ein Rückschlag für dasselbe herbeigeführt werden können — überdies war der dem Korps durch den Armee-Befehl für den 28. Juni als Tagesziel vorgezeichnete Punkt und die ihm gestellte Aufgabe offenbar erreicht, und durch ein weiteres Vorgehen mußte man fürchten, die Verbindung mit den übrigen Korps der Armee zu verlieren.

Die 2. Garde-Infanterie-Division konnte selbstverständlich nicht über Trautenau hinausgehen, da sie nur auf Versprengte gestoßen war und mit der Besetzung des genannten Punktes dem 1. Armee-Korps das Defilee zum erneuten Vormarsch thatsächlich geöffnet hatte.

VII.

Die Verluste der beiden Korps.

Die Verluste der beiden Korps werden in den offiziellen Werken wie folgt angegeben:

1. Die preußischen Verluste.

Truppentheil	Todt			Verwundet			Vermißt			Summa		
	Offiziere	Mann	Pferde	Offiziere	Mann	Pferde	Offiziere	Mann	Pferde	Offiziere	Mann	Pferde
1. Garde=Infanterie=Division.												
(Hiller.)												
1. Garde=Regiment zu Fuß	1	15	—	5	42	—	—	—	—	6	57	—
3. Garde=Regiment zu Fuß	—	6	—	3	53	—	—	—	—	3	59	—
2. Garde=Regiment zu Fuß	—	16	1	4	104	—	—	—	—	4	120	1
Garde=Füsilier=Regiment	4	55	1	1	147	—	—	—	—	5	202	1
Garde=Jäger=Bataillon	—	—	—	—	14	—	—	—	—	—	14	—
Garde=Husaren=Regiment	—	1	3	—	2	—	—	—	—	—	3	3
Summa	5	93	5	13	362	—	—	—	—	18	455	5
2. Garde=Infanterie=Division.												
(Plonski.)												
3. Garde=Grenadier=Regiment Königin Elisa=beth.	—	—	—	—	2	—	—	—	—	—	2	—
Kaiser Franz Grenadier=Regiment Nr. 2 . .	4	46	—	6	154	—	—	—	—	10	200	—
4. Garde=Grenadier=Regiment Königin . .	—	—	—	—	2	—	1	—	—	—	3	—
3. Garde=Ulanen=Regiment	—	—	—	—	1	—	1	—	—	—	2	—
Summa	4	46	—	6	159	—	2	—	—	10	207	—
Garde=Feld=Artillerie=Regiment	—	7	—	—	16	—	—	—	—	—	23	—
Somit Gesammt=Verlust beider Divisionen .	9	146	5	19	537	—	2	—	—	28	685	5

Armee=Theil	Brigade	Truppenkörper	Tobt		
			Offiziere	Mann	Pferde
10. Armee= Korps	Oberſt Mondel	Korps=Stab	—	—	—
		12. Jäger=Bataillon	—	—	—
		Inf.=Regt. Graf Mazzuchelli Nr. 10 . . .	1	3	—
		Inf.=Regt. Herzog von Parma Nr. 24 . .	2	46	—
		Summa	3	49	—
	Oberſt Grivicic	Brigabe=Stab	—	—	—
		16. Jäger=Bataillon	6	13	1
		Inf.=Regt. Kaiſer Alexander Nr. 2 . . .	2	19	—
		Inf.=Regt. Baron Airolbi Nr. 23 . . .	1	42	—
		Summa	9	74	1
	Gen.=Maj. Ritter v. Knebel	Brigabe=Stab	—	—	—
		28. Jäger=Bataillon	1	14	—
		Inf.=Regt. Kaiſer Franz Joſeph Nr. 1 . .	2	31	—
		Inf.=Regt. Erzherzog Carl Nr. 3	1	16	—
1. leichte Kav.=Div.		Ulanen=Regt. Graf Mensdorff Nr. 9 . .	—	—	1
		Artillerie=Regt. Pichler Nr. 3	—	7	22
		10. Sanitäts=Kompagnie	—	—	—
		Korps=Ambulanz Nr. 8	—	—	—
		Dragoner=Regt. Fürſt Windiſchgräß Nr. 2	—	—	12
		Summa	16	191	36

chischen Verluste.

| Vermißt | | | Verwundet | | | Gefangen | | | | | | Summa | | | | |
| | | | | | | Verwundet | | | Unverwundet | | | | | | | |
Offiziere	Mann	Pferde	Offiziere	Mann	Pferde	Offiziere	Mann	Pferde	Offiziere	Mann	Pferde	Offiziere	Mann	Pferde	Geschütze	Fuhrwerke
—	1	1	—	—	—	—	—	—	—	—	—	—	1	1	—	—
—	—	—	—	—	—	—	—	—	1	6	—	1	6	—	—	—
—	16	—	1	9	—	—	16	—	1	71	—	3	115	—	—	—
—	89	—	5	36	—	—	48	—	—	76	—	7	295	—	—	—
—	105	1	6	45	—	—	64	—	2	153	—	11	416	1	—	—
—	1	1	—	—	—	4	—	—	—	—	—	4	1	1	—	—
—	121	—	8	—	2	—	29	—	10	432	—	24	595	3	—	—
—	50	2	1	103	—	7	60	—	32	992	1	42	1224	3	—	—
—	2	—	—	57	—	3	215	—	20	553	—	24	869	—	—	—
—	174	3	9	160	2	14	304	—	64	2130	1	105	3106	8	—	—
—	—	—	—	—	1	—	—	—	—	—	—	—	—	1	—	—
—	8	—	—	19	—	—	13	—	—	9	—	1	63	—	—	—
1	79	—	1	50	—	3	134	—	—	71	—	7	365	—	—	—
—	21	—	3	5	—	—	71	—	—	9	—	4	129	—	—	—
										Summa		12	552	—	—	—
—	—	—	—	—	10	1	4	—	—	2	—	1	6	11	—	—
—	4	—	1	7	3	—	8	—	—	—	—	1	26	25	2	4
—	—	—	—	—	—	—	—	—	1	—	—	1	—	—	—	—
—	—	—	—	—	—	—	—	—	2	4	—	2	4	—	—	—
—	—	—	1	4	—	—	—	—	—	—	—	1	4	12	—	—
1	392	4	21	290	16	18	598	—	67	2225	1	123	3696	57	2	4

3. Bemerkungen über die Verlustlisten.

1. Trotzdem an dem Tage von Soor der Kampf nach verhältnißmäßig kurzer Dauer schon um Mittag beendet war und sowohl von preußischer wie von österreichischer Seite bedeutende Theile der Korps nicht in das Gefecht gebracht wurden, sind die Verluste — namentlich des österreichischen 10. Korps — ziemlich groß. — Das Verhältniß gestaltete sich besonders durch die bedeutende Zahl der Gefangenen sehr zu Ungunsten der Oesterreicher; — diese Zahl erreichte die Höhe von 2908, von denen allein 2353 auf die Brigade Grivicic fielen.

Eine Zusammenstellung der Verluste in den bis jetzt in unseren Wanderungen besprochenen Gefechten zeigt folgende Resultate: Der Total-Verlust der Preußen verhält sich zu dem der Oesterreicher:

bei Trautenau	wie 1 : 3,57
bei Schweinschädel	wie 1 : 3,69
bei Skalitz	wie 1 : 4,03
bei Nachod	wie 1 : 5,10
bei Soor (Rognitz)	wie 1 : 5,57

Rechnet man die Zahl der unverwundet Gefangenen ab, so mobifiziren sich die Zahlen wie folgt:

bei Soor (Rognitz)	wie 1 : 2,14
bei Skalitz	wie 1 : 3,12
bei Trautenau	wie 1 : 3,29
bei Schweinschädel	wie 1 : 3,36
bei Nachod	wie 1 : 4,14

Bei Feststellung dieser Zahlen wurden die als „vermißt" Aufgeführten zu den „Todten" gezählt, was im Allgemeinen bei der geringen Zahl derselben (2—14) auch auf preußischer Seite, wo sich keine Angaben über „Unverwundet Gefangene" vorfanden, wohl gerechtfertigt erscheint.

Nur für das Gefecht bei Trautenau dürfte die Annahme nicht ganz zutreffend sein, da für dasselbe die Zahl der Vermißten bis zur Höhe von 86 steigt, wobei diejenigen nicht mitgerechnet sein dürften, welche in Folge des Vorgehens des Garde-Korps am 28. Juni sich schon an diesem oder dem folgenden Tage wieder beim 1. Armee-Korps einfanden.

Rechnen wir daher auf preußischer Seite die 86 Vermißten des Tages von Trautenau ganz zu den „Unverwundet Gefangenen", so geht das oben gegebene Verhältniß in dasjenige von 1 : 3,48 über. Die Wahrheit dürfte zwischen beiden Verhältnissen liegen.

Im Allgemeinen können wir aber aus obigen Verhältnißzahlen wohl den Schluß ziehen, daß man auf österreichischer Seite am Tage von Soor den geringsten, am Tage von Nachod aber den hartnäckigsten Widerstand leistete.

2. Das Verhältniß der Todten zu den Verwundeten beträgt, wenn wir die Vermißten zu den Todten rechnen:

	preußischerseits	österreichischerseits
bei Soor (Neu=Rognitz)	1 : 3,50	1 : 1,51
bei Trautenau	1 : 3,05	1 : 1,31
bei Nachod	1 : 2,08	1 : 1,15
bei Skalitz	1 : 3,41	1 : 1,29
bei Schweinschädel	1 : 3,33	1 : 1,33

Auch das Gefecht bei Soor (Neu=Rognitz) bestätigt daher die an den übrigen Gefechtstagen hervorgetretene Erscheinung, daß die preußischen Geschosse eine entschieden mörderischere Wirkung gehabt haben als die österreichischen. — In Betreff der Gründe für diese Erscheinung verweisen wir auf die Bemerkungen in den früheren Heften unserer Wanderungen.

Im Gefecht von Soor ist übrigens auf beiden Seiten das Verhältniß der Todten zu den Verwundeten günstiger, als wie an irgend einem anderen Ge= fechtstage, während es sich am Tage von Nachod beiderseitig am ungünstigsten herausstellte; auch hierin liegt eine Bestätigung davon, daß bei Nachod am zähesten, bei Soor am wenigsten hartnäckig gekämpft wurde.

3. Von den österreichischen Brigaden erlitt wie am 27. so auch am 28. Juni die Brigade Grivicic den größten Verlust, nämlich 84 Offiziere und 2689 Mann, so daß deren Gesammtverlust an beiden Tagen die enorme Höhe von 118 Offi= zieren 4160 Mann erreichte.

Die Stärke der Brigade betrug am 15. Juni 5767 Streitbare, so daß der Gesammtverlust über 74 Prozent beträgt, wobei der Abgang in der Zeit vom 15.—27. Juni gar nicht in Betracht gezogen ist.

Man kann also wohl davon sprechen, daß diese Brigade durch die Gefechte vom 27. und 28. Juni geradezu vernichtet wurde.

Das ganze Korps verlor durch diese Gefechte 314 Offiziere und 8292 Mann oder 33 Prozent des Standes an Streitbaren vom 15. Juni.

Die Verluste auf preußischer Seite betrugen dagegen an beiden Tagen zusammen: 84 Offiziere und 1967 Mann.

Am 28. Juni verloren vom Garde=Korps am meisten das Garde=Füsilier= Regiment und das Kaiser Franz = Regiment, welche in den Waldparzellen bei Burkersdorf resp. bei Rudersdorf hauptsächlich den Kampf durchgeführt hatten.

Die Verluste der Kavallerie und Artillerie sind auf beiden Seiten sehr unbedeutend. Auf österreichischer Seite verlor die Kavallerie im Ganzen 2 Offiziere 10 Mann 23 Pferde und die Artillerie 1 Offizier 26 Mann 25 Pferde, auf preußischer Seite ebenso die Kavallerie 3 Mann 3 Pferde und die Artillerie 23 Mann.

VIII.

Schlußbetrachtungen.

1. Rekapitulation der Hauptgefechtsmomente.

Um 8 Uhr Morgens treffen die Spitzen der beiden, fast gleich starken Armee=
Korps auf Marschlinien zusammen, deren Richtungen sich ziemlich senkrecht
schneiden; mitten zwischen den Korps liegt der Punkt, dessen Besitz von ent=
scheidendem Einflusse für den Verlauf des Gefechtes und den Erfolg des Tages
sein mußte.

Die Tete der preußischen Kolonne ist diesem Punkt allerdings näher, als
die Spitzen des österreichischen Korps, dagegen hat dieses den großen Vortheil,
seine bedeutende Ueberlegenheit an Artillerie sofort ausnutzen und sich freier
und schneller zum Gefecht entwickeln zu können. Das österreichische Korps=
Kommando begnügt sich indessen, das Debouchiren des Gegners aus weiter
Ferne zu befeuern und die Korps=Geschütz=Reserve, sowie die nächste Brigade
— Knebel — dicht an und zu beiden Seiten der Marschstraße nach der
bedrohten Flanke zu entwickeln.

Die Terrainverhältnisse werden mangelhaft aufgefaßt und benutzt, der
Feind in passiver Defensive erwartet.

Man scheint die Nothwendigkeit, den Feind von der Annäherung an die
eigene Marschstraße abzuhalten, gar nicht zu erkennen und schon jetzt die dem
Korps gestellte Tagesaufgabe aus dem Auge zu verlieren.

Die preußische Avantgarde entwickelt sich schnell, und nachdem sie den
Befehl zum Vorgehen erhalten, führt sie den Angriff mit Entschlossenheit und
Energie aus. Gegen 10 Uhr hat sie bereits den zur Entwickelung des Gros
erforderlichen Raum gewonnen.

Diese Entwickelung sowie der Angriff wird österreichischerseits nur durch
ein wirkungsloses Feuer aus weiter Ferne belästigt. Die schwachen, vor=
geschobenen Abtheilungen räumen ihre Stellungen und gefährden dadurch die
Artillerie in der Hauptposition.

Auf preußischer Seite entwickeln sich nach und nach die Truppen aus dem
engen Gebirgsdefilee heraus, um sofort bataillonsweise zur Unterstützung der
schwachen Avantgarde vorgeworfen zu werden; man zieht nach Möglichkeit
Artillerie und Kavallerie aus der tiefen und schmalen Marschkolonne hervor.

Es ist 11 Uhr. Zwei und eine halbe Stunde sind verflossen, seit die Spitzen der beiden Korps aufeinander stießen: noch immer ist auf österreichischer Seite nichts geschehen, was auf einen Vorstoß hindeuten könnte.

Die Brigade Knebel und die Korps-Geschütz-Reserve haben noch ihre alten Positionen inne, nur mußten das vorgeschobene Bataillon und eine Batterie sich in mehr rückwärts gelegene Stellungen zurückziehen.

Die Brigade Mondel hat auf selbstständige Veranlassung ihres Kommandeurs ihre Front gewechselt und sich dem eigentlichen Gefechtsfelde genähert.

Die Brigade Wimpffen ist im Anmarsch von Trautenau her; die Brigade Grivicic im Vorrücken gegen die Flanke des Feindes.

Noch ist die Lage für das österreichische Korps als eine günstige zu bezeichnen: da — um 11 Uhr Mittags — faßt der Feldmarschall-Lieutenant Baron Gablenz — wie es heißt auf Grund einer Meldung von der Nichtbesetzung von Praußnitz-Kaile — den Entschluß zum Rückzug und giebt entsprechende Befehle.

Als daher kurz nach 11 Uhr die preußischen Angriffe einerseits gegen die feindliche Hauptposition bei Burkersdorf und andererseits gegen die Stellung der österreichischen Brigade Mondel bei Neu-Rognitz erfolgen, finden sie nirgends einen starken Widerstand. — Die feindlichen Abtheilungen werden von ihrer Haupt-Marsch- und Rückzugslinie vollständig ab- und in westlicher Richtung gegen die Elbe hingedrängt.

Zwischen 11 und 1 Uhr Mittags weichen dieselben auf allen Punkten.

Die Teten-Division des preußischen Armee-Korps ist inzwischen allmälig zur vollständigen Entwickelung gelangt und hat alle ihre Truppen in die vorderste Linie vorgeworfen. — Die strategische Lage des Korps, das Terrain und die Ermüdung der Truppen verhindern hier eine weitere Verfolgung des Feindes.

Zwischen 1 und 2 Uhr Nachmittags verstummt auf diesem Haupttheile des Gefechtsfeldes das Feuer auf beiden Seiten.

Währenddessen ist die Brigade Grivicic in der Flanke des preußischen Korps bei Rudersdorf erschienen; man wirft ihr erst ein Bataillon entgegen, unterstützt dasselbe aber bald durch ein zweites Bataillon.

Mit heldenmüthiger Aufopferung kämpfen diese beiden Bataillone während der Zeit von 12 bis gegen 3 Uhr Nachmittags allein gegen die feindliche Brigade, dieselbe am weiteren Vorrücken verhindernd.

Inzwischen ist vom preußischen Armee-Korps auch die Division der Queue zur Entwickelung gelangt.

Dieselbe sollte anfänglich der vorderen Division in der dem Feinde gefährlichsten Richtung als linkes Flügel-Echelon folgen.

Als indessen das Gefecht in der rechten Flanke bei Rudersdorf andauerte und man auch die letzte Hoffnung aufgeben mußte, nach dieser Richtung vom I. Armee-Korps begagirt zu werden, schickte man den dort isolirt kämpfenden Bataillonen sofort Verstärkung und dirigirte dann die ganze 2. Garde-Infanterie-Division gegen Trautenau.

Durch diese Maßregel wird die österreichische Brigade Grivicic vollständig gesprengt und in der Zeit von 3—5 Uhr auf dem weiten Raume zwischen Rudersdorf, Alt= und Neu=Rognitz, Trautenau, Weigelsdorf, Altstadt zu einem großen Theile in kleinen Abtheilungen gefangen genommen. Um 5 Uhr Nachmittags schweigt auch hier das Feuer.

Oesterreichischerseits ist die Brigade Wimpffen gar nicht zum Gefecht ge= kommen, und das Korps bezieht erst am späten Abend Bivouak hinter der Elbe bei Neustadt und Neuschloß — etwa zwei Meilen vom Gefechtsfelde. Es ist von seiner Marsch= und Rückzugslinie vollständig abgedrängt worden.

Das preußische Korps bezieht Bivouaks auf dem gewonnenen Gefechts= felde bei Burkersdorf und Trautenau.

Es hat seine ihm gestellte Aufgabe vollständig gelöst: Kaile ist im Besitz des Korps, das Defilee von Trautenau für das 1. Armee=Korps geöffnet.

---

2. Die obere Führung.

In Betreff der oberen Führung auf österreichischer Seite sei uns gestattet, zunächst das zu citiren, was wir im 3. Hefte unserer Wanderungen über die Führung des österreichischen 10. Korps bei Trautenau gesagt haben. Es heißt daselbst:

„Oesterreichischerseits zeichnete die oberste Führung sich durch Kraft und Entschlossenheit aus."

„Wenn wir uns weder mit der Disposition für den Vormarsch noch auch überall mit der Art der Verwendung der allmälig heran= rückenden Brigaden von Seiten des österreichischen Korps=Kommandos einverstanden erklären konnten, so müssen wir den energischen Willen desselben anerkennen."

„Durch hinhaltendes Gefecht der Avantgarde, beschleunigte Heran= ziehung und sofortige Verwendung der rückwärtigen Brigaden sucht man die Fehler der Disposition in ihren nachtheiligen Wirkungen abzuschwächen, und wenn unsere Kritik die vereinzelte Verwendung der Brigaden nicht gutheißen konnte, so muß sie doch zugeben, daß in dem passiven Verhalten des Gegners bis zu einem gewissen Grade eine Rechtfertigung dieser Maßregel lag. — Auf dem Gefechtsfelde gilt der Charakter des Mannes noch mehr als sein Verstand!"

„Eine sehr gute Unterstützung fand das österreichische Korps= Kommando an seinen sämmtlichen Brigade=Kommandos, welche durch= gängig energisch und der allgemeinen Situation entsprechend auf= traten."

Unser Urtheil über die Führung des Korps am 28. Juni muß nach der gegebenen Schilderung über den Gang des Gefechtes anders lauten.

Mit der für den 28. gegebenen Disposition zum Vormarsch konnten wir uns ebensowenig, wie mit derjenigen für den 27. Juni einverstanden erklären, doch wäre es auch an diesem Tage möglich gewesen, die Fehler der= selben durch beschleunigte Heranziehung und sofortige offensive Verwendung der rückwärtigen Brigaden zu paralysiren. — Man wurde hierauf sogar durch den dem Korps gegebenen Auftrag bestimmt hingewiesen, und lagen die Ver= hältnisse am zweiten Tage günstiger wie am ersten.

Trotzdem geschah nichts. Man verharrte in einer vollständig passiven Defensive, ließ sich vom Gegner das Gesetz diktiren, wagte nicht einmal den Versuch, die selbst gewählte Position zu gewinnen, stand ohne äußeren Zwang von der Erreichung seines Zieles ab und ließ sich von seiner ursprüng= lichen Marschrichtung in ein sehr ungünstiges Terrain hinein abdrängen.

Wie sind diese Erscheinungen zu erklären?

Was hat die bekannte und am 27. Juni unverkennbar an den Tag getretene Energie und Entschlossenheit des österreichischen Korpsführers gelähmt?

Das offizielle Werk des österreichischen Generalstabes antwortet uns auf diese Fragen mit dem ominösen Mißverständniß „Ober = Praußnitz" und versucht den ganzen Mißerfolg des Tages auf die Nichtbesetzung von Praußnitz=Kaile zu schieben.

Wir glauben durch unsere Darstellung das Falsche einer derartigen An= nahme nachgewiesen zu haben, wenn wir auch nicht vollständig in Abrede stellen wollen, daß das Mißverständniß am frühen Morgen des 28. Juni beim öster= reichischen Korps=Kommando möglicherweise geherrscht haben mochte.

Wir müssen uns also nach anderen Erklärungsgründen umsehen.

Aus der Darstellung im Werke des österreichischen Generalstabes, speziell aus den verschiedenen Meldungen des Feldmarschall=Lieutenant Baron Gablenz an das Ober=Kommando, darf man wohl mit Recht den Schluß ziehen, daß der Feldmarschall=Lieutenant die Vorschiebung seines Korps bis Trautenau als eine äußerst gefährdete Operation betrachtete und seine Stellung daselbst in den Flanken wie im Rücken für stark bedroht erachtete.

Die Ereignisse des 27. Juni — obgleich glücklich für sein Korps — mochten ihm die allgemeine Situation unter kein günstigeres Licht stellen und ihm eine Aufstelluug bei Praußnitz=Kaile, während das Gros der Armee jen= seits der Elbe gegen die preußische I. Armee zog und auf dem diesseitigen Ufer nur noch ein einziges Korps bei Skalitz stand, sehr exponirt erscheinen lassen. — Vielleicht erachtete er überhaupt eine Stellung hinter der Elbe als die der Aufgabe des Korps am meisten entsprechende.

Dem Feldmarschall=Lieutenant war ferner bekannt, daß man am 27. Juni bei Nachod hart gekämpft, und daß es dem Feinde gelungen war, mit einem Armee=Korps daselbst aus dem Gebirgs=Defilee zu debouchiren.

Endlich mochte dem österreichischen Korps = Kommandeur die ihm vom preußischen 1. Armee=Korps drohende Gefahr größer erscheinen, als sie in Wirklichkeit war.

Drang nun, während er mit seinem Korps bei Praußnitz=Kaile mit dem Feinde im Gefechte stand, dort ein feindliches Korps über Trautenau gegen Arnau, hier ein anderes über Skalitz auf Königinhof vor: so mochte ihm aller= dings sein Rückzug gefährdet erscheinen, und konnte unter solchen Einflüssen der Gedanke eines Rückzuges hinter die Elbe leicht Wurzel fassen und die Energie und Entschlossenheit des Korps-Kommandanten lähmen.

Man kann zwar gegen eine derartige Anschauung einwenden: daß die Besorgniß vor einem erneuten Vorgehen des preußischen 1. Korps den Feld= marschall=Lieutenant gerade dahin treiben mußte, sich unter keinen Umständen gegen Trautenau und Pilnikau diesem Korps in die Arme werfen zu lassen, — und daß die Rücksicht auf das bei Skalitz stehende österreichische Korps ihn dahin trachten lassen mußte, sich die Straße dorthin behufs Erhaltung der Ver= bindung und eventueller Unterstützung offen zu halten. Dies war aber nur zu erreichen durch Besitznahme der vom Armee=Kommando dem Korps vor= geschriebenen Stellung, also unter den gegebenen Verhältnissen durch energischen Vorstoß gegen Staudenz! — Allein der Feldmarschall=Lieutenant hielt wahrscheinlich einen solchen Vorstoß im Hinblick auf den Zustand seines Korps für zu gefährlich. Und hier müssen wir von Neuem einen Punkt berühren, der gewiß nicht ohne Einfluß auf die Entschlüsse des Feld= marschall=Lieutenant Baron Gablenz gewesen ist: wir meinen die durch die Wirkung des preußischen Zündnadelgewehrs bedingten starken Verluste am 27. Juni. — Dieselben waren bedeutend genug gewesen, einzelne Truppentheile des Korps zu erschüttern.

Wir glauben nun zwar keineswegs mit dem Vorstehenden eine vollständige und absolut zutreffende Erklärung für das so verschiedenartige Auftreten des österreichischen Korps=Kommandos am 27. und 28. Juni gegeben, wohl aber das Richtige darin getroffen zu haben, daß der Grund für diese Verschieden= artigkeit nicht in den äußeren strategischen, numerischen und Terrain=Verhält= nissen, sondern in inneren psychologischen Momenten zu suchen ist. Hierfür spricht auch das persönliche Verhalten des Feldmarschall=Lieutenant Baron Gablenz, den wir gleich beim Beginn des Gefechtes mit der ihm eigenen Energie ein Mißverständniß in der Befehlsüberbringung redressiren sehen.

Die Führung der österreichischen Brigaden tritt am 28. Juni zwar auch nicht in gleich glänzender Weise wie am 27. Juni hervor, doch dürfte dies vorwiegend als eine Rückwirkung der oberen Führung anzu= sehen sein.

Die Art der Verwendung der Bataillone der Brigade Knebel war speziell durch das Korps=Kommando verfügt und dieselben auf einen Raum von fast 3000 Schritt auseinandergerissen und durch die dazwischen eingeschobene Korps= Geschütz=Reserve von einander getrennt worden.

Ein Uebersehen der Brigade war unmöglich. Von derselben standen vier Bataillone in dichten Waldungen, zwei Bataillone waren an die Artillerie gebunden und das siebente Bataillon befand sich noch im Anmarsch.

Unter solchen Verhältnissen konnte von einer Gesammtführung der Brigade, von einer Einwirkung des Brigade=Kommandeurs auf die einzelnen Bataillone keine Rede sein. Wir sind der Ansicht, daß, wenn wir während des Gefechtes bei dieser Brigade nichts von einer oberen Leitung bemerken, solches nicht der Person des tapferen Kommandeurs zur Last gelegt werden kann, der am Tage vorher unter Uebernahme einer schweren Verantwortlichkeit seine Bataillone so kühn und entschlossen vorgeführt hatte.

Der Oberst Mondel dokumentirte auch am 28. Juni seine Entschlossenheit, indem er selbstständig seine Brigade eine der befohlenen entgegengesetzte Front annehmen und gegen das Gefechtsfeld vorrücken ließ.

Ein weiteres Vorgehen dorthin und ein direktes Eingreifen in das Gefecht verboten die ihm durch die Disposition gestellte Aufgabe und der Rückzugs= Befehl des Korps=Kommandos, welcher auch die Brigade Wimpffen, ohne sie in das Gefecht zu bringen, in eine zurückgelegene Aufnahmestellung verwies.

Der Oberst Grivicic that persönlich Alles, was er unter den ungünstigen Verhältnissen, in welche das Korps=Kommando seine Brigade versetzt hatte, thun konnte, und darf ihm die Schuld an der Katastrophe, welcher die Brigade verfiel, nicht beigemessen werden.

Die obere Führung auf preußischer Seite charakterisirt sich nach Richtigstellung der ersten falschen Meldungen ebensowohl durch Entschlossenheit und Energie wie durch klare Auffassung der Situation.

Gleich beim Beginn des Gefechtes begiebt sich der kommandirende General mit seinem Stabe in die vorderste Linie und auf einen Punkt, von dem aus der größte Theil des Gefechtsfeldes und die Aufstellung des Feindes zu über= sehen sind.

Von hier aus ergehen die Befehle zum Vorstoß der Avantgarde in der dem Feinde gefährlichsten Richtung und werden die Abtheilungen, wie sie nach und nach aus dem Defilee sich entwickeln, sofort zur Unterstützung der schwachen Vortruppen vorgeworfen, — ohne durch reglementsmäßigen Aufmarsch der Regimenter und Brigaden eine kostbare Zeit zu verlieren.

Nachdem man indessen durch diese Maßregeln genügenden Raum ge= wonnen und im Terrain festen Fuß gefaßt hat, wird für die Division der Queue die gefechtsmäßige Entwickelung angeordnet, um sie eventuell im Ganzen den Umständen gemäß verwenden zu können; auch hierfür faßt man die Richtung ins Auge, welche als die dem Feinde gefährlichste richtig er= kannt war.

Während dieser Bewegung laufen indeſſen Nachrichten vom Erſcheinen des Feindes in der Flanke des Armee=Korps ein. Auf ſpezielle Anordnung des kommandirenden Generals wird ohne Zeitverluſt zur Deckung erſt ein Bataillon, dann bald ein zweites unmittelbar aus der Kolonne heraus nach der bedrohten Flanke vorgeworfen. — Da ſich dieſe beiden Bataillone aber als unzureichend erweiſen, der Kampf in der Flanke andauert, während der Feind in der Front weicht, und da auch die letzte Hoffnung auf das Eingreifen von Abtheilungen des 1. Armee=Korps aufgegeben werden muß, ſo begnügt man ſich nicht nur mit der Abſendung weiterer Verſtärkungen, ſondern dirigirt ſchnell entſchloſſen die ganze Diviſion der Queue nach der Flanke hin, um den feind= lichen Truppen daſelbſt eine vollſtändige Niederlage beizubringen.

So ſehen wir, wie das General=Kommando vom Beginn bis zur Beendigung des Gefechtes die Leitung des Korps feſt in der Hand behält und die einzelnen Theile deſſelben den Umſtänden entſprechend verwendet.

Anzuerkennen iſt fernerhin die Unterſtützung, welche daſſelbe in der Thätig= keit ſeiner Unterführer fand.

Den Kommandeur der Teten=Diviſion ſehen wir perſönlich erſt eine Stellung für ſeine Diviſion ausſuchen und dann die ſpeziellen Anordnungen zur Unter= ſtützung ſeiner Avantgarde treffen und ſich bis in die vorderſte Gefechtslinie begeben. Die ihm zunächſt unterſtehenden Brigade= und Regiments=Komman= deure ſind überall, wo es nöthig iſt, perſönlich anweſend und haben die Leitung ihrer Truppen in der Hand.

Die Diviſion der Queue gelangt nur mit wenigen Bataillonen zu einem ernſtlichen Kampfe, ſie wird aber von ihrem Kommandeur entſchloſſen und mit Geſchick aus einer Richtung in die andere geführt, wobei man ſich nicht ſcheut, die Bataillone, wie es gerade die Umſtände nothwendig machten, zu neuen Brigadeverbänden zuſammenzufügen. — Die gleichmäßige und vorzügliche Aus= bildung des Korps geſtattete eine ſolche, auf dem Gefechtsfelde an ſich immerhin bedenkliche Maßregel.

In Betreff der Verwendung und der Gefechtsweiſe der einzelnen Waffen= gattungen bietet uns das Gefecht von Neu=Rognitz keine neuen Erſcheinungen, ſo daß wir uns im Allgemeinen auf die entſprechenden Schlußbemerkungen in unſeren früheren Heften beziehen können.

Die preußiſche Infanterie bedient ſich ihrer reglementsmäßigen Formen, doch ſo, daß faſt ausſchließlich Kompagnie=Kolonnen und Halbbataillone zur Verwendung kommen; auch da, wo man anfänglich die Kolonne nach der Mitte mit ihren Schützenzügen zum Gefecht formirt hat, geht man bald in die Kom= pagnie=Kolonnen über, und ſehen wir Bataillons=Kolonnen nur in der Reſerve auftreten.

Im Speziellen wird das Auftreten der preußiſchen Infanterie durchgängig vom Geiſte einer kühnen und entſchloſſenen Offenſive getragen, in einzelnen

Fällen treibt dieser Geist zu fast tollkühnem Verfahren. — Unter dem Schutze starker Schützenlinien gehen die kleinen Kolonnen zum Angriff vor, in den wenigen defensiven Momenten wird der Vortheil des Hinterladers gut aus= gebeutet, ohne die Munition zu verschwenden. — Man findet ganze Kompagnien aufgelöst. — Die Kolonnen des zweiten Treffens rücken bald in die Linie des ersten Treffens ein. Das Streben nach Umfassung des Feindes und nach Wirkung gegen Flanke und Rücken desselben tritt bei Burkersdorf und den dortigen Waldparzellen wie bei Rudersdorf hervor.

Anerkennenswerth ist es, daß die Bataillone im Allgemeinen fest in der Hand der Führer bleiben. — Wir heben hier beispielsweise den Kampf der beiden Bataillone des Kaiser Franz=Regiments bei Burkersdorf, sowie des Füsilier=Bataillons des 2. Garde=Regiments zu Fuß und des III. Bataillons Garde=Füsilier=Regiments hervor; dieselben werden von ihren Kommandeuren genau so geführt, wie dies vor dem Kriege bei den Manövern und auf dem Exerzirplatze geschah. — Aber auch die anderen Bataillone bleiben in der Hand ihrer Führer, in so weit sie nicht durch Detachirungen zerrissen sind; so sehen wir die beiden ersten Bataillone des 2. Garde=Regiments z. F. und später ebenso die des 3. Garde=Regiments z. F. in festem Zusammenhang in das Gefecht eintreten.

Eine Durcheinanderwürfelung der Bataillone innerhalb der größeren Ver= bände tritt daher auch weniger als an den Tagen von Nachod, Skalitz und Trautenau hervor.

Es darf hierbei nicht außer Acht gelassen werden, daß das Nebeneinander= treten der Bataillone und Kompagnien verschiedener Regimenter an der West= lisiere der Waldparzelle 520 seine Ursache in der Ordre de bataille der Avantgarde hatte, die 4 Bataillone von vier verschiedenen Regimentern enthielt.

Erst beim Angriff auf die Waldparzelle 540 fand eine starke Durch= einanderwürfelung der Regimenter, Bataillone und Kompagnien statt und zwar als Folge des Durchgehens einer hinteren Kolonnen=Linie durch eine vordere, wobei sich letztere von der ersteren mit fortreißen ließ. — Im Texte wiesen wir darauf hin, wie dies hätte vermieden werden können.

Die österreichische Infanterie kam an diesem Gefechtstage in Folge der höheren Führung zum Theil unter sehr anormalen Verhältnissen, zum größten Theil aber gar nicht zum Kampfe, so daß wir aus ihrem Auftreten nicht wohl allgemeine Schlüsse ziehen dürfen.

Die in die Waldparzellen bei Burkersdorf vorgeschobenen Abtheilungen werden von so überlegenen Kräften angegriffen, daß sie schleunigst weichen müssen; die Bataillone in den Waldungen südöstlich Neu=Rognitz tappen der= artig ·im Finstern herum, daß sie an einen ernstlichen Widerstand gar nicht denken; die Brigade Mondel wird nur von drei vereinzelten Kompagnien angegriffen, so daß uns ihre verhältnißmäßig großen Verluste in Erstaunen setzen, und als endlich um Burkersdorf der Kampf entbrennt, ist vom Korps= Kommando bereits der Befehl zum Rückzug gegeben.

So sehen wir die österreichische Infanterie nur bei Rudersdorf einen wirk= lich ernstlichen und hartnäckigen Kampf bestehen, dort aber unter so ungünstigen Verhältnissen, daß die daselbst kämpfende Brigade einer Katastrophe verfällt. Wir bemerkten bereits, wie diese Katastrophe durch größere taktische Gewandtheit der Truppen und der Führer in ihren verhängnißvollen Folgen vielleicht etwas hätte abgeschwächt werden können. — Im Uebrigen würde uns unter den angedeuteten Verhältnissen der Tag von Burkersdorf selbst dann keine Ausbeute für Charakterisirung der Fechtweise der österreichischen Infanterie geben, wenn uns über das Detail des Gefechtes auf österreichischer Seite reichere Quellen zu Gebote ständen, als dies bis jetzt der Fall ist.

Die Thätigkeit der Kavallerie ist auf beiden Seiten eine wenig hervor= tretende.

Beim preußischen Korps rekognosziren die Husaren allerdings den Gegner, auch werden dieselben während des Gefechtes zur Aufklärung in der Flanke verwendet, doch greifen sie nicht unmittelbar in das Gefecht ein und treten erst nach Beendigung desselben bei den Vorposten wieder auf.

Die Dragoner des österreichischen Korps werden von ihrem energischen Kommandeur gleich beim Beginn des Gefechtes dem Kampffelde zugeführt, bleiben hier aber in einer weit zurückgelegenen Stellung während der Ent= wickelung und Entscheidung des Gefechtes unthätig stehen, um erst bei Deckung des Rückzuges eine an sich auch nicht hervorragende Verwendung zu finden.

Die österreichischen Ulanen werden im Werke des österreichischen General= stabes gar nicht erwähnt, doch scheinen sie nach preußischen Berichten in dem Terrain zwischen Neu=Rognitz und Altenbuch, aber auch nur in untergeordneter Weise aufgetreten zu sein.

Eine so geringe Gefechtsthätigkeit der Divisions=Kavallerie seitens Regimenter, die zu den besten der beiden Armeen zählen dürfen und unter energischen tüchtigen Führern standen, muß unter den keineswegs besonders ungünstigen Terrainverhältnissen bedenkliche Zweifel erwecken an die Möglichkeit wirksamen Eingreifens der Divisions=Kavallerie in das Infanterie=Gefecht unter heutigen Verhältnissen.

Das Auftreten der Artillerie verdient auf beiden Seiten volle An= erkennung.

Die österreichische Artillerie entwickelt sich schnell in imponirender Ueber= legenheit, und kann die Waffe nicht wohl dafür verantwortlich gemacht werden, daß sie auf einem ungenügend erscheinenden Raume zurückgehalten wird, anstatt in einer weiter vorgeschobenen, günstigen Position die Entwickelung des Korps zu sichern und den Feind in wirksamer Weise am Debouchiren zu verhindern.

Der Zusammenhang der Brigade=Batterien mit ihren Brigaden wird auch an diesem Tage wenig beachtet.

Eine dieser Batterien tritt in engster Verbindung mit der Korps=Geschütz= Reserve auf, eine zweite wird zur Unterstützung einer fremden Brigade, welche nur mit wenigen feindlichen Kompagnien kämpft, verwendet und eine dritte endlich irrt auf dem Gefechtsfelde umher, ohne ihre Brigade zu erreichen.

Das Auftreten der wenigen preußischen Batterien ist durchaus lobenswerth. Dieselben harren beim Beginn des Gefechtes einer vierfachen Ueberlegenheit · gegenüber standhaft aus, begleiten trotz derselben die vorschreitende Infanterie in ihrem Angriff, und eine Batterie ist auch noch rechtzeitig zur Verfolgung des Feindes zur Stelle.

Die Pioniere scheinen preußischerseits zum Herstellen vom Kommuni= kationen durch Staudenz, sowie zum Löschen des Brandes daselbst Verwendung gefunden zu haben und wurden im späteren Gefechtsmoment nach Burkersdorf herangezogen.

136

IX.

Anhang.

Rückblicke auf die in den Wanderungen behandelten Gefechte.

Zum Abschluß unserer Wanderungen wollen wir in einem Rückblick noch einmal die hauptsächlichsten Erscheinungen hervorheben, welche uns auf den verschiedenen Gefechtsfeldern entgegentraten.

Es kann und soll damit weder etwas Neues und Originelles, noch etwas nach irgend einer Beziehung Vollständiges gegeben werden.

Wir erinnern hier an das, was im Vorwort zur ersten Auflage des ersten Heftes ausgesprochen wurde. Danach erachteten wir es „für nützlich und dankbar, bekannte Lehren, gegen die aber immer und immer wieder Verstöße begangen werden, auch immer wieder von Neuem in das Gedächtniß zurück= zurufen, zu beleuchten, ihre Wahrheit an den Ereignissen zu prüfen, nach= zuweisen und dadurch zur festeren Ueberzeugung zu bringen."

Es liegt eben eine tiefe Kluft zwischen dem Wissen und Können.

Sehen wir ab von denjenigen Mängeln und Fehlern, die in der Erziehung und Ausbildung oder in dem nationalen Geiste und in den Gepflogenheiten einer Armee wurzeln, für welche mithin der Einzelne nicht verantwortlich gemacht werden kann: so bleibt deren immer noch eine ganze Anzahl übrig, für welche die Kritik den betreffenden Führern die Verantwortung zuschieben wird.

Sollten nun diese Führer und deren Berather jene einfachen Regeln und Sätze nicht gekannt haben, gegen welche sie mit ihren Anordnungen oder Unter= lassungen verstießen?

Ganz gewiß haben sie dieselben gekannt!

Es sind aber Hunderte von Erwägungen und Einflüssen, welche bei kriegerischen Handlungen den Entschluß eines Führers bedingen, ihm hier und dort ein Abweichen von bekannten Regeln und Grundsätzen räthlich oder noth= wendig erscheinen lassen, ihm das verschleiern und verdunkeln, was der nach= hinkenden Kritik so einfach und klar dünkt!

Eben deshalb dürfte es gerechtfertigt sein, hier zum Schluß noch einmal die aus unseren Gefechtsdarstellungen abzuleitenden Sätze und Lehren zusammenzufassen und deren Bedeutung und Richtigkeit durch einen kurzen Hinweis auf die Ereignisse mit ihren Folgen und Wirkungen hervorzuheben und nachzuweisen.

A. Märsche. Marschordnung. Marschbefehl. Marschsicherung und Aufklärung.

Die Rücksicht auf eine schnelle Entwickelung zum Gefecht bedingt eine möglichste Verkürzung der Tiefe der marschirenden Kolonne, wodurch gleichzeitig eine größere Schonung der Kräfte erreicht wird.

Breite Front, strenge Marsch=Disziplin, Beschränkung und Zurückhaltung der Trains tragen zur Verkürzung der Tiefe bei, bilden aber nur untergeordnete Faktoren gegenüber der Vermehrung der Marschstraßen. — Größere Heeres=Abtheilungen — und zu ihnen ist ein Armee=Korps zu zählen — werden daher, wenn irgend angängig, in mehreren Kolonnen marschiren.

Dieselben müssen sich gegenseitig, wenn eine der Kolonnen vom Feinde angegriffen wird, noch rechtzeitig unterstützen können.

Einerseits giebt die von der Stärke und Zusammensetzung einer Kolonne abhängige Widerstandskraft gegen einen feindlichen Angriff das Maß für die erlaubte größte Entfernung der Neben=Kolonne, und zwar ist diese Entfernung nicht bloß nach dem absoluten Maße, sondern auch nach der Beschaffenheit des Zwischen=Terrains und der dadurch begünstigten oder erschwerten Bewegungsfähigkeit der zur eventuellen Unterstützung herbeieilenden Truppen der Neben=Kolonne zu bemessen.

Andererseits ist die Zahl der Kolonnen und also auch deren Stärke abhängig von der Zahl und der Entfernung der vorhandenen, benutzbaren Straßen untereinander.

Insofern überhaupt nur die Möglichkeit vorliegt, daß eine Kolonne unmittelbar auf den Feind stoßen kann, muß dieselbe auch die nöthige Kraft besitzen, einem feindlichen Angriff so lange Widerstand zu leisten, bis entweder Unterstützung von den Neben=Kolonnen gekommen oder für deren Ausweichen Zeit gewonnen ist. — Die einzelnen Kolonnen müssen daher grundsätzlich aus allen Waffen zusammengesetzt sein.

In gebirgigem Terrain mit wenigen Quer=Kommunikationen wird es oft nicht zu vermeiden sein, ein Armee=Korps auf einer Straße marschiren zu lassen.

Am 27. Juni marschirten preußischerseits das 1. Korps und das Garde=Korps divisionsweise jedes auf zwei Straßen, doch so, daß eine Straße zum Theil von beiden Korps gemeinsam benutzt werden mußte. Das Garde=Korps hatte große Umwege unter Benutzung von zum Theil schlechten Wegen zu machen, dafür war man zur schnellen Unterstützung der Neben=Kolonne bereit, und hätte das 1. Armee=Korps nicht die Hülfe der 1. Garde=Infanterie=Division abgelehnt, so würde die Zweckmäßigkeit dieser Marschordnung thatsächlich zur Geltung gekommen sein.

Das gebirgige Terrain und die Aupa zwangen beide Korps, sich bei Trautenau resp. am 28. Juni bei Eipel wieder in eine Kolonne zusammen= zufalten, und auch das 5. Armee=Korps hatte nur die eine Straße Reinerz— Nachod zur Verfügung.

Die drei preußischen Korps mußten sich daher am 27. Juni, resp. bei Soor am 28. Juni aus einer schmalen, tiefen Marsch=Kolonne unter sehr ungünstigen Terrain=Verhältnissen einem gleich starken oder überlegenen Feinde gegenüber zum Gefecht entwickeln.

Diesem Umstande ist zunächst der österreichische Sieg bei Trautenau zu= zuschreiben, und wir konnten es nur den Fehlern der österreichischen Führung zuschreiben, wenn sie nicht unter ähnlichen Verhältnissen bei Nachod und Soor einen Sieg errang.

Preußischerseits war unter den gegebenen allgemeinen, strategischen und Terrain=Verhältnissen das Zusammenhalten resp. Zusammenfalten der Armee= Korps in je eine Kolonne nicht zu vermeiden.

Das österreichische 6. Korps marschirte am 27. Juni sehr zweckmäßig in 4 Kolonnen, doch mußte man den hierdurch gegebenen Vortheil schneller Gefechts= bereitschaft der tiefen feindlichen Kolonne gegenüber nicht auszunutzen.

Daß an demselben Tage das österreichische 10. Korps statt zwei Straßen, die zur Verfügung standen, nur eine benutzte, war ein entschiedener Fehler, der sich bei einem energischeren Auftreten des Gegners sicher bestraft haben würde.

Die Formirung einer Avantgarde auf dem Marsche ist mit Rücksicht auf die Schonung der Kräfte und die Sicherheit der Kolonne unbedingt nothwendig, dagegen erscheint die Absonderung einer Reserve unnöthig und unter Umständen sogar schädlich und gefährlich.

Auf dem Marsche selbst hat die Reserve keinen Zweck; — sich eine solche für das Gefecht zu bilden, ist Sache der Führung, welche die Truppen nach und nach zur Entwickelung und Verwendung bringt, und hat keine Schwierig= keiten.

Eine auf dem Marsche abgesonderte und zurückgehaltene Reserve verlängert die Kolonne, verzögert die Unterstützung der vorderen Truppen und würde überdies den speziellen Gefechtsverhältnissen doch nur ausnahmsweise genügen. Die Entscheidung eines Gefechtes wird durch die Reserven gegeben, welche daher möglichst bald zur Verwendung bereit sein müssen, und kann hier eine gewonnene oder verlorene Viertelstunde Sieg oder Niederlage bedeuten.

Auf preußischer Seite finden wir im Kriege 1866 die Absonderung von Reserven auch auf dem Marsche ganz allgemein, am 28. Juni beim Garde= Korps sogar innerhalb der — von Eipel ab auf derselben Straße marschirenden —

Divisionen. — Beim 5. Armee-Korps sehen wir zum Theil in Folge dessen die Reserve-Infanterie — das Königs-Grenadier-Regiment — erst 5½ Stunden nach dem Beginn des Kampfes auf dem Gefechtsfelde erscheinen. — Bei einem energischeren Auftreten des Gegners hätte sie leicht „zu spät" kommen können.

Stärke und Zusammensetzung der Avantgarde werden durch so viele Faktoren — Terrain, Größe der Kolonnen, Zweck des Marsches, Tages-zeit u. s. w. — beeinflußt, daß sich ein allgemeiner Grundsatz dafür kaum auf-stellen läßt. — Jedenfalls bedarf sie zum Aufklärungsdienst einer verhältniß-mäßig starken Kavallerie und zwar auch im gebirgigen Terrain. Ferner muß die Avantgarde überall, wo sie einen langen Widerstand zu leisten hat, — beispielsweise wo das Terrain den Aufmarsch der Kolonne erschwert, wo die Avantgarde vielleicht aus besonderen Rücksichten weit vorgeschoben ist — mit einer starken Artillerie dotirt sein. — Pionier- und Sanitäts-Detachement gehören, wo vorhanden, nothwendig zur Avantgarde.

Bei Flankenmärschen gilt das Gesagte für diejenige Kolonne, welche auf der bedrohten Seite marschirt und also für den Fall eines von dort kommenden Angriffs die Rolle einer Avantgarde zu übernehmen hat.

Am 27. Juni erscheint die Avantgarde des preußischen 1. Armee-Korps zweckmäßiger zusammengesetzt als die des 5. Armee-Korps. Dort befinden sich 2 Kavallerie-Regimenter und 3 Batterien, hier nur 1 Kavallerie-Regiment und 2 Batterien. Das weite Vorschieben der preußischen Vorhut am Tage von Nachod hätte eine stärkere Dotirung derselben mit Artillerie nothwendig gemacht.

Beim österreichischen 10. Korps hatte man am 27. Juni die weit voraus-geschobene Avantgarden-Brigade Mondel entschieden zu schwach an Artillerie gemacht, bei stärkerer Zutheilung dieser Waffe hätte sie vielleicht die Entwickelung der preußischen Avantgarde nach der Flanke verhindert. Am 28. Juni führte der vollständige Mangel an Kavallerie und Artillerie bei der zur künftigen Avantgarde bestimmten Brigade Grivicic diese zu einer verhängnißvollen Kata-strophe. — Beim österreichischen 6. Korps war ebenfalls am 27. Juni die zur künftigen Avantgarde bestimmte rechte Flügel-Kolonne — Brigade Hertwek — zu schwach mit Artillerie und Kavallerie dotirt worden. Der Mangel an letzterer gestattete keine ausreichende Aufklärung der Situation.

Die Marschordnung muß der Gefechtsführung das für die feste Leitung der Truppen so wichtige Festhalten der ordre de bataille nach Möglich-keit erleichtern, und sind daher die Truppentheile der Letzteren entsprechend in die Marsch-Kolonne einzureihen.

Nach diesem Grundsatze müssen die an der Tete des Gros marschirenden Abtheilungen — Kompagnien, Bataillone, Regimenter, Eskadrons, Batterien — demselben höheren taktischen Verbande — Bataillon, Regiment, Brigade, Kavallerie-Regiment, Artillerie-Abtheilung — angehören, wie die entsprechenden Abtheilungen der Avantgarde. — Bedarf letztere alsdann einer Unterstützung, so erhält sie dieselbe von Truppen desselben höheren taktischen Verbandes — Regiment, Brigade — und dessen Kommandeur übernimmt die Leitung des

Ganzen, während dem höheren Kommandeur — der Brigade, Division — geschlossene Truppenkörper resp. Truppenverbände zur weiteren Verfügung bleiben, aus welcher er sich die erforderlichen Reserven zurückhalten kann.

Werden Detachirungen aus dem Gros nothwendig, oder muß beim Einschlagen einer anderen Marschrichtung aus demselben eine neue Avantgarde gebildet werden, so kann dies bei Festhaltung des obigen Grundsatzes geschehen, ohne noch einen anderen taktischen Verband zu zerreißen, als solches schon durch Formirung der Avantgarde geschehen ist.

Obigem Grundsatze entsprach die Zusammensetzung der Avantgarde der 1. Garde-Infanterie-Division am 28. Juni aus 4 Füsilier-Bataillonen nicht, und lag hierin der Keim einer unnöthigen Zerreißung der taktischen Verbände. Gleiches gilt von der Bildung der Reserve der 2. Garde-Infanterie-Division aus den Grenadier-Bataillonen zweier verschiedener Regimenter.

Ferner widersprach diesem Grundsatze der bis zum Jahre 1866 in der preußischen Armee allgemeine Usus, die Infanterie der Avantgarde und Reserve aus demselben taktischen Verbande — Regiment, Brigade, Division — zu entnehmen, und im Gros der Marsch-Kolonne den anderen taktischen Truppenkörper — Regiment, Brigade, Division — des nächst höheren Verbandes — Brigade, Division, Korps — zusammenzuhalten.

Sowohl beim 1. wie beim 5. preußischen Armee-Korps hatte man am 27. Juni Avantgarde und Reserve aus derselben Division entnommen und im Gros die andere Division zusammenbehalten.

Die österreichischen Korps bildeten ihre Avantgarde grundsätzlich aus einer Brigade, und da sie keinen Divisionsverband hatten, fand eine Zerreißung der Ordre de bataille nicht statt.

Die Einfügung der verschiedenen Waffengattungen in die Marsch-Kolonne wird davon abhängig sein, daß man die Truppen, welche wahrscheinlicherweise zuerst in das Gefecht kommen werden, schnell zur Hand hat; also beispielsweise im offenen, freien Terrain die Kavallerie, unterstützt durch reitende Artillerie, beim Vormarsch durch Defileen eine starke Artillerie u. s. w.

Es lassen sich indessen noch einige weitere allgemeine Grundsätze für diese Einfügung aufstellen.

Die Kavallerie einer Division wird sich, da sie fast ausschließlich Aufklärungszwecke hat, grundsätzlich in der Avantgarde befinden und dort, wo es die Terrainverhältnisse irgend zu lassen, an der Tete marschiren: was hier nicht verwendbar sein sollte, folgt an der Queue der Avantgarde und des Gros.

Befindet sich bei einem Armee-Korps noch eine besondere Kavallerie-Reserve, so wird man sie am besten, je nachdem die allgemeinen Verhältnisse und das Terrain eine Verwendung während der Einleitung des Gefechtes wahrscheinlich erscheinen lassen oder nicht, an der Queue der Avantgarde resp. an der Tete des Gros oder an der Queue der ganzen Kolonne marschiren lassen. — In ihrer Eigenschaft als Schlachten-Kavallerie wird sie meist erst in der letzten Periode des Kampfes zur Verwendung kommen.

Der General v. Steinmetz hatte am 26. Juni das ganze Regiment Divisions=
Kavallerie in die Avantgarde und 2 Eskadrons davon in die Vorhut, die
Kavallerie=Brigade Wnuck aber an die Tete des Gros genommen. In Folge
dessen war letztere zur Unterstützung der Avantgarde sehr schnell zur Stelle und
überhaupt die ganze verfügbare preußische Kavallerie schon während der Periode
der Einleitung des Gefechtes bereit, der bedeutend überlegenen feindlichen
Kavallerie, welche bei zweckmäßigerer Verwendung das Debouchiren der Avant=
garde sehr erschweren konnte, entgegen zu treten.

Am 28. Juni marschirte die Brigade Wnuck wiederum sehr zweckmäßig nicht
an der Queue des Armee=Korps, sondern mit der linken Flügel=Kolonne, da
die linke Flanke des Korps bedroht war. Sie kam hier nur nicht zur Ver=
wendung, weil der Gegner seine Kavallerie nicht zur Stelle hatte.

Ebenso hatte der General v. Bonin am 27. Juni seine Avantgarde in
zweckmäßiger Weise sehr stark mit Kavallerie dotirt und dieselbe auch ebenso
zweckmäßig mit 3½ Eskadrons bei der Vorhut und dem rechten Seiten=
Detachement und mit 5 Eskadrons bei dem Gros der Avantgarde in die
Marsch=Kolonne eingefügt. Die Reserve=Kavallerie folgte zunächst an der Queue
der linken Flügel=Kolonne, später sollte sie an der Queue des Korps vor der
Reserve=Artillerie marschiren. — Wenn diese Reserve=Kavallerie thatsächlich zu
spät in das Gefecht eingriff, so war dies nicht eine Folge ihrer Einreihung
in die Marsch=Kolonne, da sie lange vor dem betreffenden Moment zur Ver=
wendung bereit stand.

Bei der preußischen 1. Garde=Infanterie=Division mußte am 28. Juni die
Avantgarde stärker als mit 1 Eskadron dotirt sein, und die Vertheilung der
drei anderen Eskadrons des Regiments beim Gros und bei der Reserve war
nicht zweckmäßig. Trotzdem der Gegner seine Kavallerie, die das Debouchiren
der vordersten Truppen sehr erschweren konnte, nicht zur Stelle hatte, fühlte
man sich bald veranlaßt, die Eskadrons aus der Kolonne hervor zu ziehen:
das ist aber beschwerlich, zeitraubend und schließt die Gefahr des „Zuspät=
kommens" in sich.

Die österreichischen Korps hatten nach der Ordre de bataille nur je 5 Es=
kadrons, doch fand das 10. Korps am 27. und 28. Juni Unterstützung an dem
Regiment Windischgrätz=Dragoner und das 6. Korps und 8. Korps an der
1. Reserve=Kavallerie=Division. Diese Kavallerie=Abtheilungen marschirten am
17. Juni nicht mit den Korps, man fand dieselben vielmehr bereits auf dem
Gefechtsfelde vor. — Am 28. Juni hätte man beim 10. Korps seine Kavallerie,
ähnlich wie beim preußischen 5. Korps am 29. Juni, ganz oder wenigstens zum
größten Theil mit der linken Flügel=Brigade (Grivicic) marschiren lassen sollen,
weil es galt, die bedrohte linke Flanke zu decken. Ebenso fehlte es beim
6. Korps am 27. Juni an Kavallerie bei der rechten Flügel=Brigade, welche
sich dem Feinde zunächst befand.

Die Artillerie ist sowohl in der Avantgarde wie im Gros — und
zwar die Batterien sich unmittelbar aneinander schließend — möglichst an die
Tete zu disponiren, um so früh und so stark wie angängig in das Gefecht ein=
greifen zu können. — Sie folgt daher grundsätzlich dem Teten=Bataillon. —
Es gilt dies auch für Märsche durch Defileen. Die Entwickelung aus den=

selben wird angesichts des Feindes nur unter dem Schutze einer starken Artillerie ausführbar sein.

Da die Korps=Artillerie nicht im Sinne einer erst im letzten Moment ein= zusetzenden Reserve verwendet werden, sondern den Hauptangriff vorbereiten soll: so gehört sie zum Gros des Armee=Korps und darf grundsätzlich nicht an der Queue desselben folgen. — Geschieht dies, so wird sie meist zu spät in das Gefecht eingreifen und die Divisions=Artillerie einem ungleichen Kampfe mit der überlegenen Artillerie des Feindes aussetzen.

Die Korps=Artillerie marschirt daher an der Queue der vordersten Division oder auch schon der vordersten Brigade.

Gegen diese Grundsätze verstießen die preußischen Korps an den ersten Gefechtstagen im Kriege 1866 fast ganz allgemein.

Am 27. Juni sehen wir die Korps=Artillerie — damals in nicht zweckmäßiger Weise noch Reserve=Artillerie genannt — beim 1. wie beim 5. Armee=Korps an der Queue der Kolonne marschiren: — und dort gar nicht, hier unter großen Verlusten und sehr spät aufmarschiren und in das Gefecht eingreifen. Beim 1. Armee=Korps marschirte sie sogar hinter der Reserve=Kavallerie.

Am 28. Juni ist die Reserve=Artillerie des Garde=Korps einen Tagemarsch zurück und die des 5. Armee = Korps wieder an der Queue desselben, von wo sie erst sehr spät in das Gefecht gebracht wird.

Die einzelnen Batterien der Divisions=Artillerie finden wir häufig getrennt zwischen die Bataillone in die Marschkolonne eingefügt und daher nicht immer rechtzeitig zur Stelle.

Eine ganz unnöthige Zerreißung wurde durch die usuelle Verwendung einer Division zur Avantgarde und zur Reserve des Armee=Korps herbeigeführt.

Am 27. Juni marschirten beim 1. Armee=Korps 3 Batterien bei der Avant= garde, 1 bei der Reserve = Infanterie; beim 5. Armee=Korps nur 2 Batterien bei der Avantgarde und 2 bei der Reserve=Infanterie, wo sie jedenfalls unnöthig erscheinen. Die Artillerie der das Gros bildenden Division ist zuweilen an die Queue derselben verwiesen, oder wie beispielsweise am 27. Juni beim 5. Armee= Korps zwischen der Infanterie eingeschachtelt. Es marschirten hier 1 Batterie hinter dem Teten=Bataillon, eine zweite hinter der Teten=Brigade und die beiden anderen vor dem Queue=Bataillon der Division.

Am 28. Juni finden wir beim Garde = Korps innerhalb der Division die Artillerie bei Avantgarde, Gros und Reserve vertheilt, und zwar in der Avant= garde je eine Batterie und von den 3 übrigen Batterien bei der 1. Garde= Infanterie = Division 1 im Gros und 2 in der Reserve, bei der 2. Garde= Infanterie=Division umgekehrt.

Die Klage der preußischen Infanterie über nicht ausreichende Unterstützung seitens der Artillerie im Kriege 1866 findet daher theilweise ihre Erklärung in deren unzweckmäßiger Einreihung in die Marschkolonne. Die Batterien sind in Folge dessen nicht rechtzeitig zur Stelle; das Bedürfniß zwingt, sie gleich bei der Einleitung des Gefechts aus der Kolonne von weit rückwärts hervor zu holen, was in den engen Defileen Schwierigkeiten hat und Unbequemlich= keiten für die anderen Waffen sowie Stockungen verursacht; auch kommen die Batterien sehr vereinzelt heran und erleiden beim Auffahren große Verluste.

Bei den österreichischen Korps marschirte bei jeder Brigade die zugehörige Batterie. Die Korps-Geschütz-Reserve wurde auch zuweilen an der Queue des Korps zurückgehalten.

Bei Trautenau kamen in Folge dessen 3 Batterien derselben gar nicht in Thätigkeit, und an demselben Tage griff die Korps-Geschütz-Reserve des 6. Korps, welche bei der vom Feinde am entferntesten marschirenden Kolonne eingetheilt war, verhältnißmäßig sehr spät in das Gefecht ein.

Eine besondere Beachtung erfordert die Einfügung der Trains in die Marsch-Kolonne. — Dieselbe wird beeinflußt durch Rücksichten auf die schnelle Entwickelungsfähigkeit der Truppen einerseits und auf deren Bequem=lichkeit andererseits; in der Nähe des Feindes muß die letztere Rücksicht zurücktreten.

Den Truppentheilen — Bataillonen, Kavallerie-Regimentern, Batterien — unmittelbar folgen nur die Handpferde, und wird man bei der Infanterie auch die Munitionswagen hier eintheilen müssen.

Bei der Artillerie besitzt jede Batterie eine Anzahl Munitionswagen als einen integrirenden Theil, der durch das Reglement in ein bestimmtes Ver=hältniß zu den Geschützen gesetzt wird und auf dem Marsche diesen folgt. — Zur Verkürzung des fechtenden Theils einer Marsch-Kolonne schließt sich indessen eine Anzahl dieser Wagen der Queue derselben an.

Die übrigen Truppenfahrzeuge folgen gesammelt mit den Trains der höheren Behörden, der Administrationen und der Munitions= resp. Ponton=Kolonnen, theils möglichst nahe der Queue der Marsch-Kolonne, theils weiter rückwärts auf einen kleinen Tagemarsch entfernt, in sich derartig formirt, daß die zunächst benöthigten Theile an der Tete marschiren.

Die taktischen und die Terrainverhältnisse bedingen die Entfernungen der Trains von der Marsch-Kolonne. So wünschenswerth es erscheint, den Truppen wenigstens diejenigen Trains, welche sie im Bivouak und nach einem Gefechte nothwendig haben — die große Bagage, einige Proviant= und Munitions=Kolonnen, sowie Lazareth= und Fuhrpark-Kolonnen — folgen zu lassen, müssen sie doch überall da weiter zurückgelassen werden, wo sie den Bewegungen der Truppen hinderlich werden können, wie beispielsweise in langen Defileen.

Die Sicherung der Trains ist hiernach schon durch ihre Stelle in der Marsch-Kolonne gegeben und daher im Allgemeinen nicht nöthig, zu diesem Zwecke geschlossene Truppentheile zu kommandiren, welche alsdann für das Gefecht verloren gehen.

Zur Aufrechterhaltung der Ordnung genügt ein kleines, von Zeit zu Zeit abzulösendes Kavallerie-Detachement: bei einer Infanterie-Division etwa $\frac{1}{2}$ bis höchstens 1 Zug stark; — außerdem sind zu diesem Zweck die von der Infanterie zu den Wagen kommandirten Mannschaften (Marode) bestimmt, welche auf ein Minimum beschränkt werden müssen.

Bei Rückmärschen sind die Trains zeitig voraus zu senden, damit sie den Marsch der Kolonne nicht verzögern oder dem Feinde in die Hände fallen. Es ist mit größter Energie darauf zu halten, daß in einem solchen Falle die Trains schnell vorwärts kommen, und wird ihnen dann zuweilen ein geschlossener Truppentheil zur Bedeckung mitgegeben werden müssen, wenn ihre Sicherung nicht durch die allgemeine Disposition für das Korps oder die Division zu erreichen ist.

Bei dem preußischen 1. und 5. Armee-Korps finden wir je ½ Bataillon zur Bedeckung der Bagage kommandirt, beim Garde-Korps sogar 5 Kompagnien — darunter 2 vom Garde-Jäger-Bataillon — und zwar 4 Kompagnien bei der 1. und 1 Kompagnie bei der 2. Garde-Infanterie-Division. Aus der Relation des Gefechts geht aber hervor, daß das 3. Garde-Regiment Königin Elisabeth außerdem noch eine Kompagnie zur Bedeckung der Munitionswagen abgegeben hatte. Es wurden hier also 1½ Bataillone dem Gefecht entzogen.

Die österreichischen Korps verwandten zu dem beregten Zwecke keine ge- schlossenen Truppentheile, sondern die ihnen zugetheilten Stabstruppen.

Beim 10. Korps hatte man am 27. Juni den Train des Korps-Quartiers unzweckmäßigerweise mitten zwischen die fechtenden Truppen und zwar hinter den der Teten-Brigade des Gros folgenden zwei Batterien der Korps-Geschütz- Reserve eingefügt. — Am 28. Juni aber hatte man nicht mit der erforderlichen Energie die zeitige Rücksendung der Trains durchgesetzt; dieselben störten die Bewegung der Truppen und fielen zum Theil in die Hände des Feindes. — Durch zweckentsprechendere allgemeine Dispositionen für das Korps hätte man die Marschstraße und die sich auf derselben bewegenden Trains sicher stellen müssen.

Die Zutheilung einer Partikularbedeckung zu den einzelnen Batterien oder zur Korps-Artillerie (Korps-Geschütz-Reserve) erscheint auf dem Marsche unnöthig. Die Sicherheit der Artillerie ist schon durch ihre Einfügung in die Marsch-Kolonne zu erreichen. Rückt die Artillerie aus der Kolonne schnell in die Gefechtslinie ein, so wird ihr die Infanterie meist nicht folgen können, und gehen die betreffenden Kompagnien und Bataillone leicht für das Gefecht verloren.

Preußischerseits finden wir beim Garde-Korps schon durch die Ordre de bataille für den 28. Juni einzelnen Batterien Kompagnien als permanente Partikularbedeckung zugetheilt. Von diesen sehen wir aber beispielsweise sich die 4. Kompagnie Garde-Füsilier-Regiments alsbald von ihrer Batterie — 1 6pfdge Braun — loslösen. Der Reserve-Artillerie ist sowohl beim 1. wie beim Garde-Korps je 1 Ba- taillon zur Bedeckung zugetheilt, und kommen diese Bataillone weder bei jenem noch bei diesem Korps in das Gefecht.

Dem Befehle für einen in der Nähe des Feindes auszu- führenden Marsch muß die Möglichkeit eines sich in jedem Moment ent- spinnenden Kampfes zu Grunde gelegt werden.

Die Gefechte, Treffen und selbst die großen Entscheidungsschlachten der neueren Kriege tragen meist den Charakter von Renkontres: man geht unmittel- bar aus dem Marsch in das Gefecht über. — Die für den Marsch gegebenen

Befehle influiren wesentlich auf den Gang desselben. Eine eigentliche Gefechts=
disposition wird häufig nicht erlassen, und die Gefechtsführung tritt, sobald man
auf den Feind stößt, in ihr Recht.

Die Gefechte bei Trautenau, Soor und Nachod charakterisiren sich entschieden
als große Renkontres, wogegen Skalitz und Schweinschädel als Fortsetzungen
eines begonnenen Gefechtes erscheinen. Für die zuerst genannten 3 Tage haben
wir daher auf beiden Seiten nur Marschbefehle und keine eigentlichen Gefechts=
Dispositionen. Bei Skalitz und Schweinschädel werden solche von den in der
Defensive befindlichen österreichischen Korps erlassen, am ersten Tage auch beim
preußischen 5. Korps, das sich zum Gefecht entwickelt befand, während es bei
Schweinschädel wieder aus der Marsch=Kolonne heraus aufmarschiren mußte.

In Betreff der durch den Marschbefehl bestimmten Zahl sowie der Stärke
und Zusammensetzung der einzelnen Kolonnen und der Avantgarde ist bereits
oben das Wichtigste hervorgehoben worden.

Sehr zu beachten ist ferner die richtige Bestimmung der Abmarsch=
zeiten für die einzelnen Kolonnen oder die einzelnen Theile einer größeren
Kolonne. — Es ist hierbei darauf zu achten, daß einerseits die Truppen nicht
unnöthig aufeinander warten oder gar während des schon begonnenen Marsches
halten müssen, daß sich also beispielsweise die Kolonnen nicht kreuzen und daß
andererseits die Abstände zwischen den einzelnen Theilen einer Kolonne nicht
zu groß werden und dadurch die rechtzeitige Unterstützung der vorderen, mit
dem Feinde zusammengestoßenen Abtheilungen in Frage stellen.

Schon das im Kriege überall festzuhaltende Prinzip der Einfachheit erfordert
es, wenn nicht besondere Gründe dagegen sprechen, die Truppen in derjenigen
Folge in die Marsch=Kolonne einzufügen, in welcher sie nach der Marsch=
Direktion hin bivouakiren oder kantonniren.

Das Durcheinanderziehen von Truppenkörpern und größeren
Truppen=Abtheilungen verzögert den Marsch, veranlaßt leicht Stockungen und
Unordnungen und ist daher möglichst zu vermeiden. Fehlerhaft wird dies Durch=
einanderziehen da, wo es auf schnelle Gewinnung eines bestimmten Marsch=
zieles ankommt.

Die Avantgarde und speziell die Vorhut des preußischen 5. Armee=Korps
war am 26. Juni sehr weit vorpoussirt worden. Um die hierin liegende Gefahr
zu beseitigen, hätte der Marschbefehl zum 27. Juni für diese Abtheilungen eine
spätere Abmarschzeit als für Gros und Reserve des Korps festsetzen müssen.

Es kam beim Debouchiren aus dem Defilee vor Allem darauf an, die Truppen
schnell zur Hand zu haben. Bei einem direkten und energischen Vorgehen der
Brigade Hertwek auf der Straße gegen Altstadt wäre die isolirte preußische
Vorhut — und damit vielleicht das ganze Korps des General Steinmetz —
sehr wahrscheinlich am 27. Juni nicht zur Entwickelung gekommen.

Interessant ist es, einen vergleichenden Blick auf die Entwickelung des preußi=
schen 5. und Garde=Korps bei Nachod und Soor zu werfen. Beide Armee=
Korps marschirten in einem engen Gebirgs=Defilee in einer einzigen schmalen und
tiefen Kolonne und mußten sich aus demselben heraus gegenüber einem feind=

lichen, in der Nähe des Debouchees befindlichen Korps zum Gefecht entwickeln. Das Garde=Korps bildete in Folge der durch den Marschbefehl festgesetzten Abmarschzeiten eine dicht aufgeschlossene Kolonne, während beim 5. Armee=Korps zwischen Vorhut, Gros der Avantgarde, Gros und Reserven des Armee=Korps in Folge der Festsetzung der Abmarschzeiten bedeutende Abstände sich befanden.

Die Spitzen beider Korps treffen um $8^1/_2$ Uhr Vormittags auf den Feind. Das 5. Armee=Korps hat um 12 Uhr Mittags nur erst seine Avantgarde: 6 Bataillone, 12 Geschütze und 5 Eskadrons, sowie die schnell hervorgeholte Brigade Wnuck — 8 Eskadrons — dicht vor dem Ausgange des Defilees ent= wickelt, während das Garde=Korps, das in Folge der falschen Meldungen und der damit zusammenhängenden rückwärtigen Bewegung einen Aufenthalt gehabt hatte, um dieselbe Zeit mit der vordersten Infanterie=Division schon seit einer Stunde vollständig aufmarschirt war und den größten Theil derselben etwa $^1/_2$ Stunde vorwärts des Defilee=Ausganges im Gefecht hatte.

Gegen 1 Uhr Mittags ist das ganze Garde=Korps zur Entwickelung und zum Aufmarsch gelangt, so daß um $1^1/_2$ Uhr Anordnungen zur Ausführung einer großen Rechtsschwenkung der hinteren (2. Garde=) Infanterie=Division getroffen werden konnten. Beim 5. Armee=Korps sehen wir dagegen um 2 Uhr Nach= mittags erst das vorderste, den übrigen vorausgeeilte Halbbataillon der Reserve= Infanterie auf dem Gefechtsfelde erscheinen.

Allerdings setzte der Feind dem 5. Korps einen hartnäckigeren Widerstand ent= gegen, als dem Garde=Korps, allein das Herankommen der Reserve=Infanterie des 5. Korps war thatsächlich nicht durch den Gang des Gefechtes, sondern nur durch deren bedeutende Entfernung von der Vorhut so lange verzögert worden.

Oesterreichischerseits war das 10. Korps am 27. Juni beim Vormarsch gegen Trautenau durch fehlerhafte Festsetzung der Abmarschzeiten derartig auseinander gerissen worden, daß in Folge dessen die Brigade Mondel während 5 Stunden ohne Unterstützung blieb, ihre Stellung bei Trautenau aufgeben und sich fast $^1/_2$ Meile bis Neu=Rognitz zurückziehen mußte.

Hierdurch hatte der Gegner freien Raum zur Entwickelung seines Korps gewonnen.

Die Brigade Knebel erschien erst 7 Stunden nach Beginn des Kampfes auf dem Gefechtsfelde, und mehrere Batterien der Korps=Geschütz=Reserve kamen gar nicht heran.

Hätte der Feind zweckmäßiger gehandelt, so konnte das österreichische Korps in Folge jener fehlerhaften Zerreißung der Marsch=Kolonne leicht eine voll= ständige Niederlage erleiden.

Im Speziellen wurde der Marsch des Korps noch durch den Umstand ver= zögert, daß die am weitesten rückwärts dislozirte Brigade Grivicic die Tete des Gros des Korps bilden sollte, also durch die beiden vorderen Brigaden hindurch marschiren mußte. Wozu das? Ein besonderer Grund hierfür ist nicht ersichtlich und wird auch nirgends angegeben. — Endlich waren die Abmarschzeiten auch noch derartig festgesetzt, daß die Brigade Grivicic und die ihr zunächst folgenden beiden Batterien der Korps=Geschütz=Reserve sowie der Train des Korpsquartiers zu der für den Aufbruch der vordersten Brigade Wimpffen bestimmten Zeit deren Stellung noch nicht passirt haben konnte. Diese Brigade mußte daher mit dem Antreten warten.

Auch am 28. Juni hatte man beim österreichischen Korps einen unzweckmäßigen Marschbefehl erlassen, indem man, trotzdem Alles auf Zeitgewinn ankam, um möglichst bald die selbstgewählte Stellung zu erreichen, die Brigade Knebel sowie die Korps=Geschütz=Reserve durch die Brigade Mondel hindurch marschiren ließ. Die noch rückwärtige Brigade Wimpffen gewährte gegen Trautenau mehr als genügenden Schutz.

Bei Festsetzung der Abmarschzeiten für die einzelnen Korps, Kolonnen oder Abtheilungen ist ferner zu beachten, daß der Marschbefehl unter Berücksichtigung der Entfernungen zwischen den Stabsquartieren resp. zwischen den einzelnen Kantonnementsorten auch noch rechtzeitig bei den untersten Instanzen ankommt. —

Der Befehl des österreichischen Armee=Kommandos setzte den Aufbruch des 6. Korps für den 27. Juni auf 3 Uhr Morgens fest. Dieser Befehl langte aber so spät im Korps = Stabsquartier an, daß es unmöglich war, ihn rechtzeitig an alle Brigaden und deren Unter=Abtheilungen gelangen zu lassen.

Der Marschbefehl muß einfach, klar und so kurz und präzise wie nur immer möglich abgefaßt sein. Jedes Wort zu viel ist unnütz und schädlich. Derselbe darf keine Detailanordnungen für spätere Momente treffen, deren spezielle Verhältnisse von unberechenbaren Faktoren — Feind, Terrainhindernisse — abhängig sind.

Hiernach war es nicht zweckmäßig, daß im Marschbefehl des General=Kommandos des preußischen 1. Armee=Korps für den 27. Juni die Besetzung von Trautenau der Avantgarde des Korps anbefohlen war, von der man voraussetzte, daß sie zuerst daselbst anlangen würde. Als diese Voraussetzung nicht eintraf, blieb der Ort längere Zeit unbesetzt. In Folge dessen konnte die Brigade Mondel unbehindert ihre Stellung auf die das Thal und die Marschstraße beherrschenden Höhen einnehmen und den Feind vollständig überraschen. Die Besetzung von Trautenau, welche man für nothwendig erachtete, hätte nicht wohl unterbleiben können, wenn man sie der zuerst daselbst ankommenden Kolonne übertrug.

Die aus der Marsch=Kolonne heraus nach allen Seiten detachirten Abtheilungen haben die doppelte Aufgabe der Sicherung und der Aufklärung. —
Die im Interesse der Sicherung getroffenen Maßregeln dürfen den Marsch des Ganzen nicht verzögern, und erscheint das penible Absuchen des Terrains, wie solches bei unseren kleinen Friedensübungen ausgeführt wird, beim Vormarsch größerer Truppenkörper nicht nöthig.
Unbedeutende Oertlichkeiten im Nebenterrain werden nicht im Stande sein, Truppenabtheilungen zu bergen, die einer Division oder einem Armee=Korps gefährlich werden können: schwächere Streifparteien des Feindes weichen von selbst.
Ein derartiges Absuchen des Terrains erfordert Zeit, verzögert den Marsch, zwingt die Kolonne zeitweise zum Halten und ermüdet dadurch die Leute.

Selbst in gebirgigem Terrain wird die erforderliche Sicherheit durch weit vorgetriebene Kavallerie-Patrouillen und stärkere Kavallerie-Abtheilungen zu gewinnen sein. Treten dieselben mit einer gewissen Sicherheit und Kühnheit auf, so können sie wohl verhindern, daß der Marsch des Ganzen durch Heranprallen kleiner, feindlicher Abtheilungen und durch Demonstrationen unnöthig auf= gehalten wird. — Infanterie-Soutiens gewähren der Kavallerie an Defileen den nöthigen Rückhalt. —

Das Cotoyiren des Marsches durch Infanterie-Abtheilungen ist im Gebirge unausführbar. Das Terrain würde dieselben zwingen, sich bald wieder an die Marsch=Kolonne heranzuziehen, oder sie kommen ganz und gar von derselben ab. — Die Flankensicherung muß durch das Vorgehen von Seiten=Kolonnen in Parallelthälern resp. durch Vorschieben von Patrouillen oder kleinen Detachements in die einfallenden Nebenthäler erstrebt werden. Letztere würden sich der Queue der Marsch=Kolonne wieder anzuschließen haben und können auch zur Erhaltung der Verbindung mit etwaigen Neben=Kolonnen ver= wendet werden.

Besonders vortheilhaft für Schonung der Kräfte wird es sein, wenn man — was namentlich bei größerer Entfernung vom Feinde thunlich erscheint — vor die eigentliche Avantgarde, die dann nur die unmittelbare Sicherung an der Straße übernimmt, eine größere, selbstständige Kavallerie=Abtheilung vor= schiebt. —

Der Marsch der rechten Flügel=Kolonne des preußischen 1. Armee=Korps am 27. Juni wurde durch ein derartiges penibles Absuchen des Terrains seitens der Infanterie ganz unnöthig aufgehalten. Die Kolonne kam mit ihren, durch den langsamen, vielfach stockenden Marsch sehr ermüdeten Leuten zwei Stunden später als die linke Flügel=Kolonne auf dem für das Korps bestimmten Ver= einigungspunkte an. Die indirekte Folge war das späte Einrücken in Trautenau und die dadurch bedingten ungünstigen Verhältnisse, unter denen sich das Gefecht entwickelte. Hätte die Avantgarde der betreffenden Kolonne ihre sehr starke Kavallerie vorgenommen, so würden die vorgeschobenen Abtheilungen des öster= reichischen Regiments Windischgrätz=Dragoner bald haben weichen müssen und kein Aufenthalt entstanden sein.

Die Sicherung der Kolonne darf auch beim Rendezvous derselben nicht außer Acht gelassen werden und ist um so sorgfältiger auszuführen, je schwieriger die Terrainverhältnisse sind. Man muß danach trachten, den Feind an der Einsichtnahme des Rendezvous zu verhindern und selbst das Terrain so weit aufklären, daß man rechtzeitig Anwesenheit und Absichten des Feindes erforscht und beim weiteren Vormarsch jedenfalls sicher vor Ueberraschungen ist. — Die Mittel, welche zur Erreichung dieses Zweckes nothwendig sind, hängen wesentlich vom Terrain ab. Gestattet dasselbe eine weite, freie Uebersicht, so genügen kleine Kavallerie-Patrouillen, die nach allen Seiten vorgeschoben werden; in schwierigem Terrain oder wenn der Gegner größere Kavallerie= Abtheilungen in der Nähe hat und durch dieselben den Marsch zu belästigen pflegt, treten an die Stelle jener Patrouillen geschlossene Eskadrons oder gar Regi=

menter, welche ihrerseits wieder kleinere Abtheilungen weiter vortreiben; auch wird der Kavallerie nöthigenfalls zum Besetzen von Terrainabschnitten Infanterie und eventuell selbst Artillerie zur Unterstützung zuzugeben sein.

Die Anordnung derartiger Sicherungsmaßregeln während des Marsches sowie auf dem Rendezvous gehört zu den Obliegenheiten und Pflichten des Führers jeder einzelnen Kolonne und braucht von der nächst höheren Kommando= stelle nicht besonders befohlen zu werden.

Beim preußischen 1. Armee=Korps ruhte am 27. Juni die linke Flügel= Kolonne in dem tiefgelegenen, von den Höhen ringsum einzusehenden Thalkessel von Parschnitz zwei Stunden lang und begnügte sich, Patrouillen bis gegen Trautenau und im Thale gegen Raußnitz statt bis auf die Höhen nördlich und südlich von Trautenau vorzuschieben, wo das eigentliche Debouchee des Thal= defilees lag und erst eine freiere Umsicht gewonnen werden konnte.

Die unmittelbare Folge dieses Fehlers war die Ueberraschung der Marsch= Kolonne durch die jene Flankenhöhen besetzt haltende, unbemerkt gebliebene Brigade Mondel.

Der Umstand, daß die zu spät eintreffende Avantgarde des Korps Trautenau und also naturgemäß auch die umliegenden Höhen zu besetzen hatte, entschuldigt die Versäumniß der linken Flügel=Kolonne um so weniger, als im Korps=Befehl besonders ausgesprochen war, daß auf dem beabsichtigten Rendezvous bei Parschnitz jede Kolonne sich selbst zu sichern habe.

Ein allgemeiner Grundsatz für Märsche, wie für den Zustand der Ruhe und des Gefechts liegt in der Verpflichtung sämmtlicher Führer selbstständig auftretender Abtheilungen, Kolonnen u. s. w., die Verbindung mit den neben, vor oder hinter ihnen marschiren= den, stehenden oder fechtenden Abtheilungen aufrecht zu erhalten.

Eines speziellen Befehls hierzu bedarf es nicht, doch kann es unter beson= deren Umständen räthlich sein, einer bestimmten Abtheilung die Erhaltung dieser Verbindung anzubefehlen. Die Mittel, welche zur Erreichung dieses Zweckes anzuwenden sind, hängen durchaus von den speziellen Verhältnissen ab und können ebensowohl in Seitenläufern, kleinen Patrouillen, einzelnen Offi= zieren mit einer angemessenen Anzahl von Ordonnanzen oder einer kleinen Bedeckung, wie auch in ganzen Eskadrons, Kavallerie=Regimentern oder selbst in Abtheilungen gemischter Waffen bestehen.

Hätte am 27. Juni die linke Flügel=Kolonne des preußischen Armee=Korps, bei welcher sich außer dem Regiment der Divisions=Kavallerie noch die ganze Reserve=Kavallerie befand, sobald sie bei Parschnitz ankam und dort nicht der Disposition gemäß die rechte Flügel=Kolonne vorfand, die Verbindung mit letzterer aufgesucht, so wäre deren Bewegung in einen schnelleren Fluß gekommen und die ganze Gefechtslage von vornherein eine günstigere geworden.

Wenn ferner das preußische Garde=Korps am 28. Juni bis gegen Mittag hin vom 1. Armee=Korps keine direkte und bestimmte Mittheilung über den Aus= gang des Gefechts vom 27. Juni und über die Stellungen der einzelnen Ab= theilungen des genannten Korps hatte: so kann hierin nur eine Versäumniß erkannt werden. Das 1. Armee=Korps mußte, besonders im Hinblick auf die enge Zusammengehörigkeit der Bewegungen beider Korps, Mittel finden, um dem Garde=Korps noch in der Nacht die betreffende Benachrichtigung zugehen zu lassen.

Beim österreichischen 10. Korps war es am 28. Juni seitens des Regiments Windischgrätz=Dragoner, dem der ganzen Situation nach die Erhaltung der Ver= bindung zwischen den beiden auf Neu=Rognitz resp. Alt=Rognitz marschirenden Kolonnen oblag, ein Fehler, daß dasselbe zu diesem Zwecke nicht wenigstens eine Eskadron in der ihm anbefohlenen Marschrichtung beließ, als es diese Richtung, dem Kanonendonner folgend, auf eigene Verantwortung aufgab. Wahrscheinlich würde die betreffende Eskadron die Brigade Grivicic rechtzeitig von der Gesammt= Situation und der ihr drohenden Gefahr Kenntniß gegeben und dadurch vielleicht die verhängnißvolle Katastrophe, welcher diese Brigade verfiel, abgewandt haben.

Die Verbindung zwischen der 1. Reserve=Kavallerie=Division und dem öster= reichischen 6. Korps scheint am 27. Juni auch etwas spät hergestellt zu sein, und über das eventuelle Nichtaufsuchen der Verbindung zwischen dem österreichischen 10. Korps und den etwa in Praußnitz=Kaile vermutheten Truppen des 6. Korps am 28. Juni ist in diesem Hefte eingehend gesprochen worden.

Die zur Sicherung der marschirenden Kolonnen vorgeschobenen Abtheilungen dienen zum Theil auch zur Aufklärung der Verhältnisse beim Feinde, werden aber meist dafür nicht genügen.

Um diesen Zweck vollständig zu erfüllen, bedarf man eines sehr intelligenten Organes, da es meist darauf ankommt, mit einem schnellen Blick die Verhält= nisse beim Feinde — Stärke, Marschrichtung seiner Kolonnen, Lage seiner Bivouaks, Absicht — zu erkennen und demnächst darüber eine klare, erschöpfende, zuverlässige Meldung zu erstatten. Durch dieses Organ soll unrichtigen Meldungen vorgebeugt werden, welche häufig zu Marschverzögerungen, zuweilen selbst zu Maßregeln führen, die den Keim von Niederlagen in sich tragen.

Weder der gemeine Mann, noch der Unteroffizier können im Allgemeinen solchen Anforderungen genügen: nur intelligente Offiziere auf schnellen sicheren Pferden mit tüchtigen Ordonnanzen, unter Umständen mit Kavallerie=Bedeckung, werden denselben zu entsprechen vermögen.

In kleinen Verhältnissen wird man gewandte Kavallerie=Offiziere zu diesem Dienste heranziehen, in größeren aber zu demselben Zwecke eine Anzahl von ihnen einem Generalstabs=Offizier zur Verfügung stellen. — Diese Offiziere marschiren mit dem Vortrupp der Avantgarde, und ist es Sache des General= stabs=Offiziers, je nach der Lokalität und den Verhältnissen beim Feinde, den ihm unterstellten Offizieren planmäßig ihre Aufträge zu ertheilen, die ein= gehenden Meldungen zu sammeln, zu sichten, an den wichtigsten Punkten nöthigenfalls selbst zu rekognosziren und so für zuverlässige Nachrichten zu sorgen.

Im vorliegenden Hefte ist näher auf diesen Punkt und speziell auch darauf eingegangen, welche Offiziere bei einem Armee=Korps zu diesem wichtigen Dienste zu verwenden und von wo die betreffenden Ordonnanzen zu entnehmen sind.

Am 28. Juni war beim preußischen Garde-Korps durch die zuerst eingegangenen falschen Meldungen über Stärke und Marschrichtung des Feindes
nicht nur eine Verzögerung des Marsches, sondern sogar eine kurze Rückwärtsbewegung veranlaßt worden, welche bei zweckmäßigerem und energischerem Auftreten des Feindes sehr nachtheilige Folgen haben konnte. — Denselben wurde
durch die entschlossenen Anordnungen des General-Kommandos vorgebeugt.

Dem Fehlen eines derartigen, speziell zur Aufklärung der Verhältnisse beim
Feinde bestimmten Organs bei der Vorhut war am 1. Juli auf dem Vormarsch
des preußischen 1. Armee-Korps von Pilnikau über die Elbe nach Ober-Praußnitz
— wie auch in diesem Hefte erwähnt — eine unnöthige, ermüdende Verzögerung
des Marsches zuzuschreiben.

Hätte man ferner am 27. Juni bei der auf dem bedrohten Flügel marschirenden
Brigade Hertwek den Aufklärungsdienst in der angedeuteten Weise organisirt
gehabt, so würde man die Verhältnisse der schwachen, völlig isolirten preußischen
Vorhut schneller und richtiger erkannt und dieselbe vielleicht in einfacher Verfolgung der befohlenen Marschrichtung auf Nachod und in das Defilee zurückgeworfen haben. Hierdurch wären die Verhältnisse für die Oesterreicher noch
günstiger geworden, und würde das preußische 5. Korps möglicherweise gar nicht
zur Entwickelung gekommen sein.

B. Uebergang zum Gefecht. Gefechtsdisposition und Gefechtsführung.

Jeder Aufmarsch aus einer Kolonne erfordert Zeit und nimmt, da er über
freies Feld hinfort erfolgen muß, die Kräfte der Truppen stark in Anspruch. —
Größere marschirende Abtheilungen werden daher bei ihren Rendezvous grundsätzlich nicht vollständig aufmarschiren. Die Truppen machen die Straße frei
und ruhen seitwärts derselben, indem nöthigenfalls die taktischen Einheiten in
sich die entsprechenden Formationen annehmen. Artillerie und Fuhrwerk bleiben
auf der Straße halten, so dicht wie möglich an eine Seite derselben heran-
fahrend. — Terrainverhältnisse und sonstige Umstände können ausnahmsweise
auch das Aufmarschiren innerhalb größerer Abtheilungen veranlassen.

Am 27. Juni war die linke Flügel-Kolonne des preußischen 1. Armee-Korps
auf den Wiesen des Thalkessels von Parschnitz zu einem großen Theil aufmarschirt, was um so weniger nothwendig gewesen sein dürfte, als die Korps-
Disposition die weitere Fortsetzung des Marsches bestimmt ausgesprochen hatte,
auch nicht abgekocht werden sollte.

Die Rücksicht auf Schonung der Kräfte bedingt es ferner, daß man bei
einem Zusammenstoß der vorderen Truppen — speziell der Avantgarde oder
deren Vorhut — mit dem Feinde nicht eher zum Gefecht aufmarschirt, bis sich
die Nothwendigkeit dazu herausstellt.

Der Zweck der Avantgarde besteht unter Anderem in der Sicherung eines ruhigen Fortmarsches der ganzen Kolonne. Läßt man sich nun verleiten, bei den ersten Kanonenschüssen zu halten und aufzumarschiren, so geht eben jener Zweck verloren. Gelingt es dann der Avantgarde, den Feind mit ihren eigenen Kräften zu werfen, so muß das Gros sich wieder zur Marschkolonne zusammenfalten. Man verliert unnütz Zeit und ermüdet die Truppen.

Hat man erkannt, daß die Avantgarde auf einen hartnäckigen Widerstand gestoßen ist, den sie allein nicht zu überwinden vermag, so erscheint der Aufmarsch allerdings geboten. Es gehören Kriegserfahrung und Talent seitens des Führers dazu, hier die richtige Mitte zwischen dem „zu früh" und „zu spät" zu halten.

Die Beantwortung der Frage, ob man bei einem Zusammenstoß der Avantgarde mit dem Feinde diese, sowie das Gros zum Gefecht aufmarschiren lassen soll oder nicht, wird aber vor Allem davon abhängig sein, ob der Führer sich an der betreffenden Stelle und unter den gegebenen Umständen schlagen will oder nicht.

Der Entschluß zum Schlagen wird in erster Linie durch die allgemeine (strategische) Situation bestimmt, in welcher das Korps, die Division, das Detachement u. s. w. sich befindet. Dieselbe stellt dem Führer eine mehr oder weniger bestimmte Aufgabe, ihm meist die Art und Weise der Ausführung — also auch ob durch Gewalt der Waffe oder ohne dieselbe — anheimstellend; nicht immer ist die Lage derartig, daß durch dieselbe die Annahme oder Nichtannahme des Kampfes unbedingt geboten erscheint.

Ein allgemeiner Grundsatz darüber, ob man sich schlagen soll oder nicht, kann nicht aufgestellt werden. Diese Frage ist vom Führer unter eingehendster Erörterung aller mitwirkenden Umstände zu erwägen, und läßt sich nur das Eine sagen, daß man sich niemals ohne einen bestimmten Zweck schlagen darf.

Geschieht dies, so werden nicht nur unnöthige Opfer gebracht, sondern es liegt auch die Gefahr nahe, daß man wider seinen Willen in ein ernstes Gefecht und überhaupt in Verhältnisse verwickelt wird, welche der allgemeinen Lage nicht entsprechen. Man bedenke, daß es nicht immer möglich ist, ein einmal begonnenes Gefecht in jedem Momente wieder abzubrechen.

Sollte man vom Gegner zum Kampfe gezwungen werden, ohne einen solchen zu beabsichtigen — was nicht immer zu vermeiden sein dürfte — so muß man dahin trachten, das Gefecht baldigst und unter möglichst günstigen Umständen wieder abzubrechen.

Die strategische Situation der durch die schlesischen Gebirgspässe behufs Vereinigung mit der I. Armee gegen die Elbe vorrückenden Korps der preußischen II. Armee schrieb denselben die Offensive in so bestimmter Weise vor, daß deren Kommandeure über die Frage: „ob sie sich schlagen sollten" kaum im Zweifel sein konnten. — Man mußte Alles daran setzen, die bis zu jener Vereinigung für die einzelnen Korps festgesetzten Etappen inne zu halten und daher innerhalb des Gebirges, wo ein Ausweichen nicht möglich war, jeden entgegen= tretenden feindlichen Widerstand mit Entschlossenheit und Kraft zu brechen suchen. In richtiger Erkenntniß dieser Sachlage sehen wir daher am 27. und 28. Juni alle drei preußischen Korps=Kommandeure, sobald sie auf den Feind stoßen, die Marsch=Kolonne entwickeln und den Kampf annehmen.

Nachdem man am Abend des 28. Juni die Gebirgspässe sich geöffnet hatte und das Terrain ein Ausweichen gestattete, war die Frage, „ob man sich bei einem eventuellen Zusammentreffen mit dem Feinde zu schlagen habe oder nicht" weniger einfach und bestimmt zu beantworten. — Man durfte nicht außer Acht lassen, daß es wichtig war, am Vereinigungsort der Armeen möglichst stark anzukommen, daß aber jeder Kampf Opfer kostete, Zeit raubte und dadurch das Innehalten der Etappen möglicherweise ganz verhinderte oder doch nur mittels anstrengender, vielleicht bis in die Nacht sich hineinziehender Märsche ermöglichte.

Es war daher sehr richtig, daß das preußische 5. Korps am 29. Juni dem Kampfe auszuweichen suchte, die Stellung des Feindes umging, und als der Zusammenstoß mit demselben unvermeidlich war, nicht alle Truppen entwickelte, sondern nur so viele zum Gefecht aufmarschiren ließ, wie erforderlich waren, die Marschstraße freizuhalten.

Die strategische Situation der zur Deckung des Rechtsabmarsches der öster= reichischen Nord=Armee nach der rechten Flanke gegen das Gebirge detachirten Korps war nicht ganz so einfach, doch bedingte auch sie die Annahme des Kampfes, sobald der Gegner durch sein Vorrücken den Marsch der Haupt=Armee zu belästigen und zu verzögern drohte.

Immerhin mochten die österreichischen Korps=Kommandanten in Erwägung ziehen: ob sie durch Einnahme günstiger Positionen, wie solche in gebirgigem Terrain wohl zu finden sind, den Feind zu zeitraubenden Entwickelungen und Manövern zwingen, dem Kampfe selbst aber ausweichen konnten.

Diese Erwägung wurde aber für die beiden, zuerst zur Deckung der Flanke detachirten Korps — das 6. und 10. — durch den Zusatz im Armeebefehl: „daß der Zweck der Deckung des Aufmarsches der Armee durchaus nicht hindern solle, dem Gegner, wo er sich zeige, mit aller Energie auf den Leib zu gehen", so gut wie beseitigt. Hiernach mußten diese Korps, wenn nicht ganz besondere Umstände eintraten, den Kampf, wo er ihnen geboten wurde, nicht nur annehmen, sondern ihn selbst aufsuchen.

In Folge dessen wurde am 27. Juni der Kampf sowohl vom 6. wie vom 10. Korps angenommen. Am 28. und 29. Juni hatten sich die Verhältnisse für die österreichischen Korps geändert.

Daß am 27. Juni siegreich gewesene 10. Korps erhielt für den 28. Juni den Befehl, „nach Praußnitz zurückzugehen und dort erneut Stellung zu nehmen." Zweck dieser Aufstellung war immer noch die Deckung des in der Fortsetzung begriffenen Rechtsabmarsches der Armee, doch betonte der Armeebefehl nicht mehr, „daß die Korps dem Feinde, wo sie ihn träfen, auf den Leib gehen sollten".

Dieses Korps durfte im Allgemeinen den Kampf in der ihm angewiesenen Stellung oder zur Gewinnung derselben nicht scheuen, mochte aber, wenn sich die Verhältnisse besonders ungünstig zu gestalten drohten, in Erwägung ziehen, ob nicht dem allgemeinen Zwecke Genüge geleistet und also ein Ausweichen und

eventuelles Abbrechen des Gefechtes gestattet sei, sobald man den Gegner zur
Gefechtsentwickelung veranlaßt und dadurch Zeit gewonnen hatte.

Das österreichische 8. Korps sollte „am 28. Juni im Laufe des Vormittags
nach beendetem Abessen das 6. Korps bei Skaliß ablösen"; es war dies
indessen bereits am frühesten Morgen geschehen. — Demnächst erhielt das
Korps den Befehl, aus der genommenen Stellung abzurücken, „wenn es bis
Nachmittags 2 Uhr bei Skaliß zu keinem Gefecht kommt", und endlich wurde
dieser Befehl um 11 Uhr Vormittags mündlich dahin geändert, daß das Korps
sogleich abmarschiren solle.

Hiernach durfte das 6. Korps nach 11 Uhr Vormittags in seiner Stellung
bei Skaliß am linken Aupa=Ufer ein Gefecht nicht annehmen, wurde es aber
zu demselben gezwungen, so mußte es ein möglichst baldiges Abbrechen herbei=
zuführen suchen.

Das Schwanken zwischen Kämpfen und Ausweichen beeinflußt die österreichische
Korps=Führung am 28. Juni bei Skaliß und Soor und führt an beiden Tagen
zu sehr ungünstigen Resultaten, von denen die große Zahl der Gefangenen die
sprechendsten Zeugnisse giebt.

Am 29. Juni hatte das österreichische 4. Korps nach mehreren abändernden
Befehlen schließlich die Weisung erhalten, „sich in der eingenommenen Stellung
nicht in nutzlose Kämpfe einzulassen, sondern sich, wenn von überlegenen Kräften
angegriffen, aus derselben zurückzuziehen". Die Situation war hiernach für das
Korps=Kommando eine klare: es durfte den Kampf annehmen, mußte aber alle
Anordnungen derartig treffen, daß derselbe möglichst jederzeit abgebrochen
werden konnte, — eine an sich sehr schwierige Aufgabe, die auch nicht voll=
kommen gelöst wurde.

Hat man sich nach dem Zusammentreffen mit dem Feinde ent=
schlossen, den Kampf anzunehmen oder herbeizuführen, oder glaubt man zum
Kampfe gezwungen zu werden, so muß es die nächste Sorge des Führers sein,
die Verhältnisse beim Feinde aufzuklären, seine Aufstellungen und
Absichten zu erforschen. — Fehlen nach dieser Beziehung die erforderlichen
Kenntnisse, so tappt man im Finstern herum und überläßt sich dem Zufall.

Die bei der Vorhut vorhandenen Mittel zur Rekognoszirung reichen zu
obigem Zwecke meist nicht aus, man wird daher von rückwärts — nöthigenfalls
selbst vom Gros der ganzen Kolonne — Kavallerie zur Unterstützung heran=
ziehen. Dieselbe wird häufig offensiv vorgehen müssen und ist zu diesem Zweck
unter Umständen durch reitende Artillerie zu verstärken.

Am 27. Juni ist bei Trautenau auf beiden Seiten Kavallerie zur
Rekognoszirung zur Stelle und prallt in heftigem Kampfe gegen einander; ebenso
finden wir an demselben Tage bei Nachod die preußische Kavallerie der
Avantgarde nach den Hauptrichtungen rekognoszirend vorgetrieben und sehr
bald durch die Reserve=Kavallerie verstärkt. — Mangelhaft ist dagegen an diesem
Tage die Verwendung der österreichischen Kavallerie: mag die Schuld davon
nun beim Korps=Kommando oder beim Kommando der Kavallerie=Division
gelegen haben.

Hätte zunächst das ganze, zum 6. Korps gehörige Kavallerie=Regiment
rekognoszirt, und wären dann von der Reserve=Kavallerie=Division alle erreich=

baren Esstadrons schleunigst herbeigeholt und vorgeworfen worden, so würde man zweifellos die isolirte und auf das Höchste gefährdete Stellung der preußischen Vorhut, sowie deren Schwäche erforscht und auf Grund dessen wahrscheinlich mit günstigerem Erfolge gehandelt haben.

Am 28. Juni hätte bei Soor (Burkersdorf) die Kavallerie wohl auf beiden Seiten in ausgiebigerer Weise zur Rekognoszirung verwendet werden können, vor Allem aber beim österreichischen 10. Korps. — Dort mußte das Regiment Windischgrätz-Dragoner sammt den heranzuziehenden Ulanen zur Aufflärung der Situation gegen Praußnitz vorgeworfen werden. Es wäre dann vielleicht gelungen, volles Licht in die Situation zu bringen, das Vorgehen der schwachen preußischen Avantgarde zu verzögern und dadurch günstigere Erfolge zu erreichen.

Bei Skalitz rekognoszirten zwei preußische Kavallerie-Regimenter schon kurz nach Tagesanbruch nach allen Richtungen und klärten dadurch die Sachlage auf; während eine ausgiebigere Verwendung der österreichischen Kavallerie durch die allgemeinen und die Terrainverhältnisse behindert wurde.

Auf Grund der durch die Rekognoszirung gewonnenen Kenntniß von den Verhältnissen beim Feinde wird sich der Führer darüber entscheiden müssen, ob er die Erreichung seines Zweckes durch ein sofortiges angriffs= weises Verfahren oder in einer defensiven Stellung mit dem Vor= behalt der später zu ergreifenden Offensive anstreben will. — Die reine Defensive wird nur unter ganz besonderen Verhältnissen den Gefechtszweck erreichen.

Die Vortheile der einen und anderen Kampfweise sind genugsam bekannt, in ihrer sorgfältigen Abwägung und in dem darauf sich basirenden Entschluß kommen Charakter, die Kriegserfahrung und das Talent des Führers zum Aus= druck. — Maßgebende Faktoren bilden: der durch die allgemeine (strategische) Situation gegebene Zweck und demnächst die Stärke= und Terrainverhältnisse.

Das Streben, sich die Initiative zu erhalten und dem Gegner das Gesetz vorzuschreiben, wird starke und kühne Charaktere gern zur Offensive treiben, und dürfte diese Art der Gefechtsführung in zweifelhaften und unklaren Ver= hältnissen, wie solche im Kriege vielfach vorkommen, besonders anzurathen sein. Es ist hier zu bedenken, daß der Gegner die Situation auch nicht übersieht, und daß ein kühnes Auftreten erfahrungsmäßig imponirt und oft zu den besten Erfolgen führt.

Die allgemeine strategische Lage mußte in den Tagen des 27. bis 29. Juni den Korps der preußischen II. Armee im Allgemeinen ein offensives Verfahren aufdrängen und zwar ganz unbedingt, so lange dieselben sich die Gebirgspässe noch nicht geöffnet hatten. — Nur eine von einem überlegenen Feinde aufgezwungene Defensive war zu rechtfertigen, und mußten dann die Neben-Kolonnen Alles daran setzen, durch ihre Unterstützung der betreffenden Kolonne die Ergreifung der Offensive wieder zu ermöglichen. — Wir sehen in Folge dessen die preußischen Korps in allen 5 Gefechten — selbst bei Schweinschädel zur Sicherung der Marschstraße — von vornherein die Offensive ergreifen und zwar meist unter sehr ungünstigen Verhältnissen (des

Terrains und der Formation) und einem gleich starken ober selbst überlegenen Feinde gegenüber. — Drei glänzende Siege werden erkämpft, und der dem Gefecht bei Schweinschädel zu Grunde liegende Zweck wird erreicht. Wenn am Tage von Trautenau die Entscheidung gegen die preußischen Waffen ausfiel, so lag dies hauptsächlich darin, daß man die einmal begonnene Offensive nicht mit Entschossenheit und Energie durchführte.

Die österreichischen Korps, welche in diesen Tagen zum Gefecht kamen, befanden sich im Allgemeinen in der strategischen Defensive, da sie behufs Deckung der rechten Flanke der marschirenden Haupt-Armee etwaige von dort kommende feindliche Korps wenn möglich in die Gebirgspässe zurückwerfen, jedenfalls aber so lange wie angängig aufhalten und dadurch einerseits den Marsch der Haupt-Armee sichern, andererseits den Feind an der Vereinigung mit den durch Sachsen vorrückenden Korps verhindern sollten.

Der gestellte Zweck war also je nach den speziellen Verhältnissen sowohl durch ein defensives wie durch ein offensives Verfahren zu erreichen. Durch den öfter erwähnten Armeebefehl, demzufolge der Zweck der Deckung des Auf= marsches der Armee nicht hindern sollte, dem Gegner, wo er sich zeigte, auf den Leib zu gehen, war es aber klar und bestimmt ausgesprochen, daß das Armee= Kommando das offensive Verfahren für das zweckmäßigere erachtete und daher anempfahl. — Hiernach mußten die Korps=Kommandos überall, wo die sonstigen Verhältnisse es nur irgend gestatteten, in energischer Weise Offensive ergreifen.

Da es ferner vor Allem darauf ankam, den Feind so weit als angängig von der Marschstraße der Haupt-Armee fernzuhalten, war es unbedingt geboten, die Kolonnen desselben rücksichtslos und mit allen disponiblen Kräften anzugreifen, sobald man dieselben im Moment des Debouchirens aus den Gebirgspässen traf und hoffen konnte, in die letzteren wieder zurückzuwerfen.

Dementsprechend ergriffen auch die Kommandos des 10. und 6. Korps am 27. Juni die Offensive, und wenn trotz der viel ungünstigeren Verhältnisse im Moment des Gefechtsbeginnes es dem ersteren Korps gelang, den Feind bis hinter den Gebirgspaß wieder zurückzuwerfen, während das 6. Korps die volle Entwickelung der ihm entgegentretenden Kolonne nicht verhindern konnte und selbst zurückgeworfen wurde: so müssen diese verschiedenen Resultate in erster Linie dem verschiedenen Grade von Energie und Entschlossenheit zugeschrieben werden, mit welchem die Korps= Kommandos dort und hier die Offensive durchführten.

Am 28. Juni hätte die allgemeine Situation in Uebereinstimmung mit dem Armeebefehl das österreichische 10. Korps bei Burkersdorf ebenfalls zu einer schnellen und kräftigen Offensive treiben müssen, und würde eine solche sehr wahrscheinlich einen günstigen Erfolg gehabt haben. — Die Möglichkeit, das preußische Garde=Korps an der Entwickelung aus dem Defilee zu ver= hindern, war jedenfalls gegeben.

Die Erschütterung des österreichischen Korps durch das Gefecht vom 27. Juni in Verbindung mit der Erwägung, daß der allgemeine Zweck die Annahme des Kampfes nicht unbedingt erheischte, mögen das Korps=Kommando zu seinem matten, defensiven, ausweichenden Auftreten bewogen haben.

Bei Stalitz und Schweinschädel entsprach das defensive Verhalten der österreichischen Korps=Kommandos der allgemeinen Situation und den speziellen Verhältnissen: man hätte sogar seine Anordnungen noch mehr unter dem Gesichts= punkte des Ausweichens treffen sollen und würde dann dasselbe allgemeine Resultat mit geringeren Opfern erreicht haben.

Der vom Führer gefaßte Entschluß kommt in der Disposition für das Gefecht zum Ausdruck. — Sehr häufig wird indessen eine eigentliche Gefechts= disposition gar nicht ausgegeben, sondern wird das, was sie nach den taktischen Lehrbüchern enthalten soll, in Form einzelner Befehle für die verschiedenen Kolonnen und Abtheilungen theils mündlich, theils schriftlich ertheilt.

Namentlich bei allen unverhofften Zusammenstößen und in unklaren Verhältnissen, wie solche im Kriege am häufigsten vorliegen, tritt sofort die Gefechtsführung in ihr Recht.

Beim Einnehmen von Defensivstellungen, ferner da, wo die Rekognoszirung die Verhältnisse beim Feinde einigermaßen klar gelegt hat, auch die zu ver= wendenden Truppen bereit gestellt sind, was vor Hauptentscheidungsschlägen fast immer der Fall sein dürfte, sowie endlich bei den meisten Unternehmungen des kleinen Krieges wird man eine besondere Disposition erlassen und unter Umständen auch Direktiven und Instruktionen mit derselben verbinden.

Die Disposition für ein Gefecht muß möglichst klar und präzise gefaßt, dabei kurz sein. Sie kann nicht mehr enthalten als: die Orientirung über den Feind nebst Angabe des Entschlusses zum Angriff oder zur Vertheidigung und die weiteren Absichten, in so weit dies den Unterführern mitzutheilen räthlich erscheint; ferner die Befehle für die ersten Aufstellungen und Bewegungen, soweit die Einnahme der ersteren und die Einleitung der letzteren mit einiger Sicherheit als ausführbar anzunehmen ist, und ohne in spätere Momente vor= zugreifen; der Zeitpunkt, zu welchem die Aufstellungen eingenommen resp. die befohlenen Bewegungen begonnen, unter Umständen auch wann dieselben aus= geführt sein müssen und wann der eigentliche Angriff zu beginnen habe; sowie endlich die Angabe des Aufenthaltes der Kommandirenden.

Von einer Gefechtsdisposition ist aber unbedingt zu verlangen, daß sie alle obigen Punkte enthält, daß sie mithin die Führer über das, was sie thun sollen und wie sie sich im Allgemeinen zu verhalten haben, nicht im Dunkeln läßt.

In der Vertheidigung sind den Unterabtheilungen bestimmte Abschnitte zur Besetzung anzuweisen, im Angriff denselben die Vormarschlinien und Angriffs= objekte genau zu bezeichnen. Den Führern detachirter Abtheilungen muß ihre Aufgabe klar und bestimmt bezeichnet und ihnen die nöthigen Direktiven über Art der Ausführung ihres Auftrages und über das allgemeine Verhalten ertheilt werden.

Bestimmungen über den Rückzug werden nicht in die Disposition auf= genommen, und wo kein Zweifel über die Richtung desselben herrschen kann, dürfte eine besondere Instruktion der Führer nach dieser Beziehung nicht nöth=

wendig sein. Diese darf aber niemals fehlen, wo die Rückzugsrichtung zweifel= haft ist, oder die Ausführung eines eventuellen Rückzuges im Terrain oder in den sonstigen Verhältnissen Schwierigkeiten findet, so daß besondere Einleitungen oder Vorkehrungen für denselben getroffen werden müssen.

Beispielsweise gilt dies für Gefechtsaufstellungen vor De= fileen. Die vorhandenen oder neugeschaffenen Uebergänge und Durchgänge sind genau zu bezeichnen und auf die größeren oder kleineren Truppentheile, deren Stellungen entsprechend, zu vertheilen, auch ist eventuell anzugeben, in welcher Reihenfolge die Truppen sich abzuziehen, oder wenigstens, welche Truppen und in welchen Positionen den Rückzug zu decken haben. Die Bestimmungen über die Trains aller Art — Sanitäts=Detachements, Lazarethe, Proviant=, Munitions=Kolonnen u. s. w. — werden ebenfalls nicht in die Gefechtsdisposition aufgenommen, oder nur ganz allgemein angegeben: um die Aufmerksamkeit der Führer nicht auf Nebendinge zu lenken.

Besondere Befehle oder Direktiven regeln diese Angelegenheiten im Detail und gehen direkt an die betreffenden Befehlshaber.

An den Gefechtstagen von Nachod, Trautenau und Soor (Burkers= dorf) stießen die Kolonnen unverhofft auf einander, und mußte man sich beider= seits aus der Marschformation zum Gefecht entwickeln. Die dazu erforderlichen Befehle wurden nach dem bereits erfolgten Zusammenstoß mit dem Feinde meist mündlich aus dem Sattel gegeben und eigentliche Gefechtsdispositionen nicht erlassen.

Bei Skalitz lagen die Verhältnisse anders. Man hatte am Tage vorher gekämpft, und beide Korps waren — das österreichische in einer an sich guten Defensivposition, das preußische Korps zum Vorgehen zum Angriff bereit — gefechtsmäßig entwickelt.

Preußischerseits wurde indessen vom General=Kommando bereits am 27. Juni Nachmittags ein Marschbefehl für den 28. gegeben, weil dem Korps durch den Armeebefehl die Erreichung einer bestimmten Etappe für diesen Tag anbefohlen und die Möglichkeit, dieselbe — nämlich Grablitz — auch ohne Kampf zu erreichen, nicht ausgeschlossen war.

Als indessen die Rekognoszirungen des nächsten Morgens die Anwesenheit eines starken Feindes bei Skalitz, wo man die Aupa überschreiten mußte, konstatirt hatten, wurden durch eine Disposition die Truppen bei Studnitz, auf den Plateaus südlich Starkow und Wisokow, sowie unmittelbar in und bei diesem Orte zu dem beabsichtigten umfassenden Angriffe der feindlichen Stellung bereit gestellt und demnächst — nachdem man die Gewißheit des Nichterscheinens der versprochenen Hülfe einer Garde=Infanterie=Division erhalten hatte — der An= griff selbst und gleichzeitig der Zeitpunkt desselben befohlen.

Der Wortlaut der vom General=Kommando des 5. Armee=Korps erlassenen Disposition ist nicht bekannt geworden, und wird dieselbe wohl auch eine Orien= tirung über die allgemeinen Verhältnisse und über den Feind, sowie die Angabe des Aufenthaltsortes des kommandirenden Generals enthalten haben. — Als einen sich in den ersten Bewegungen der Truppen aussprechenden Mangel der Disposition mußten wir aber hervorheben, daß den verschiedenen Abtheilungen nur allgemein der Befehl zum Vorgehen ertheilt, nicht aber bestimmte Angriffs= objekte und Angriffswege zugewiesen waren.

Ungenügender Raum für das Eingreifen des Gros des Armee-Korps und ein die Leitung sehr erschwerendes Durcheinanderschieben der Regimenter und Bataillone waren die Folgen dieses Mangels.

Auf österreichischer Seite war am 28. Juni noch vor Anbruch des Tages das 8. Korps in die Stellung des 6. Korps eingerückt. — Vorausgesandte Generalstabs-Offiziere führten die Truppen in ihre Stellungen, und scheint man in Folge dessen eine Gefechtsdisposition für nicht nothwendig erachtet zu haben: wenigstens finden wir eine solche im Werke des österreichischen Generalstabes nicht vor, und der Gang des Gefechtes führt uns zu dem Schlusse, daß keine Disposition gegeben sein konnte.

Wir begründeten diesen Schluß durch das Auftreten der zu Rekognoszirungs-zwecken vorgeschobenen Truppen, sowie durch das Verhalten der in der Stellung befindlichen Brigade-Kommandeure beim Zurückweichen jener Truppe. — Die Folge davon war, daß das Hauptgefecht sich nicht in, sondern vor der gewählten Stellung abwickelte. — Ferner schien man trotz der sehr gefährdeten Aufstellung des Korps ganz dicht vor einem schwierigen Stadt- und Fluß-Defilee den Unterführern über die Art und Weise der Ausführung eines eventuellen Rückzuges keine oder sehr unzureichende Anweisungen ertheilt zu haben.

Mangel an ausreichender Angabe über Zweck und Verhalten der in der Disposition für den 29. Juni zur Besetzung von Schweinschädel bestimmten österreichischen Truppen dürfte es auch gewesen sein, der letztere zu einer den allgemeinen Verhältnissen durchaus nicht entsprechenden hartnäckigen Vertheidigung dieser Oertlichkeit verleitete. — Man hatte in Folge dessen zwecklos eine große Zahl von Todten, Verwundeten und Gefangenen.

In der Führung des Gefechtes muß sich das künstlerische Genie des obersten Befehlshabers bethätigen. — Derselbe hat im Gefecht seine Entschlüsse nicht nur unter den unmittelbaren Eindrücken des den menschlichen Geist gefangen nehmenden Kampfes zu fassen, sondern auch in beständiger Durchdringung und Wechselwirkung der eigenen Handlungen mit denen seiner Unterführer und seines Gegners, und zwar unter den verschiedenartigsten Zeit- und Bodenverhältnissen.

Der allgemeine Charakter der Taktik einer Zeit, wie er durch die Art der Aufbringung der Heere, durch deren Geist, militärische Ausbildung, Erziehung und Bewaffnung bedingt wird, influirt sehr stark auf das gegenseitige Verhältniß der oberen Führung zur Thätigkeit der unteren Befehlshaber. Hatte beispielsweise ein Feldherr zur Zeit der Mitte des 18. Jahrhunderts seine langen, starren Linien zum Gefecht angesetzt und dieses begonnen, so war der Erfolg wesentlich von der Thätigkeit der Unterführer insofern abhängig, als diese ihre Truppe zum ununterbrochenen Vorwärtsgehen anfeuern oder zum kaltblütigen Ausharren in der genommenen Stellung anhalten mußten, während eine Aenderung der einmal angenommenen Direktion und Formation kaum möglich war, und dem Führer eine die Entscheidung bedingende Reserve im Sinne unserer heutigen Taktik nicht verfügbar blieb. Wenn man hiernach sagen kann, der Anmarsch und die Disposition zum Gefecht hatten zu jener Zeit eine solche Bedeutung, daß der Gefechtsführung daneben kaum noch ein Platz verblieb, so ist man nicht minder berechtigt, zu sagen, der Feldherr übte durch das Ansetzen der Truppen einen so großen Einfluß auf die Bewegungen auch des kleinsten Truppenkörpers aus, und die geistige Thätigkeit der Unterführer war eine so geringe, daß der Feldherr, wenn auch nicht persönlich, so doch geistig die Bataillone selbst führte.

Die moderne Taktik räumt dem Unterführer — gleichgültig hier, aus welchen Gründen und wodurch und inwieweit berechtigt — eine größere Freiheit ein und verlangt von ihm außer einem starken Charakter auch einen durchgebildeten Geist und wissenschaftliche Erkenntniß.

Es ist aber eine falsche und beschränkte Auffassung des Geistes und Wesens dieser modernen Taktik, wenn man annimmt, der Schwerpunkt der Gefechtsführung sei in die unteren Instanzen verlegt und der Kompagnie=Chef erkämpfe auf unseren heutigen Gefechtsfeldern den Sieg.

Der Kompagnie=Chef, wie auch der Bataillons=Kommandeur, haben noch heute, wie vor 100 Jahren, im großen Schlachtendrama keine andere Rolle, als die, die Kompagnien innerhalb des Bataillons=Verbandes, resp. das Bataillon innerhalb des größeren Truppen=Verbandes und im Sinne des für denselben gegebenen Befehls an den Feind heranzubringen oder auf der angewiesenen Stelle festzuhalten. — Dieses Heranführen und Festhalten wird durch die Verhältnisse des Terrains und der Waffenwirkung, unter denen man sich heute zu schlagen pflegt, gegen früher bedeutend erschwert und erfordert schon vom Kompagnie=Chef im Gegensatz zu früheren Zeiten eine größere Selbstständigkeit und eine klarere Auffassung der allgemeinen wie der Terrain=Verhältnisse, aber das Wesen der ihm gestellten Gefechtsaufgabe hat sich nicht geändert.

Wir wiederholen hier, was wir schon im 1. Hefte unserer Wanderungen, also vor dem Kriege 1870—71 aussprachen: — daß alle Intelligenz, alle Selbstständigkeit, Gewandtheit und Tapferkeit der Kompagnie= Chefs zur Erkämpfung des Sieges nicht ausreichen, wenn sie nicht durch eine klare, zweckbewußte, energische und entschlossene Thätig= keit der oberen Führung in eine zweckentsprechende Richtung und gegen den entscheidenden Punkt hingelenkt, unter Umständen ge= zügelt und in straffer Ordnung zusammengehalten werden.

Die Erscheinungen des letzten großen Krieges haben diese Ansicht nicht geändert.

Die allgemeine Aufgabe der oberen Führung geht dahin: unter Festhaltung des Gefechtszweckes für Einheit der Gesammt= handlung zu sorgen und alle Kräfte im Sinne des ersteren zu dirigiren und zu verwenden.

Recht deutlich tritt der Einfluß der oberen Führung in den Gefechten bei Nachod und Trautenau am 27. Juni hervor. Bei der festen Organisation der österreichischen und preußischen Armee dürfen wir wohl annehmen, daß die Aus= bildung der Korps — namentlich in Preußen — eine fast ganz gleichmäßige ist, und daß den Truppen des österreichischen 10. und preußischen 5. Korps kein höherer Grad taktischer Gewandtheit vindizirt werden kann, wie den Truppen des österreichischen 6. resp. des preußischen 1. Korps. In der That lassen die Erscheinungen beider Gefechte einen etwaigen Unterschied nach dieser Beziehung auch keineswegs hervortreten.

In dem Gefechte der Avantgarde des preußischen 1. Armee-Korps mit der Brigade Mondel tritt uns dieselbe Selbstständigkeit und Gewandtheit, dieselbe Energie und Entschlossenheit in der Führung der Kompagnien entgegen, wie im Kampfe der Avantgarde des preußischen 5. Korps mit den Brigaden Hertwek und Jonak, und dem ruhmreichen Kampfe des II. Bataillons 37. Infanterie-Regiments auf dem Wenzelsberge gegen die Brigade Hertwek ist der Kampf der beiden Bataillone des 43. Infanterie-Regiments auf dem Kapellenberge gegen die Brigaden Wimpffen und Knebel gewiß ebenbürtig an die Seite zu stellen.

Ebenso dürften die taktische Ordnung und das Vorgehen der österreichischen Brigaden am Tage von Nachob nicht weniger fest und entschlossen gewesen sein als am Tage von Trautenau. Nun haben wir aber gesehen, daß in Betreff der Allgemeinen strategischen Verhältnisse die Lage des preußischen 5. Korps bei Nachob eine entschieden ungünstigere war, als diejenige des 1. Korps bei Trautenau, und daß andererseits die Grundbedingungen des Gefechts von Nachob dem österreichischen 6. Korps viel mehr Chancen des Erfolges boten als die Grundbedingungen des Gefechtes von Trautenau dem 10. Korps: und trotzdem errangen gerade das preußische 5. und das österreichische 10. Korps am 27. Juni die Siegespalmen!

Sie hatten dies einzig der zweckmäßigen, energischen oberen Führung zu verdanken: ähnlich wie das Garde-Korps bei Soor gegenüber dem österreichischen 10. Korps.

Die Generale v. Steinmetz und v. Gablenz hatten am 27. Juni den festen Willen, ihre in je einer langen, tiefen Kolonne marschirenden, österreichischerseits sogar weit aus einander gerissenen Korps in der Richtung gegen den Feind zu entwickeln. Dieses Ziel immer im Auge behaltend, beschleunigten sie nach Möglichkeit den Marsch der rückwärtigen Truppen und führten sie dann sofort und entschlossen dort in das Gefecht, wo die augenblickliche Gefechtslage deren Eingreifen am bringendsten erscheinen ließ.

Dem entgegen fehlen dem preußischen General-Kommando bei Trautenau und dem österreichischen Korps-Kommando bei Nachob ein gleich festes Ziel und ein gleich klarer Gefechtszweck; man vergißt auf beiden Seiten, daß es — hat man sich einmal mit dem Feinde in einen ernstlichen Kampf eingelassen — vor Allem auf den taktischen Sieg ankommt, und daß dem Sieger die Nebenzwecke als reife Früchte zufallen.

Hätte der General Baron Ramming am 27. Juni nur das eine Ziel im Auge gehabt, das Debouchiren des preußischen 5. Korps zu verhindern, und hätte er dementsprechend alle seine Truppen — die verhältnißmäßig nahe zur Hand waren — energisch und umfassend gegen das Debouchee zum Angriff vorgeführt: so würde er sicher einen großen Erfolg erreicht haben.

Kam es dem General Baron Ramming aber nur darauf an, seine beabsichtigte Stellung bei Skaliz und Kleny einzunehmen: so hätte er besser gethan, dem Kampfe auszuweichen; — er würde jenen Nebenzweck auch erreicht und bedeutend weniger Verluste erlitten haben. — Man schwankte, ergriff halbe Maßregeln und ließ sich dadurch den Erfolg entgehen.

162

Aehnlich ging es dem General v. Bonin. Indem er die Erreichung seines Marschzieles der völligen Auskämpfung des begonnenen Gefechtes nicht opfern wollte und vergaß, daß er erst seine Marschstraße sicherstellen mußte, ehe er an die Fortsetzung des Marsches denken konnte, schwankte er, wohin die Hauptkräfte zu dirigiren seien, ob gegen Süden oder gegen Westen. — Demgemäß fehlte es an Einheit der Handlung und an Festigkeit der Führung, und auch hier war eine Niederlage die Folge.

Bei Soor gab ebenfalls in erster Linie die größere Energie und Entschlossenheit der Führung auf preußischer Seite den entscheidenden Ausschlag.

Durch die Gefechtsdisposition oder durch die ersten Schritte der Gefechtsführung wird in der Defensive die einzunehmende Stellung genau bestimmt und begrenzt, in der Offensive die allgemeine Form des Angriffs gegeben.

Die für die Wahl von Defensivstellungen in früherer Zeit aufgestellten allgemeinen Grundsätze und Gesichtspunkte haben durch die nach allen Beziehungen bedeutend erhöhte Wirkung der modernen Feuerwaffen der Artillerie und Infanterie einige Modifikationen erlitten.

In erster Linie ist hier das Zurücktreten der Bedeutung eines Fronthindernisses hervorzuheben.

Da, wo das Terrain freie Feuerwirkung gestattet und den Gegner zu ungedecktem Vorgehen aus weiter Entfernung zwingt, bedarf man des Fronthindernisses überhaupt nicht mehr. — Unter dieser Voraussetzung dürfte ein rein frontales Vorgehen des Gegners selbst mit bedeutend überlegenen Kräften keine Aussicht auf Erfolg haben, das Vorhandensein eines Fronthindernisses ihm aber Veranlassung bieten, an dieser Stelle dem Kampfe auszuweichen. — Wenn dies den Absichten des Vertheidigers entspricht, wenn also nur Zwecke der reinen Abwehr und des Zeitgewinns vorliegen, dann können allerdings derartige Stellungen gerechtfertigt erscheinen.

Fronthindernisse sind aber stets unbequem und zu vermeiden, sobald man die Absicht hat, nach dem Abweisen der ersten Angriffe des Feindes selbst zur Offensive überzugehen: was überall der Fall sein wird, wo man eine Entscheidung sucht.

Flügel-Anlehnungen an starke Oertlichkeiten oder Terrainhindernisse sind immer noch wünschenswerth. Da aber die Entwickelung der Kultur auf den europäischen Kriegsschauplätzen und die Beweglichkeit der heutigen Heere nur selten brauchbare, d. h. wirklich ungangbare Hindernisse finden lassen, und da Oertlichkeiten gegenüber der überwältigenden Wirkung der Artillerie an Vertheidigungsfähigkeit gegen früher viel verloren haben, erscheint es sehr wichtig, daß derartige Flügelanlehnungen unter Umständen durch die erhöhte Feuerwirkung entbehrlich werden.

Bei freiem Schußfeld wird man heutzutage seine Flanken auch durch Aufstellung von Artillerie und Bereitstellung der andern Waffen sichern können.

Terrainerhebungen mit sanften Böschungen und freiem Schuß=
feld — und seien es auch bloß flache Terrainwellen, insofern sie
nur gestatten, die Reserven verdeckt aufzustellen — werden mit
besonderer Vorliebe von der Defensive aufgesucht werden. Wo
nöthig, wird man sie mittels schnell herzustellender Schützengräben und Geschütz=
Emplacements verstärken, und dürften sie dann den Oertlichkeiten vorzuziehen
sein. — In letzteren sind die freie Beweglichkeit der Truppen, deren Leitung
sowie die Uebersicht bedeutend erschwert, und der Gewinn an Widerstandskraft,
welchen die Festigkeit von Oertlichkeiten bietet, wird gegenüber der Wirkung
eines starken konzentrischen Artillerie=Feuers illusorisch.

Wo Oertlichkeiten innerhalb einer größeren Position liegen,
werden sie immer noch willkommene Stützpunkte sein: ihre frühere
Bedeutung als Brennpunkte selbst großer Entscheidungsschlachten
haben sie aber heutzutage nicht mehr, und kleine Truppenabthei=
lungen werden gut thun, sich auf ihre Feuerkraft zu verlassen
und sich lieber hinter Terrainerhebungen als in Oertlichkeiten
aufzustellen. — Dieselben sind dann weniger der Gefahr aus=
gesetzt, von einem überlegenen Feinde festgehalten, umgangen und
abgeschnitten zu werden.

Durch die erhöhte Feuerwirkung hat naturgemäß vor Allem die Defensive
gewonnen, und kleine Abtheilungen werden nöthigenfalls im Stande sein, auch
größere Terrainstrecken zu besetzen und einem verhältnißmäßig starken Feinde
gegenüber längere Zeit zu behaupten.

Der Zuwachs an Stärke auf Seite der Defensive ist namentlich
überall da von hoher Wichtigkeit, wo es zunächst nicht auf eine Entscheidung,
sondern auf Zeitgewinn, auf Täuschung, Demonstration u. s. w. ankommt: er
darf aber nicht dazu verleiten, den Stellungen eine zu bedeutende
Frontausdehnung zu geben. — Gegenüber dem Streben des Angreifers,
den Vertheidiger über den Hauptangriffspunkt zu täuschen und seine Stellung
zu umfassen, bedarf die letztere einer gewissen Tiefe, und wird man immer
noch daran festhalten müssen, daß man zur hartnäckigen Vertheidigung
einer Stellung je nach der Beschaffenheit des Terrains einer
Besetzung von 5—10 Mann auf jeden Schritt der Front bedarf.

Die Oesterreicher hatten am 28. und 29. Juni bei Skalitz und Schwein=
schädel Defensivstellungen genommen. — An ersterem Tage war dem
Kommando des 8. Korps eine Wahl nicht geblieben: es mußte sich in die
Verhältnisse fügen, wie solche durch den Rückzug des 6. Korps, das von ihm
abgelöst wurde, gegeben waren, und dieses wieder hatte seine Position von der
Erwägung abhängig machen müssen, sich noch vor dem Defilee zu halten, damit
man nicht am nächsten Tage bei der in Aussicht zu nehmenden Offensive
gezwungen war, sich den Uebergang eventuell von Neuem zu erkämpfen und im
Angesichte des Feindes auszuführen.

Hieraus erklärt sich die geringe Tiefe der Stellung von kaum 800 Schritt und die damit verbundene Schwierigkeit, sich Reserven zur schnellen Verwendung nach allen Seiten zurück zu halten. — Bei Schweinschädel betrug dagegen die Tiefe der Position über 2000 Schritt, und konnten hier die Reserven schnell nach den Flanken hingeworfen werden.

In beiden Stellungen kamen 6—7 Mann auf jeden Schritt der Front.

Der rechte Flügel der Skalitzer Position gewann durch ein weites, freies Schußfeld und durch den unmittelbar vor der Front gelegenen hohen, steilen, ein schwieriges Hinderniß bildenden Erdrand eine solche Stärke, daß er vom Feinde nicht angegriffen wurde. Letzterer wandte sich mit aller Macht gegen den linken Flügel. Bei hartnäckigerer Vertheidigung würde es nun angezeigt gewesen sein, mit den auf dem rechten Flügel aufgestellten Truppen und Reserven einen Offensivstoß gegen die linke Flanke des Angreifers auszuführen: hätte man solches aber auch beabsichtigt, so würde das erwähnte Hinderniß diese Bewegung sehr erschwert haben.

Ganz ähnlich lagen die Verhältnisse bei Schweinschädel, wo steile Erdränder vor dem rechten Flügel ebenfalls Offensivbewegungen erschwerten; auch hier griff der Gegner den linken Flügel an.

Die Flankenanlehnungen wurden in beiden Positionen auf den linken Flügeln durch schwierige Terrainhindernisse — die Aupa resp. den Schwarzbach — auf den rechten Flügeln durch Artillerie-Aufstellungen bei freiem Schußfeld gebildet.

Letztere kamen nicht zur Geltung, und die Aupa erwies sich als keine zureichende Anlehnung, da sie von preußischen Umfassungstruppen ohne Vorbereitungen und Schwierigkeiten durchschritten wurde.

Uebrigens kamen die Vortheile beider Stellungen nicht zur vollen Geltung, weil sie — noch mehr in Folge der allgemeinen, strategischen Verhältnisse, als in Folge der feindlichen Waffenwirkung — vorher geräumt wurden.

Bei Trautenau war die Brigade Mondel ebenfalls durch die allgemeine Situation zur Einnahme einer Defensivstellung gezwungen worden, und war es gewiß sehr richtig, daß sich dieselbe in ihrer isolirten Lage nicht dazu verleiten ließ, ihre Kräfte in ein gefährliches Stadtgefecht zu verwickeln, sondern daß sie die Höhen südlich des Ortes besetzte. — Die Stellung hatte ein sehr starkes Fronthinderniß, aber eine mangelhafte Feuerwirkung und keinerlei Flügelanlehnungen: sie mußte daher auch drohender Umfassungen wegen geräumt werden.

Da die preußischen Armee-Korps sich an sämmtlichen Gefechtstagen strategisch wie taktisch in der Offensive befanden, haben wir auf ihrer Seite auch nur vereinzelte defensive Momente; vor Allem bei Trautenau, wo man sich aus dem Angriff in die Vertheidigung werfen ließ, und bei Nachod während der Gefechtseinleitung und bis zum Herankommen und zur Entwickelung der zur Offensive erforderlichen Truppen.

Man nahm in jenen Momenten mehrfach hinter Terrainwellen und Terrainerhebungen mit sanften Böschungen und freiem Schußfelde Stellung, und bewährte sich in diesen die Kraft schnellfeuernder Hinterlader auf das Glänzendste.

Bei Nachod wies das II. Bataillon des Füsilier-Regiments Nr. 37 in seiner Stellung auf dem Plateau den Angriff einer ganzen feindlichen Brigade siegreich zurück, ebenso das Füsilier-Bataillon des 45. Regiments hinter der sanften Terrainwelle südwestlich Alt-Rogniz den ersten Angriff der Brigade Grivicic.

Die beiden ersten Bataillone des 43. Infanterie=Regiments errangen sich, in ähnlicher Stellung auf dem Kapellenberge den Kampf mit zwei feindlichen Brigaden aufnehmend und lange Zeit erfolgreich durchführend, unvergänglichen Ruhm.

Der Werth der Hauptformen des Angriffes — Frontal=Angriff, keilförmiger (durchbrechender) Angriff, Flanken=Angriff und Kombinirung des Frontal= und Flanken=Angriffs durch Umfassung (Ueberflügelung) oder Um= gehung des Feindes — hat sich gegen früher im Wesentlichen nicht geändert; nur sind die Unterschiede noch etwas schärfer hervorgetreten.

Der reine Frontal=Angriff ist der Wirkung der heutigen Feuer= waffen gegenüber auch bei einer sehr bedeutenden Ueberlegenheit kaum noch ausführbar. Selbst ein glücklicher Erfolg würde nur mit unverhältnißmäßigen Opfern zu erkaufen sein, so daß er nur unter ganz besonderen Umständen gerechtfertigt erscheint: — beispielsweise wo es gilt, den Vortheil der Ueber= raschung so schnell als möglich auszubeuten, oder wo das Terrain resp. die kämpfenden Nebenabtheilungen keine andere Form erlauben.

Der keilförmige (durchbrechende) Angriff bietet noch immer Aussicht auf die bedeutendsten Erfolge, da er aber dem Wesen nach den Charakter eines Frontal=Angriffes trägt, wird er nur selten mit Vortheil anzuwenden sein: am häufigsten noch da, wo Lücken in der feindlichen Stellung das Durch= brechen erleichtern.

Der reine Flanken=Angriff war den langen schwerfälligen Linien der Linear=Taktik sehr gefährlich: er hat den tiefen Aufstellungen der heutigen Taktik und der gesteigerten Beweglichkeit der Truppen gegenüber, namentlich in größeren Verhältnissen, nur noch eine untergeordnete Bedeutung und zwar um so mehr, als er meist die eigenen Verbindungen nach rückwärts sehr gefährdet.

Die Kombinirung des Frontal= und Flanken=Angriffs — sei es durch Umfassungen d. h. durch überflügelnde Bewegungen auf dem Gefechts= felde, sei es durch Umgehungen d. h. durch weitere Bewegungen außerhalb des Gefechtsfeldes — erscheint daher unter den heutigen Verhältnissen als das Zweckmäßigste.

In kleineren Verhältnissen bieten Umfassungen, da sie die Rechtzeitigkeit und Gleichzeitigkeit der Handlungen gegen die feindliche Front und Flanke am besten garantiren, die größere Sicherheit des Erfolges, während sie da, wo es sich um Entscheidungskämpfe von Hauptarmeen handelt, zu viel Zeit erfordern und mit den großen Massen zu gefährlich und zu schwierig auszuführen sind.

In diesem Falle wird die Strategie dahin streben, die Massen von ver= schiedenen Richtungen her derartig zu dirigiren, daß sie am Entscheidungstage auf dem Schlachtfelde konzentrisch zusammenwirken können. Es ist dies nicht ohne Gefahr und außerordentlich schwierig, weil nicht nur von genauester Kombination der Raum=, Zeit= und Terrainverhältnisse abhängig, sondern auch durch feind= liche Gegenbewegungen leicht durchkreuzbar. Nur eine sichere, kühne und geniale Führung wird jenes Zusammenwirken erreichen können.

Das Bedenkliche aller Umfassungen und Umgehungen liegt in der Gefahr, getrennt und einzeln geschlagen zu werden. Um dieser Gefahr möglichst vorzubeugen, muß der Feind so lange angängig über die Flankenbewegungen im Unklaren gehalten, also getäuscht und zu dem Zwecke in der Front beschäftigt und festgehalten werden. Der Angriff darf in der Front erst erfolgen, wenn sich die Wirkung der Flankirung zeigt.

Das Beschäftigen und Festhalten des Feindes in der Front und die da=durch zu erreichende Täuschung desselben wird in kleinen Verhältnissen nur durch ein energisches Auftreten der dazu bestimmten Truppen zu erreichen sein; in größeren Verhältnissen genügt häufig die vorbereitende Wirkung der Artillerie, unter Bereithaltung einer angemessen starken Infanterie, da jene den Feind zur Entwickelung zwingen, diese ihn festhalten wird. Man bedenke, daß große entwickelte Massen nur schwer weite Bewegungen ausführen können und nicht im Stande sind, sich jederzeit dem Kampfe zu entziehen.

Die Bewegungen der zur Umfassung bestimmten Truppen müssen dem Auge des Feindes möglichst lange entzogen und in solcher Formation ausgeführt werden, daß man aus ihr schnell die Truppen in der gewünschten Richtung zum Angriff ansetzen und vorführen kann.

Sehr wichtig ist die Bestimmung des Punktes, bis zu welchem die Umfassung ausgedehnt werden soll: er wird durch die Größe der Truppenmassen, durch die Ausdehnung der feindlichen Stellung und unter Umständen auch durch das Terrain bedingt und muß genau und zwar derartig bestimmt werden, daß die gegen Front und Flanke des Feindes dirigirten Truppen jeden Augenblick zusammenwirken können.

Die Wahl des zu umfassenden Flügels hängt ab von der allgemeinen (strategischen) Situation, sowie von Rücksichten auf die Beschaffenheit des Terrains und die Art der Vertheilung der feindlichen Kräfte innerhalb seiner Position.

Am liebsten richtet man den Angriff gegen diejenige Flanke des Feindes, welche seiner Rückzugslinie am nächsten liegt, weil hierdurch im Falle des Ge=lingens der größte Erfolg erzielt werden kann. Es wird daher ein besonders günstiger Umstand sein, wenn die Beschaffenheit des Terrains und die Besetzung auf diesem Flügel resp. in dieser Flanke den Angriff erleichtern. Ist dies nicht der Fall, so wird es meist gerathener sein, sich den taktischen Erfolg auf dem Gefechtsfelde möglichst zu sichern und den andern Flügel der feind=lichen Stellung anzugreifen.

In den Gefechten, welche wir in unseren Wanderungen darstellten, befanden sich die preußischen Korps überall in der Offensive, und überall in ihrem Auftreten bethätigt sich, im Großen wie in den Partialkämpfen, das Streben, den Frontal=Angriff durch Umfassen des Feindes zu erleichtern.

Am wenigsten läßt sich dieses Streben beim 5. Armee=Korps am Tage von Nachod erkennen. Es ist hierbei aber zu bedenken, daß das Korps an diesem Tage noch gar nicht zum Angriff gelangte. Dasselbe hatte nur die feindlichen Angriffe zurückzuweisen und gleichzeitig seine Kräfte zur Entwickelung zu bringen.

Thatsächlich befanden sich bei Nachod die Oesterreicher in der Offensive, sie schrieben dem Gegner das Gesetz vor, und — diesem folgend — mußte derselbe seine successive anlangenden Truppen eben dahin werfen, wo der F.=M.=L. Baron Ramming angriff.

Anders lag es am nächsten Tage, an welchem sich der General v. Steinmetz mit seinem Korps entschieden in der Offensive befand. In der Disposition für den 28. Juni war die Absicht, die feindliche Stellung zu umfassen, klar und bestimmt ausgesprochen. Man rechnete hierbei auf die vom Ober=Kommando versprochene Unterstützung der 2. Garde=Infanterie=Division: aber auch als diese ausblieb, verharrte man bei jener Absicht. Es sollte das rechte Seitendetache= ment zur Avantgarde eine Offensiv=Flanke bilden, d. h. also nichts Anderes als den feindlichen Flügel umfassen, wenn die Avantgarde in der Front angriff. Im Laufe des Gefechtes geriethen jedoch beide Abtheilungen durcheinander und in dieselbe frontale Richtung gegen die feindliche Aufstellung. Da kam der Gedanke der Umfassung des feindlichen linken Flügels durch den Flankenmarsch der preußischen 10. Infanterie=Division von Neuem zum Ausdruck. Dieser Marsch wurde durch geschickte Benutzung des Terrains und unter dem Schutze der in vorderer Linie kämpfenden Truppen dem Auge des Feindes so lange entzogen, bis die Halbbataillone in der neuen Richtung angesetzt waren und zum Angriffe vorgingen. Es ist dies wohl das interessanteste und gelungenste Manöver aller in unseren Wanderungen betrachteten Gefechte.

Daß man den linken feindlichen Flügel umfaßte, war strategisch wie taktisch geboten. Hier lag die Verbindung mit den übrigen Korps der II. Armee — zunächst mit dem Garde=Korps — und hier war die Terraingestaltung für den Angriff am günstigsten, die feindliche Artilleriewirkung am mangelhaftesten und der Rückzug der österreichischen Truppen durch die Nähe des Flusses am meisten gefährdet.

Ebenso war die Ausführung des eigentlichen Angriffes sehr zweckmäßig. Der Kampf um den Eichwald, die Fasanerie und das Försterhaus erscheint nur als Einleitung, denn erst an der Westlisiere der Fasanerie und des Geheges befand man sich der feindlichen Hauptposition gegenüber. Gegen diese erfolgte dann der Angriff in der Front durch das 47. und in der Flanke durch das 6. und 52. Regiment fast gleichzeitig und in unmittelbarstem Zusammenwirken.

Am 29. Juni wollte der General v. Steinmetz sein Marschziel möglichst ohne Kampf erreichen, und kam es ihm nur darauf an, seinen Marsch gegen Neckereien und Belästigungen des Feindes zu sichern. Als sich herausstellte, daß dies ohne Gefecht nicht zu erreichen war, entschloß man sich, den Feind durch einen ener= gischen Angriff aus seiner die eigene Marschstraße bedrohenden Stellung zu vertreiben, und führte es aus durch einen hauptsächlich gegen die feindliche Flanke gerichteten Angriff unter gleichzeitiger Beschäftigung der Front.

Auch an dem unglücklichen Tage von Trautenau bekundete sich das Streben nach Umfassung des Feindes: im Kleinen durch Ueberflügelung der Brigade Mondel von Abtheilungen der preußischen Avantgarde, im Größeren durch das Dirigiren von 8 Bataillonen des Gros in der Richtung auf Hohenbruck und Alt=Rognitz.

Daß hier der Frontal=Angriff ausgeführt wurde, bevor die Bewegung gegen die feindliche Flanke sich geltend machen konnte, lag in den Verhältnissen. Die vom Feinde vollständig überraschte Avantgarde konnte weder thatenlos in Trautenau halten bleiben, sich daselbst vom Feinde beschießen lassen und abwarten, bis das Gros die Aupa überschritten und die schwierigen Berge jenseits derselben erstiegen haben würde, noch mochte und konnte sie unter dem feindlichen Feuer rückwärts gehen. Sie mußte sich eben so schnell als möglich nach der Flanke entwickeln und vorwärts gehen; das lag in der Natur des Renkontres.

Auf österreichischer Seite spricht sich die Tendenz der Umfassung des Feindes viel weniger scharf aus, und werden wir beim Gefecht der Infanterie noch spezieller darauf hinweisen, wie die Brigaden sich durch reine Frontal=Angriffe unnöthige Verluste zuzogen.

Bei Nachod gehen die Brigaden Hertwek, Jonak und Rosenzweig fast rein frontal gegen die preußischen Stellungen vor, und erst im letzten Moment wird die Brigade Waldstätten zur Umfassung des preußischen rechten Flügels gegen die Höhen nördlich Wisokow vorgeschickt. Es war dies in einem Moment, in welchem die drei anderen Brigaden des Korps zurückgeworfen und ernstlich erschüttert waren: also zu spät!

Bei Trautenau befand sich der F.=M.=L. Baron Gablenz anfänglich in der Defensive. Dann wurde ihm durch die Stellung der feindlichen Truppen das Gesetz für die Verwendung der seinigen zunächst vorgeschrieben. Eben dadurch kam er aber in die Lage, den Gegner in seiner letzten Stellung zu umfassen und dadurch zur Aufgabe derselben zu zwingen. Die Entfernungen zwischen den Brigaden, das der Zeit nach weit auseinanderliegende allmälige Eintreffen derselben auf dem Gefechtsfelde, sowie die Unebenheit, Bedecktheit und Durch=schnittenheit des letzteren erschwerten ein zweckmäßiges Zusammenwirken der Brigaden und ein einheitliches, gleichzeitiges Auftreten derselben.

Am Tage von Soor war die ganze Anlage des Marsches des österreichischen 10. Korps derartig, daß man durch einen von verschiedenen Richtungen ein=geleiteten, konzentrischen, gegen Front und Flanke der in der Entwickelung aus dem Defilee befindlichen feindlichen Truppen gerichteten Angriff große und ent=scheidende Erfolge erzielen konnte. Allein man gab von vornherein die Idee des Angriffs auf und suchte dem Kampfe auszuweichen.

Bisher konnten wir nur auf Frontal= und umfassende Angriffe hinweisen: das Gefecht von Soor (Burkersdorf) bietet uns ein interessantes Beispiel eines durchbrechenden Angriffs; denn als solchen müssen wir die Bewegung der 2. Garde=Infanterie=Division v. Plonski betrachten.

Die Entwickelung der 1. Garde=Infanterie=Division und deren Angriff gegen die Stellungen des Feindes bei Burkersdorf und Neu=Rognitz konnten der ganzen Sachlage nach nicht wohl anders als frontal erfolgen. — Nachdem unter dem Schutze dieser Division die 2. Garde=Infanterie=Division sich ent=wickelt hatte und zum Gefecht aufmarschirt war, beabsichtigte man beim preußischen General=Kommando dieselbe hinter dem linken Flügel der vorderen Linie eche=lonirend folgen zu lassen und so eine weitere Umfassung des feindlichen rechten Flügels einzuleiten.

Mancherlei Umstände und Rücksichten veranlaßten eine Aenderung dieser Absicht. Man entschloß sich, die feindliche Stellung in der großen Lücke zwischen den Hauptkräften des österreichischen Korps bei Neu=Rognitz und Burkersdorf und der Brigade Grivicic bei Rudersdorf zu durchbrechen, und dirigirte in diesem Sinne die Division v. Plonski auf Trautenau.

Die Folge dieses Durchbrechens war das vollständige Abschneiden und die Auflösung der Brigade Grivicic; ermöglicht wurde dasselbe aber durch jene Lücke in der Aufstellung der feindlichen Kräfte. — Man fand dort gar keinen Widerstand, und der Zustand der der 1. Garde-Infanterie-Division gegenüberstehenden Truppen ließ eine Offensive von dieser Seite nicht mehr befürchten. Das Durchbrechen war unter diesen Umständen ohne Gefahr.

Im Speziellen sind die Aufgaben der oberen Führung so mannig-facher Art, daß den Kommandirenden größerer Truppenkörper besondere Organe zur Erfüllung derselben beigegeben sind.

Hierher zählen — außer den das taktische Gebiet nur hier und da streifenden Administrationsbranchen — der Generalstab und die Adjutantur, sowie je ein höherer Offizier der Artillerie, des Ingenieur-Korps und zuweilen auch der Kavallerie. — In kleineren Verhältnissen — bei Divisionen und gemischten Detachements — sind die Funktionen der letzteren, auf welche wir bei dem Gefecht der verschiedenen Waffen noch näher eingehen werden, von den Komman-deuren der Truppentheile der betreffenden Spezialwaffen zu übernehmen.

Die Hauptaufgabe der oberen Führung besteht, wie bereits früher angedeutet, darin: unter Festhaltung des Gefechtszweckes und der Einheit der Handlung die verfügbaren Truppen — der Aufstellung des Feindes, den Ver-hältnissen des Terrains und dem Wesen und der Waffenwirkung der verschie-denen Truppenarten entsprechend — zweckmäßig und zeitgerecht zu verwenden; auch sahen wir ferner, einen wie großen Einfluß die klare, zweckbewußte energische und entschlossene obere Führung auf den Ausgang des Gefechtes hat.

Sache derselben ist es, für ein zweckmäßiges Zusammenwirken der verschiedenen Waffengattungen zu sorgen und dieselben daher derartig bereit zu stellen, daß sie überhaupt im Stande sind, am richtigen Orte, zur rechten Zeit und in entsprechender Formation in das Gefecht einzugreifen.

Der Artillerie muß die Möglichkeit gegeben werden, von vornherein in hinreichender Stärke aufzutreten, um die Entwickelung der übrigen Waffen zu sichern, die Kraft des Gegners zu brechen und den Angriff gründlich vor-zubereiten; in der Defensive aber, die Entwickelung des Feindes möglichst zu erschweren und seine Massen derartig mit ihren Geschossen zu überschütten, daß deren Stoß wirkungslos wird.

Die Infanterie ist anzuhalten, nicht früher zum Angriff vorzugehen, bis der Gegner durch das Artilleriefeuer erschüttert ist, und muß diese Waffe derartig in das Gefecht geführt werden, daß die größeren und kleineren Truppenkörper in sich möglichst zusammenbleiben.

Die Kavallerie würde so aufzustellen sein, daß sie dem Auge und der Feuerwirkung des Feindes, soweit nur irgend angängig, entzogen und doch bereit ist, da aufzutreten, wo Terrain und sonstige Verhältnisse es voraussicht-lich erheischen.

Wenn beiden Forderungen nicht entsprochen werden kann, muß die erstere zurücktreten und die Kavallerie in der Form und in einem entsprechenden Wechsel derselben Schutz gegen die Wirkung des feindlichen Feuers suchen.

Die Pioniere dürfen nicht so weit zurückgehalten werden, daß sie ihre Herstellungs-, Zerstörungs- und Verstärkungs-Arbeiten nicht rechtzeitig aus= führen könnten.

Der Einfluß der obersten Führung kann sich aber nicht an jeder Stelle des Gefechtsfeldes und in jedem Moment unmittelbar geltend machen, und wird daher der Erfolg wesentlich abhängen von der Unterstützung, welche sie bei den Unterführern findet.

Die Heranbildung der letzteren muß dem Oberbefehlshaber das Vertrauen und die Ueberzeugung geben, daß seine Befehle in verständnißvoller, energischer und entschlossener Weise ausgeführt werden.

Dies ist aber auch unter der Voraussetzung der tüchtigsten Unterführer nur möglich, wenn denselben klare und bestimmte Befehle ertheilt werden.

Die Tragweite und Trefffähigkeit der modernen Waffen erfordern eine sehr gründliche Ausnutzung des Terrains und wegen der Schwierigkeit von Direktions= veränderungen im feindlichen Feuer die umsichtigsten Anordnungen seitens der Führer beim Ansetzen der Truppen. Es ist daher sehr wünschenswerth, daß der oberste Befehlshaber die Unterführer vor der Ausführung des Angriffs resp. vor dem Erscheinen des Angreifers von einem guten Ueberfichtspunkte aus über die speziellen Aufgaben der einzelnen Unterabtheilungen sowie über deren Verhalten im Allgemeinen und — soweit nöthig — über die Terrainverhältnisse eingehend instruirt.

Die Zeit, welche hierdurch verloren geht, wird sich fast immer bezahlt machen durch die größere Klarheit der Erkenntniß, mit der die Unterführer in das Gefecht eintreten, und durch deren daraus entspringendes sicheres und energisches Auftreten.

Wo eine solche Instruktion mündlich nicht ertheilt werden kann, müssen die Befehle um so bestimmter gefaßt und die erforderlichen Instruktionen durch ent= sprechend qualifizirte Offiziere entweder schriftlich oder mündlich überbracht werden.

Im Angriff muß jeder Unterführer genau wissen: gegen welches Objekt, in welcher allgemeinen Direktion und in welcher Verbindung mit den neben oder vor ihm kämpfenden Abtheilungen er seine Truppe vorzuführen hat, in der Vertheidigung aber: welchen Abschnitt und mit welchem Grade der Hart= näckigkeit er vertheidigen soll.

Im heftigen Wogen des Gefechtes wird es indessen seitens des Höchst= kommandirenden nicht immer möglich sein, die Unterführer mit den erforder= lichen Instruktionen und mit ausreichenden Befehlen über alle obigen Punkte zu versehen: es ist dann Pflicht der Unterführer, sich selbst die nöthige Aufklärung über die Gefechtslage zu verschaffen. — Zu dem Zwecke haben sie entweder persönlich vorauszureiten und zu rekognosziren, oder sie senden Generalstabs=Offiziere, Adjutanten oder sonstige berittene Offiziere nicht nur nach dem Punkte voraus, wohin der allgemeine Befehl ihre Abtheilungen dirigirt, sondern auch nach den nebenliegenden Abschnitten, um sich auf diese Weise ein möglichst klares Bild von der Situation in der Gefechts= linie zu verschaffen.

Haben die Unterführer ein solches Bild gewonnen, so wird es ihnen nicht schwer werden, auf Grund ihrer allgemeinen Kenntniß der Verhältnisse und der ihnen speziell zugegangenen Befehle die zweckentsprechendsten Maßregeln zu ergreifen.

Da, wo man sich nach der angedeuteten Beziehung Versäumnisse zu Schulden kommen läßt, wo die Unterführer nicht ausreichend über die Situation orientirt oder gedrängt und zur Ueberstürzung verleitet werden, wo dieselben blind dem Triebe nach vorwärts oder irgend einer andern Anregung nachgeben: sind Aus= einanderreißungen und Durcheinanderwürfelungen der Truppen sowie große Verluste durch mangelhafte Ausnutzung des Terrains und unzweckmäßiges Eingreifen der Unterstützungen unvermeidlich.

Die Erkenntniß von der Nothwendigkeit des Zusammenwirkens der verschiedenen Waffengattungen seitens der oberen Führung tritt uns auf unseren Wanderungen über die verschiedenen Gefechtsfelder überall in dem Streben der Kommandeure entgegen, die Spezialwaffen möglichst früh zur Stelle zu bringen.

Welche Hindernisse ihnen nach dieser Beziehung durch die Mängel der usuellen Marschordnung entgegentraten, wurde bereits früher hervorgehoben; — außerdem liegt in der Natur der Renkontres eine Beschränkung der freien, zweckmäßigen Verwendung der Waffen: man wird oft gezwungen, die Waffen in das Gefecht zu führen, welche zur Hand sind, und der höhere Gefechtszweck erlaubt nicht immer, die Wirkung der Spezialwaffen gründlich auszubeuten.

Auf preußischer Seite ist im Kriege 1866 der Artillerie vielfach der Vorwurf gemacht worden, daß sie die Angriffe der Infanterie nicht in aus= reichendem Maße unterstützt habe, worauf jene unter Hinweis auf die qualitative Ueberlegenheit der feindlichen Artillerie mit der Entgegnung antwortete, daß die Infanterie zu frühzeitig, ohne die Wirkung der Batterien abgewartet zu haben, zum Angriff vorgegangen sei. — In beiden Behauptungen liegt viel Richtiges.

Wenn dem entgegen die Unterstützung der österreichischen Infanterie durch ihre Artillerie als eine besonders zweckmäßige und erwähnenswerthe hervorgehoben wird, so ist dies im Allgemeinen zweifellos anzuerkennen, ins= besondere da, wo man sich in der Defensive befand, was meistens der Fall war.

In Betreff der Vorbereitung der Infanterie=Angriffe meinen wir aber, daß dieselbe auch auf österreichischer Seite keineswegs immer eine gründ= liche und ausreichende gewesen ist. Gerade die Oesterreicher waren aber der großen Ueberlegenheit der preußischen Infanterie=Feuerwaffe gegenüber darauf hingewiesen, diese Ueberlegenheit durch einen möglichst ausgiebigen Gebrauch der Artillerie vor Ausführung des Angriffs mit der Infanterie zu paralysiren.

Bei Trautenau wurden sowohl die Angriffe der Brigaden Wimpffen und Knebel auf den Kapellenberg, wie auch der Angriff der Brigade Grivicic gegen die Anhöhe bei Alt=Rognitz nicht nur in Betreff der Zeitdauer, sondern auch in

Betreff der Entfernung des Artilleriefeuers nur in ungenügender Weise vor=
bereitet. — Wenn uns bei den Angriffen der Brigaden Hertwek, Jonak und
Rosenzweig am Tage von Nachod ein ähnlicher Mangel an Vorbereitung durch
die Artillerie entgegentrat, so erscheint dieser entschuldigt durch die allgemeine
Gefechtslage, welche auf ein schnelles, rücksichtsloses Handeln hindrängte.

Die Kavallerie finden wir seitens der preußischen Führung an allen
Gefechtstagen zum schnellen Eingreifen bereitgestellt, wogegen auf österreichischer
Seite bei Nachod wie bei Schweinschädel Versäumnisse nach dieser Beziehung
kaum in Abrede zu stellen sein dürften.

Am mangelhaftesten erscheint das Zusammenwirken der Waffen
auf preußischer Seite während der Verwickelung und Entscheidung des Gefechtes
am Tage´ von Trautenau, obgleich hier die obere Führung schon im Moment
des Gefechtsbeginnes im Thalkessel bei Parschnitz alle Waffen zum schnellen Ein=
greifen bereitgestellt hatte. — Wenn nun trotz dieses günstigen Umstandes die
Infanterie im Süden der Stadt fast ganz ohne Unterstützung von Artillerie
und Kavallerie verblieb, so dürfte die Schuld daran nicht allein dem Höchst=
kommandirenden, sondern auch den zu seiner Unterstützung bestimmten oberen
Führern der Spezialwaffen zuzumessen sein.

Die Unterstützung der oberen Führer durch ihre Unterführer
war im Allgemeinen in den höheren Instanzen auf beiden Seiten eine zweck=
entsprechende, dagegen fehlte sie österreichischerseits bei den unteren Führern der
Kompagnien, Bataillone, zum Theil auch der Eskadrons, Batterien und der
Regimenter. — Bei den preußischen Korps legten auch diese unteren Führer
durchgängig Intelligenz, Gewandtheit, Verständniß der Situation und Ent=
schlossenheit an den Tag, und entsprang daraus eine entschiedene taktische Ueber=
legenheit über den Feind.

Die kommandirenden Generale des preußischen 5. und Garde=Korps wurden
durch ihre Divisions= und Brigade=Kommandeure in ausgezeichneter Weise unter=
stützt, so daß bei ersterem den thatkräftigen selbstständigen Entschlüssen des Kom=
mandeurs der 10. Infanterie=Division sogar an allen 3 Gefechtstagen — bei
Nachod, Skalitz und Schweinschädel — ein entscheidender Einfluß auf den glück=
lichen Gang der Gefechte vindizirt werden muß. Weniger glänzend tritt beim
preußischen 1. Korps die Unterstützung der oberen Führung hervor.

Auf österreichischer Seite muß den Brigade=Kommandeuren Entschlossenheit
und Energie im Vorführen ihrer Truppen entschieden und durchgängig zugestanden
werden, dagegen läßt sich nicht überall ein richtiges Verständniß der allgemeinen
Situation erkennen. Wir erinnern hier an das Vorgehen der Brigaden Fragnern
und Kreyssern bei Skalitz und der Brigaden Jonak und Rosenzweig bei Nachod,
sowie an das zu lange Festhalten von Schweinschädel. — Die erfolgreichste
Unterstützung fand der Feldmarschall=Lieutenant Baron Gablenz an seinen
Brigade=Kommandeuren bei Trautenau: aber auch hier dürfte von einem höheren
Standpunkte gegen die Führung der Brigaden Manches einzuwenden und der
Erfolg vor Allem der Entschlossenheit und Energie des Vorgehens an sich und
den Fehlern des Feindes zuzuschreiben sein. — Wenn übrigens am 28. Juni
bei Soor dieselben Brigade=Kommandeure weniger hervortraten, so lag dies
vorwiegend in den bestimmten, hemmenden Befehlen des Korps=Kommandos.

Die auf preußischer Seite mehrfach hervorgetretenen Durchein=
anderschiebungen der Truppen fanden zum Theil ihre Erklärung und Recht=

fertigung in der allgemeinen Gefechtslage, so bei Nachod und in der Einleitung bei Trautenau; zum Theil mußten wir sie aber auch zu unbestimmt gegebenen Befehlen und verabsäumten Rekognoszirungen seitens der Unterführer zuschreiben. — Es gilt dies beispielsweise in Betreff des Gefechts um die Fasanerie und das Försterhaus bei Skalitz, wo den Unterabtheilungen keine bestimmten Angriffs= objekte und Angriffswege angewiesen und die Unterstützungen ohne Nothwendig= keit in die vordere Gefechtslinie hineingeworfen wurden, sowie ferner in Betreff des Kampfes der Bataillone des preußischen 1. Korps südlich Trautenau. Die Unebenheit, Durchschnittenheit und Bedecktheit des Terrains hätte gerade hier darauf hinführen müssen, bei Festsetzung der Angriffsobjekte und Angriffswege genau zu verfahren und lieber einige Minuten mit einer eingehenden Instruktion der Unterführer zu opfern. — Bei Burkersdorf würde man auch vielleicht das schließliche Durcheinander in den Waldparzellen südlich dieses Ortes haben ver= meiden können, wenn man den zur Unterstützung der Avantgarde heranrückenden Bataillonen bestimmte Objekte und Wege zum Vorrücken, und zwar mehr süd= lich, angewiesen hätte.

Auf österreichischer Seite trat uns ein Mangel an bestimmten und klaren Befehlen besonders bei Skalitz entgegen, aber auch die geringe Wirkung der drei Bataillone der Brigade Knebel, welche an demselben Tage in die Waldungen südöstlich Neu=Rognitz hineingeworfen wurden, muß auf diesen Grund zurück= geführt werden.

Einmal zum Angriff entschlossen, ist derselbe so stark als möglich und unter Vermeidung aller halben Maßregeln mit Energie auszuführen.

Es ist Sache der oberen Führung, den Moment zum Angriff richtig zu erkennen und zu bestimmen.

Man hat zu bedenken, daß eine Wiederholung des Angriffs mit denselben Truppen im Hinblick auf die heutige Waffenwirkung kaum möglich ist, und darf daher, wo es gilt, die Entscheidung herbeizuführen, keine Truppen für obigen Zweck oder zur Aufnahme eines vorderen Treffens zurückhalten; auch folgt hieraus, daß zu Nebenzwecken — Demon= strationen, Scheinangriffen — immer möglichst wenige Kräfte zu verwenden sind.

Nur wenn man durch Einsetzen der vollen Kraft die Zuversicht der Truppen hebt, wird man auf Erfolg rechnen können. Ein solcher erscheint aber selbst bei bedeutender Ueberlegenheit der mörderischen Wirkung der Waffen des Feindes gegenüber sehr fraglich, so lange letzterer nicht durch eine gründliche Vorbereitung erschüttert ist. — Es genügt hierzu das vorbereitende Feuer der Artillerie nicht allein, sondern bedarf es der weiteren Vorbereitung durch intensives Infanteriefeuer.

Die Infanterie ist daher bis auf günstige Entfernungen an die feindliche Stellung heranzuführen, und erst wenn sie gewirkt und den Feind in sichtbarer Weise erschüttert hat, wenn die Wirkung der Umfassung sich geltend macht, wenn man vielleicht günstige Punkte gewonnen hat, hinter denen die heran= gezogenen rückwärtigen Truppen sich gedeckt formiren können u. s. w., darf man zum entscheidenden Angriff vorgehen. Derselbe muß auf der ganzen Angriffsstrecke möglichst gleichzeitig erfolgen.

In der Vertheidigung sind die Truppen möglichst lange verdeckt und intakt zusammen zu halten, um sie, den Maßregeln des Angreifers entsprechend, nach allen Richtungen verwenden zu können und die für eine gute Feuer=wirkung nothwendige Kaltblütigkeit zu bewahren.

Auch hier sind rückwärtige Aufnahmestellungen grundsätzlich zu ver=meiden, und ist möglichst die ganze Kraft der Vertheidigung in der gewählten Hauptposition zu konzentriren.

Vorgeschobene Stellungen — Avantgarden = Positionen — werden vielleicht nicht immer vermieden werden können: sie müssen aber so schwach besetzt werden, wie es der zu erreichende Zweck nur immer erlaubt. Derartige Stellungen sind, wenn nicht vermeidbar, als ein nothwendiges Uebel zu betrachten; — sie tragen die Gefahr in sich, daß entweder der Feind mit den sich zurück=ziehenden Truppen an die Hauptstellung ziemlich gesichert heran=, vielleicht sogar in dieselbe hineinkommt, oder daß das Gefecht sich vor der eigentlichen Position abspielt. — Genaue Instruktionen der Befehlshaber in solchen vorgeschobenen Positionen über Zweck der Detachirung, sowie über Zeitmoment und Richtung des Rückzuges sind durch=aus nothwendig; ebenso müssen die höheren Truppenbefehlshaber in der Hauptstellung hierüber orientirt sein, damit sie sich nicht zu falschen Maßregeln verleiten lassen. In kleineren Verhält=nissen muß man sich fragen, ob die durch solche Stellungen erstrebten Zwecke nicht durch vorgeschobene Beobachtungstrupps erreicht werden können.

Die Vertheilung der Kräfte in der genommenen Stellung hängt ab: von dem wahrscheinlichen Angriffspunkte und damit zugleich vom Terrain, dessen Gestaltung nicht nur auf die Wahrscheinlichkeit des Angriffs und auf die Waffenwirkung, sondern auch auf die Wahl des eigenen Offensiv=feldes von wesentlichem Einfluß ist.

Eine Vertheidigung, die mehr als Zeitgewinn und Orts=behauptung erreichen will, darf den Gedanken an die eigene Offensive nie verlieren und muß, um diese mit möglichst starken Kräften ausführen zu können, überall da, wo sie nur abwehren will, und wo das Terrain oder die allgemeine Situation einen Angriff unwahrscheinlich machen, so wenig Truppen als angängig verwenden.

Das Hauptmittel, sich den Einfluß auf den Gang des Gefechtes zu wahren, bleiben für den Höchstkommandirenden die Reserven, welche entweder durch die Gefechts=Disposition oder in kleineren Verhältnissen durch den Befehl bestimmt werden.

Die Reserven stehen zur ausschließlichen Verfügung des Höchstkomman=direnden, der dieselben möglichst lange intakt erhalten und darüber wachen lassen muß, daß sie nicht wider seinen Willen in den Kampf hineingezogen werden. In kritischen Momenten darf sich die obere Führung aber auch nicht scheuen, die ganze Kraft der Reserven zur Ueberwindung des letzten feindlichen Wider=standes, zur Herstellung des Gefechtes oder zur Sicherung des Rückzuges aktiv einzuſetzen. — Dieſe Reſerven in Aufnahmeſtellungen zu verwenden, iſt grundſätzlich zu verwerfen, da das Gefecht nur ſelten in ihnen wieder zum Stehen kommt und man durch Verwendung der Reſerven in vorderer Linie den Rückzug vielleicht unnöthig gemacht hätte.

Wo indeſſen der Rückzug durch ſchwierige Defileen geht, und wo die Ver= theidigung nur auf Zeitgewinn abzielt, alſo keine Entſcheidung beabſichtigt, der= ſelben vielmehr im Hinblick auf die allgemeine Lage oder die Stärkeverhältniſſe auszuweichen ſucht, wird man Aufnahmeſtellungen mit den Reſerven nicht immer vermeiden können.

Der öſterreichiſchen Führung iſt in früheren Kriegen vielfach der Vor= wurf gemacht worden, ſich durch Zurückhaltung von Truppen in Aufnahme= ſtellungen da, wo die Entſcheidung lag, geſchwächt und auf dieſe Weiſe ihre Niederlagen ſelbſt herbeigeführt zu haben.

In den dargeſtellten Gefechten treten uns zwar ähnliche Erſcheinungen ent= gegen, doch ſehen wir andererſeits auch, wie die letzten Reſerven im kritiſchen Momente zum Angriff vorgeführt werden.

Am Tage von Trautenau wird von der Brigade Mondel die Batterie mit 1 Bataillon und ½ Eskadron ganz unnöthigerweiſe in einer Aufnahme= ſtellung zurückgehalten, trotzdem die Artillerie aus der Hauptpoſition gegen die überraſchten Marſch=Kolonnen des Feindes eine vorzügliche Wirkung gehabt hätte und der Rückzug der Brigade ganz ungefährdet war. — Das von dem F.=M.=Lt. Baron Gablenz beabſichtigte und nur durch den kühnen Entſchluß des Brigade=Kommandeurs vereitelte Zurückhalten der Brigade Knebel — trotz= dem die Brigade Mondel für alle Eventualitäten bereit war — gehört ebenſo= wohl hierher, wie das Zurückhalten der 2. Treffen der Brigaden Wimpffen und Grivicic bei ihren erſten Angriffsverſuchen gegen die preußiſchen Stellungen auf dem Kapellenberge und auf den Höhen von Alt=Rognitz.

Ein unzureichender Gebrauch der Reſerven iſt ferner in dem Auftreten der Brigade Schulz bei Skalitz zu konſtatiren: man ſchickte dieſelbe, bevor ſie einen Schuß gethan hatte, über die Aupa zurück, während es galt, durch die= ſelbe Skalitz beſetzen und zur Sicherung des Rückzuges der übrigen Theile des Korps die Diviſion Kirchbach aufhalten zu laſſen. — Zur Sicherung des ſchließlichen Abzuges dieſer Brigade konnte auf dem andern Flußufer eine namentlich an Artillerie ſtarke Aufnahmeſtellung genommen werden.

Am 28. Juni wurde bei Soor die Brigade Wimpffen zu einer Zeit in eine weit zurückgelegene Aufnahmepoſition nach Altenbuch disponirt, wo dieſelbe durch ein gemeinſchaftliches Vorgehen mit der Brigade Mondel dem Gefecht eine ganz andere Wendung geben konnte. — Anzuerkennen iſt dagegen das kühne Einſetzen auch der letzten Brigade — Waldſtätten — ſeitens des 6. Korps am Tage von Nachod: nur war der richtige Moment nach unſerer Anſicht verpaßt worden.

Auf preußiſcher Seite wurden beim 5. und Garde=Korps, wo nöthig, alle Truppen in das Gefecht gebracht, wohingegen beim 1. Korps die Reſerven ebenfalls in nicht ausgiebiger Weiſe verwendet und Aufnahmeſtellungen genommen wurden. — Hierzu rechnen wir vor Allem die ſchon beim Beginn des Gefechts befohlene Maßregel, die Kommandeur=Höhe durch einen Theil der Reſerve=

Artillerie unter dem Schutze von einem Bataillon und einem ganzen Kavallerie=
Regiment zu besetzen; ferner die zu späte und unzulängliche Verwendung der
Reserve=Kavallerie, sowie der ganzen im Thalkessel bei Trautenau noch verfüg=
baren Infanterie und des größten Theils der Reserve=Artillerie, als es am
Nachmittage galt, sich unter allen Umständen den Besitz der Höhen südlich der
Stadt zu sichern. — Man beorderte allerdings die 4½ Bataillone der Reserve=
Infanterie noch rechtzeitig dorthin: aber diese Kräfte waren zu schwach und
wurden in getrennten Stellungen verwandt, von denen die rückwärtige
ebenfalls den Charakter einer Aufnahmestellung trug.

Die Angriffe der österreichischen Infanterie=Brigaden erfolg=
ten meist ohne gründliche Vorbereitung und Erschütterung des
Feindes. — Wir weisen hier auf die Angriffe der Brigaden Wimpffen und
Grivicic resp. Jonak und Rosenzweig am 27. Juni hin. Ferner hätten diese
Angriffe sowohl bei Nachod wie bei Trautenau in engerem Zusammen=
hange und mehr gleichzeitig erfolgen können, wodurch man dort einen
besseren Erfolg erreicht, hier einen Theil der erlittenen Verluste gespart haben würde.

Auch preußischerseits ließ man sich nicht immer die wünschens=
werthe Zeit zur Vorbereitung des Angriffes, und dieser selbst
wurde nicht an allen Punkten gleichzeitig ausgeführt: doch lag dies
an den Gefechtstagen bei Nachod, Trautenau und Soor in den allgemeinen
Verhältnissen, welche dazu zwangen, die successive herankommenden Truppen
sofort zu verwenden, um sich in den gewonnenen Stellungen vor den Defileen
zu behaupten und allmälig den zur Entwickelung der hinteren Truppen erforder=
lichen Raum zu gewinnen.

Bei Skalitz wurden zwar sowohl zum Angriff der Fasanerie und des Förster=
hauses, wie später zum Angriff der Hauptstellung vollständig ausreichende Kräfte
gleichzeitig und umfassend vorgeführt, aber die Vorbereitung durch Artillerie
konnte als keine ausreichende bezeichnet werden. — Der Angriff auf Schwein=
schädel hätte ebenfalls gründlicher vorbereitet und weniger eilig ausgeführt
werden können, wodurch man wahrscheinlich dasselbe Resultat mit geringeren
Opfern erreicht haben würde.

Größere Defensivstellungen wurden österreichischerseits bei
Skalitz und Schweinschädel, preußischerseits in den besprochenen Gefechten gar
nicht genommen.

Bei Skalitz mußte das 8. österreichische Korps, welches in der Dunkelheit
das 6. Korps ablöste, die Verhältnisse so nehmen, wie sie von letzterem nach
dem Gefecht bei Nachod im Sinne einer reinen Abwehr eingeleitet waren,
und der Befehl zum Abzuge seitens des Ober=Kommandos lähmte die Kraft
des Widerstandes: man wird daher dem Korps=Kommando keinen Vorwurf
daraus machen können, daß weder die Besetzung der Position, noch die Führung
der Vertheidigung ganz zweckmäßig und energisch genug waren.

Hätte man eine energische Vertheidigung der Stellung beabsichtigt und eine
wenn auch nur partielle Entscheidung an diesem Punkte gesucht — was eben der
allgemeinen Situation nach nicht der Fall war — dann durfte man seinen linken
Flügel nicht weiter als bis höchstens zur Kuppe 840 ausdehnen und mußte
ihn durch eine starke, auf dem rechten Aupa=Ufer etablirte Artillerie=Aufstellung
sichern, sowie die in der Stellung disponibel werdende Infanterie nebst der
Kavallerie=Division als Offensiv=Flügel zwischen dem Südrand des Plateaus von

Skaliß und Spitta aufstellen, um von hier aus die preußischen Angriffe in die Flanke zu fassen und zum Stehen zu bringen.

Bei Schweinschädel entsprach die tiefe, konzentrirte Aufstellung des öster= reichischen 4. Korps durchaus den Terrainverhältnissen, und wurde die Räumung der Stellung mehr durch die allgemeinen Verhältnisse als durch die Waffen= wirkung des Feindes herbeigeführt.

Der Nachtheil vorgeschobener Abtheilungen, über deren Bestimmung überdies die in der Hauptstellung kommandirenden Befehlshaber nicht ausreichend instruirt waren, trat uns in sehr auffallender Weise bei Skaliß entgegen. — Diesem Umstande mußte es zugeschrieben werden, daß sich der Hauptkampf nicht in, sondern vor der Stellung des österreichischen 8. Korps unter sehr un= günstigen Verhältnissen für Letzteres abspielte, und daß die nicht zu verkennenden Vorzüge dar Hauptposition in Folge dessen gar nicht zur Geltung kamen.

Vorgeschobene Beobachtungsposten würden zur Rekognoszirung des feind= lichen Anmarsches genügt haben.

Eine ebenso wichtige als schwierige Aufgabe der oberen Füh= rung liegt in der Bestimmung der ferneren Ziele nach Abwickelung eines Gefechtsmomentes. — Dem Höchstkommandirenden geht dann viel= fach die Uebersicht im Terrain und bei Mangel an ausreichenden Meldungen die entsprechende Kenntniß der Verhältnisse in der vorderen Linie verloren, er schwebt mehr als zuvor in Unsicherheit und im Dunkeln, und nur zu häufig wird in einem solchen Falle gar nichts befohlen. Man läßt die Truppen selbst handeln, und es ist natürlich, daß alsdann die räumliche und zeitliche Einheit der Handlung verloren geht und der Erfolg mehr oder weniger dem Zufall anheimgestellt wird.

Hat man bestimmte Terrainabschnitte und Oertlichkeiten gewonnen, so gilt es als Regel, mit den betreffenden Truppen bis zur jenseitigen Grenze derselben vorzurücken, dort aber sich wieder zu sammeln und festzusetzen. — Die schnelle Herstellung der Ordnung wird unter solchen Umständen nur durch die Bemühungen der Komman= deure aller Grade möglich sein, welche danach zu streben haben, ihre Leute um sich zu sammeln und in die größeren und kleineren taktischen Verbände wieder einzufügen. — Friedensübungen müssen Offiziere und Mannschaften an schnelles Auseinanderwirren durcheinander gerathener Truppen gewöhnen.

Ist eine zweite, mit frischen feindlichen Truppen besetzte Stellung zu nehmen, und gelang es nicht, mit den Geworfenen zugleich in dieselbe einzudringen, so muß der neue Angriff mit derselben Gründlichkeit und unter Ausnutzung aller Terrain= vortheile vorbereitet und ausgeführt werden wie der erste. — Es wird dies meist durch die heranrückenden hinteren Treffen und Reserven zu ge= schehen haben, und ist daher, wie bereits oben erwähnt, die Orientirung der Führer dieser Truppen über die Gefechts= und Terrain=Verhältnisse von außer= ordentlicher Wichtigkeit. — Vortheilhaft ist es, wenn diese zweite Linie nicht oder doch nur zum Theil durch die vordere, sich retablirende Linie hindurch zu gehen braucht: um in diefer die Herftellung der Ordnung nicht zu ftören und nicht Theile derfelben mit fortzureißen. Hatte die vordere Linie bei Einnahme des erften Angriffs-Objektes keinen heftigen Widerftand gefunden und befindet fie fich noch in taktifcher Ordnung, fo ift es zweckmäßig, mit ihr — fo weit nöthig von rückwärts her verftärkt — auch den zweiten Angriff auszuführen.

Schwieriger liegen die Verhältniffe, wenn es den vorderen Truppen nicht gelang, ihre Aufgabe zu löfen, wenn alfo der Angriff zurückgewiefen wurde, oder die zu vertheidigende Stellung aufgegeben werden mußte. — Unter der mörderifchen Wirkung der heutigen Feuer= waffen ift die Löfung der taktifchen Ordnung bei den geworfenen Truppen unvermeidlich, und nur in einer guten Pofition mit feften Stützpunkten oder mittelft eines gegen die Flanken des nachfolgenden Feindes gerichteten Offenfivftoßes wird man den Strom der Weichenden zum Stehen bringen.

Es wird unter fo ungünftigen Verhältniffen immer der ganzen Energie der Führer bedürfen, die Zurückgehenden feftzuhalten, fowie die taktifche Ord= nung und die geftörten Kommandoverhältniffe wieder herzuftellen und fo die regellofen Haufen zur Ausführung neuer Aufgaben verwendbar zu machen.

Das Durchgehen eines zweiten Treffens auf freiem Felde durch ein geworfenes erftes Treffen hindurch dürfte unter heutigen Ver= hältniffen kaum noch möglich fein.

Bei Trautenau ging dem preußifchen General=Kommando nach der Einnahme des Kapellenberges der Ueberblick offenbar verloren: man überließ die Truppen fich felbft, und die Folge davon war eine übermäßige Ausdehnung fowie vielfache Durcheinanderfchiebungen derfelben.

Nur weil man bei dem fchwachen Feinde keinen Widerftand fand, gelang es, einen verhältnißmäßig großen Terrainabfchnitt zu nehmen. — Bei Hohenbruck und Alt=Rognitz angelangt, erlahmte die Stoßkraft der ermüdeten, von den an= deren Waffen fo gut wie gar nicht unterftützten Infanterie. Die Kommandeure bemühten fich zwar, die Ordnung herzuftellen, doch fcheint ihnen dies nicht überall gelungen zu fein, jedenfalls blieben die höheren taktifchen Verbände zerriffen. Es trat eine gewiffe Apathie ein, in der vorderen Linie wußte Niemand, was weiter zu thun fei, zur Aufklärung der Situation fehlte es an Kavallerie, die Truppen fchmachteten nach Waffer und Ruhe und dachten daran, fich zum Bivouak einzu= richten, während auch viel weiter rückwärts bei Trautenau vorgefandte Bataillone Feldwachen ausfetzten, in der Stadt dagegen der Befehl zum Vormarfch auf Pilnikau ausgegeben wurde.

Unter folchen Verhältniffen gelangen denn auch die vereinzelten Angriffe der öfterreichifchen Brigaden, was bei Herftellung der taktifchen Ordnung und bei fefter einheitlicher Leitung der vorderen Truppen fchwerlich der Fall gewefen wäre.

Auf ihrem Rückzuge fanden die Letzteren Halt, Schutz und Aufnahme an der guten Pofition der Referve=Infanterie.

Diefe Pofition wurde demnächft durch die Brigaden Wimpffen und Knebel angegriffen, bei welcher Gelegenheit die letztere Brigade allerdings durch die geworfene Brigade Wimpffen hindurchging. Es gefchah dies indessen außerhalb der Feuerwirkung des Feindes, der keine Artillerie hatte und selbst verhältnißmäßig sehr schwach war, und nachdem die Bataillone der vorderen Brigade wieder einigermaßen gesammelt waren: wir haben es also hier mit einem ganz neuen Angriff zu thun.

In den Gefechten bei Nachod und Skaliß hatten die öster= reichischen resp. preußischen Truppen der vorderen Gefechtslinie dort das Wenzelsberger Plateau mit den darauf gelegenen Oertlichkeiten, hier den Eichwald, die Fasanerie und das Försterhaus genommen und an der jen= seitigen Lisiere desselben resp. auf dem Plateaurande Stellung genommen. Die Truppen wurden daselbst nach Möglichkeit geordnet.

Die nächste Aufgabe bestand dort wie hier in der Fortnahme der hinter dem ersten Abschnitt gelegenen Stellungen des Feindes: dort der starken Position bei Skaliß, hier der verhältnißmäßig schwach besetzten Stellung der preußischen Avantgarde im Brankawalde. — Wie wurden diese Aufgaben gelöst?

Beim preußischen 5. Korps ließ man die noch verfügbaren Truppen, aus einer ganzen Infanterie=Division bestehend, durch das Terrain gedeckt hinter der vorderen Gefechtslinie, dieselbe behufs Umfassung des Feindes mit einer ganzen Brigade rechts debordirend, zum Gefecht aufmarschiren und demnächst gleichzeitig und umfassend die feindliche Position angreifen. — Dies inter= essante Manöver wurde unter persönlicher Leitung des Divisions=Kommandeurs mit einem klaren, bestimmten Gefechtsziel in guter taktischer Ordnung ausgeführt und hatte vollständigen Erfolg.

Beim österreichischen 6. Korps fehlte eine gleich klare Uebersicht über die Gesammt=Situation und ein daraus sich ergebendes einfaches, bestimmtes Gefechtsziel. — Die Reserven der Infanterie — Brigade Waldstätten, Regiment Gondrecourt — wurden nicht herangeführt, sondern es brachen nach Entwickelung des Kavallerie=Gefechtes zwischen Wijokow und dem Wäldchen einige vereinzelte Abtheilungen aus der Lisiere des Wäldchens gegen die feindlichen Stellungen vor, zu deren Unterstützung später 2 Bataillone der Reserve, ebenfalls vereinzelt, avancirten, während das ganze Centrum und der rechte Flügel der Linie sich nicht rührten. — Die Folgen dieses, der einheitlichen Leitung gänzlich ent= behrenden Angriffs waren das Vorbrechen des Feindes aus seiner Stellung und die sich bald daran schließende Wiedernahme der ihm verloren gegangenen Oertlichkeiten auf dem Plateau.

Dem oben erwähnten interessanten Manöver der Division Kirchbach kann die Bewegung der Division Plonski am Gefechts= tage von Soor zur Seite gestellt werden.

Nachdem die Division Hiller sich entwickelt und mit der Fortnahme von Burkersdorf und den anliegenden Oertlichkeiten die nächste Gefechtsaufgabe erfüllt hatte, zur weiteren Aktion aber der Herstellung der taktischen Ordnung und einiger Ruhe bedurfte: kam es darauf an, für die Division Plonski die nächste Gefechtsaufgabe zu stellen.

Anfänglich beabsichtigte das preußische General=Kommando, diese Division umfassend gegen den rechten Flügel des Feindes zu dirigiren und den Letzteren in der Richtung des Vorgehens der Avantgarde weiter zurückzuwerfen.

Rücksichten auf das schwierige Terrain, in welches man in Verfolgung dieser Idee gerathen mußte, sowie auf eine direkte Oeffnung des Trautenauer Defilees für das 1. Korps und ein demnächstiges Zusammenwirken mit diesem und endlich Rückſicht auf das hitziger werdende Gefecht bei Rudersdorf veranlaßten demnächſt das General-Kommando, für die Diviſion Plonski eine Schwenkung anzuordnen und dieſelbe auf Trautenau zu birigiren. — Die unmittelbare Folge dieſes Manövers war das vollſtändige Abſchneiden der Brigade Grivicic.

In derartigen, von einem einfachen klaren Gedanken getragenen und einen beſtimmten Gefechtszweck verfolgenden Bewegungen der großen Truppenkörper, ſowie in der geordneten Ausführung der= ſelben dokumentirt ſich die Genialität, das Talent und die Sicher= heit der oberen Führung, und auf dieſen Elementen noch viel mehr als auf der Selbſtſtändigkeit und Intelligenz der Bataillons= und Kompagnie=Kommandeure — **Faktoren, die man heutzutage aller= dings nicht entbehren kann** — beruht der glückliche Ausgang größerer Gefechte und der Schlachten. — Es iſt daher ganz ein= ſeitig, die preußiſchen Siege des Jahres 1866 in erſter Linie den letztbezeichneten Faktoren zuzuſchreiben.

Selbſt in dem unglücklichen Gefecht bei Trautenau tritt uns in der Dirigirung von 8 Bataillonen gegen die Flanke einer in der Front von gleich ſtarken Kräften beſchäftigten feindlichen Infanterie=Brigade ein derartiger ſelbſtſtändiger, zweckbewußter Gedanke der oberen Führung entgegen, und würde auch er zu einem glücklichen Erfolge geführt haben, wenn man ihn energiſcher verfolgt hätte.

Wir meinen, daß in ſolchen Bewegungen die Ueberlegenheit auch der oberen Gefechtsführung auf preußiſcher Seite gegenüber der öſterreichiſchen Gefechtsführung zu Tage trat. — Wir vermögen wenigſtens in den Gefechten bei Nachod, Skalitz und Soor, ja ſelbſt in dem glücklichen Gefechte bei Trautenau ähnliche ſelbſtſtändige Gedanken der oberen Führung öſterreichiſcherſeits nicht zu erkennen; nur das nach unſerer Anſicht zu ſpät angeordnete Vorgehen der Brigade Waldſtätten gegen das Plateau nördlich Wiſokow am 27. Juni könnte hierher gerechnet werden.

Der öſterreichiſche Erfolg bei Trautenau iſt in erſter Linie den Fehlern des Feindes und dem ſelbſtſtändigen, kühnen, den Abſichten der oberen Führung zum Theil ſogar widerſprechenden Auftreten der Brigade=Kommandeure zu ver= banken.

Der in Durcheinanderſchiebungen der Truppentheile hervortretende Nach= theil des Vorbrechens hinterer Abtheilungen durch die vordere Linie zeigte ſich auf preußiſcher Seite am 29. Juni bei Fortnahme der ſüdlich Burkersdorf gelegenen Waldparzellen, und verweiſen wir hier auf das darüber in dieſem Hefte bereits näher Auseinandergeſetzte.

In welchen Zuſtand geworfene Infanterie=Maſſen, die keinen Halt an rückwärtigen Reſerven finden, gerathen können, zeigt uns die Kataſtrophe, der die Brigade Grivicic verfiel: dieſelbe hätte ihre Ordnung gewiß wieder hergeſtellt, wenn ſie durch eine Offenſiv=Bewegung anderer Truppen begagirt wäre, oder wenn ſie an einer Aufnahmepoſition neuen Halt gefunden hätte.

Klare Ueberſicht über die Verhältniſſe auf allen Theilen des Gefechtsfeldes kann allein eine feſte Grundlage für die Gefechts= führung des Höchſtkommandirenden bilden: fehlt jene, ſo ſchwankt diese. — Es erscheint daher von höchster Bedeutung und unerläßlich, daß seitens der oberen Führung wie der unteren Befehlshaber Alles gethan wird, um an der entscheidenden Stelle jederzeit eine solche Uebersicht zu haben resp. gewinnen zu können.

Von Wichtigkeit und Einfluß sind hierbei: der Aufenthalts= ort und das persönliche Verhalten des Höchstkommandirenden, sowie überhaupt der höheren Truppen=Befehlshaber, sowie die unausgesetzte Unterhaltung der Verbindung zwischen den höheren Kommandostellen durch Befehle einerseits und durch Meldungen und Berichte andererseits.

Der Aufenthaltsort des Kommandirenden muß eine möglichst weite Uebersicht über das Gefechtsfeld gestatten und möglichst von allen Punkten desselben sichtbar, sowie schnell und bequem zu erreichen sein. — Man muß, wenn irgend angängig, von ihm aus nicht nur die eigene fechtende Linie, sondern auch die des Feindes übersehen, die Reserven im Auge behalten und die angeordneten Bewegungen kontroliren können.

Je größer die Verhältnisse und die Ausdehnung des Kampfes sind, um so schwieriger werden alle diese Bedingungen zu erfüllen sein; der Führer muß dann einen Standort zu gewinnen suchen, von dem er wenigstens die wichtigsten Punkte des Kampfplatzes, d. h. solche, wo voraussichtlich die Ent= scheidung fallen wird, übersehen kann.

Je mehr dieser Standort mit der räumlichen Mitte des Schlacht= oder Gefechtsfeldes zusammenfällt, um so günstiger ist es.

Außer dem Höchstkommandirenden haben auch die übrigen höheren Truppen= Befehlshaber innerhalb der Abschnitte, in welchen die ihnen unterstellten Truppen= körper auftreten sollen, sich ihre Standorte nach denselben Grundsätzen aus= zuwählen.

Wenn auf Märschen und in der Einleitung des Gefechtes die höheren Führer sich häufig behufs eigener, schneller Orientirung über das Terrain und die Verhältnisse beim Feinde an der Tete resp. in der vordersten Linie auf= halten werden, so müssen sie sich doch, sobald ihre Truppen sich dem Kampf= platze nähern oder in das Gefecht eintreten, auf die bezeichneten Standorte begeben.

Hier verbleiben sie, so lange es die Gefechtsverhältnisse nur irgend gestatten, damit Meldungen und Anfragen sie sicher erreichen.

Die höheren Führer werden nur in seltenen Ausnahmefällen persönlich in das Gefecht einzugreifen haben, da es viel wichtiger ist, daß sie sich eine klare Uebersicht über die Gefechtslage er= halten, als daß sie hier und da ein Detail anordnen oder ver= bessern.

Läßt sich der Führer verleiten, in den Wirkungskreis eines unteren Befehls= habers einzugreifen, so stört er dadurch nicht nur den Befehlsmechanismus und wirkt vielleicht nachtheilig ein auf das Vertrauen der Truppen zu ihren Kommandeuren, sondern er geräth auch in die Gefahr, den eigenen Gesichts=

treis zu beschränken, indem er den Ereignissen, bei welchen er persönlich thätig wird, eine Bedeutung zumißt, die ihnen der Gesammtlage nach nicht zukommt. Die höheren Befehlshaber bedürfen vor Allem der geistigen Ruhe und ausreichender körperlicher Kraft, um unter den mannigfachen Eindrücken des Gefechtes und unter der Wucht der ihnen zufallenden Verantwortlichkeit allen Anforderungen der Führung zu entsprechen, und ist es daher ihre Pflicht, sich nicht unnöthig körperlichen Anstrengungen und geistigen Aufregungen aus= zusetzen.

Ueberdies haben sie zu bedenken, daß ihre Außergefechtsetzung durch die Störung der Kommandoverhältnisse und durch die damit zusammenhängende Friktion in der Leitung der Truppen Nachtheile mit sich führt, die nur selten durch die Wirkung ihres persönlichen Eingreifens in den Kampf aufgewogen werden dürften.

Es bedarf hier kaum einer Erwähnung, daß in Momenten ge= fährlicher Krisis das Eintreten auch eines höheren Führers mit seiner Person von fortreißender, entscheidender Wirkung sein kann und dann selbstverständlich nicht gescheut werden darf.

Solche Momente werden für den Führer um so seltener eintreten, je größer der von ihm kommandirte Truppenkörper ist. Für einen Korps=Kom= mandeur dürften derartige Momente schon zu den größten Ausnahmen gehören, weil sich nur unter ganz besonderen Verhältnissen bei dem Gefecht eines Armee=Korps die Entscheidung räumlich und zeitlich derartig zusammendrängt, daß dieselbe durch die Handlung eines Einzelnen gegeben oder auch nur wesent= lich gefördert werden kann.

Die Beibehaltung des für die Uebersicht der Gefechtseinleitung sehr günstigen Aufstellungsortes auf der Kommandeur=Höhe seitens des General=Komman= dos des preußischen 1. Armee=Korps bei Trautenau auch für die späteren Gefechtsperioden war in Verbindung mit dem Umstande, daß die übrigen höheren Führer der Avantgarde unten im Thale verblieben, statt sich auf die Höhen südlich der Stadt zu begeben, entschieden von sehr nachtheiligem Einfluß auf den Ausgang des Gefechtes.

Ein Gleiches gilt in Betreff des nicht gut gewählten Standortes für das Kommando des österreichischen 8. Korps am Gefechtstage von Skalitz, wogegen die preußischen General=Kommandos des 5. und Garde= Korps am 27. und 28. Juni sehr günstige Standorte gewählt hatten, welche die Gefechtsleitung sehr erleichterten.

Endlich glauben wir, daß das persönliche Eingreifen des Komman= deurs des österreichischen 10. Korps beim Aufmarsch der Brigade Knebel am 28. Juni nicht nothwendig war. — Vielleicht ist ihm durch diesen Umstand mit der Blick für die allgemeinen Verhältnisse getrübt worden; — wenigstens berechtigt die Korpsführung an diesem Tage zu einem derartigen Schluß.

Auch auf preußischer Seite scheinen die höheren Führer zuweilen, wo es die Umstände nicht nothwendig erforderten, persönlich in das Gefecht eingegriffen zu haben.

Die Befehle sind auch im Gefecht grundsätzlich nur an die nächst niedrige Kommandobehörde zu geben, selbst wenn sie sich nicht auf alle, der Letzteren unterstellte Truppentheile, sondern nur speziell auf einzelne derselben beziehen. — Sollte, um Zeitverlust zu vermeiden, ein direktes Verfügen über die betreffenden Truppentheile nicht zu umgehen sein, so müssen die hierbei übersprungenen Befehlshaber von der getroffenen Anordnung in Kenntniß gesetzt werden, damit dieselben unter allen Umständen wissen, wo sich die ihnen unterstellten Truppen befinden oder welche Befehle sie haben.

Es ist, wo nur irgend angängig, zu vermeiden, einzelne Truppentheile, namentlich der Spezialwaffen, aus den höheren Verbänden, zu denen sie gehören, herauszureißen.

Die höheren Behörden haben für die sichere und zuverlässige Ueberbringung der von ihnen ertheilten Befehle an die unteren Kommandostellen Sorge zu tragen.

Zu dem Zwecke sind diese Befehle womöglich schriftlich zu ertheilen unter Angabe der Abgangszeit. Werden die Befehle mündlich gegeben, so empfiehlt sich, um Mißverständnisse zu vermeiden, den Ueberbringer vor seinem Abreiten den Wortlaut noch einmal wiederholen zu lassen.

Es ist den Ueberbringern einzuschärfen, daß sie sich nach Ausführung ihres Auftrages ohne Aufenthalt und direkt zu ihrem Kommandeur wieder zurück= zubegeben und ihm, oder dem Chef des Stabes, die Ueberbringung des Befehls zu melden resp. die erhaltene Quittung zu übergeben haben.

Bei einem höheren Stabe dürfte es zweckmäßig sein, von einem dazu bestimmten Offizier den Abgang aller Befehle und die Rückkunft der Ueber= bringer notiren resp. die eingegangenen Quittungen sammeln zu lassen. — Die Einführung bestimmter gleichmäßiger Befehls= und Meldekarten in einer Armee sowie deren Gebrauch schon bei Friedensübungen und deren Vorbereitung für den Krieg kann nur als höchst zweckmäßig bezeichnet werden.

Erscheint der von dem Befehlsüberbringer zurückzulegende Weg nicht sicher, so ist der Befehl je nach den Umständen doppelt oder dreifach auszufertigen und auf verschiedenen Wegen zu befördern, der Inhalt des schriftlichen Befehls wohl auch dem Ueberbringer mitzutheilen und letzterer eventuell unter dem Schutze einer den Verhältnissen entsprechend stark zu bemessenden Bedeckung zu entsenden.

Wenn am 27. Juni bei Trautenau nach dem Wiederbeginn des Gefechtes durch ein Mißverständniß preußischerseits der Befehl zum Vorgehen der Avantgarde nebst 3 Bataillonen des Gros an den Kommandeur der ersteren nicht gelangte: so ist dies nur aus einer Versäumniß der oben angedeuteten Anordnungen beim Stabe des General=Kommandos erklärlich. Ebenso hätte man beim Kommando des österreichischen 10. Korps am 28. Juni durch eine mehrfache, auf verschiedenen Wegen zu expedirende Ausfertigung, sowie vor Allem durch eine dem Oberst=Lieutenant v. Fibler mit=

zugebende starke Eskorte für sichere Ueberbringung des so wichtigen Rückzugs-befehls an die Brigade Grivicic Sorge tragen müssen.

Das Nichteintreffen beider Befehle war dort für das preußische Korps und hier für die österreichische Brigade von verhängnißvollen Folgen.

Ein unnöthiges Herausreißen der Spezialwaffen aus ihrem höheren Truppenverbande fand bei Trautenau seitens des preußischen General-Kommandos statt, indem dasselbe über die Artillerie der Avantgarde und die Kavallerie des Gros direkt verfügte und zu einer Aufgabe — Ein-nahme einer Aufnahmeposition — befahl, welche zweckmäßiger durch die Reserven zu erfüllen war, deren Wesen sie entsprach und die sich auch nahe zur Hand befanden.

Außerdem scheinen die betreffenden Divisions-Kommandos von diesen Ver-fügungen nicht in Kenntniß gesetzt zu sein.

Es ist Pflicht der unteren Truppen-Kommandos, durch häufige und zuverlässige Meldungen und Berichte die obere Führung in genauester Kenntniß der Sachlage bei den einzelnen Abtheilungen zu erhalten. — In diesen Meldungen Unrichtiges, Uebertreibungen und unnöthige Befürchtungen zu vermeiden, das Wesentliche vom Unwesentlichen, das Wahrscheinliche oder auch nur Mögliche vom Sicheren zu unterscheiden und Alles für die obere Führung Wissenswerthe hervorzuheben: ist eine Kunst, die gelernt sein will und ruhige Beobachtung und sorgfältige Prüfung seitens des Meldenden erfordert. — Derselbe muß es verstehen, sich in die Lage des die Meldung Empfangenden hineinzudenken und darf seinem Berichte nur das als bekannt zu Grunde legen, was der Empfänger unbedingt wissen muß.

Für die zuverlässige und sichere Ueberbringung dieser Mel-dungen ist der Absender ganz in derselben Weise verantwortlich, wie wir dies oben in Betreff der Ueberbringung der Befehle seitens der oberen Führung hingestellt und näher erläutert haben.

Da es für den höheren Befehlshaber oft wichtig ist, zu erfahren, ob der Feind überhaupt an einem bestimmten Punkte erschienen ist oder nicht, empfiehlt es sich, von detachirten Abtheilungen in bestimmten Zeiträumen melden zu lassen: gleichgültig, ob sich bei denselben etwas zugetragen hat oder nicht.

Damit die unteren Truppen-Kommandos die betreffenden Meldungen erstatten können, ist denselben eine entsprechende Anzahl von berittenen Offizieren, Unteroffizieren oder Ordon-nanzen zu überweisen, und werden zu dem Zwecke auch den Brigade- und Regiments-Kommandeuren der Infanterie, unter Umständen selbst einzelnen Bataillons-Kommandeuren, Kavallerie-Ordonnanzen beizugeben sein.

Die Rücksichten und Wünsche der Kommandeure der Kavallerie müssen hier den höheren Rücksichten der Gefechtsführung weichen.

Die Erfahrung hat indessen gelehrt, daß die unteren Befehlshaber, deren Truppen sich im Gefecht befinden, auch wenn sie über die nothwendigen Organe zum Melden verfügen können, so lange es leidlich bei ihnen steht, wenig geneigt sind, Berichte nach oben zu entsenden.

Es ist daher der sehr zu empfehlende Gebrauch entstanden, daß von den oberen Behörden Generalstabs= oder andere Offiziere mit einer Anzahl von Ordonnanzen zu den größeren Unter= Abtheilungen — Armee=Korps, Divisionen, Detachements — geschickt werden.

Diese Offiziere haben von Zeit zu Zeit Meldungen über den Stand des Gefechtes und über sonstige wichtige Ereignisse zu erstatten und kehren zu ihren Stäben erst wieder zurück, wenn ihre Anwesenheit bei den Unter=Abtheilungen nicht mehr nothwendig oder eine persönliche Berichterstattung erforderlich erscheint.

Das Verhalten der Brigaden Fragnern und Kreyssern bei Skalitz führte uns in Verbindung mit der Passivität des österreichischen Korps=Kommandos zu dem Schlusse, daß das Letztere nicht durch entsprechende Berichte der Brigade= Kommandos von der Gefechtslage in Kenntniß gesetzt sei, da sonst die bezeichneten Brigaden nicht Bewegungen hätten ausführen können, welche dem Willen der oberen Führung vollständig widersprachen.

Ebenso glauben wir, daß das Kommando des österreichischen 6. Korps am 27. Juni über die Gefechtslage auf dem Wenzelsberger Plateau und bei der Brigade Hertwek gegen Mittag in Folge mangelnder Meldungen nicht in aus= reichender Weise unterrichtet war.

Ein Gleiches dürfte für das General=Kommando des preußischen 1. Armee= Korps rücksichtlich des Gefechtsstandes bei Hohenbruck und Alt=Rognitz sowie bei der Avantgarde um Trautenau am Nachmittage des Gefechtstages gelten. — Hätte man der Brigade Buddenbrock einen Offizier als Berichterstatter beigegeben, so würde man wohl besser unterrichtet gewesen sein.

Eine fernere Pflicht der oberen Führung besteht darin, die Ausführung der von ihr erlassenen Befehle zu überwachen, nöthigenfalls verbessernd einzugreifen, anzutreiben oder im äußersten Fall die Durchführung der Befehle mit allen ihr zu Gebote stehenden Mitteln zu veranlassen.

Eine Kontrole nach dieser Richtung ergiebt sich, soweit dieselbe nicht vom Standort des obersten Befehlshabers mit dem Auge oder Fernrohr geübt wird, aus den Meldungen der unteren Kommandos resp. aus den Berichten der zu ihnen gesandten Berichterstatter; eventuell sind besondere Offiziere mit ent= sprechender Instruktion zu obigem Zwecke zu entsenden.

Am auffallendsten tritt uns ein Mangel an Ueberwachung der Ausführung der erlassenen Befehle beim preußischen 1. Korps im Gefecht von Trautenau entgegen, so daß wir sogar diesem Umstande zumeist den unglücklichen Ausgang des Gefechtes haben zuschreiben müssen. — Es gilt dies namentlich für die zweite Hauptperiode desselben am Nachmittage. — Die vom General=Kommando beim Wiederbeginn des Gefechtes erlassenen Befehle entsprachen, wenn sich auch vielleicht gegen die Details Dieses und Jenes einwenden ließe, im Großen und Ganzen der allgemeinen Situation durchaus, und hegen wir die Ueberzeugung, daß bei ihrer Ausführung die Höhen südlich Trautenau jedenfalls im preußischen Besitz geblieben wären.

Die Nichtausführung wird einem Mißverständniß zugeschrieben, doch dürfte für das General=Kommando wohl noch die Möglichkeit vorgelegen haben, die Durchführung des gegebenen Befehls rechtzeitig durchzusetzen.

Außerordentlich schwierige Aufgaben erwachsen der oberen Führung, wenn es gilt, ein Gefecht abzubrechen oder den Rückzug geworfener Truppen zu decken.

War man von vornherein mit der Absicht in das Gefecht ein= getreten, dasselbe nicht bis zur Entscheidung und nicht mit Auf= bietung aller Kräfte durchzuführen, sondern ging jene Absicht nur dahin, den Feind eine Zeit lang aufzuhalten, an einem bestimmten Orte fest= oder von einem Punkte oder einer Linie fernzuhalten oder ihn zu beschäftigen, zu täuschen u. s. w., so darf man nicht von vornherein zu viel Kräfte in den Kampf bringen und dieselben nicht so dicht aufstellen, daß dadurch die Führer veranlaßt werden, sich auf eine hartnäckige Vertheidigung oder einen zu aus= gedehnten Angriff oder eine zu weit gehende Ausbeute errungener Vortheile einzulassen. Bedeutende fortifikatorische Verstärkungen werden zur Ersteren nur zu sehr verleiten.

Jedenfalls müssen in dem oben bezeichneten Falle die Kommandeure der vorderen Truppen mit der Absicht des obersten Befehlshabers bekannt sein: immer gehören aber bewegliche Truppen und selbstständige, intelligente Führer auch der unteren Abtheilungen dazu, will man sicher sein, nicht wider seinen Willen in ein hartnäckigeres Gefecht verwickelt zu werden.

Ist indessen der letztere Fall eingetreten, und will man nun die Truppen aus dem Gefechte ziehen, oder bedingen sonstige Verhältnisse, ein begonnenes Gefecht abzubrechen, so geschieht dies am besten unter dem Schutze eines Offensivstoßes oder einer starken Artillerie=Aufstellung, durch welche der Feind zum Stehen gebracht und Zeit gewonnen wird, die engagirt gewesenen Truppen allmälig aus dem Gefecht herauszuziehen.

Ganz analog wird behufs Deckung des Rückzuges geworfener Truppen zu verfahren sein, und darf man in einem solchen Falle sich nicht scheuen, die letzten noch verfügbaren, geschlossenen Massen einzusetzen und eventuell selbst zu opfern. Es kommt eben darauf an, so viel Zeit zu gewinnen, daß die weichenden Truppen sich unbehindert vom Feinde zur Marsch=Kolonne zusammen= falten können, und daß hierbei Stopfungen und Unordnungen vermieden werden.

Starke, schwer angreifbare Stellungen, intakte Kavallerie=Massen bei ent= sprechendem Terrain und die einbrechende Dunkelheit werden dem Weichenden willkommene Verbündete sein.

Bei Schweinschädel beabsichtigte man weder von Seiten des österreichischen 6. noch von Seiten des preußischen 5. Korps eine Entscheidung herbeizuführen. Jenes Korps hatte von seinem Armee=Ober=Kommando den Befehl, „sich nicht in nutzlose Kämpfe einzulassen", während dieses sich nur seine Marschstraße sichern wollte.

Nachdem es zwischen den beiderseitigen Vortruppen im Terrain von Schwein= schädel zum Zusammenstoß gekommen war, und das österreichische Korps in der

Stellung nordwestlich und südlich des Ortes eine formidable Artillerie ins Feuer gesetzt hatte, zwang es hierdurch den Gegner zur Entwickelung und belästigte und verzögerte seinen Marsch. Damit war die Aufgabe des Korps erfüllt, und mußte es jedes weitere Gefecht vermeiden. Der Kommandeur der in Schweinschädel hineingeworfenen Bataillone war indessen entweder nicht genügend instruirt oder ließ sich durch die ansehnlichen fortifikatorischen Verstärkungen des Ortes zu einer hartnäckigen Vertheidigung verleiten. So kam es, daß man das Gefecht nicht sofort abbrechen konnte und unnöthige Verluste erlitt. — Preußischerseits war mit der Einnahme der Höhen bei Schweinschädel ebenfalls der Gefechts= zweck erfüllt, und konnte der Kampf auf Befehl des kommandirenden Generals, da der Feind abzog, unschwer abgebrochen werden: doch auch hier ließen sich später noch einzelne Abtheilungen verleiten, den Kampf unnöthig wieder auf= zunehmen. Die Folge war, daß die letzten Truppen erst in der Nacht ihr Bivouak erreichten.

Dem österreichischen Korps=Kommando wäre übrigens das Abbrechen des Gefechtes wesentlich erleichtert worden, wenn ihm eine zahlreichere Kavallerie zu Gebote gestanden hätte.

Bei Skalitz mußte man seitens des Kommandos des österreichischen 8. Korps, nachdem ihm um 11 Uhr Vormittags vom Armee=Kommandanten der Befehl zum Abzuge ertheilt war, gleichzeitig aber zwischen 11 und 12 Uhr sich ein Kampf der Vortruppen um den Eichwald, die Fasanerie und das Försterhaus entwickelt hatte, mit aller Energie an das Abbrechen des Gefechts denken.

Es konnte dies, da der Feind noch nicht an die Hauptstellung herangekommen war, keinerlei Schwierigkeiten haben. Nahm man alsbald seine linke Flügel= Brigade über die Aupa zurück, etablirte auf dem rechten Ufer derselben eine Batterie, welche das Terrain nach der Fasanerie und Klitsch zu beherrschte, stellte auf dem rechten Flügel bei Spitta eine entsprechend starke Kavallerie= masse zum Vorbrechen bereit und ließ aus der Hauptstellung seine formidable Artillerie wirken: so konnte der Rückzug der übrigen Truppen durch die Stadt und über den Fluß vom Feinde nicht belästigt werden.

Man unterließ dies Alles, nahm den Kampf an, und erst 2—3 Stunden später tritt die Absicht hervor, denselben abzubrechen.

Hätte man jetzt, einmal zu diesem Entschluß gekommen, die letzte Haupt= position in und unmittelbar bei der Stadt durch die noch intakte Reserve= Infanterie=Brigade besetzt und deren Kampf durch Artillerie, nöthigenfalls vom jenseitigen Ufer, wirksam unterstützt: so würde man geringere Verluste erlitten haben, als da man, sich mit halben Maßregeln begnügend, die Deckung des Rückzuges zum großen Theil schon im Kampf gewesenen und zurückgeworfenen Truppen überließ.

Nachdem man preußischerseits am Tage von Trautenau die Idee, den Feind in seiner Position auf der Parschnitzer und der Kommandeur= Höhe aufzuhalten, hatte aufgeben müssen, suchte man den Rückzug der beiden Divisionen in Stellungen zu decken, welche bei Parschnitz und Wolta unmittelbar vor den Ausgängen der Defileen lagen.

Unterstützt wurde man durch die Ermüdung des Feindes und die ein= brechende Dunkelheit, so daß das schließliche Aufgeben dieser günstigen Positionen und der Rückzug des Korps bis Schömberg und Liebau nicht gerechtfertigt erschien und nur aus psychologischen Momenten erklärt werden konnte.

Bei Burkersdorf trug man sich österreichischerseits schon bald nach dem Beginn des Gefechts mit Rückzugsgedanken: doch ohne anscheinend zu einem klaren und bestimmten Entschluß kommen zu können. — Jedenfalls hätte man sich hier den Rückzug und speziell die Hauptrückzugsstraße statt durch eine bloße Artillerie=Aufstellung, durch einen energischen Offensivstoß sichern müssen, wozu ausreichende Kräfte vorhanden waren. — Man würde dann weniger Ver= luste erlitten und die Brigade Grivicic vor einer Katastrophe bewahrt haben.

Die Ausbeute des Sieges durch eine möglichst energische Ver= folgung des Feindes bleibt eine unabweisbare Forderung der Theorie. Die Erfahrung lehrt indessen, daß dieser Forderung nur in wenigen Fällen und nur unter besonders günstigen Umständen volles Genüge geleistet wurde.

Der Zustand der Auflösung, Abspannung und Ermüdung, in welchem sich auch die Truppen des Siegers befinden, bildet das Haupthinderniß für eine energische Verfolgung, auch fehlt es häufig an frischen Reserven und Kavallerie, welche dieselbe übernehmen könnten, oder es sind diese Truppen nicht zur Hand.

Kavallerie allein, oder auch unterstützt durch reitende Artillerie, wird für eine energische Verfolgung nur einem sehr demoralisirten Feinde gegenüber ausreichen; andernfalls wird es diesem nicht schwer werden, an geeigneten Abschnitten mit seiner Infanterie dem weiteren Nachdrängen bald ein Ziel zu setzen. Die durch die Wirkung der neueren Waffen der Defensive zugesetzte Kraft wird dem Weichenden sehr zu statten kommen, wenn er nur im Stande ist, sich die Verfügung über einige noch schlagfähige Truppen zu erhalten oder zu verschaffen.

Ist der Feind freilich von einer Panique ergriffen, dann genügen wohl einige Hundert Reiter, ihn immer wieder aufzuscheuchen und Tausende von Gefangenen sowie reiche Trophäen und Material aller Art in ungeheuren Massen einzubringen.

Ganz unbedingt tritt überhaupt die Forderung der rücksichtslosesten Ver= folgung, welche keine Schonung der eigenen Kräfte kennen und der völligen Auflösung und Zersetzung des Feindes Alles opfern soll, nur an den obersten Feldherrn nach einem großen, entscheidenden Siege heran, nach welchem die Erreichung des gesammten Kriegszweckes die Frucht einer solchen Verfolgung werden kann.

Wo aber Theile der Armee mit speziellen Aufgaben und in mehr oder weniger engem Zusammenhang mit anderen Theilen der Armee kämpfen, wird denselben meistens schon durch jene Aufgaben und durch die Rücksicht auf die Erhaltung jenes Zusammenhanges die Grenze für die Ausbeute eines Sieges gesetzt. — Die Erreichung des gegebenen Spezialzieles wiegt meist schwerer als einige Hundert Gefangene mehr, und selbst die völlige Auflösung eines ganzen feindlichen Korps wird nicht immer ein ausreichendes Aequivalent bieten für die Opferung des vorgesteckten Zweckes.

Eine eigentliche Verfolgung fand nach sämmtlichen, von uns zur Darstellung gebrachten Gefechten nicht statt. Oesterreichischerseits wurde dieselbe sowohl durch die allgemeinen Verhältnisse, d. h. durch die dem Korps gestellte strategische Aufgabe — Deckung des Aufmarsches der Hauptarmee, von welcher man sich also nicht zu weit entfernen durfte — als auch durch einen speziellen Befehl des Armee-Kommandos verhindert. Letzterem zufolge sollten die Korps zwar dem Feinde, wo sie ihn träfen, mit aller Energie auf den Leib gehen, die Verfolgung aber „nicht zu weit ausdehnen".

Hiernach erscheint die Nichtverfolgung des 1. preußischen Armee-Korps nach dem österreichischen Siege bei Trautenau wohl gerechtfertigt, überdies war die Infanterie des General Gablenz nach dem angestrengten Marsche, den erlittenen Verlusten und den durch das ungünstige Gefechtsterrain erwachsenen Strapazen zu einer Verfolgung kaum noch im Stande, und die schwache Kavallerie würde durch die überlegene feindliche Kavallerie und an den guten Stellungen der zur Deckung des Rückzuges bestimmten preußischen Truppen bald zum Halten gezwungen sein.

Preußischerseits konnte nur an den Gefechtstagen von Nachod, Skalitz und Soor von einer Verfolgung des Feindes die Rede sein.

Bei Soor verbot sich dieselbe seitens des Garde-Korps vor Allem durch die Rücksicht auf Herstellung und Erhaltung der Verbindung mit dem 1. und 5. Korps: außerdem aber auch durch die Terrainverhältnisse und die große Ermüdung der Truppen. Letzteres gilt auch in Betreff des 5. Korps am Tage von Nachod. Die Infanterie war zu erschöpft und die Kavallerie gegenüber der bedeutenden Ueberlegenheit des Feindes an dieser Waffe viel zu schwach, um sich überhaupt zu einer eigentlichen Verfolgung anschicken zu können. Bei Skalitz endlich bot zunächst die Aupa dem weiteren Vorgehen des preußischen 5. Korps ein Halt, außerdem würde eine Verfolgung des Feindes dieses Korps von dem ihm für den nächsten Tag gesetzten Marschziel abgebracht und in die Nähe einer feindlichen Festung geführt haben.

Fehlen die Mittel zu einer energischen und nachhaltigen Verfolgung, oder wird eine solche durch anderweitige Verhältnisse verhindert, so hat man wenigstens danach zu streben, die Fühlung mit dem Feinde zu erhalten.

Kavallerie, eventuell unterstützt durch reitende Artillerie, erscheint hierzu allein geeignet, und wird sie dem abziehenden Feinde so weit zu folgen resp. den siegreichen Gegner so lange zu beobachten haben, bis sie sich davon überzeugt hat, daß sie den Vorposten desselben gegenübersteht.

In vielen Fällen gewinnt und erhält man diese Fühlung durch die Vorposten selbst oder durch Abtheilungen, die mit denselben in enger Verbindung stehen.

Das Aussetzen von Vorposten zur Sicherung der ruhenden Truppen wird nach Beendigung eines jeden Gefechtes oder jeden Marsches, sowie während eines längeren Stillstandes der Operationen nothwendig.

Für Regelung des Vorpostendienstes bestehen in allen Armeen besondere Vorschriften, durch welche die Gebräuche über die Art der Formation und über das Verhalten der verschiedenen, zum Zwecke der Widerstandsleistung, der Beobachtung oder der Aufklärung aufgestellten und vorgesandten Abtheilungen in ein System zusammengebracht werden.

Derartige Vorschriften enthalten unsere Verordnungen über die Ausbildung der Truppen für den Felddienst und über die größeren Truppenübungen in sehr eingehender Weise, so daß dieselben einen reglementarischen Charakter gewinnen.

Wie aber die in den Reglements der verschiedenen Waffengattungen enthaltenen Formationen, Bewegungen und Gefechtsvorschriften dem Führer einen weiten Spielraum lassen in Betreff deren den jeweiligen speziellen Terrain- und Gefechtsverhältnissen anzupassenden Gebrauch: so auch in Betreff der in jenen Vorschriften gegebenen Formen für den Vorpostendienst.

Diese bei den Truppen eingeübten Formen und Gebräuche haben den großen Vortheil, die allgemeine Gleichmäßigkeit der Handhabung des Vorpostendienstes bei den verschiedenen Abtheilungen zu sichern, das Verständniß zwischen den Vorposten-Kommandeuren und den ihnen unterstellten Truppen herzustellen und die in jedem Falle erforderlichen Spezial=Instruktionen auf ein Minimum zu beschränken.

Die Aufstellung so systematisch in sich geschlossener Vorposten, wie sie jene oben angezogenen Vorschriften annehmen und fordern, wird in Wirklichkeit nur da stattfinden, wo Heeres=Abtheilungen während eines längeren Stillstandes der Operationen sich auf nicht zu weite Entfernungen mehrere Tage oder Wochen gegenüberstehen, und erleidet dieses System je nach den Verhältnissen, unter denen die Vorposten auszusetzen sind, sowohl im Sinne einer größeren Gefechtsbereitschaft und stärkeren Inanspruchnahme der Kräfte, wie im umgekehrten Sinne wesentliche Modifikationen.

Bei sehr großer Nähe des Feindes und unmittelbar nach einem Gefechte, namentlich wenn dasselbe erst bei einbrechender Dunkelheit beendigt wurde, wird man häufig weder Raum noch Zeit haben, besondere Abtheilungen zur Uebernahme des Vorpostendienstes vom Gros der Truppen abzutrennen, und ist es dann Sache der größeren, in vorderster Linie dem Feinde zunächst=stehenden Truppenkörper — Brigaden, Regimenter — sich durch vorgeschobene Bataillone oder Kompagnien zu sichern, welche ihrerseits wieder einzelne Züge vornehmen werden und unter einander durch Patrouillen in engster Verbindung bleiben.

Steht man sich am Abend eines Schlachttages auf dem Schlachtfelde in der Voraussicht gegenüber, daß der Kampf am folgenden Tage fortgesetzt wird: dann müssen die Truppen sogar in den gewonnenen Stellungen mit dem Gewehr in der Hand ruhen und ihre Schützen vor sich entwickelt lassen, dieselben durch natürliche oder künstlich hergestellte Deckungen möglichst sichernd.

Im Gegensatz hierzu erscheint es unnöthig — weil zu viel Zeit und Kräfte in Anspruch nehmend — meist unausführbar, nach jedem Marsche ein ausgedehntes und zusammenhängendes Vorposten=System zu etabliren.

Marschirt man noch unter dem Schuße vorgeschobener Kaval=
lerie=Divisionen oder größerer Kavallerie=Abtheilungen, so daß
man sicher vor einer nahen unmittelbaren Berührung mit dem Feinde ist,
dann können sich die rückwärts befindlichen Korps und Divisionen mit dem
bloßen Ausstellen von Lagerwachen und mit einzelnen auf den Hauptstraßen
vorgeschobenen Abtheilungen begnügen, um die Kräfte der Truppen für die
späteren Anstrengungen möglichst zu schonen.

Ist man aber auch bereits mit dem Feinde in Berührung
gewesen, so reicht es doch während der fortlaufenden Operationen nach
einem Marsche meistens aus, wenn man unter dem Schuße weiter vor=
geschobener Kavallerie= und Infanterie=Abtheilungen nur die Hauptstraßen
stark besetzt und die sonstige Sicherung durch Patrouillen herstellt.

Kolonnen, die gegen ein gemeinsames Operations=Objekt auf Parallel=
straßen vorrücken, müssen danach streben, zwischen ihren Vorposten durch ein=
geschobene Detachements, welche nach beiden Kolonnen hin lebhaft zu patrouilliren
haben, die Verbindung mit einander herzustellen und zu erhalten.

Nach einem Gefecht haben zunächst die in vorderster Linie be=
findlichen Truppen die Sicherung zu übernehmen, weil sie über die
Verhältnisse beim Feinde am besten orientirt sind, auch jene Sicherung am
schnellsten herstellen können. — Sind indessen jene Truppen durch das Gefecht
stark mitgenommen worden, so wird eine spätere Ablösung durch rückwärtige
Abtheilungen — Reserven — nothwendig werden.

Soweit irgend angängig, überläßt man die nächste Sicherung der Kavallerie,
welche allein auch die Fühlung am Feinde erhalten kann; sie wird meist bei
einbrechender Dunkelheit schon mit Rücksicht darauf zurückgezogen, daß sie
ebenfalls der Ruhe und Retablirung bedürftig sein wird.

Währenddessen hat die Infanterie einige Ruhe gehabt und vielleicht Zeit
gewonnen, abzukochen; sie hat nur die Hauptzugänge zu den Bivouaks durch
stärkere Abtheilungen zu sichern. Auf zusammenhängende Posten=Linien wird
man meist verzichten müssen. Die vorgeschobenen Kompagnien und Züge ziehen
um sich herum einen engen Sicherungskreis mittelst kleiner Posten und beobachten
das Zwischenterrain durch fleißiges Abpatrouilliren. Auf den Straßen selbst
werden Horchposten vorgeschoben.

Die Knotenpunkte der Straßen oder die Uebergänge über etwa vorhandene
Fronthindernisse sind besonders stark zu besetzen.

Die zur Sicherung bestimmten Truppen unter einen gemein=
schaftlichen Vorposten=Kommandeur zu stellen, darf man, wenn
irgend möglich, nicht verabsäumen, auch wenn man keine Avant=
garde, aus der die Vorposten entnommen werden, formirt hat.

Ohne einen solchen gemeinschaftlichen Kommandeur wird der Zusammen=
hang zwischen den einzelnen Abtheilungen oder größeren selbstständigen Detache=
ments nur zu leicht verloren gehen, namentlich wenn Terrainhindernisse das
Vorpostenterrain durchschneiden.

Erlaubt indeſſen die Kürze der Zeit und die Ausdehnung oder Beſchaffen=
heit des zu beobachtenden Abſchnittes nicht, ſämmtliche zur Sicherung beſtimmten
Truppen unter einen gemeinſchaftlichen Kommandeur zu ſtellen, ſondern wird
die Formation mehrerer ganz ſelbſtſtändiger Vorpoſten=Detachements nothwendig,
deren Truppen grundſätzlich den dahinterliegenden größeren taktiſchen Körpern
zu entnehmen ſind, dann darf die obere Führung nicht verabſäumen, über die
Grenzen der Abſchnitte und die Art der Unterhaltung der Verbindung zwiſchen
denſelben nähere Beſtimmungen zu geben.

Aus allem bisher Geſagten iſt aber erſichtlich, daß die Formen des Sicherungs=
dienſtes im Zuſtande der Ruhe außerordentlich flüſſig ſind, und daß dieſelben,
inſoweit ſie durch die allgemeinen Vorſchriften über die Vorpoſten näher beſtimmt
werden, von Seiten des Führers in freiſter Weiſe benutzt werden müſſen.

Die allgemeine (ſtrategiſche) Lage des Korps oder des Detachements, die
Zeitdauer, während welcher die Vorpoſten ſtehen ſollen, die Verhältniſſe beim
Feinde, deſſen Stärke, Nähe, Offenſivkraft und Unternehmungsgeiſt, das Terrain,
der augenblickliche Zuſtand der eigenen Truppen, Tages= und Jahreszeit, Witterung
und noch mancherlei andere Umſtände werden von ſo weſentlichem Einfluß auf
die ſpezielle Anordnung der Vorpoſten ſein, daß nichts ſchädlicher wirken könnte,
als wenn der Kommandeur es nicht verſtände, ſich je nach den Umſtänden von
den Feſſeln beſtimmter Formen und Gepflogenheiten frei zu machen.

In unſeren Darſtellungen konnten wir im Allgemeinen über die beiderſeits
nach den Gefechten genommenen Vorpoſtenſtellungen nur Weniges und Ungenaues
beibringen. Wir mußten uns zumeiſt auf das beſchränken, was die offiziellen
Werke hierüber enthalten, da die in einzelnen Regimentsgeſchichten gegebenen
Details nur Theile der ganzen Stellung umfaßten und daher von uns nicht
wohl benutzt werden konnten.

Nach dem Gefecht bei Nachod übernahmen preußiſcherſeits auf
den Straßen, um und an welchen gekämpft war — alſo gegen Skalitz und
Neuſtadt — Bataillone der zuletzt in das Gefecht gebrachten 20. Infanterie=
Brigade die Sicherung und ſetzten unter dem Schutze der gegen Kleny vor=
geſchobenen Kavallerie=Brigade die Vorpoſten aus. Die Kavallerie ging
demnächſt zurück, um erſt in aller Frühe des nächſten Morgens
das Terrain und die Verhältniſſe beim Feinde mittelſt ſtarker
Rekognoszirungen aufzuklären. — Da die 20. Infanterie=Brigade hart
gekämpft hatte, löſte man ſie Abends durch die ſpät herangekommene 22. Infan=
terie=Brigade des 6. Korps ab.

Die Hauptſicherung beſtand in je einem auf den genannten Straßen vor=
geſchobenen Bataillon. Zuſammenhängende Poſten=Linien waren nicht ausgeſtellt.

In dem nördlich von Wiſokow gelegenen Terrain, wo man gar keine
Berührung mehr mit dem Feinde hatte, wurden die Vorpoſten der dort geſam=
melten 9. Infanterie=Diviſion an die zum Theil gar nicht in das Gefecht
gekommene Reſerve=Infanterie übertragen. Gegen den vorgelegenen großen
Wald ſicherte man ſich durch lebhaften Patrouillengang.

Vom öſterreichiſchen 6. Korps wiſſen wir nur, daß in dem an der
Straße Skalitz—Nachod gelegenen bedeckten Terrain weſtlich Kleny — alſo bei der

Fasanerie und dem Eichwalde — die Beobachtung dem zur Deckung der Korps=
Geschütz=Reserve während des Gefechtes bestimmt gewesenen, intakten Bataillon
übertragen wurde, während in dem freien Terrain südlich der Straße zwischen
Klenn, dem Rowensker Teich und Spitta, sowie nördlich gegen Kosteletz hin die
Kavallerie, wie es scheint, auch während der Nacht die Sicherung übernahm.
Eine zusammenhängende Postenlinie wird man wahrscheinlich auch hier nicht
etablirt haben.

Nach dem Gefecht bei Skalitz mußte man preußischerseits verschiedene
selbstständige Vorposten=Detachements formiren, weil man dieselben auf beiden
Ufern der Aupa aufzustellen und sich bei der isolirten Lage des Korps auch in
der linken Flanke und im Rücken zu sichern hatte. Die Detachements besetzten
die Straßen durch stärkere Abtheilungen, das Neben= und Zwischenterrain durch
Patrouillen beobachtend.

Beim österreichischen 4. Korps, das westlich Schweinschädel stand,
hatten sich die einzelnen Brigaden durch Vorposten gesichert.

Ueber die seitens des österreichischen 10. Korps nach dem Gefecht bei
Trautenau angeordneten Sicherungsmaßregeln heißt es nur, daß 2 Bataillone
der Brigade Wimpffen auf den Höhen nördlich der Stadt Vorposten aussetzten
zur Beobachtung der Straßen nach Schatzlar, Liebau und Schömberg, während
die Brigade Grivicic auf dem Katzauer Berg sich selbst sicherte. — Also auch
hier war das Hauptgewicht auf Beobachtung und Besetzung der Hauptstraßen
und nicht auf eine zusammenhängende Vorpostenlinie gelegt worden.

Aehnliches gilt in Betreff der seitens des preußischen Garde=Korps nach
dem Gefecht bei Soor angeordneten Sicherung. Es konnte hier schon wegen
der weiten Entfernung der Bivouakplätze von einander von einer zusammen=
hängenden Vorposten=Aufstellung keine Rede sein. — Es hatten sich hier nicht
nur die Divisionen für sich zu sichern, sondern auch die einzelnen Bataillone,
welche bei Alt= und Neu=Rognitz bivouakirten, sowie die für sich lagernde
Reserve=Artillerie resp. deren Bedeckungs=Bataillon. — Jede einzelne dieser Ab=
theilungen zog um sich herum einen engen Beobachtungskreis und patrouillirte
darüber hinaus. — Die in dem bedeckten Terrain um Burkersdorf herum zu
den Vorposten kommandirten Truppenabtheilungen schoben einzelne Kompagnien
auf den Straßen und nach den Richtungen vor, nach welchen der Feind ab=
gezogen war. Diese Kompagnien detachirten wiederum einzelne Züge, welche Horch=
trupps etablirten und im Uebrigen das Zwischenterrain fleißig abpatrouillirten.

Um das wichtige Kapitel der Gefechtsführung, soweit dasselbe allge=
meiner Natur ist und sich nicht speziell auf das Gefecht der einzelnen Waffen=
gattungen bezieht — wenn auch nicht zu erschöpfen, so doch wenigstens in
den Hauptpunkten zu berühren, sollen hier noch einige Erscheinungen und
Bemerkungen hervorgehoben und hinzugefügt werden.

Im Gebrauch der Signale ist die größte Vorsicht zu empfehlen. Der=
selbe ist an sich nur dem Höchstkommandirenden gestattet, aber auch für ihn
nur unter besonderen Umständen und zwar grundsätzlich nur dann rathsam,
wenn seine Anordnungen sich auf sämmtliche ihm unterstellte Truppen beziehen,
oder wenn wenigstens diejenigen Truppen, denen das Signal nicht gelten soll,
vorher davon benachrichtigt sind, also beispielsweise wenn es die Ausführung

eines gemeinfamen Vorftoßes auf der ganzen Linie gilt und der Befehl dazu durch Adjutanten nicht rechtzeitig überbracht werden kann.

Es ift ferner Sache der oberen Führung, für Sicherung der Flanken auch während des Gefechtes zu forgen und die Kommandeure der nächft unteren größeren Truppenkörper, fo weit nöthig, auch von den Aufträgen in Kenntniß zu fetzen, welche den Neben=Abtheilungen ertheilt wurden, oder von folchen Befehlen, durch die von anderen Richtungen her Truppen dem Gefechtsfelde zugeführt werden. — Je beffer alle Führer rückfichtlich der Gefammt= fituation orientirt find, umfomehr ift ein verftändnißvolles Han= deln, ein felbftftändiges, zweckentfprechendes Eingreifen derfelben und ein Zufammenwirken aller Theile gefichert.

Entftehen Gefechtspaufen, fo find diefe zu benutzen, um fich genaue Kenntniß vom Stande des Gefechtes auf allen Punkten des Kampfplatzes und von den augenblicklichen Auffellungen der eigenen Truppen zu verfchaffen; auch darf dabei nicht unterlaffen werden, den Feind zu rekognosziren und zu ver= fuchen, fich über deffen Maßregeln und weitere Abfichten Kenntniß zu ver= fchaffen.

Ferner müffen folche Momente von allen Führern zum Sam= meln der Truppen ausgenutzt werden, auch haben diefelben bei diefer Gelegenheit fowie überhaupt während des Verlaufes des ganzen Gefechtes dahin zu ftreben, den Zufammenhang innerhalb der kleineren und größeren Truppen=Verbände herzuftellen und aufrecht zu er= halten.

Als weitere vorwiegend in den Bereich des Generalftabsdienftes fallende Aufgaben der höheren Führung find noch zu bezeichnen: die Sorge für Heran= fchaffen der Munition, Etablirung der Verbandplätze und Lazarethe, Zurück= transportirung der Gefangenen, fowie Beftimmungen über die Trains, namentlich in Betreff der rechtzeitigen Heranziehung der Truppenfahrzeuge und der Proviant= Kolonnen oder Fuhrenparks.

Nach dem Gefecht wird die nächfte Sorge der oberen Führung dahin gehen, den Truppen Ruhe zu verfchaffen, alfo die Bivouaks derfelben zu be= ftimmen und — wenn angängig — ihnen Lebensmittel zuzuführen.

Die Lage der Bivouaks ift aber abhängig von den Abfichten, welche man für den nächften Tag hat, und diefe wiederum werden von der Gefammt= fituation, von der Stellung und dem Zuftande der eigenen wie der feindlichen Truppen bedingt. — Man muß fich daher vor Allem Klarheit hierüber zu verfchaffen fuchen. In kleineren Verhältniffen wird fich der Höchftkommandirende zu diefem Zwecke bis in die vorderfte Linie begeben, um fich fo weit wie irgend angängig durch den Augenfchein von der Lage der Dinge dafelbft zu überzeugen.

Es wird dies indeffen niemals ganz genügen. Die Offiziere des Stabes haben daher die erforderlichen Erkundigungen einzuziehen, und die unteren Kommandoftellen find verpflichtet, Alles zu melden, was nur irgend zur Klärung der Verhältniffe beitragen kann.

Hierher gehören auch die Berichte über die Zahl der Todten, Verwundeten und Vermißten — wenn auch zunächst nur annähernd — sowie über den Zustand der Truppen im Allgemeinen und über die eingebrachten Trophäen und Gefangenen. Letztere sind nicht nur der Zahl, sondern auch ihren Truppentheilen nach zu bezeichnen.

Ueber alle diese Dinge — so wichtig sie an sich sind — bringen uns die größeren kriegsgeschichtlichen Werke nur wenig, und auch die Spezialgeschichten einzelner Truppentheile enthalten darüber nur Andeutungen, die überdies häufig auf einseitigen und falschen Auffassungen beruhen. — Immerhin können wir aus mancherlei Anzeichen schließen, daß nach mehreren der beregten Beziehungen auch in den von uns dargestellten Gefechten auf beiden Seiten gefehlt wurde.

Hier weisen wir nur auf die nachtheiligen Folgen der bei Trautenau unbefugter Weise gegebenen Signale sowie darauf hin, daß man an demselben Gefechtstage preußischerseits die am Nachmittage eingetretene große Gefechtspause nicht derartig ausnutzte, wie dies nach Obigem hätte geschehen müssen.

Es sind alte Regeln, daß man nie zu stark auf dem Gefechtsfelde sein kann und stets in der Richtung des Kanonendonners zu marschiren habe, doch dürften dieselben absolute Gültigkeit nur für die großen Entscheidungskämpfe haben.

Unter anderen Verhältnissen werden die Führer sich der Pflicht nicht entziehen können, zu erwägen: ob die allgemeine Lage, die möglichen Erfolge des Gefechtes und die Wichtigkeit der speziellen Aufträge hier das Heranziehen von Abtheilungen, die zu anderen Zwecken bestimmt waren, dort das Abweichen von der befohlenen Richtung und die Nichterfüllung des gestellten Auftrages zweckmäßig erscheinen lassen.

Freilich darf bei diesen Erwägungen nicht außer Acht gelassen werden, daß der taktische Sieg oft viel wichtiger ist als die Erfüllung irgend eines Spezial-Auftrages, und daß die numerische Ueberlegenheit bei der fast gleichen Qualität der heutigen Heere einen Hauptfaktor zur Erreichung des Sieges bildet.

Im 3. Hefte unserer Wanderungen wiesen wir darauf hin, daß das Abweisen der Hülfe der 1. Garde-Infanterie-Division seitens des General-Kommandos des preußischen 1. Armee-Korps in der allgemeinen strategischen Lage wie in der speziellen Gefechtssituation zur Zeit der Ablehnung wohl eine Rechtfertigung fand. Am Nachmittage hätte man vielleicht noch um diese Hülfe nachsuchen und jedenfalls vor dem Defilee ausharren und sich für den nächsten Tag das Zusammenwirken mit der genannten Division resp. mit dem ganzen Garde-Korps sichern sollen.

Man hat der 1. Garde-Infanterie-Division wohl einen Vorwurf daraus machen wollen, daß dieselbe nicht ohne Anfrage dem Kanonendonner nachmarschirt sei. — Wir meinen indessen, daß um Mittag herum bei der unmittelbaren Nähe der Division eine Anfrage seitens derselben umsomehr selbstverständlich war, als der Grund, welcher allein die Abweisung rechtfertigte —

nämlich die Division an der Erreichung der für sie befohlenen Marsch=Etappe nicht zu verhindern — für Letztere vor Allem maßgebend war.

Am Nachmittage aber wird man bei der Garde=Division den Charakter des sich erneuernden Gefechtes — in welchem verhältnißmäßig nur eine geringe Artillerie in Thätigkeit gebracht wurde — aus dem Kanonendonner kaum haben erkennen können.

Dazu waren die Truppen äußerst erschöpft und das Herauskommen aus dem tiefen, engen Thale mit seinen unzugänglichen Wänden sehr schwierig, auch mochte man nun, da ein Zuspätkommen mehr als wahrscheinlich war, eine Benachrichtigung seitens des 1. Korps erwarten.

Im Gefecht bei Soor erschien das Abweichen des Regiments Windischgrätz= Dragoner von der ihm befohlenen Direktion nach dem Kanonendonner hin nicht gerechtfertigt, weil dasselbe in Verfolg jener Richtung ebenfalls auf das Gefechtsfeld und zwar in die Flanke des Feindes gelangt wäre, was man der allgemeinen Lage nach auch vermuthen mußte.

Das Ablegen des Gepäcks im Gefecht oder beim Heranziehen zum Gefecht darf von der Infanterie nicht gescheut werden, sobald ohne diese Erleichterung die rechtzeitige Erreichung des Gefechts= feldes resp. des Sieges in Frage gestellt wird.

Immerhin ist zu bedenken, daß der eventuelle Verlust des Gepäckes sich nach vielen Beziehungen sehr unangenehm geltend machen wird, und daß der Trieb nach Wiedererlangung desselben im Verlauf des Gefechts leicht zu unzweck= mäßigen Bewegungen Veranlassung geben kann. Man wird daher von dieser Erleichterung nur in sehr dringenden Fällen Gebrauch machen müssen.

Wir wissen, daß Theile der preußischen Infanterie sowohl bei Trautenau wie bei Nachod das Gepäck ablegten, und können dies in beiden Fällen durch die erforderliche Eile und das schwierige Terrain, welche die Kräfte der Leute über= mäßig in Anspruch nahmen, nur als gerechtfertigt erachten.

Die Bataillone der Brigade Buddenbrock sowie die beiden ihr nachgesandten Unterstützungs=Bataillone nahmen, als sie am Nachmittage des 27. Juni von Hohenbruck und Alt=Rognitz weichen mußten, ihren Rückzug nach den Punkten, wo sie ihr Gepäck abgelegt hatten: — daß dies auch den Gefechtsver= hältnissen am besten entsprochen hätte, kann nicht behauptet werden.

C. Gefecht der einzelnen Waffen.

1. Das Gefecht der Infanterie.

Bereits in der 1. Auflage des 3., das Gefecht bei Trautenau behandelnden Heftes unserer Wanderungen, welches in der Mitte des Jahres 1872 heraus= kam, haben wir in den Schlußbetrachtungen eine allgemeine Charakteristik des heutigen Infanterie=Gefechtes gegeben und dieselbe auch in die im Jahre 1874 herausgegebene 2. Auflage desselben Heftes wörtlich mit hinüber genommen.

Wenn wir nun an dieser Stelle auf jene Charakteristik wieder zurückweisen, müssen wir hinzufügen, daß das Studium der Erscheinungen in den Gefechten des Krieges 1870/1871 und der darauf sich stützenden reichen Tages-Literatur unsere damals ausgesprochenen Ansichten mannigfach mobifizirt hat. — Wir enthalten uns indessen hier einer eingehenden Berichtigung, weil wir genöthigt sein würden, Details in dieselbe hineinzuziehen, welche mit einiger Sicherheit sich nur aus ähnlichen Wanderungen über die Gefechtsfelder des Krieges 1870 und 1871 ableiten lassen, wie wir solche in den vorliegenden Heften über fünf Gefechtsfelder des Feldzuges in Böhmen 1866 versucht haben.

In dem Nachfolgenden geben wir daher nur eine kurze Charakteristik der Gefechtsweise der österreichischen und preußischen Infanterie im Jahre 1866, und werden demnächst mit einigen Bemerkungen auf die neuen Erscheinungen der Jahre 1870/71 hinweisen.

Jene Charakteristik stützt sich auf die in allen dargestellten Gefechten hervorgetretenen Erscheinungen, welche von uns in den vorliegenden wie in den früheren Heften eingehend beleuchtet wurden. Wir glauben daher, uns des Hinweises auf spezielle Fakta zur Erhärtung der einzelnen Punkte unserer Charakteristik um so mehr enthalten zu können, als derselbe schließlich auf eine ermüdende Wiederholung der Hauptmomente der Gefechte hinauslaufen würde.

Die Erscheinungen des Infanterie-Gefechtes auf den böhmischen Kampffeldern des Jahres 1866 sind in ihren Grundursachen zurückzuführen auf die verschiedenartige taktische Ausbildung und Bewaffnung der österreichischen und preußischen Infanterie.

Die im Vergleich mit dem Lademodus des österreichischen Vorderladers bedeutend schnellere und bequemere Ladeweise des preußischen Hinterladers mußte der preußischen Infanterie an sich im Feuergefecht sowohl der geschlossenen wie der zerstreuten Ordnung ein entschiedenes Uebergewicht geben.

Die Resultate, welche man auf den Schießständen mit dem preußischen Zündnadelgewehr seit Jahren erlangt hatte und welche nicht verborgen bleiben konnten, die in den Allerhöchsten Verordnungen über die größeren Truppenübungen vom Jahre 1861 niedergelegten Ansichten über den Unterschied zwischen dem Zündnadel- (Hinterladungs-) und dem Minié- (Vorderladungs-) Gewehr und dessen taktische Konsequenzen, sowie endlich die Erfahrungen des Krieges 1864, in welchem die beiderseitigen Truppen auf denselben Gefechtsfeldern einem gemeinsamen Feinde gegenübergestanden hatten: mußten die österreichische Heerführung in Betreff jener Ueberlegenheit der Bewaffnung der preußischen Infanterie vollständig aufklären.

Glaubte man trotzdem den Kampf mit den Hinterladern aufnehmen zu können, so mußte man doch jedenfalls dessen unzweifelhafte Ueberlegenheit durch ein entsprechendes taktisches Verfahren der eigenen Infanterie möglichst zu paralysiren suchen.

Worin preußischerseits die Ueberlegenheit des Zündnadelgewehrs gesucht wurde, fand sich oben in den allegirten Allerhöchsten Verordnungen klar ausgesprochen.

Es hieß darin: „In Trag= und Trefffähigkeit sind sich die Gewehre ziemlich gleich. Das Uebergewicht des Zündnadelgewehrs beruht allein auf seiner Schußfertigkeit. Durch diese wird es ihm möglich, ohne alle Uebereilung ppr. 3 Mal so oft zu feuern als sein Gegner. Dabei ladet es im Liegen und findet vermöge dieser Eigenschaft als Schützenrotte wie auch in kleineren ge= schlossenen Abtheilungen auf der freien Ebene eine Deckung, die sein Gegner dort entbehrt, weil er sich zum Laden jedesmal aufrichten muß.

Durch diese Vorzüge wird das Zündnadelgewehr so übermächtig, daß der Vorderlader (Minié) — obschon durch seine Konstruktion auf das Feuergefecht angewiesen — dennoch diesem Gegner gegenüber dasselbe meiden und sein Heil im Bajonett=Kampf suchen muß.

Auf der freien Ebene aber kann hiervon nicht die Rede sein, denn es würde schon auf 500 Schritt in ein wirksames Salvenfeuer gerathen, also mindestens 16 Salven, die mit jedem Schritt mörderischer werden, auszuhalten haben, noch ehe es an den Feind kommt.

Der Vorderlader (Minié) hat also auch die Ebene zu meiden und zu seinem Gefechtsfelde unter allen Umständen das bedeckte Terrain zu wählen.

Dort finden seine anrückenden Angriffs=Kolonnen einen längeren Schutz, und wenn sie zuletzt in das Feuer gerathen, so wird die zu überwindende Distance und Salvenzahl geringer sein."

Der ordnungsmäßige Kampf in bedecktem Terrain ist aber nur mit kleinen, beweglichen, manövrirfähigen Kolonnen und in lockerer Ordnung ausführbar.

Man war also österreichischerseits darauf hingewiesen, seine Infanterie in diesem Sinne auszubilden. Ferner mußte man durch eine überlegene Schieß= fertigkeit des einzelnen Schützen die schnellere und bequemere Ladefähigkeit des Zündnadelgewehrs auszugleichen suchen und das Vorgehen starker Schützen= linien in bedecktem Terrain, sowie das „Heranschießen" an den Feind fleißig üben.

Endlich mußte man im Angriff an das qualitative Uebergewicht der eigenen Artillerie — welche nur gezogene Geschütze führte — gründlich ausbeuten und mit der Infanterie nicht eher zum eigentlichen Angriff schreiten, bevor nicht die Artillerie den Feind erschüttert habe.

Statt dessen schien man nur den einen Satz aus obigen Betrachtungen der offiziellen preußischen Verordnungen sich als Richtschnur herausgenommen zu haben, der da sagt: daß der Vorderlader dem Hinterlader gegen= über sein Heil im Bajonett=Kampf suchen müsse.

Zu einer übermäßigen Betonung des Bajonett=Kampfes trieb auch noch ein anderer Umstand, über welchen das Werk des österreichischen Generalstabes „Oesterreichs Kämpfe im Jahre 1866" sich folgendermaßen ausspricht:

„Die Ueberzeugung, daß die aus früheren Zeiten überkommene, mehr defensive Kampfweise selten zu günstigen Resultaten führe, hatte sich in der Armee seit dem Feldzuge 1859 gegen das französische Heer vollkommen Bahn gebrochen; im Kampfe so rasch als möglich zum Angriffe zu schreiten, hierin den Gegner zu überbieten und ihm zuvor zu kommen, war ein Axiom der Kampfweise geworden; doch waren selten die Uebungen der Truppen danach, dieser Taktik auch die nöthige Ruhe und Ueberlegung zu geben.

Es ist dies eine treffende, wenn auch nicht ganz unverblümt gegebene Kritik der Uebungen, wie sie in den Jahren von 1859—1866 bei der österreichischen Infanterie beliebt waren. — Die Ausbildung derselben beschränkte sich auf elementare Schützen-Bewegungen, auf mangelhaft vorbereitete, von kräftigen Hurrah- und Eljen-Rufen begleitete Vorstöße in dichten geschlossenen Massen und in der kürzesten Richtung, um bald an das Angriffs-Objekt heran zu kommen, und auf oberflächliche Schießübungen.

Statt dessen erstrebte die preußische Infanterie auf dem Scheibenstande mit unermüdlichem Fleiße und großer Penibilität die Heranbildung jedes einzelnen Mannes zu einem möglichst guten Schützen und auf dem Exerzirplatze wie bei den Felddienstübungen dessen Ausbildung zu einem gewandten, alle Terrainvortheile ausbeutenden Tirailleur. Daneben wurde fleißig und straff exerzirt, zugleich aber die seit 20 Jahren reglementarisch eingeführte Kompagnie-Kolonnen-Taktik weiter kultivirt.

Dieser Verschiedenheit der taktischen Ausbildung und der Bewaffnung entsprachen die Erscheinungen auf den Gefechtsfeldern vollkommen.

Unter dem Schutze schwacher Schützenlinien sehen wir nach kurzer, ganz unzulänglicher Feuervorbereitung die österreichischen Brigaden in fester, geschlossener Ordnung mit Divisionsmassen-Linien im ersten und dichten Bataillons-Kolonnen im zweiten Treffen zum Angriff gegen die preußischen Stellungen vorrücken.

Man befindet sich einem Gegner gegenüber, dessen Armee seit einem halben Jahrhundert nur in vereinzelten Theilen eine kriegerische Thätigkeit aufzuweisen hat, während man sich selbst auf reiche Kriegserfahrungen stützen kann, und so hofft man, die jungen unerfahrenen Truppen des Feindes mit wuchtigem Stoße über den Haufen zu rennen.

Man will denselben imponiren, und so geht es ohne vorherige Rekognoszirung und ohne viele Rücksichtnahme auf das Terrain auf dem kürzesten Wege vorwärts! Durchschneidungen und Bedeckungen des Bodens werden nur als Bewegungshindernisse angesehen und selten zu einer verdeckten Annäherung ausgenutzt. Umfassungen und Flankirungen erscheinen zu zeitraubend, und kann der Gedanke an sie neben dem Alles beherrschenden Gedanken „so schnell als möglich an den Feind heranzukommen" keinen Raum gewinnen.

Als der Feind nun aber ruhig ausharrt und die wie auf dem Exerzirplatze vorrückenden Massen mit einem heftigen, mörderischen Kugelregen überschüttet; — da fühlt man sich von etwas ganz Unerwartetem überrascht. — Man stutzt. — Mit todesmuthiger Aufopferung bringen die Offiziere die Massen wieder in Bewegung: aber das Feuer des Gegners wird nur um so heftiger und mörderischer. Die Kraft des Vorstoßes erlahmt. Man hält und feuert wieder: um sich bald zum eiligen Rückzuge zu wenden und auf diesem die ganze Furchtbarkeit des Hinterladers kennen zu lernen.

Nach den ersten traurigen Erfahrungen dieser Art versuchte man wohl hier und dort auf andere Weise vorzugehen, aber bald mußte man sich überzeugen, daß es unmöglich ist, im feindlichen Feuer langjährige Gepflogenheiten einer Armee plötzlich zu ändern, und daß man auf der blutigen Wahlstatt nur ernten kann, was man auf den Uebungsplätzen des Friedens säete.

Das erste Treffen der österreichischen Brigaden wird zwar äußerlich durch die Divisions=Kolonnen gegliedert, aber die einzelnen Glieder sind fest an ein=ander gekettet und bleiben streng gebundene Theile des Ganzen.

Hatte man doch noch unmittelbar vor dem Kriege die Truppenführer ge=warnt, sich durch die Theilung des Gegners in kleine Kolonnen nicht zu einem ähnlichen Fehler verleiten zu lassen. — So erscheinen diese Divisionsmassen nicht gleich den preußischen Kompagnie= und Halbbataillons=Kolonnen als eine die Gesammtkraft potenzirende **Gefechts=Formation**, sondern nur als eine die Ueberwindung von Terrainhindernissen begünstigende und die Wirkung des feindlichen Feuers einigermaßen abschwächende **Manövrir=Formation**. — Wo auf preußischer Seite alle Kräfte zur freiesten Entwicklung gelangten, waren dieselben auf österreichischer Seite in formelle Fesseln geschlagen.

Wo aber die Gewalt der Verhältnisse diese Fesseln sprengte und wider den Willen der höheren Befehlshaber einzelne Glieder vom Ganzen loslöste, da erwiesen die Führer der Divisions=Massen sich in Folge der mangelhaften Heranbildung im Frieden den Verhältnissen nicht gewachsen.

Dieselben verstanden es nicht, sich schnell in die neue Lage hineinzufinden, sie richtig zu erfassen und mit selbstständigem, zweckentsprechendem Entschlusse in das Gefecht einzugreifen. — Als Folge hiervon ergab sich das Aufhören der Führung auch in den unteren Instanzen da, wo der Gang des Gefechtes — was nicht immer zu vermeiden war — den Zusammenhang innerhalb der größeren taktischen Verbände zerrissen hatte.

War man hiernach nicht im Stande, die Ueberlegenheit des Hinterladers durch größere Manövrirfähigkeit der kleinen Kolonnen auszugleichen, so konnte man es noch weniger durch Verwendung großer Schützenschwärme, weil der einzelne Mann in der Ausnutzung des Terrains und im „Heranschießen an den Feind" nur mangelhaft ausgebildet, zu einem selbstständigen Auftreten nicht herangezogen und die Leitung derartiger Schwärme im Frieden gar nicht geübt war.

So gut endlich die österreichische Artillerie im Großen und Ganzen geführt und namentlich der feindlichen Artillerie gegenüber zweckmäßig verwendet wurde, ließ ihre Ausnutzung zur unmittelbaren Vorbereitung der Infanterie=Angriffe doch viel zu wünschen übrig. Man glaubte zu diesem Zwecke der Infanterie in den Brigade=Batterien ausreichende und angemessene Mittel beigegeben zu haben: allein einerseits reichten dieselben zur Paralysirung der Wirkung des Hinterladers nicht aus und andererseits lösten sich diese Batterien nur zu oft von ihren Brigaden los.

Im Großen und Ganzen hätte die österreichische Artillerie zahlreicher sein müssen, um auch dieser Seite ihrer Aufgabe vollständig gerecht werden zu können.

Das in der österreichischen Infanterie vor dem Kriege künstlich und in fast ausschließlicher Weise gepflegte offensive Element machte sich auch in der Defensive zu ihrem Nachtheile geltend.

Man hätte in der zweckmäßigen Anwendung dieser Gefechtsweise wohl ein Mittel zur theilweisen Ausgleichung der Ueberlegenheit des Hinterladers finden können, indem man den Feind an gut gewählte Stellungen anrennen ließ und nach seiner Erschütterung zum Gegenstoß vorging.

In der Vertheidigung, welche an sich Führung und Uebersicht erleichtert, hätte man es auch wagen dürfen, stärkere Schützenschwärme aufzulösen und in einem gut geführten defensiven Feuergefecht konnte man die Salvenwirkung auch der geschlossenen Divisionsmassen allenfalls ausbeuten.

Freilich stellt die geschickte und zweckmäßige Leitung einer aktiven Vertheidigung an die Ruhe, Umsicht und Entschlossenheit der Führer, sowie an die Manövrirfähigkeit der Truppen sehr hohe Anforderungen, denen man sich österreichischerseits nicht gewachsen erwies.

Den umfassenden Angriffen des Feindes gegenüber war man im Allgemeinen zu schwerfällig, und nur zu häufig brachen die Infanterie-Massen aus Stellungen heraus, in denen sie hätten verharren sollen, oder in Augenblicken, in welchen der Feind noch keineswegs erschüttert war. Die Zahl mißlungener Gegenangriffe bemaß sich daher ziemlich hoch.

Die preußische Infanterie war sicher von einem nicht minder kühnen Geiste als die österreichische erfüllt, von einem Geiste, der sie ebenfalls vorwärts zum Angriff trieb: aber sie führte diesen in zweckmäßigerer Weise und in angemesseneren Formen aus.

Gegenüber der gleichmäßigen, starren, ungelenken Formation der österreichischen Brigaden tritt uns auf preußischer Seite eine auffallende Ungebundenheit der Formen entgegen. Je nach den Verhältnissen, dem Terrain und den einzelnen Korps kämpfen die Brigaden in Treffen von sehr verschiedener Stärke und Formation, bei einem Korps sogar die Regimenter grundsätzlich als kleine Brigaden von 6 Halbbataillonen formirt; die Bataillone aber fechten hier unter dem Schutze ihrer 4 Schützenzüge, dort in Halbbataillone zerlegt und dort wieder in einzelnen Kompagnie-Kolonnen mit freiester Verwendung derselben neben- und hintereinander. — Starke Schützenschwärme leiten den Kampf der geschlossenen Massen ein, unterstützen ihn und beuten ihn aus, und überall tritt das Streben hervor, durch Zerlegen der großen Massen in kleinere Kolonnen, sowie durch gute Ausnutzung des Terrains die Wirkung der feindlichen Waffen abzuschwächen. — Umfassungen und Flankirungen im Großen wie im Kleinen werden zur Erleichterung der Angriffe grundsätzlich angewendet und deren Ausführung durch die Manövrirfähigkeit der Truppen begünstigt.

Die Ungebundenheit der Formen verleitet allerdings dazu, auf den Zu=
sammenhang der taktischen Verbände kein großes Gewicht zu legen, und Durch=
einanderschiebungen der Truppen treten in ausgedehnterer Weise ein, als dies
durch die besonderen Verhältnisse gerechtfertigt erscheint.

Dieser Uebelstand findet indessen sein Korrektiv in der Intelligenz, Ent=
schlossenheit, Selbstständigkeit und Energie der unteren Führer. — Dieselben
verstehen es, mit ihren Bataillonen, Halbbataillonen und Kompagnien auch ohne
speziellen höheren Befehl den Umständen gemäß am rechten Orte und im
richtigen Moment in das Gefecht einzugreifen, die Nebenabtheilungen kräftig
zu unterstützen und jeden günstigen Umstand, jede Unordnung, jede Lücke in
der feindlichen Aufstellung zu eigenen Gunsten auszubeuten.

Das Zusammenwirken der geschlossenen und aufgelösten Massen ist ein
enges und zweckentsprechendes, und gewinnen die Letzteren auch zuweilen durch
das Vermischen der Truppentheile ein buntes Aussehen: der gemeinsame Ge=
fechtszweck hält sie jederzeit leiblich zusammen, und nur selten bricht innerhalb
derselben in Folge sehr ungünstigen Terrains und großer Ausdehnung die Ver=
bindung ab.

Die anfängliche, den Friedensübungen entsprechende tiefe Aufstellung dehnt
sich bald in die Breite aus. Die zweiten Treffen werden wie mit magischer
Gewalt in die vordere Linie hineingezogen, wo sie eindoubliren und zum Ver=
mischen der Truppentheile beitragen.

Wenn der preußischen Infanterie der Vorwurf gemacht wurde, daß sie
die Vorbereitung ihrer Angriffe durch die eigene Artillerie nicht abgewartet und
zu ungestüm vorwärts gedrängt hätte, so mag hierin etwas Richtiges liegen:
doch findet dies Verfahren seine Erklärung und einigermaßen seine Entschul=
digung in der Ueberlegenheit der eigenen Waffe und in dem Umstande, daß
die eigenen Batterien durch die des Gegners meist vollständig beschäftigt wurden
und sich häufig zu weit zurückhielten.

In den verhältnißmäßig wenigen defensiven Momenten verstand es die
preußische Infanterie vortrefflich, durch ein auf nahe Entfernungen abgegebenes,
kaltblütiges, anfangs schwach genährtes, im letzten Momente aber bis zur
höchsten Schnelligkeit gesteigertes Feuer alle Vortheile ihres vorzüglichen Gewehrs
auszubeuten und mit denen einer guten Terrainbenutzung zu verbinden.

Schnellfeuer, kleine Salven, sowie Salven größerer geschlossener Abthei=
lungen und Gegenstöße — theils von rückwärts her gegen die Flanken des
Feindes, theils aber auch aus der Stellung heraus gegen dessen Front aus=
geführt — bilden die wirksamen Mittel der Vertheidigung.

Somit hat die preußische Infanterie ihre Siege in erster Linie
zweifellos ihrer zweckmäßigeren taktischen Ausbildung und ihrer
größeren Manövrirfähigkeit und Schießfertigkeit und erst in zwei=
ter Linie ihrer überlegenen Bewaffnung zu verdanken.

Wer hieran noch Zweifel hegte, den mußten bei einer einigermaßen ob=
jektiven Anschauung der Dinge die Erscheinungen im Kriege 1870/71, in

welchem die preußische Infanterie einen besser bewaffneten Gegner zu be=
kämpfen hatte, von der Richtigkeit obiger Behauptung überzeugen.

Wir können, um nicht zu weit abzuschweifen, hier jene in dem Kampfe
von Hinterlader gegen Hinterlader hervorgetretenen Erscheinungen des In=
fanterie=Gefechtes nur in flüchtiger Berührung so weit charakterisiren, als sie
so ziemlich allgemein anerkannt und zugegeben sind, und fassen dieselben in
einigen kurzen Sätzen zusammen:

1) Die Gesammtfeuerkraft im Gefecht ist durch die größere Tragweite,
größere Rasanz und fast bis zur Grenze der Möglichkeit gesteigerte Schnellig=
keit des Ladens der neueren Hinterlader, sowie durch die ebenfalls gesteigerte
Artilleriewirkung derartig erhöht, daß eine immer weiter gehende Zerlegung
der großen Massen in kleinere Kolonnen oder eine Formation derselben in Linie
in den hinteren Treffen und unter Umständen auch bei den Reserven, sowie
eine ausgedehntere Auflösung des vorderen Treffens als nothwendige Folgen
davon erscheinen.

2) Geschlossene Massen können, wenn sie nicht außergewöhnliche Be=
günstigungen im Terrain finden, innerhalb der wirksamen Schußweite des
Hinterladers nur unter dem das feindliche Feuer ablenkenden Schutze dichter
Tirailleur=Linien zusammengehalten werden, so daß die Hauptgefechtsthätigkeit
der Infanterie nur noch in geöffneter Ordnung ausgeübt wird. — Es erscheint
dies jetzt im Gegensatz zu früher ausreichend und möglich, weil das Feuer auch
in der geöffneten (zerstreuten) Gefechtsordnung nicht nur wie ehemals eine das
geschlossene Gefecht vorbereitende, unterstützende und ausbeutende, sondern auch
eine selbstständig entscheidende Wirkung durch die ihm gewordene
Fähigkeit, „diese Wirkung auf den entscheidenden Punkt bis zur
Vernichtung des Feindes anzuhäufen", gewonnen hat.

Wir sahen daher im Kriege 1870/71 ganze Regimenter und Brigaden in
Schützenschwärme aufgelöst kämpfen.

Selbst der Angriff, der seinem Wesen nach eine möglichst geschlossene Form
fordert, wird im letzten Moment des Vorstoßes meist nur mit dichten Schützen=
schwärmen ausgeführt: in großen Verhältnissen freilich wird man nicht umhin
können, zur Hauptentscheidung nach Erschütterung des Gegners dichte geschlossene
Massen vorzuführen, sei es auch nur, um den Sieg zu besiegeln.

Um bei der geringen Widerstandsfähigkeit und bei der Unbehülflichkeit der
großen Schützenschwärme den Erfolg nicht vollständig dem Zufall preiszu=
geben, war man bestrebt, hinter denselben kleine Abtheilungen möglichst geschlossen
beisammen zu halten. Dieselben sollten hier bereit sein, die Schützenlinie zu ver=
stärken und sofort in das Gefecht einzugreifen, wenn die Vorwärtsbewegung
stutzte, wenn der Feind plötzlich in der Flanke erschien oder wenn es galt, einen
ersten Erfolg der Schützen auszubeuten.

Die größeren geschlossenen Abtheilungen hatten mehr die Rolle von Re=
serven zu übernehmen. — Im Gegensatz zu der früheren Auffassung ist gerade
im ebenen freien Terrain jetzt die zerstreute Fechtart allein herrschend,
während im bedeckten und unebenen Terrain viel eher geschlossene Abtheilungen

zusammen zu halten sind und hier als Gegengewicht gegen die allgemeine Auf=
lösung dienen.

3) Der Schwerpunkt der Führung des modernen Infanterie=Gefechtes liegt
hiernach in der Kunst:

Lange dichte Schützenlinien im Zusammenhange und in möglichst
guter Ordnung, sowie mit möglichst geringem Verluste unter ent=
sprechender Regelung und Leitung des Feuers und Ausbeute des
Terrains über einen weiten, von einem dichten Kugelregen über=
schütteten Raum hinfort so an den Feind heranzubringen, daß sie
noch ausreichende Kraft zum Entscheidungsstoße besitzen; — hinter diesen
Schwärmen aber — und zwar so nahe wie möglich denselben —
kleine möglichst geschlossene Abtheilungen zur Hand zu haben.

4) Die außerordentliche Schwierigkeit der Ausführung reiner Frontal=
angriffe läßt unterstützende Ueberflügelungen, Umfassungen und Flankirungen
eine solche Wichtigkeit gewinnen, daß deren Unterlassung nur da zu recht=
fertigen ist, wo die Gefechts= oder Terrainverhältnisse die Ausführung unmöglich
machen. Ein einmal begonnener Angriff muß mit größter Energie durch=
geführt werden.

5) Die Lenksamkeit und Führung der großen Schützenschwärme wurde ins=
besondere durch die Zerreißung der taktischen Verbände innerhalb derselben sehr
erschwert, und wird daher ein Hauptgewicht darauf zu legen sein, jene Ver=
bände nach Möglichkeit zu erhalten.

6) Bei den kolossalen Verlusten, denen die Angriffstruppen während der
Vorwärtsbewegung ausgesetzt sind, erscheint es noch mehr denn früher als
Pflicht der Führer, vor Ausführung des Entscheidungsstoßes die Wirkung der
eigenen Artillerie gegen die Einbruchspunkte abzuwarten. Ist der Feind nicht
durch das gemeinsame Feuer der Schützen und Batterien gründlich erschüttert,
so hat der Angriff selbst bei einer bedeutenden Ueberlegenheit desselben wenig
Aussicht auf Erfolg.

7) Unter die Mittel des Angriffs dürften Bajonett=Attacken größerer
geschlossener Abtheilungen und Salven im Allgemeinen nicht mehr zählen; die=
selben können nur unter ganz besonderen Umständen (bei Nacht, bei vollständiger
Ueberraschung des Feindes u. s. w.) zur Anwendung kommen.

8) Die Defensive hat durch die neueren Waffen an Kraft und Zähigkeit
außerordentlich gewonnen. — Die Kampfweise und Kampfformen haben sich
in ihr weniger geändert als beim Angriff, so daß selbst das Abgeben von
Salven und die Ausführung gelegentlicher Vorstöße mit geschlossenen Abthei=
lungen in ihr vorkommen können; doch bilden auch hier dichte Schützenschwärme
und kleine geschlossene Abtheilungen (Kompagnie = Kolonnen) die Grund=
formationen.

9) Im Hinblick auf die für den Angreifer zur ersten Regel gewordene
Umfassung der feindlichen Stellung hat der Vertheidiger jetzt ein ganz be=
sonderes Augenmerk auf den Schutz seiner Flanken zu werfen und muß er sich
daher von vornherein tief aufstellen.

10) Der Vertheidiger muß, um sich das volle Uebergewicht des in gedeckter Stellung bequem zu handhabenden Hinterladers zu sichern, häufiger noch wie früher den Spaten zur Hand nehmen, um seine Stellung fortifikatorisch zu verstärken.

11) Die Ausführung von partiellen Gegenstößen aus der Stellung heraus ist sehr gefährlich, da die aus ihren Deckungen vorgebrochenen Abtheilungen alsbald das ganze Feuer des Angreifers auf sich ziehen werden. — Es muß daher noch strenger wie früher an dem Grundsatz festgehalten werden, derartige Gegenstöße durch rückwärtige Truppen möglichst überraschend gegen die Flanke des Angreifers zu richten.

Gilt es freilich einen allgemeinen, entscheidenden Gegenstoß auszuführen, nachdem der Gegner durch mehrere abgeschlagene Angriffe in Unordnung ge= bracht und erschüttert wurde, dann werden mit den Reserven auch die Truppen aus der Stellung selbst frontal vorbrechen.

12) In Folge der Schnelligkeit des Ladens ist die Widerstandsfähig= keit der Infanterie der Kavallerie gegenüber außerordentlich gestiegen. Dieselbe kann jetzt einen Kavallerie=Angriff in jeder Formation annehmen, und die Bildung von Karrees erscheint nur noch ausnahmsweise gerechtfertigt. Auch die Schützen brauchen nicht mehr zu Knäueln zusammen zu laufen, da ihnen die Kavallerie nur erst gefährlich ist, wenn sie von derselben während des Zusammen= laufens erreicht werden.

13) Im Kampf der Infanterie gegen Artillerie sind wesentlich neue Momente nicht hervorgetreten, nur muß die Letztere sich jetzt viel weiter als früher von der Infanterie entfernt halten und bedarf mehr wie je des Schutzes vorgeschobener Abtheilungen eigener Infanterie, um gegen das Feuer auch nur weniger feindlicher Schützen, die sich vielleicht unter dem Schutze des Terrains über die eigene Linie vorgewagt haben, möglichst gesichert zu sein.

Auf der andern Seite aber wird die Infanterie durch die gesteigerte Artilleriewirkung gezwungen werden, schon auf bedeutende Entfernungen sich aus der Rendezvous= oder Marsch=Formation zum Gefecht zu entwickeln und sich statt in dichten, geschlossenen Bataillons=Kolonnen in Formationen von geringerer Breite und Tiefe aufzustellen und zu bewegen.

Aus den hier ganz kurz charakterisirten Haupterscheinungen des modernen Infanterie=Gefechtes lassen sich folgende allgemeine Anforderungen an die Aus= bildung, Führung und taktischen Formationen der Infanterie schließen:

1) Allen Faktoren, welche nach irgend einer Beziehung die Leitung großer Schützenschwärme, sowie die Regelung des Feuers in denselben zu erleichtern im Stande sind, ist ein ganz besonderes Gewicht beizulegen.

2) In erster Linie gehören hierher fleißige Uebungen in der Bewegung und Leitung derartiger Schwärme mit ihren Soutiens und zwar innerhalb der größeren Truppenverbände, Regimenter, Brigaden. Es ist hierbei auf ein Zu= sammenhalten der niederen taktischen Verbände, das bei den Friedensübungen an sich keine Schwierigkeiten haben kann, nicht ängstlich zu sehen, sondern müssen die Bewegungen ab und zu absichtlich so eingeleitet werden, daß ein Mischen der Truppentheile stattfindet.

Führer und Mannschaften sollen hierdurch an das im Kriege unvermeid=
liche Durcheinanderkommen und weiter daran gewöhnt werden, sich unter solchen
Verhältnissen schnell zusammenzuschließen und dem von dem nächsten Offizier
gegebenen Impuls oder Befehl zu folgen, wenn es gilt, einem feindlichen
Stoße wirksam entgegen zu treten oder gegen ein bestimmtes Objekt gemeinsam
mit den Neben=Abtheilungen zu feuern oder vorzustoßen.

3) Derartige Uebungen sind nicht nur auf ebenem Boden und in der
Form einfacher Vorwärts= und Rückwärtsbewegungen auszuführen, sondern auch
in bedecktem und coupirtem Terrain mit Seitwärtsschiebungen und Schwenkungen,
da solche im Ernstfalle nicht immer vermieden werden können.

Die Regiments= und Brigade=Exerzitien bieten hierzu die beste Gelegenheit:
bei den Feldmanövern tritt eine Vermischung der Truppentheile häufig von
selbst und gegen die Absicht der oberen Führer ein.

4) Die bezeichneten Uebungen werden nur dann einigermaßen mit Ordnung
und Ruhe auszuführen sein, wenn die Kompagnien und Bataillone tüchtig da=
zu vorgeschult sind.

Die Kompagnie=Chefs und Bataillons=Kommandeure müssen sich zu dem
Zwecke über den Unterschied klar sein, der zwischen der Leitung und den Be=
wegungen der früheren, verhältnißmäßig schwachen Tirailleurslinien besteht,
welche nur den Kampf der geschlossenen Massen einleiten, vorbereiten, unter=
stützen und ausbeuten sollten und zwischen der Leitung und den Bewegungen
dieser modernen starken Schützenschwärme, welche selbstständig das Gefecht ent=
scheiden sollen, während die nachfolgenden geschlossenen Abtheilungen sie nur
moralisch anzutreiben, Mißerfolge durch ihr Eintreten auszugleichen und glück=
liche Erfolge auszubeuten und zu vollenden haben.

Wurden von dem Schützen früherer Zeit als Haupteigenschaften Gewandt=
heit in der Ausnutzung des Terrains und in der Handhabung der Waffe,
schnelle Orientirungsgabe, List und Entschlossenheit, körperliche Gewandtheit und
Selbstvertrauen gefordert, so sind neben denselben als Eigenschaften eines
guten Tirailleurs jetzt die gespannteste Aufmerksamkeit auf die Winke und Be=
fehle des Führers, auf Signale und Kommandos, sowie Ruhe, Gehorsam und
Feuerdisziplin in nicht minder hohem Maße zu betonen.

5) Erleichtert wird die Führung großer Schützenschwärme durch entsprechende
Aufstellung und Einwirkung der untersten Chargen. In diesem Sinne dürfte
die Placirung der Unteroffiziere und Gefreiten auf den Flügeln der Züge und
Gruppen zweckmäßig sein. So lange die Schwärme noch nicht im wirksamsten
Feuer des Feindes sich befinden, so lange das Angriffs=Objekt und der dahin
einzuschlagende Weg noch nicht genau bestimmt sind, oder wenn größere Seiten=
verschiebungen und Schwenkungen ausgeführt werden sollen: dann müssen die
Chargen sich zur Leitung der Bewegung wenigstens einige Schritte vor der
Linie befinden, um einen festen Rahmen für die Bewegung der Masse zu
bilden. Ebenso gehören sie beim Angriff im letzten Moment des Anlaufes
vor die Front.

Zur Erhaltung der Ordnung von rückwärts her wird man der Aufstellung einiger Chargen hinter der Front nicht entbehren können.

6) Ein ferneres Mittel zur Erleichterung der Führung großer Schützen= schwärme besteht darin, daß stets eine Abtheilung — Bataillon, Kompagnie, Zug, Gruppe — bestimmt wird, welche die Richtung angiebt. Die Direktion der Richtungsabtheilung muß durch Bezeichnung eines Richtungs=Objektes mög= lichst genau festgestellt werden, und das Streben aller Unterführer dahin gehen, den Zusammenhang festzuhalten. — Die Deckung des Mannes kann bei derartigen Bewegungen erst in zweiter Linie in Betracht kommen: wer an den Feind heran will, kann Verluste nicht vermeiden. — Insofern der Zu= sammenhang von einem Vorrücken der Abtheilungen in ungefähr gleicher Höhe abhängig ist, darf dieses — also eine Art Richtung im linearen Sinne — nicht ganz außer Acht gelassen werden.

Wenn auch oben gesagt wurde, daß das Durcheinanderkommen ver= schiedener Truppentheile, weil unvermeidlich im Kriege, bei den Friedens= übungen nicht zu ängstlich gescheut werden sollte, so muß doch mit Strenge an dem Prinzip festgehalten werden, im Ernstfalle das Mischen der Truppentheile, so weit nur irgend angängig, zu vermeiden.

Alles, was hierzu beitragen kann, gewinnt für das moderne Gefecht eine besondere Wichtigkeit, so daß hier noch auf die nach dieser Beziehung bemerkens= werthesten Punkte hingewiesen werden soll.

7) In erster Linie ist es Pflicht der oberen Führung in ihren Dispositionen für den Marsch und für das Gefecht, sowie bei Verwendung der Truppen während des Kampfes, die Rücksicht auf die Erhaltung der größeren taktischen Verbände nicht aus dem Auge zu lassen, und Pflicht der unteren Führer, ununterbrochen den Zusammenhang innerhalb der größeren oder kleineren Truppenkörper festzuhalten oder, sobald es nur irgend angängig erscheint, wieder herzustellen, wenn er durch die Gefechts= oder Terrainverhältnisse ver= loren gegangen war.

8) Wenn schon bei der Einleitung eines Gefechtes im Allgemeinen die Wichtigkeit einer sorgfältigen Rekognoszirung der feindlichen Stellung, sowie einer darauf sich stützenden, wohldurchdachten, klaren Disposition und einer eingehenden womöglich mündlichen Instruktion der Unterführer hervorgehoben wurde: so ist dieselbe hier für das Gefecht größerer Infanteriemassen noch ganz besonders zu betonen.

Die Thätigkeit der oberen Führung bezieht sich vorwiegend auf das An= setzen der größeren Truppenkörper zum Gefecht, auf das Nähren desselben und auf den Gebrauch der zurückgehaltenen Reserven: ihre Einwirkung auf die spezielle Ausführung und den Verlauf des Kampfes großer Infanteriemassen ist in seinen Einzelnheiten ist nur eine sehr geringe, ausnahmsweise und mehr zufällige.

Hieraus ist aber die Nothwendigkeit herzuleiten, beim An= setzen der Truppen um so sorgfältiger zu verfahren und lieber der Rekognoszirung einige Zeit zu opfern, als die Truppen in das

Ungewisse hinein zum Angriff gegen eine nur vermuthete feind=
liche Aufstellung vorzuschicken.

9) Das Vermischen der Truppentheile ist hauptsächlich die Folge der durch
das Bedürfniß bedingten allmäligen Verstärkung der vorderen Gefechtslinie.
Man wird daher dem Durcheinanderkommen der verschiedenen Truppen=
theile am sichersten entgegenwirken, wenn nicht die neben, sondern die hinter
einander stehenden Abtheilungen demselben nächst höheren taktischen Verbande
angehören, d. h. man muß die Truppenkörper in sich nach der Tiefe und nicht
nach der Breite gliedern.

Für die Brigade, als dem größten Truppenkörper, für welchen noch regle=
mentarische Bestimmungen gegeben sind, ergiebt sich hieraus die Wichtigkeit
der flügelweisen Aufstellung der Regimenter neben einander, im Gegensatz
zu deren treffenweiser Aufstellung hinter einander.

Im 3. Hefte unserer Wanderungen sind wir auf diesen Punkt näher ein=
gegangen und können uns daher begnügen, auf das dort Gesagte hinzuweisen.

In unserem Reglement ist eine flügelweise Aufstellung der Brigade neben
der treffenweisen gestattet und in der Praxis jene bereits zur Regel, diese
zur Ausnahme geworden.

10) Ferner wird man dem Zerreißen der größeren Truppenverbände wirk=
sam entgegenarbeiten, wenn man an dem Grundsatze festhält: dieselben erst
nach Vollendung des reglementarischen, ordnungsmäßigen Auf=
marsches in das Gefecht eintreten zu lassen.

Werden die Truppentheile, je nachdem sie auf dem Gefechtsfelde anlangen,
einzeln in den Kampf hineingeworfen, so ist eine Zerreißung der Ordre de
bataille, ein Lösen des inneren Zusammenhanges der größeren Truppenverbände,
ein Vermischen der Divisionen, Brigaden, Regimenter und Bataillone unver=
meidlich und eine übermäßige, die Leitung sehr erschwerende Ausdehnung der
ganzen Gefechtslinie sehr wahrscheinlich.

Wo aber der mit der Ausführung des reglementarischen
Gefechts=Aufmarsches verbundene Zeitverlust größere Nachtheile im
Gefolge hat als die durch das Mischen der Truppentheile erschwerte
Gefechtsleitung, darf man an jener nicht zu ängstlich festhalten.

Solche Fälle werden beispielsweise da eintreten, wo man den Feind über=
raschen kann oder sich durch ihn überraschen ließ, ferner da, wo es gilt, in
schnellem Anlauf den Gegner aus einer günstigen Position zu vertreiben, um
sich selbst darin festzusetzen, oder um Raum zu gewinnen, die rückwärtigen
Truppen gesichert zu entwickeln. Der Führer muß unter solchen Verhältnissen
die Gunst des Augenblickes durch schnelles, entschlossenes und energisches
Handeln ausnutzen und darf sich dieselbe nicht durch zeitraubende Bewegungen
entschlüpfen lassen.

In unseren Gefechtsdarstellungen bezeichneten wir daher die Nichtausführung
des vorherigen Gefechtsaufmarsches bei Verwendung der preußischen Avantgarden=
Brigaden an den Gefechtstagen von Nachod, Trautenau und Soor als durch die
Umstände, unter denen man sich schlagen mußte, vollständig gerechtfertigt; während

man dagegen österreichischerseits die Brigade Mondel bei Trautenau und die Brigade Knebel bei Burkersdorf vor ihrem Eintreten in das Gefecht nicht erst hätte aufmarschiren lassen, sondern deren einzelne Bataillone, wie sie heran= kamen, so schnell als möglich in die gewählte günstige Position hinein= resp. dem Feinde entgegenwerfen sollen.

Im Allgemeinen wurde auf die Ausführung eines reglementsmäßigen Gefechtsaufmarsches preußischerseits wohl ein zu geringes, österreichischerseits ein zu großes Gewicht gelegt: dort ergab sich als Folge das Vermischen der Truppentheile, die große Ausdehnung der Gefechtslinie und eine durch beide Momente sehr erschwerte Gefechtsleitung, hier das Versäumen der rechtzeitigen Gewinnung wichtiger, auf den Erfolg des ganzen Gefechtes einwirkender Terrain= Abschnitte und Terrain=Objekte.

11) Ein zu frühzeitiges und zu weit gehendes Zerlegen der Bataillone in ihre Unterabtheilungen, sowie ein übermäßiges, zweckloses Auflösen derselben erschwert Uebersicht und Leitung und ist daher zu vermeiden.

Die Theilung und Auflösung der Bataillone bleibt vom Gesichtspunkte der einheitlichen Führung immer nur ein nothwendiges Uebel, und ist daher an dem Grundsatz festzuhalten:

„Zerlegen und Auflösen der Abtheilungen überall da, wo „der Gefechtszweck nicht anders zu erreichen ist; Zusammen= „ziehen und Sammeln derselben überall da, wo die feind= „liche Feuerwirkung und die Gefechtslage es gestatten."

12) Schon im Interesse einer erleichterten Führung ist hier zu betonen: daß das Bataillon und nicht die Kompagnie taktische Einheit der Infanterie ist und bleibt. — Nur das Bataillon besitzt die erforderliche Stärke, Gefechtskraft und Theilbarkeit, um eventuell ein Gefecht selbstständig durchzuführen, kleinere Gefechtsaufgaben zu erfüllen und auch nach Verlusten, wie sie in jedem heutigen Infanteriegefecht unvermeidlich sind, noch ein gefechts= und wirkungsfähiger taktischer Körper zu bleiben.

Es sollen nicht vier selbstständige Kompagnien zu einem Bataillon zusammen= treten, sondern das Bataillon ist, wo nöthig, in Kompagnien zu zerlegen. Es bildet als Ganzes die Einheit, mit welcher die höheren Truppen= führer rechnen.

Für den Bataillons=Kommandeur allein sind die Kompagnien die Gefechts= einheiten.

13) Um den weiten Raum, den die neueren Feuerwaffen beherrschen, einer= seits mit möglichst geringen Verlusten zu durchschreiten und um andererseits dem Gegner möglichst Abbruch zu thun, wird auf die Art und Weise, wie die Schützenlinie und die ihr folgenden geschlossenen Abtheilungen sich über jenen Raum vorzubewegen haben, sowie auf die Leitung des Schützenfeuers ein be= sonderes Gewicht zu legen sein.

Auf diese Punkte bezieht sich auch vorwiegend das Raisonnement und die Polemik der neueren Literatur der Infanterietaktik.

Ohne hier auf deren Ergebnisse und auf die speziellen, durch sie vor=
geschlagenen taktischen Formen näher einzugehen, heben wir nur eine Bemerkung
aus einem der früheren Hefte unserer Wanderungen hervor: „daß man sich
hüten solle, zu komplizirte und zu viele Formen einzuführen,
welche bei der Anwendung nur den Geist des Führers gefangen
nehmen und von der Hauptsache ablenken."

Der Führer aber muß sich bei der Wahl der von ihm anzuwendenden
Formen bewußt bleiben, daß der Erfolg weniger von der Form abhängig ist,
als von dem Geiste, der sie belebt, und daß überhaupt keine Form eine ab=
solute, sondern immer nur eine relative Bedeutung zu den betreffenden
Gefechts= und Terrainverhältnissen hat.

So erscheint beispielsweise das nach. der Allerhöchsten Kabinets=Ordre vom
19. März 1873 gestattete sprungweise Vorgehen „unter Umständen
und unter Berücksichtigung des Terrains" als ein vorzügliches Mittel
zur Abschwächung des feindlichen Feuers; es verräth aber eine falsche Auf=
fassung dieser Bestimmung, wenn nunmehr ganze Regimenter normalmäßig und
in regelmäßiger Weise mit ihren Schützen, Soutiens und rückwärtigen ge=
schlossenen Abtheilungen weite Strecken, wie angedeutet, zurücklegen.

Diese Weise des Vorgehens ist für die Leute außerordentlich anstrengend,
im Ernstfalle gewiß nicht leicht auszuführen, verlangsamt das Vorrücken und
verliert an Ueberraschung und damit an Wirkung, sobald sie immer und
regelmäßig angewendet wird.

Man darf sich ihrer nur bedienen, wo man auf andere Weise
nicht mehr vorwärts kommt, und das „Heranschießen" an den
Feind hat seinen Werth noch keineswegs verloren.

Wir haben obige Auseinandersetzungen gegeben, um in ihnen eine festere
Grundlage für die Beantwortung der Frage zu gewinnen, die heutzutage als
die brennende für den Infanteristen zu bezeichnen ist, und der sich ein Schrift=
steller, welcher überhaupt das Kapitel der modernen Infanterietaktik berührt,
kaum noch entziehen kann.

Wir meinen die Frage nach der Nothwendigkeit einer neuen
Redaktion unseres Infanterie=Exerzir=Reglements.

Bereits in den früheren Heften der Wanderungen sprachen wir uns dahin
aus, daß unsere reglementarischen Formen für alle Lagen des
Kampfes vollkommen ausreichen.

Nach dem Erscheinen der Allerhöchsten Kabinets=Ordre vom 19. März 1873
können wir weiter hinzufügen, daß unser Reglement auch die Prin=
zipien des heutigen Gefechtes vollkommen anerkannt hat und
selbst dem fortgeschrittensten Taktiker ausreichenden Spielraum
gewährt.

Es dürften in der That kaum noch Forderungen für Gefechtsformationen und Arten der Gefechtsführung zu stellen sein, denen nicht auf dem Boden unseres Reglements genügt werden könnte. Wir finden in unserem Reglement Minimal=Grenzen für die Auflösung der Massen und deren Zerlegung in kleinere Kolonnen, aber keine Maximal=Grenzen. Der Kommandeur einer Brigade, eines Regiments, eines Bataillons hat daher volle Freiheit so viel aufzulösen, wie er für nothwendig erachtet und seine geschlossenen Abtheilungen zu formiren, wie es ihm den Terrain= und Gefechtsverhältnissen nach am zweckmäßigsten erscheint. — Nur darf er die Führung seiner Truppen nicht aus der Hand geben und muß sich, insofern nicht andere Truppen zu seiner eventuellen Unterstützung bereit stehen, eine den Verhältnissen entsprechende Reserve zurück= halten: dies sind aber Forderungen, von denen auch der fortgeschrittenste Taktiker ihn nicht entbinden kann.

In Betreff der Art der Leitung des Feuers in der Defensive wie in der Offensive, sowie in Betreff der Art des Vorgehens gegen eine feindliche Stellung oder des Vorbrechens aus eigener Position bindet das Reglement ebenfalls nicht den freien Entschluß des Führers. — Ob das Feuer nur von einzelnen Leuten abzugeben, ob von allen Mannschaften langsam zu nähren oder bis zur höchsten Intensität zu steigern, eventuell durch Salven zu unterstützen sei: bleibt dem Führer durchaus anheimgestellt, und giebt ihm das Reglement nach allen diesen Beziehungen nur vorzügliche Grundsätze. — Das Reglement gestattet ihm ferner, seinen Schützenschwarm im Ganzen oder in einzelnen Theilen, gleichmäßig fortschreitend oder sprungweise, ganz wie er es den Gefechts= und Terrainverhältnissen am entsprechendsten erachtet, an den Feind heranzuführen; — er darf seine Soutiens den Umständen gemäß naheauf folgen lassen oder weiter zurückhalten, kann sie in Linie oder in einer mehr oder weniger breiten Kolonne formiren, erforderlichenfalls auch noch durch Hinknien oder Niederlegen schützen; er kann die hinteren Treffen in dichten Massen zusammenhalten, wenn dies das Terrain erlaubt, oder in kleine, der feindlichen Feuerwirkung ab= trägliche Abtheilungen zerlegen. — Auch für das Gefecht gegen Artillerie und Kavallerie erlaubt das Reglement die Annahme der den Verhältnissen entsprechendsten Formationen.

Wir meinen daher, daß unser Reglement in materieller Be= ziehung, d. h. in Betreff der für das Gefecht zu beachtenden all= gemeinen Grundsätze, keiner Aenderungen bedürftig ist; dagegen lassen sich wohl die Fragen aufwerfen:

„ob dasselbe auch in formeller Beziehung allen Forde=
„rungen entspricht, und ob der Spielraum, welchen das
„Reglement den Führern gewährt, nicht nach manchen
„Richtungen hin ein zu weiter und gefahrbergender ist?"

Unser Reglement datirt noch immer vom 25. Februar 1847. Es erlitt im Laufe der Jahre vielfache Aenderungen durch Fortlassungen und Zusätze, welche sich meist auf die Neu=Bewaffnung der Armee mit dem Hinterlader bafirten und nicht nur nebenfächliche Formen, sondern vielfach das Wesen der Sache trafen.

In der That hatte das Reglement bis zum Jahre 1870 allmälig eine ganz andere Gestalt erhalten. Wer im Anfang der fünfziger Jahre nach dem ur= sprünglichen Reglement ausgebildet war und unter seinen ersten Exerzirplatz= Erinnerungen Achsschwenkungen, Rückwärtsaufmärsche geöffneter Zug=Kolonnen, Deployements aus der Tiefe oder auf irgend einen der mittleren Züge, Bildung der Schützenzüge und langer, dünner, gleichmäßig formirter Schützen=Linien aus allen möglichen Formationen, sowie komplizirte Rückwärtsschwenkungen in der ganzen Brigade als höchste Blüthen der Exerzirkunst zu registriren hatte und dann plötzlich nach einer zwölfjährigen Verwendung außerhalb der Front in diese zurücktrat: der empfing einen lebhaften Eindruck von der völligen Umgestaltung der Uebungen auf unseren Exerzirplätzen wie im Terrain.

Der Neu=Abbruck des Reglements im Jahre 1870, welcher alle bis zum 3. August des genannten Jahres ergangenen Abänderungen berücksichtigte, war daher zur absoluten Nothwendigkeit geworden, wollte man sich im Reglement einen festen und klaren Anhalt für die Ausbildung der Truppen im Sinne der neuen Gefechtsweise bewahren.

Wie man bei allen Aenderungen des Reglements — den Forderungen einer großen Armee entsprechend, welche die Rücksicht auf die im Kriegsfall ein= zuziehende bedeutende Zahl von Reservisten nie aus dem Auge verlieren durfte — äußerst konservativ verfuhr: so auch beim Neu=Abbruck desselben. — Man hielt nicht nur an der allgemeinen Eintheilung, sondern so viel wie möglich auch an der Reihenfolge und den Wortlaut der einzelnen Paragraphen fest und konservirte, was mit der Neu=Bewaffnung der Armee und der neuen Gefechts= weise nur irgend noch vereinbar war.

Bei aller Pietät für das historisch Gewordene glauben wir daher mit der Bemerkung nicht zu viel zu sagen, daß im Neu=Abbruck, so Vorzügliches er uns in allen über das Gefecht handelnden Kapiteln brachte, noch Manches ver= blieben war, was nicht zu dem für die Ausbildung der Truppen Nothwendigen gezählt werden konnte, oder was für dieselbe nur noch einen sehr relativen Werth besaß.

Da kam der Krieg 1870/71, in welchem sich zum ersten Male die In= fanteriewaffen der Gegenwart — Hinterlader gegen Hinterlader — gegenüber= traten, und in welchem das Infanterie=Gefecht — das dürfte Niemand leugnen — uns ganz neue Erscheinungen brachte.

Obgleich Sieger, ruhten wir nach dem Kriege nicht auf unseren Lorbeeren aus, und die Werke und Broschüren, in welchen die durch jene Erscheinungen angeregten Zeit= und Streitfragen über das Wesen und die Formen des neuen Infanterie=Gefechtes und über die dadurch bedingte Ausbildung dieser Waffe eingehend erörtert wurden, überflutheten den Büchermarkt in einer Weise wie nie zuvor.

Das Alles konnte nicht ganz ohne Rückwirkung auf die Praxis und auf die Reglementsfrage bleiben.

Bereits am 4. Juli 1872 erschien denn auch eine Allerhöchste Kabinets=
Ordre, in welcher die Erfahrungen des letzten Krieges bezüglich des Infanterie=
Gefechtes charakterisirt und diejenigen Grundsätze und Punkte hervorgehoben
wurden, welche demnächst den Exerzitien und Uebungen der Truppen zu Grunde
gelegt und bei denselben geprüft werden sollten.

In Folge der durch diese Kabinets=Ordre befohlenen Berichte der kom=
mandirenden Generale erging unter dem 19. März 1873 eine fernere Allerhöchste
Kabinets=Ordre, welche definitive Bestimmungen für das Reglement enthielt
und dieses in wesentlichen Punkten modifizirte.

Die Ordre brachte neben einigem Formellen neue Grundsätze über die
Verwendung der vorhandenen Formationen und über die Art der Gefechts=
führung, hob die Paragraphen des Reglements hervor, welche bei der Aus=
bildung der Kompagnien, Bataillone, Regimenter und Brigaden künftig eine
erhöhte Berücksichtigung finden sollten, und bezeichnete endlich diejenigen, mehr
oder weniger veralteten Formationen und Bewegungen des Reglements, welche
zur Erleichterung der Ausbildung theils ganz in Wegfall zu kommen, theils
eine Einschränkung zu erfahren hatten.

Die durch diese Allerhöchste Kabinets=Ordre bedingte Reform des Neu=
Abdrucks unseres Reglements muß als eine sehr bedeutsame bezeichnet
werden, durch welche derselbe, wenn man sich die Grundsätze in den alten
Text vollständig eingeschmolzen und Alles, was nicht mehr geübt werden soll,
ausgeschieden denkt, auch eine wesentlich andere Form erhält.

Da mit den neu aufgestellten Grundsätzen allen verständigen Ansprüchen
des heutigen Gefechts vollkommen Rechnung getragen ist, der Verfasser auch in
der Verschmelzung derselben mit dem Text des Reglements keine großen Schwierig=
keiten zu erblicken glaubte, schloß er sich denjenigen an, welche die Nothwendig=
keit einer nicht zu fernen, neuen Redaktion des Reglements nicht anerkennen
mochten.

Eine Dienstleistung indessen, welche den Verfasser vor Kurzem auf einige
Zeit in den praktischen Frontdienst zurückführte, hat ihn in dieser Ansicht schwankend
gemacht.

Indem derselbe diese Dienste bei einem Truppentheil leistete, welcher vom
eigenen Korps zu einem fremden abkommandirt war, hatte er in den einzelnen
Exerzir=Perioden und bei den größeren Truppen=Uebungen bis zum Korps=
Manöver hinauf reichlich Gelegenheit, alle die Verschiedenheiten praktisch durch=
machen zu müssen, welche innerhalb der beiden Korps resp. innerhalb der
größeren Verbände des einen Korps obwalteten. Dieselben waren ihm allerdings
schon auf dem Exerzirplatz und bei den verschiedenen Besichtigungen aufgefallen,
aber doch nicht als so bedeutend erschienen, um ihn in seiner Stellung zur
Reglementsfrage schwankend zu machen.

Er wurde dies erst, als ihm Verschiedenheiten entgegentraten, welche sich
nicht bloß auf mehr oder weniger bedeutsame Formen, sondern auch auf das
Wesen des Gefechtes bezogen und schließlich auf den weiten Spielraum zurück=
geführt werden mußten, den das Reglement gestattet.

Es drängte sich hierbei unwillkürlich die Frage auf: ob das Reglement noch einen so festen Anhalt bietet, daß dadurch eine ausreichende Gleichmäßig= keit der Gefechtsformationen in der Armee hergestellt ist.

Wir können hier nicht auf alle jene Verschiedenheiten der Form näher eingehen und begnügen uns nur, einige auf das Gefecht selbst sich beziehende differirende Ansichten gegenüberzustellen, welche beim Exerziren resp. in den Kritiken bei den größeren Truppen=Uebungen seitens der höheren Kommandeure faktisch ausgesprochen wurden.

Während hier die Schützen auf dem freien Exerzirplatz beim Angriff von vorneherein in einer Stärke vorgeschickt werden mußten, daß der Zwischenraum zwischen den einzelnen Leuten nur etwa 1' betrug und die Intervallen zwischen den Gruppen fast ganz fortfielen, verlangte man dort unter denselben Verhältnissen weite Abstände zwischen den Letzteren.

Natürlich wurde es den Kompagnie=Chefs sehr schwer, die auf jene Weise eingeschulten Mannschaften auseinander zu bringen.

Hier war es Regel, bei den Soutiens und sonstigen geschlossenen Ab= theilungen, wo sie in das Feuergefecht eintraten, nur Schnellfeuer an= zuordnen, während dort in alter Weise in die Schützenlinie eingerückt und Salven abgegeben wurden.

Die Soutiens gingen in sehr verschiedenartiger Formation vor und mit sehr verschiedenartigen Abständen von der Schützenlinie.

Heute noch äußerte sich ein höherer Kommandeur dahin, daß er zwar das Aufmarschiren zur Linie bei den Soutiens nicht verbieten wolle, sich doch aber auch auf der freien Ebene für Beibehaltung der Kolonne entscheide, weil in der Wirklichkeit die Mannschaften sich doch zu einer solchen zu= sammenballen würden; — am nächsten Tage erklärte ein anderer Führer, „daß er jede Kompagnie=Kolonne, die er im feindlichen Feuer sich bewegen sehe, sofort außer Gefecht setzen würde."

Karrees wurden im Allgemeinen nur da formirt, wo solches aus Uebungs= zwecken angeordnet war; dagegen wurde in einer Kritik getadelt, daß die Schützen — in einem allerdings ziemlich freien Terrain — bei Annäherung der Kavallerie keine Knäuel formirt hätten, während in einer bald darauf folgenden Kritik ein Kavallerie=Angriff nur deshalb als gelungen bezeichnet wurde, weil unter ganz ähnlichen Verhältnissen die Schützen sich hatten verleiten lassen, zu Knäueln zusammenzulaufen, statt liegen zu bleiben und aus allen Kräften zu feuern.

Bei Ausführung von Angriffen rückten hier die geschlossenen Ab= theilungen in reglementarischer Weise in die Schützenlinie ein, welche die Front frei machten und sich anhängten, während dort die vor der Front befindlichen Schützen, welche nicht auswichen, so lange bis die geschlossenen Abtheilungen herankamen, aufs Lebhafteste feuerten, dann aber vor der Front den Anlauf mitmachten, so daß sie durch jene — um uns eines jetzt öfters gebrauchten Ausdrucks zu bedienen — mit „vorwärts getragen" wurden.

Das Vorgehen zum Angriff wurde mit Vorliebe — zuweilen auch

da, wo es die Umstände nicht geboten — sprungweise ausgeführt, wobei die geschlossenen Abtheilungen indessen sehr ungleichmäßig verfuhren, indem sie theils in ununterbrochener Bewegung blieben und sich dadurch der Schützen= linie näherten, theils in derselben Weise, wie diese, avancirten. — Ferner sah man hier die geschlossenen Abtheilungen des 1. und 2. Treffens gleichmäßig, dort ungleichmäßig verfahren, indem die des 1. Treffens sprungweise, die des 2. Treffens ununterbrochen vorgingen.

Nicht unerwähnt möchten wir hier lassen, daß in einem Truppenverbande die Kompagnie=Chefs ihre Kompagnien zu Pferde leiteten und bis dicht an die Schützenlinien vorrückten, während bei den Uebungen im Korps jeder Kom= pagnie=Chef und Bataillons=Kommandeur außer Gefecht gesetzt wurde, der sich in der Höhe der Soutiens oder darüber hinaus zu Pferde sehen ließ.

Die Brigade=Exerzitien führten uns jedenfalls ganz andere Gefechtsbilder vor wie früher, und zwar den Erscheinungen des letzten Krieges mehr ent= sprechende: doch sahen wir ein absichtliches Vermischen der Truppentheile nicht üben und einen bedeckten Theil des Exerzirplatzes, der wohl Gelegenheit hierzu und zu Uebungen im schnellen Sammeln geboten hätte, meiden statt aufsuchen.

Wir könnten hier noch manches Andere anfügen, glauben indessen mit dem Gesagten unserem Zweck genügt zu haben.

Wenn wir nun auf das Bedenkliche derartiger Verschiedenheiten hinweisen, wird man uns vielleicht erwidern, daß eben in der darin sich aussprechenden, den Kommandeuren gelassenen außerordentlichen Freiheit der große Vorzug unseres Reglements liege.

Sicherlich erkennen wir diesen Vorzug vollkommen an und können im Interesse der Armee nur wünschen, daß er uns nie verloren gehe; kann aber ein Uebermaß von Freiheit nicht schädlich wirken?

Hätten jene zum Theil ganz entgegengesetzten Verfahrungsweisen sich durch die Verschiedenartigkeit der Gefechts= oder Terrainverhältnisse näher begründen lassen, so würde man sich nur ganz einverstanden mit denselben zu erklären und sie als einen Ausdruck der Umsicht und Gewandtheit der Führer an= zuerkennen haben; da sie aber auch auf dem Exerzirplatze unter ganz gleichen Verhältnissen zu Tage traten, gewinnen sie leicht den Anschein persönlicher Willkür, geeignet, das Vertrauen zum Reglement namentlich bei den Unter= offizieren und Mannschaften zum Schwanken zu bringen.

Hierzu kommt noch ein anderer Umstand, der in ähnlichem Sinne wirkt.

Das Reglement giebt in den §§ 54 und 56 resp. in den §§ 83 und 86 die Normen für den Angriff eines Bataillons in Linie resp. in Angriffs= Kolonne in allen Details und stellt diese Angriffsweisen damit — wenigstens für Jeden, der unbefangen an das Reglement herantritt — als die normalmäßigen und allgemein anzuwendenden hin; nun sind es aber gerade diese Formen, welche von unseren Exerzirplätzen, wenigstens der größeren Truppenkörper, und jedenfalls von unserm Manöverterrain vollständig verschwunden sind.

Muß dieser Umstand nicht bedenklich erscheinen und nothwendig zu der Frage nach der Opportunität einer Neu=Redaktion des Reglements führen?

Wir sind übrigens der Ansicht, daß eine solche Neu=Redaktion keineswegs das Bestehende umzuwerfen und vollständig Neues zu schaffen braucht, sondern daß sich dieselbe vielmehr dem Vorhandenen aufs Engste anschließen kann und selbstverständlich auf den im Reglement und in der neuesten Kabinets=Ordre ausgesprochenen Grundsätzen und gegebenen Formen aufgebaut werden muß.

Unser Reglement sieht in seinen formellen Vorschriften für das Gefecht das geschlossene, von seinem Führer einheitlich kommandirte Bataillon noch als die Gefechts=Einheit an, was es in der Wirklichkeit nicht mehr ist und nicht mehr sein soll.

Die Allerhöchste Kabinets=Ordre vom 19. März 1873 sagt gleich in ihrem ersten Punkte:

„Im wirksamen feindlichen Feuer kann die Verwendung von Bataillons=
„Kolonnen nur durch besondere Gefechtsverhältnisse gerechtfertigt wer=
„den. Die Normal=Gefechtsformation der ersten Linie ist daher in
„Kompagnie=Kolonnen.“

Hieraus folgt nothwendig, daß auch die formellen Vorschriften für das Gefecht eines Bataillons sich auf dessen „Normal=Gefechtsformation in Kompagnie=Kolonnen“ beziehen müssen, und daß daher die §§ 54 und 56 resp. die §§ 83 und 86 des Reglements, wenigstens im Sinne der Hauptangriffsformen eines Bataillons, zum großen Theil hinfällig geworden sind.

Wir stehen aber deshalb keineswegs einer Lücke des Reglements gegen=über, da dasselbe im § 114 sich in eingehender und vortrefflicher Weise über die Gefechtsführung mit Kompagnie=Kolonnen im Angriff wie in der Vertheidigung ausspricht.

Dieser Paragraph enthält aber nur Grundsätze über die Gefechtsführung und allgemeine Angaben von Formen, aber keine bestimmten, in einzelnen Kommandoworten zum Ausdruck kommenden, bindenden Vorschriften.

Wir meinen daher, daß dieser Paragraph, mit den oben an=gezogenen zusammengeschmolzen und unter Berücksichtigung der in den Punkten 3, 4 und 5 der Allerhöchsten Kabinets=Ordre vom 19. März 1873 ausgesprochenen Grundsätze neu gefaßt, die Grund=lage für das Formelle des Gefechtes eines Bataillons bilden müßte.

Wir würden hierdurch einen festen Anhalt gewinnen für die Art und Weise, wie ein Bataillon in offenem, ebenem Terrain frontal gegen eine feindliche Stellung zum Angriff vorzugehen hat. — Das Reglement kann bestimmte Vorschriften nur für einen solchen, unter einfache und klare Bedingungen gestellten Fall geben, der zugleich unter den heutigen Verhältnissen der allerschwierigste ist; — für alle übrigen Fälle dagegen, welche die mannigfaltigsten Abweichungen von der Normal=Angriffsform er=fordern werden, kann das Reglement nur Grundsätze und Andeutungen aus=sprechen. — Hier liegt der Spielraum für den Führer, der ihm nicht genommen werden darf.

Sollte dem entgegengestellt werden, daß der Angriff eines Bataillons unter obigen Bedingungen unausführbar sei und das Reglement also doch wieder nur Etwas geben würde, was in Wirklichkeit nicht anzuwenden sei, so erwidern wir darauf: daß wenn ein Bataillon auch dahin trachten muß, nicht unter so ungünstigen Umständen zu kämpfen, dies in größeren Verhältnissen unvermeid= lich ist, wobei wir auf die Erscheinungen in der Schlacht von St. Privat nur hinzudeuten brauchen. — Bietet das Reglement aber den festen Anhalt für den schwierigsten Fall, so wird der Kommandeur unter Beachtung der sonst in demselben zu gebenden Grundsätze die Modifikationen für die günstigeren Fälle leicht finden können.

Durch einen solchen Paragraphen würde die Kompagnie auch thatsächlich zur Gefechts=Einheit erhoben werden, während das Bataillon nach wie vor die taktische Einheit bliebe und zwar ganz im Sinne der öfters allegirten Kabinets= Ordre, in deren erstem Punkt es heißt:

„Die Bataillone müssen jedoch unter allen Umständen in der Hand „ihrer Kommandeure sein."

Wenn auch die Verwendung von Bataillons=Kolonnen als Gefechts= formation nur ausnahmsweise unter besonderen Umständen gerechtfertigt ist, so können wir sie doch nicht ganz entbehren, weil in größeren Verhältnissen der Sieg schließlich doch nur durch ein Vorgehen mit großen geschlossenen Massen besiegelt werden kann. — Eine sehr große Bedeutung erhalten diese Kolonnen aber als Rendezvous=Formation und als Manövrir=Formation für größere Massen, welche sich im Reserve=Verhältniß außerhalb des wirksamen feindlichen Feuers zu bewegen haben.

Es ist selbstverständlich, daß diese Bataillons=Kolonnen nur die Form dicht zusammengestellter Kompagnie=Kolonnen haben können, und meist wird es sehr zweckmäßig sein, bei Bataillonen von 4 Kompagnien deren zwei in der Front, die beiden anderen dahinter aufzustellen, weil dadurch das Bataillon auf den kleinstmöglichen Raum zusammengedrängt ist. — Ob man als Normalform Flügel=Kolonnen oder Doppel=Kolonnen (Kolonnen nach der Mitte) wählen will, erscheint im Allgemeinen unerheblich; jedenfalls liegt jetzt, wo die Bataillons= Kolonne nicht mehr Gefechtsformation sein soll, kein so dringendes Bedürfniß nach einer Doppel=Kolonne vor, wie früher, wo man mit ihr sich im feindlichen Feuer bewegen und möglichst schnell aus ihr zur Linie übergehen wollte.

Die aus gleichmäßig abmarschirten Kompagnie=Kolonnen zusammengesetzte Flügel=Kolonne mit 2 Kompagnien in der Front empfiehlt sich jedenfalls durch ihre größere Einfachheit.

Diese Bataillons=Kolonne wird, sobald das vordere Treffen mit dem Feinde engagirt ist, schon im zweiten, dem feindlichen Artilleriefeuer ausgesetzten Treffen nicht mehr Verwendung finden können.

In der Allerhöchsten Kabinets=Ordre vom 19. März 1873 heißt es hierüber:

„Wo das feindliche Feuer es erfordert, haben auch die hinteren Treffen „die für Abschwächung der Wirkung desselben geeignete Formation „anzunehmen."

„Demnach kann es zweckmäßig sein, diese Treffen oder eins der=
„selben, ganz oder theilweise in Kompagnie=Kolonnen oder in Linie
„zu formiren. Auch können die Kompagnien sich in Linie entwickeln
„oder in Halbzüge oder Sektionen abbrechen."

Nach unseren reglementarischen Vorschriften für das Exerziren in der
Brigade verblieb das zweite Treffen grundsätzlich in der Kolonne nach der Mitte:
die Regel muß nunmehr zur Ausnahme und für dies Treffen eine andere
Normalformation gegeben werden. — Es dürfte sich hierfür am besten wohl
eine derartig gebildete Kompagnie=Kolonnenlinie empfehlen, daß in ihr
die Kompagnien gleichmäßig in sich abmarschirt sind und unter sich etwa Zug=
abstand haben.

Eine solche Kolonnenlinie, in welcher die einzelnen Kolonnen durch die
vor der Front derselben befindlichen Kompagnie=Chefs kommandirt werden, ist
leichter zu führen, als das geschlossene Bataillon in Linie oder Kolonne.

Selbstverständlich können die Kompagnien auch näher zusammen= oder auf
Deployir=Distanz auseinandergezogen werden, auch, wo erforderlich, in
Linie aufmarschiren.

Die Bewegungen in dieser Formation (die Kompagnien in der Kolonne
oder in Linie mit kleinen Intervallen) unter Einhaltung streng reglementa=
rischer Vorschriften würden dann vielleicht an die Stelle der §§ 49—53 des
Reglements, welche von den Bewegungen des Bataillons in Linie handeln, zu
treten haben.

Für den Uebergang aus der Bataillons=Kolonne in diese Kompagnie=
Kolonnenlinie, sowie aus beiden in die eigentliche Gefechtsformation des Ba=
taillons, als welche die Aufstellung mit dem Vortreffen anzusehen ist, sind
ebenso wie für die umgekehrten Bewegungen bestimmte, in Kommandoworten
Ausdruck findende reglementarische Vorschriften zu geben.

Eine besondere Zug=Kolonnen=Formation erscheint nicht nothwendig, sie
wird durch Hintereinanderschieben der 4 Kompagnie=Kolonnen gebildet. Es
kann aus ihr leicht in die Bataillons=Kolonne oder direkt in die Normal=
Gefechtsaufstellung übergegangen werden.

In Betreff der Kommandogebung würde eine wesentliche Neuerung
darin liegen, daß das Kommando des Bataillons=Kommandeurs grundsätzlich
von den Kompagnie=Chefs aufgenommen wird, und daß seitens der Zugführer
nur ausnahmsweise Kommandos zu geben sind.

Die Kompagnie=Chefs führen ihre Kompagnien beim Schul=Exerziren selbst=
verständlich im Tritt und in fester Ordnung auf den Platz, wohin sie gehören,
und zwar im Allgemeinen auf dem kürzesten Wege, insofern ein solcher nicht
durch das Reglement bestimmt angegeben wäre.

Diese wesentliche Neuerung würde durchaus im Einklang stehen mit der
Allerhöchsten Kabinets=Ordre vom 19. März 1873, welche wörtlich sagt:

„Die Bataillone müssen jedoch unter allen Umständen in der Hand
„ihrer Kommandeure sein, welche ihre Kompagnie=Kolonnen

„befehligen, wie der Regiments=Kommandeur seine Ba=
„taillone."

Nun ist freilich zu bemerken, daß unser Reglement bestimmte Vorschriften,
wie der Regiments=Kommandeur seine Bataillone befehligen soll, nicht giebt,
so daß die Festsetzung einiger Kommandos für die einfachsten, nothwendigsten
Formationsveränderungen und Bewegungen in diesen Verhältnissen erforderlich
sein würde.

Selbstverständlich dürfte nach dieser Beziehung nicht zu weit
gegangen und dem Bataillons=Kommandeur wie den Kompagnie=
Chefs nicht jener zur freien Entfaltung der Kräfte des Bataillons
erforderliche Spielraum genommen werden, den wir als einen
besonderen Vorzug unseres Reglements nicht hoch genug schätzen
können.

Dem Bataillons=Kommandeur muß die Art der Verwendung seiner
Kompagnien überlassen bleiben, und kann er hierin an eine bestimmte Reihen=
folge nicht gebunden werden; dem Kompagnie=Chef aber darf nur befohlen
werden, was er thun soll, während das Wie der Ausführung grundsätzlich
seinem Ermessen anheim zu stellen ist.

Wenige Formen für die einfachsten Verhältnisse und die sonst im Regle=
ment auszusprechenden Grundsätze und Anweisungen über die Gefechtsführung
müssen Beiden feste Anhaltspunkte bieten und das gegenseitige Verständniß
sowie die erforderliche Gleichmäßigkeit innerhalb der Armee sichern.

Nach den von uns in Obigem ausgesprochenen Ansichten würde die Kom=
pagnie, wie sie die Gefechts=Einheit ist, so auch die Exerzir=Einheit der
Infanterie bilden.

Von den Aenderungen in der Aufstellung der Kompagnie und in der
Bildung der Kompagnie=Kolonne, welche fast allgemeine Anerkennung gefunden
haben, bemerken wir als die wesentlichsten: Ausschließliche Rangirung zu zwei
Gliedern und zwar rottenweise nach der Größe von einem Flügel ab. (Die
Formation der Schützenzüge und eine Auswahl von Leuten für die zerstreute
Fechtart fallen daher fort: letztere schon aus dem Grunde, weil fast nur in der
geöffneten Ordnung gekämpft wird.)

Eintheilung der Kompagnie in 4 Züge, sowie gleichmäßiger Abmarsch
derselben im Bataillon und zwar nach rechts. Es schließt dies die Anwendung
der Kolonne nach der Mitte nicht aus, da die Reihenfolge der Züge in der
Linie gleichgültig ist. Der Begriff der Inversion muß schwinden.

Das Ausschwärmen hat grundsätzlich von der Tete und nicht von der
Queue aus zu erfolgen.

Wir müssen zugeben, daß ein nach obigen Prinzipien — wenn auch in
möglichst engem Anschluß an das alte — neu redigirtes Reglement eine ganz
andere Gestalt erhalten würde, als der jetzt vorliegende Neu=Abdruck desselben,
und dürfen wir daher nicht den Einwand eines in unseren Vorschlägen sich aus=
sprechenden Mangels an Rücksicht auf die große Masse der nach dem alten
Reglement ausgebildeten Reserven nicht unerwähnt lassen.

Wir halten indeſſen dieſen nicht ganz zu leugnenden Uebelſtand gegenüber den großen Vortheilen der Vereinfachung und zeitgemäßen formellen Umge=ſtaltung des Reglements um ſo weniger für ſehr erheblich, als nach unſerer Anſicht die gemachten Vorſchläge keineswegs eine radikale Umänderung des Reglements zur Folge haben. — Dem Weſen nach würde Alles beim Alten bleiben, in der äußeren Form viel vereinfacht, aber faſt nichts ganz Neues gegeben werden. Die Hauptänderung würde darin beſtehen, daß im Bataillon die Bewegungen grundſätzlich auf Kommando der Kompagnie=Chefs auszu=führen ſind.

Hieran ſind die Reſerviſten durch die in der Armee ſeit Jahren viel ge=übten Kompagnie=Kolonnen=Manöver aber vollſtändig gewöhnt, und wird es höchſtens darauf ankommen, ſie darauf hinzuweiſen, daß nun auch in dieſer Form beim Schul=Exerziren ſtraff marſchirt und die penibelſte Ordnung feſt=gehalten werden muß.

Die Hauptänderungen würden die Bataillons=Kommandeure, vor Allem aber die Kompagnie=Chefs treffen, welche Letzteren jetzt beim eigentlichen Bataillons=Exerziren meiſt Zuſchauerrollen übernommen haben. Daß ſich beide ein in unſerm Sinne neu redigirtes Reglement in kürzeſter Friſt zu eigen machen würden, dürfte wohl von Niemandem bezweifelt werden.

In vollem Einverſtändniß befinden wir uns mit der ganz überwiegend größten Zahl der neueren Schriftſteller auf dem Gebiete der Ausbildung und Taktik der Infanterie darin, daß wir von unſeren Forderungen an ein ſtraffes penibles Exerziren ſchon als heilſames Gegenmittel gegen die auflöſenden Elemente der neueren Taktik auch nicht ein Jota ablaſſen dürfen. — Die aus=ſchließliche Rangirung zu 2 Gliedern bildet kein Hinderniß hierfür. Wenn dieſelbe vielleicht dieſe oder jene Parademangebewegung erſchwert, ſo zwingt ſie uns eben, dieſelbe um ſo fleißiger zu üben. Daß alle derartigen Be=wegungen darum nicht minder feſt und ſicher und elegant produzirt werden, dafür bürgt uns die Tradition und der Geiſt unſerer Armee!

---

2. Das Gefecht der Artillerie.

Die gewaltigen Fortſchritte auf dem Gebiete der Waffen=Technik mußten die Gefechtsthätigkeit der Artillerie nicht minder ſtark beeinfluſſen, wie diejenige der Infanterie.

Wenn es eine kurze Zeit lang den Anſchein gewann, als ob die Artillerie durch die nach Tragweite und Trefffähigkeit bedeutend geſteigerte Wirkung der gezogenen Gewehre in den Hintergrund geſchoben werden ſollte, ſo hat die=ſelbe es bald verſtanden, durch Einführung der gezogenen Geſchütze ihren Rang als eine Hauptwaffe von entſcheidendem Einfluß nicht nur zu behaupten, ſondern ihre Wichtigkeit durch weitere Verbeſſerungen noch zu erhöhen.

Tragweite, Trefffſicherheit, materielle Wirkung des einzelnen Geſchoſſes, Grad der Unabhängigkeit vom Terrain bezüglich der Wirkung, ſowie Manövrir=

fähigkeit der Artillerie sind in neuester Zeit bis zu einem Grade gesteigert, welcher dieser Waffe für die Zukunft eine nicht minder bedeutende Rolle sichern dürfte, als ihr solche schon in den Schlachten und Gefechten des Krieges 1870/71 zugetheilt war und mit glänzendstem Erfolge von ihr ausgefüllt wurde.

Bei Betrachtung des Infanteriegefechtes hoben wir in erster Linie die **Nothwendigkeit der Vorbereitung des Angriffes durch eine mög= lichst intensive Geschützwirkung** hervor.

Die gesteigerte Feuerkraft des Hinterladungs=Gewehrs hatte der Defensive der Infanterie eine Stärke gegeben, der gegenüber in ebenem, freiem, offenem Terrain ein nur von Infanterie ausgeführter Angriff selbst bei sehr bedeuten= der Ueberlegenheit gar keine und auch in bedecktem und hügeligem Terrain nur geringe Aussicht auf Erfolg hatte, insofern der Gegner nicht etwa durch eine bessere taktische Ausbildung, größere Schießfertigkeit u. s. w. unter= stützt wurde.

Dieses Verhältniß konnte auch nicht wesentlich geändert werden, **so lange der Angreifer nur über glatte Geschütze verfügte.** Der Vertheidiger war dann im Stande, durch seine vorgeschobenen Schützen die feindlichen Bat= terien so weit abzuhalten, daß seine geschlossenen Massen von deren auf weite Entfernungen überdies verhältnißmäßig nicht sehr sicherem Feuer wenig zu leiden hatten.

Erst mit Einführung der gezogenen Geschütze mußte nach dieser Beziehung ein Umschlag zu Gunsten der Artillerie eintreten.

Dieselbe war nicht nur im Stande, von Ferne her den Vertheidiger in seiner Stellung zu erreichen, sondern auch dessen Truppen durch die große Treffsicherheit und durch die in neuester Zeit noch sehr erhöhte materielle Wirkung ihrer Geschosse in dem Maße zu **erschüttern,** daß eben **dadurch** das Vorgehen der Infanterie ermöglicht wurde.

Die gezogenen Geschütze, namentlich diejenigen neuester Konstruktion, haben daher — obgleich die Artillerie als Defensivwaffe par excellence bezeichnet zu werden pflegt — **für den Angriff eine noch höhere Bedeutung als für die Vertheidigung, und hat die ganze Waffe durch sie einen mehr offen= siven Charakter gewonnen.**

Es wird jetzt unter Umständen möglich sein, einen Gegner wenigstens aus gewissen Oertlichkeiten durch bloßes Artilleriefeuer zu vertreiben.

Im Jahre 1859 hatten die Franzosen die Unterlegenheit ihres glatten Gewehrs gegenüber dem gezogenen Gewehr der Oesterreicher zum Theil durch die Ueberlegenheit ihrer gezogenen Geschütze paralysirt.

Die nächste Folge davon war, daß man österreichischerseits bald nach dem Kriege daran ging, ein neues, gezogenes Geschütz in die Armee einzuführen.

In Preußen hatte man diese Fortschritte längst mit Aufmerksamkeit ver= folgt und sehr wohl erkannt, daß man nach dieser Richtung nicht zurückbleiben dürfe. — Es kam aber hier noch ein anderer Punkt zur Erwägung. — Nach= dem die ganze Armee bereits seit längerer Zeit mit dem Zündnadelgewehr be= waffnet war, lag der Gedanke sehr nahe, die Vortheile der Hinterladung, so

weit angängig, auch für die Artillerie auszubeuten und dadurch vielleicht die
Kosten für einen später etwa nothwendig werdenden Uebergang vom gezogenen
Vorderladungs= zum gezogenen Hinterladungs=Geschütz zu sparen.

Die Schwierigkeiten indessen, welche behufs Herstellung eines kriegsbrauch=
baren Hinterladungs=Geschützes zu überwinden waren, kosteten Zeit, und so
kam es, daß beim Ausbruch des Krieges 1866 die preußische Feld=Armee noch
mehr als $1/3$ glatte Geschütze führte, während österreichischerseits die ganze
Feld=Armee mit gezogenen Geschützen ausgerüstet war. Es lag hierin eine
unzweifelhafte Ueberlegenheit der österreichischen Artillerie.

So hoch auch die Bedeutung der Artillerie für alle Phasen des Kampfes
zu veranschlagen ist, so bleibt sie im Feldkriege doch immer nur eine Unter=
stützungswaffe, und der Infanterie fällt heute in nicht minder hohem Maße
wie früher die Hauptrolle in dem großen Schlachtendrama, die schwerste Arbeit
in dem blutigen Ringen der Nationen zu.

Die Verwendung der Artillerie im Gefecht wird daher — selbst in solchen
Momenten, in welchen sie vorübergehend die Hauptrolle hat — in erster Linie
durch die Rücksicht auf die nebenhergehende und nachfolgende Gefechtsthätigkeit
der anderen Waffen, insbesondere der Infanterie, bedingt, so daß ein inniges,
zweckentsprechendes Zusammenwirken dieser beiden Hauptwaffen nicht stark genug
betont werden kann.

Es folgt hieraus ferner, daß der Artillerie in größeren wie
in kleineren Verhältnissen ihre allgemeinen Gefechtsaufgaben nur
durch den Befehlshaber des größeren Truppenverbandes, welchem
sie angehört, ertheilt werden können.

Diese Befehlshaber gehen aber fast ausschließlich aus der Infanterie und
Kavallerie und nur ausnahmsweise aus der Artillerie oder aus dem Ingenieur=
Korps hervor. — Man muß daher bei der Friedensausbildung der Truppen
und speziell bei der Heranbildung der höheren Führer ein großes Gewicht
darauf legen, die letzteren mit der Wirksamkeit und mit der Verwendungsweise
der Artillerie vollkommen vertraut zu machen.

Möglichst ausgedehnte Uebungen mit gemischten Waffen — bei welchen
die Kritik auf die Art des Gebrauchs der Artillerie einerseits und auf die
Beachtung ihrer Wirkung und ihres dadurch bedingten Einflusses auf den Gang
des Gefechtes andererseits ein besonderes Gewicht zu legen hat, — sowie per=
manente Eintheilung der Artillerie bei den größeren Friedens=Truppenver=
bänden und — damit zusammenhängend — Beiwohnung der Artillerie=Schieß=
übungen seitens der Divisions= und Korps=Kommandeure: werden diesen Zweck
wesentlich fördern.

Den höheren Truppenbefehlshabern dienen im Kriege bezüg=
lich der zweckmäßigen Verwendung der Artillerie die Komman=
deure dieser Waffe als unterstützende Organe.

Die Letzteren haben sich daher auf dem Marsche, sowie während der Ein=
leitung des Gefechtes bei dem betreffenden Stabe — des Detachements, der
Division, des Korps, der Armee — aufzuhalten und sind hier entweder durch
die höheren Truppenbefehlshaber selbst oder durch den Chef des Stabes über
die allgemeine Situation und über die Absichten des Ersteren zu orientiren.

Sobald der Zusammenstoß mit dem Feinde erfolgt, werden dem Kom=
mandeur der Artillerie die Gefechtsaufgaben seiner Waffe bezeichnet oder all=
gemeine Gesichtspunkte für deren Verwendung, unter besonderen Umständen
sogar bestimmte Befehle für deren Aufstellung ertheilt.

Während des Kampfes muß dann der Kommandeur der Artillerie die
Gefechts= und Terrainverhältnisse unausgesetzt vom Gesichtspunkte der Ver=
wendbarkeit und Wirksamkeit seiner Waffe wie auch mit Rücksicht auf die Gang=
barkeit beobachten und rekognosziren resp. durch seine Organe beobachten und
rekognosziren lassen, und hat er nicht nur das Recht, sondern sogar die Pflicht,
dem höheren Truppenbefehlshaber aus persönlicher Initiative hierauf sich stützende
Vorschläge für die Verwendung der Batterien zu machen. — Die Entscheidung
steht selbstverständlich nur dem Letzteren zu.

Die Befehle der höheren Truppenbefehlshaber dürfen grund=
sätzlich nicht den einzelnen Abtheilungen oder Batterien direkt
zugehen, sondern sind den betreffenden höheren Artillerie=Führern
zur weiteren Ausführung zu ertheilen. — Wo dies in Ausnahmefällen
zu viel Zeit erfordern sollte, und wo in Folge dessen die Nothwendigkeit einer
direkten Disponirung über einzelne Abtheilungen oder Batterien nicht zu ver=
meiden ist, sind die betreffenden Kommandeure der Artillerie davon in Kenntniß
zu setzen. — Werden einzelne Batterien durch weite Detachirungen dem Einfluß
ihres Abtheilungs=Kommandeurs entzogen, so sind sie dem betreffenden Detache=
ments=Kommando zu unterstellen, und ist es Pflicht der oberen Führung, der=
artige Batterien im Auge zu behalten und baldmöglichst wieder dem Befehle
des Abtheilungs=Kommandeurs zu unterstellen.

Sobald die Führer der Artillerie ihre Instruktionen und Ge=
fechtsaufgaben erhalten haben, bleibt ihnen das Detail der Aus=
führung überlassen.

Sie sind nicht an die Person des betreffenden höheren Truppenbefehls=
habers gebunden, sondern können sich frei auf dem Gefechtsfelde bewegen, um
für die Batterien oder Abtheilungen die vortheilhaftesten Stellungen zu er=
mitteln und danach die weiteren Befehle zu erlassen.

Im Laufe des Gefechtes haben sie das Feuer der Batterien zu
überwachen, wo nöthig deren zweckmäßiges Zusammenwirken her=
beizuführen und eventuell für den Munitionsersatz zu sorgen.

Gleichzeitig dürfen sie die Verbindung mit dem höheren Truppenbefehls=
haber nicht außer Augen lassen. Wie es Pflicht des Letzteren ist, den Kom=

mandeur der Artillerie des ihm unterstellten Truppenverbandes im Laufe des
Gefechtes von seinen ferneren Absichten in Kenntniß zu erhalten und mit
entsprechenden Anweisungen zu versehen, so ist es Pflicht des Kommandeurs der
Artillerie, solche Anweisungen, wo sie ihm nicht zugehen, zu erbitten und dem
höheren Truppenbefehlshaber zu melden, wenn ein bestimmter Gefechtszweck
erfüllt ist, oder wenn er auf eigene Verantwortung Anordnungen getroffen hat,
welche von Einfluß auf den allgemeinen Gang des Gefechtes werden können.

Nur da, wo die höheren Truppenbefehlshaber mit der Wirkung und der Verwendungsweise der Artillerie vollkommen vertraut sind und im Besitz dieser Kenntniß die Verantwortung nicht
scheuen, der Artillerie bestimmte Anweisungen und Befehle zu
ertheilen; wo ferner die Kommandeure der Artillerie ausreichendes taktisches Verständniß haben, um in zweckmäßiger Weise das
Gefecht der anderen Waffen vorzubereiten, zu unterstützen und
auszubeuten eventuell auch selbstständig zu handeln, und wo endlich
von beiden Seiten ununterbrochen die Verbindung und das Ein-
verständniß in Betreff der allgemeinen Anordnungen gesucht und
erhalten wird: nur da wird man die volle Gefechtskraft der
Artillerie auszubeuten im Stande sein.

Nach allen diesen Beziehungen traten auf preußischer Seite in den von
uns zur Darstellung gebrachten Gefechten mancherlei Mängel hervor, und haben
wir die Erklärung dafür in verschiedenen Ursachen zu suchen.

Da, wo Fehler der Führung im Großen und Allgemeinen gemacht wurden,
werden wir deren Ursprung zurückführen müssen auf den Mangel einerseits an
richtigem Verständniß der Taktik und Wirksamkeit der Artillerie seitens der
höheren Truppenbefehlshaber und andererseits ebenso an richtigem Verständniß
der Taktik und Wirksamkeit der Infanterie und Kavallerie seitens der Kommandeure der Artillerie.

Man hatte es nicht genugsam verstanden, sich im Frieden bei den Uebungen
gegenseitig in einander einzuleben.

Die Führer der Infanterie, voll Vertrauen in die überlegene Bewaffnung
und Ausbildung ihrer Truppen, glaubten auch ohne gründliche Vorbereitung und
Unterstützung durch Artillerie den Sieg erringen zu können und nahmen daher
weder in ihren Anordnungen für den Marsch — wie wir dies bereits weiter oben
näher erörtert haben — noch auch in ihren Dispositionen für das Gefecht und
bei Führung desselben gebührende Rücksicht auf die Mitwirkung der Artillerie;
während andererseits die Kommandeure dieser Waffe taktisch nicht genugsam durch-
gebildet und, vor der Verantwortung selbstständiger Entschlüsse, sowie vor eigener
Initiative zurückscheuend, auf Befehle warteten, wo sie solche hätten erbitten und
herbeiführen, nöthigenfalls auch einmal ohne dieselben hätten handeln sollen.

Um gerecht zu sein, müssen wir aber bei dieser Gelegenheit hinweisen: auf die
qualitative Ueberlegenheit der feindlichen Artillerie, auf die durch die gezogenen
Geschütze bedingten, aber durch Kriegserfahrungen noch wenig geklärten,
neuen taktischen Verhältnisse der Artillerie, mit denen namentlich die höheren
Truppenbefehlshaber noch wenig vertraut waren, und endlich auf die Verschieden-

heit in der Verwendung der in demselben Verbande vereinigten glatten und gezogenen Batterien und auf einige Mängel in der Konstruktion der Geschütze und Geschosse. Am mangelhaftesten war zweifellos die Verwendung der Ar= tillerie im Gefecht bei Trautenau und sind hier jedenfalls die Kommandeure dieser Waffe von großen Fehlern nicht frei zu sprechen. — Es war ihre Sache, die Divisions=Artillerie trotz des ungünstigen Terrains auf die Höhen südlich der Stadt zu führen, um dort das Gefecht der Infanterie zu unterstützen, und beim Generalkommando die Besetzung der Kommandeur=Höhe statt durch die Artillerie der Avantgarde, durch Batterien der nahe zur Hand befindlichen Reserve=Artillerie zu bewirken, sowie überhaupt eine ausgiebige und zweckmäßige Verwendung der Letzteren herbeizuführen. Es muß stark bezweifelt werden, daß überhaupt der Versuch hierzu gemacht ist.

Wenn ein Armee=Korps von Vormittags 10 Uhr bis Abends 9 Uhr mit nur etwa zweistündiger Unterbrechung hartnäckig kämpft, in diesem Gefecht aber bloß die Hälfte seiner Batterien zu einer einigermaßen bemerkenswerthen Thätigkeit bringt, 6 Batterien gar nicht ins Feuer setzt, im Ganzen 781, also pro Geschütz im Durchschnitt nur 8 Schuß abgiebt und daneben nur einen Verlust von 2 Pferden und 7 Mann aufzuweisen hat: so kann die Kritik eine solche Ver= wendung der Artillerie, auch wenn sie alle ungünstigen Verhältnisse in Betracht zieht, kaum hart genug verurtheilen

Es sei hier nur vergleichsweise bemerkt, daß in mehreren Schlachten des Krieges 1870/71 selbst einzelne Batterien einen größeren Munitionsverbrauch und weit bedeutendere Verluste aufzuweisen hatten, als bei Trautenau das ganze Regiment mit seinen 96 Geschützen; so verfeuerte die 2. leichte Batterie des Brandenburgischen Feld=Artillerie=Regiments Nr. 3 in der Schlacht bei Vionville am 16. August 1870 — 1383 Granaten und verlor 5 Offiziere, 45 Mann und 44 Pferde.

Beim preußischen V. Korps wurde am Gefechtstage von Nachod die Verwendung der Artillerie durch ihre Vertheilung in der Ordre de bataille und in der Marschordnung, sowie durch die Ungunst der Terrainverhältnisse sehr erschwert, doch versuchte man mit Energie dieser Ungunst entgegenzuwirken, und standen am Schluß des Gefechtes sämmtliche Batterien, soweit sie nicht zur Retablirung zurückgegangen waren, im Feuer.

Das Gefecht bei Schweinschädel kommt hier nicht in Betracht, weil in demselben keine Entscheidung gesucht wurde.

Als unzulänglich muß dagegen wieder die Verwendung der Ar= tillerie im Gefecht bei Skalitz am 28. Juni bezeichnet werden, da von 102 Geschützen nur 60 Geschütze gleichzeitig ins Feuer gebracht wurden. — Die Artillerie gab an diesem Tage indessen wenigstens 1540 Schuß ab, hatte aber gegen einen Verlust von 93 Mann und 92 Pferden vom Tage vorher und gegen= über einem Verluste von 2 Offizieren, 62 Mann und 71 Pferden seitens der österreichischen Artillerie nur einen solchen von 5 Mann und 9 Pferden aufzu= weisen.

Das Gefecht bei Neu=Rognitz ist in seinem Haupttheil nur von einer Infanterie=Division durchgeführt worden, und fanden die gezogenen Batterien derselben eine sehr zweckmäßige und ausreichende Verwendung. Wenn aber auch bei diesem Korps die gesammte Reserve=Artillerie erst am späten Abend des Ge=

gefechtstages auf dem Gefechtsfelde anlangte, so darf man wohl fragen, ob an der Stelle, welche über diesen Theil der Artillerie verfügt hatte, die Nothwendigkeit der Unterstützung der Infanterie durch eine möglichst starke Artillerie in vollem Umfange erkannt worden ist.

Die Oesterreicher hatten im Kriege 1859 einer qualitativ überlegenen Artillerie gegenübergestanden und die in demselben gemachten Erfahrungen nicht ungenutzt gelassen; der in der Armee seitdem künstlich gepflegte Offensivgeist kam außerdem auch der Artillerie zu Gute, so daß ihre Verwendung im Großen und Ganzen als eine zweckmäßigere wie auf preußischer Seite bezeichnet werden muß, wenn auch, wie bereits oben erwähnt, die Vorbereitung des Infanterie-Gefechts eine noch gründlichere hätte sein können.

In den sämmtlichen zur Darstellung gekommenen Gefechten setzte man österreichischerseits alle Batterien, welche überhaupt auf das Gefechtsfeld gebracht wurden, ins Feuer. — Nur bei Trautenau kamen in Folge einer unzweckmäßigen Marsch-Disposition nicht alle Batterien der Korps-Geschütz-Reserve rechtzeitig heran.

In Betreff der Führung des Artillerie-Gefechtes soll hier nur auf die allgemeinen taktischen Gesichtspunkte hingewiesen, also auf die Grundsätze für die Wahl der Positionen, die Placirung des einzelnen Geschützes, die Anwendung der verschiedenen Geschoßarten, die Leitung des Feuers u. s. w. nicht näher eingegangen werden.

Als Hauptprinzip ist die Massenverwendung der Artillerie in dem Sinne hinzustellen, daß bereits während der Verwickelung des Gefechtes und jedenfalls vor Ausführung des Hauptangriffes seitens der Infanterie alle überhaupt verfügbaren Batterien ins Feuer gesetzt sein müssen, und daß dieses Feuer, so weit wie irgend möglich, einheitlich geleitet werde.

Die höheren Artillerie-Führer halten sich daher während des Kampfes da auf, wo der Haupttheil der ihnen unterstellten Batterien placirt ist, und haben sie von dort aus gemäß der ihnen gewordenen Kenntniß von den Absichten der betreffenden Truppenbefehlshaber den Batterien oder Abtheilungen die gemeinsamen Gefechtsaufgaben resp. Ziele zu bezeichnen und das Feuer sämmtlicher Batterien zu überwachen.

Das vereinzelte Auftreten der Batterien und ein Manövriren derselben nach eigenem Gutdünken ist nicht zu dulden; doch bedingt dies keineswegs das Zusammenhalten der Artillerie-Abtheilungen und Regimenter auf einer Stelle. Die in der Front der Gefechtslinie je nach dem Terrain und den speziellen Gefechtsaufgaben vertheilten Batterien und Abtheilungen können — namentlich bei der bedeutenden Tragweite der gezogenen Geschütze — sehr wohl nach gemeinsamer Idee konzentrisch zusammenwirken und bieten nebenbei den Vortheil, das feindliche Artillerie-Feuer zu zersplittern.

Das Prinzip einer succefsiven Verwendung der Kräfte behält allerdings auch für die Artillerie seine Bedeutung, schon weil die größeren Truppenverbände, denen sie zugehören, nach und nach in den Kampf eintreten werden, und weil die Hauptangriffspunkte erst im Verlauf der Schlacht erkennbar hervortreten: doch erleidet jenes Prinzip gerade für den Gebrauch der Artillerie wesentliche Modifikationen.

So gilt es als Regel, schon in der Einleitung des Gefechtes eine möglichst starke, dem Feinde überlegene Artillerie vorzu= führen: sei es, um die eigene Entwickelung zu sichern, sei es, um die Ent= wickelung des Feindes zu veranlassen und demnächst nach Möglichkeit zu er= schweren.

Die Rücksicht hierauf bedingt auch — wie bereits früher bemerkt — den Platz, welcher der Artillerie in der Marschkolonne anzuweisen ist.

Ferner ist der Begriff der Reserve bei der Artillerie ein anderer als bei der Infanterie und Kavallerie.

Wenn die Natur des Gefechtes dieser beiden Waffen es nothwendig fordert, daß man sich für alle Eventualitäten so lange als irgend möglich eine intakte Reserve zurückhält, so braucht dies die Artillerie nicht zu thun. — Die= selbe hat im Feldkriege keine selbstständigen Gefechtszwecke zu erfüllen, und ihre Hauptaufgabe besteht in der gründlichen Vorbereitung des Entscheidungs= stoßes resp. in der Abwehr desselben. — Diese Aufgabe aber erfordert zu ihrer Lösung eine möglichst große Geschützzahl und — Zeit: daraus folgt daß die gesammte Artillerie eines Truppenkörpers schon lange gewirkt haben muß, wenn dessen Hauptmassen zur Entscheidung vorgebracht werden. — Es gilt dies namentlich für den Angriff. In der Vertheidigung wird allerdings auch die Artillerie — wenigstens während der ersten Periode des Gefechtes, bevor die Richtung des Hauptangriffes sich klar herausgestellt hat — eine Re= serve zurückhalten, um überraschenden Bewegungen des Feindes entgegentreten zu können.

Die Nothwendigkeit, Reserven zurückzuhalten, wird bei der Artillerie ferner durch den Umstand gemindert, daß dieselbe verhältnißmäßig länger im Gefecht ausdauern kann, als die beiden anderen Waffen, und daß sie länger gefechtsfähig bleibt.

Ein Kavallerie=Regiment, das mit feindlicher Kavallerie im Handgemenge war, sowie ein Infanterie=Bataillon, das ein hartnäckiges Gefecht vollständig durchzuführen hatte, befinden sich, selbst wenn sie siegreich waren, in einer Auf= lösung, welche die Gefechtsfähigkeit für längere Zeit, selbst für einen ganzen Tag in Frage stellen kann: bei einer Batterie wird dies, wenn sie nicht etwa im wirksamen Infanteriefeuer stand, in weit weniger hohem Grade der Fall sein. Dieselbe kennt eben nur eine Gefechtsthätigkeit: „das Feuer", und um dieses zu unterhalten, bedarf sie einer verhältnißmäßig geringen Anzahl von Mannschaften und keiner Pferde, ohne welche sie freilich an einen bestimmten Platz gefesselt wäre.

Batterien können auch viel leichter als Bataillone und Eskadrons aus einem Gefecht herausgezogen und zu anderen Zwecken — wie solche den Re= serven der Infanterie und Kavallerie zufallen — verwendet werden.

Dagegen kann man bei der Artillerie von einer successiven Verwendung der Kräfte in dem Sinne sprechen, daß das Feuer einer größeren Zahl von

Geschützen oder Batterien successive, wie es der Gang des Gefechtes bedingt, auf die verschiedenen Ziele konzentrirt wird.

Das Prinzip der Flankirung und Umfassung des Feindes hat ebenfalls für die Verwendung der Artillerie Geltung, da Flankenfeuer im Allgemeinen eine viel größere moralische und materielle Wirkung hat, als Frontalfeuer: doch auch hier modifizirt die Natur der Waffe die Anwendung des Prinzips einigermaßen.

Die bedeutende Tragweite der Artillerie-Geschosse wird es einerseits erlauben, selbst gegen ziemlich bedeutend entfernte Punkte durch eine vielleicht nur geringe Frontveränderung eine konzentrische und umfassende Wirkung zu erreichen: wogegen andererseits die Artillerie bei thatsächlichen Umfassungen einer feindlichen Stellung vorsichtig verfahren muß, um nicht ihren eigenen Truppen gefährlich zu werden.

So vortheilhaft an sich die Placirung der Artillerie auf den Flügeln der anderen Waffen erscheint, um deren Bewegungen nicht zu hindern und selbst nicht maskirt zu werden: so selten wird man im Stande sein, in größeren Verhältnissen dieser Regel durchgängig zu folgen; — ebenso wird man es nicht immer vermeiden können, über die eigenen Truppen hin fort zu feuern.

Die Terrainverhältnisse, die Aufstellung und die Bewegungen des Feindes, sowie die Lage der Angriffspunkte bedingen trotz der mit der größeren Tragweite der Geschosse zusammenhängenden größeren Unabhängigkeit in der Placirung der Batterien deren Aufstellungsorte so nothwendig, und die anderen Waffen sind der unterstützenden Feuerwirkung der Artillerie so sehr bedürftig, daß sie sich bis zu einem gewissen Grade der Letzteren accommodiren und unter Umständen auch das unbehagliche Gefühl ertragen müssen, die Geschosse der eigenen Batterien über ihre Köpfe fortsausen zu hören.

Es gilt dies namentlich für die Vertheidigung, sowie für die Einleitung des Gefechtes und für die Zeit der unmittelbaren Vorbereitung des Entscheidungsstoßes durch die Massenwirkung der Artillerie.

Wo nur immer möglich, wird auch die Artillerie überraschend aufzutreten haben. Dies bedingt das Aufmarschiren zum Gefecht ungesehen vom Feinde und das Einrücken in die gewählte Gefechtsposition in Linie. Sehr ungünstig ist es, wenn die Entwickelung aus der Marschformation, das Einrücken in die Position und die Eröffnung des eigenen Feuers, wie solches beim Debouchiren aus einem Defilee nicht immer vermieden werden kann, unter dem Feuer der feindlichen Batterien ausgeführt werden müssen.

In unseren Betrachtungen über die Märsche wiesen wir bereits darauf hin, in wie fern die unzweckmäßige Einreihung der Artillerie in die Marschkolonne die Entwickelung einer überlegenen Geschützzahl schon in der Einleitung des Gefechtes und das rechtzeitige Auffahren der Reserve-Artillerie zur Massenverwendung behinderte.

Das Prinzip der Massenverwendung der Artillerie in dem Sinne, wie wir es oben auseinandersetzten, tritt auf österreichischer Seite mehr als auf preußischer hervor: doch zeigt die Verwendung der Korps-Geschütz-Reserve bei Burkersdorf in zwei Linien hintereinander, daß man es auch dort nicht immer klar erkannte.

Vollständig vergessen erscheint dies Prinzip aber am Tage von Trautenau beim preußischen 1. Armee-Korps. — Man hielt nicht nur die Reserve-Artillerie ganz im Sinne wie Infanterie oder Kavallerie-Reserven zurück, sondern beorderte sogar die Artillerie der Avantgarde schon während der ersten Periode des Gefechtes in eine rückwärtige Aufnahmestellung.

Ferner vermissen wir in diesem Gefecht preußischerseits eine einheitliche Leitung der Artillerie des Korps vollständig, und bei der Divisions-Artillerie tritt eine solche nur wenig erkennbar hervor, — wobei man freilich bei der einen Division die direkte Disponirung über deren Batterien seitens des Generalkommandos und bei der anderen Division die Schwierigkeit der Terrainverhältnisse nicht unbeachtet lassen darf.

Konnte aber nicht da, wo die Batterie Böhnke ebenso kühn wie in ihrer Isolirtheit erfolglos auftrat, die gesammte Divisions-Artillerie recht wirksam verwendet werden?

Auch am Gefechtstage bei Skalitz manövriren die Batterien der Divisions-Artillerie zu eigenmächtig.

Umfassende Artillerie-Aufstellungen finden wir an allen fünf Gefechtstagen im Großen gar nicht; — in kleinem Maßstabe nur österreichischerseits während des letzten Gefechtsmomentes bei Nachod, als 2½ Batterien im Verein mit der Brigade Waldstätten von Norden her gegen Wisokow vorgingen.

Preußischerseits konnte man am Tage von Nachod seine Artillerie nicht wohl anders verwenden, als dies geschah, dagegen hätte man bei Skalitz die österreichische Stellung sehr wirksam und vortheilhaft umfassen können, wenn die Divisions-Artillerie mit ihrer Infanterie in Verbindung geblieben und dieser in das Terrain nördlich der Straße Kleny—Skalitz gefolgt wäre.

Bei Trautenau würde sich eine Umfassung der österreichischen Brigaden südlich der Stadt nothwendig von selbst ergeben haben, wenn nur die preußische Artillerie bei ihrer Infanterie geblieben wäre.

Oesterreichischerseits hätte man bei Burkersdorf sowohl, wie vielleicht auch bei Skalitz und Schweinschädel die preußischen Angriffe in günstiger Weise durch Artillerie flankiren können: dort hielt man indessen seine Batterien auf einem ganz unzureichenden Raume in zwei Linien hintereinander zusammen, während hier die in den Defensivpositionen entwickelten Batterien keinen Versuch machten, durch eine kühne Vorbewegung die Flanke des Feindes zu gewinnen. — Das blinde Vorgehen der Batterie der Brigade Fragnern bei Skalitz kann man in diesem Sinne wohl kaum auffassen.

Die durch die allgemeine oder spezielle Ordre de bataille einem größeren Truppenkörper zugetheilte Artillerie bildet für die Dauer dieser Zutheilung einen integrirenden Theil desselben und hat daher auf dem Marsche wie im Gefecht innerhalb des Rahmens desselben sich zu bewegen, beziehungsweise zu fechten.

Es ist also auch von diesem Gesichtspunkte aus nicht statthaft, daß die Batterien eines Detachements, einer Brigade oder einer Division sich aus diesem Verbande loslösen und nach eigenen Ideen manövriren: dieselben haben vielmehr, auch ohne speziellen Befehl, den Bewegungen der anderen Waffen zu folgen und den Zusammenhang mit denselben, wo die Umstände ihn zufällig lockerten, immer wieder aufzusuchen.

Eine zeitweise Trennung der Artillerie von den anderen Waffen wird freilich nicht immer zu vermeiden sein. So muß es als Regel gelten, daß dieselbe der Infanterie event. unter dem Schutze von Kavallerie vorauseilt, wenn der betreffende Truppenkörper zur schnellen Unterstützung einer anderen fechtenden Abtheilung hervor= oder herangezogen wird. — Ferner werden Batterien, welche im Feuer stehen, sich gut eingeschossen und einen bestimmten Gefechts= zweck zu erfüllen haben, nicht immer gleich ihrer Infanterie folgen können, wenn diese vorgeht. — Die Natur des gezogenen Geschützes widerspricht einerseits einem häufigen Stellungswechsel und erlaubt andererseits vermöge der Tragweite der Geschosse einen solchen zu vermeiden.

Sobald derartige Verhältnisse aber nicht mehr bestehen, muß die be= treffende Artillerie sofort den Zusammenhang mit ihrem größeren Truppenverband aus eigener Initiative wieder aufsuchen.

Diese Regel wurde weder auf preußischer noch auf österreichischer Seite genugsam beachtet.

Auf Letzterer sehen wir in allen nicht rein defensiven Gefechten die Brigade= Batterien sich von ihrer Infanterie trennen, um sich entweder untereinander oder mit der Korps=Geschütz=Reserve zu vereinigen, und kann beim 10. Korps dieser zerstörte Verband sogar weder am 27. noch auch am 28. Juni wieder hergestellt werden.

Die preußische Divisions=Artillerie aber tritt sowohl bei Trautenau wie bei Skalitz aus dem Gefechtsrahmen ihrer Divisionen heraus und läßt ihre In= fanterie ohne Unterstützung.

Die weiteste Entfernung, auf welcher unter günstigen Bedingungen die Wirkung noch einigermaßen ausreichend beobachtet werden kann, dürfte auf etwa 2500 Schritt liegen, was indessen nicht ausschließt, daß auf starke Kolonnen, in einem hinhaltenden Gefecht oder unter sonstigen besonderen Umständen auch ein Feuer auf größere Entfernungen, selbst bis zu 4000 Schritt und darüber gerechtfertigt erscheint, wenigstens finden wir selbst im Kriege 1870/71 dasselbe mehrfach schon auf diesen Entfernungen eröffnet.

Die Haupt=Artillerie=Kämpfe werden indessen auf Entfernungen zwischen 1500 und 2500 Schritt durchgeführt, und gilt es, die Hauptentscheidung vor= zubereiten, so muß die gesammte Artillerie noch näher — bis auf 1100 und 1000 Schritt — an den Feind heran und darf es unter Umständen selbst nicht scheuen, im wirksamen Gewehrfeuer auszuharren.

Auf der anderen Seite hat es die Artillerie aber zu vermeiden, sich un= nöthigerweise ohne einen bestimmten wichtigen Gefechtszweck dem feind= lichen Infanteriefeuer auszusetzen, da wenige gute Schützen im Stande sind, eine Batterie in verhältnißmäßig kurzer Zeit außer Gefecht zu setzen.

Wenn der preußischen Artillerie wiederholt und nicht ohne Grund der Vorwurf gemacht ist, daß sie im Kriege 1866 im Allgemeinen das Feuer auf zu große Entfernungen führte und es versäumte, zur Vorbereitung des Infanterie-Angriffs auf wirksamste Schußweiten an den Feind heranzugehen, so tritt in den von uns dargestellten Gefechten dieselbe Erscheinung auch auf österreichischer Seite hervor.

Die Hauptmasse der österreichischen Artillerie blieb im Gefecht bei Nachod ebenso weit von der Linie entfernt, auf welcher das entscheidende Infanterie-Gefecht geführt wurde, wie die preußische Artillerie bei Skalitz — und die Korps-Geschütz-Reserve des Gablenz'schen Korps konnte bei Burkersdorf eine ange-messene Wirkung gegen den sich entwickelnden Feind nur erwarten, wenn sie, sobald die ersten Bataillone herankamen, unter dem Schutze derselben näher an den Ausgang des Defilees heranging, aus welchem der Feind debouchirte.

Selbst in dem glücklichen Gefecht bei Trautenau hätte die österreichische Artillerie zur Vorbereitung der Infanterie-Angriffe der Brigaden Grivicic, Wimpffen und Knebel gegen die preußischen Stellungen bei Alt-Rognitz und auf dem Galgenberge noch näher an Letztere herangehen können.

Dagegen fehlt es auch nicht an heroischer Aufopferung einzelner österreichischer Batterien. — Wir rechnen hierher nicht das zwecklose und blinde Vorgehen der Batterie der Brigade Fragnern am 28. Juni, wohl aber das Auftreten der Batterien der Brigaden Rosenzweig und Waldstätten am 29. Juni, sowie dasjenige der Batterien der Korps-Geschütz-Reserve, welche sich der letzteren Brigade bei ihrer umfassenden Bewegung gegen Wisikow anschlossen.

Diesen Beispielen ist aber das Auftreten der Batterien der Avantgarde und des Gros des preußischen 5. Korps bei Nachod, ferner der Batterien der Avant-garde und des Gros der Division Hiller am 28. Juni, sowie das kühne isolirte Vorgehen der Batterie Böhnke am Tage von Trautenau ebenbürtig zur Seite zu stellen.

Das Hauptziel der Artillerie bildet in der Einleitung des Gefechtes beim Angreifer wie Vertheidiger die feindliche Artillerie, und wird dieser Artillerie-Kampf sich durch die ganze Periode der Verwickelung bis zur Ent-scheidung des Gefechtes hindurchziehen, ohne daß indessen hierin die Haupt-aufgabe der Artillerie gesucht werden darf. — Dieselbe hat vielmehr — eventuell ohne Rücksicht auf das Feuer der feindlichen Batterien — in erster Linie diejenigen Ziele zu beschießen, durch deren Bewältigung die Entscheidung des Gefechtes oder des Gefechtsmomentes bedingt wird. Diese Ziele werden ihr meist durch die höhere Truppenführung bezeichnet werden, und muß die Artillerie mit Hintansetzung sonstiger Rücksichten — wie diejenigen auf eigene Deckung oder Gefährdung — sich so aufstellen, daß sie jene Ziele wirksam be-schießen kann. — In zweiter Linie würden diejenigen Truppen des Gegners zum Ziele zu wählen sein, welche durch ihr Feuer oder ihre drohenden Angriffe den diesseitigen Truppen am gefährlichsten sind und erst in dritter Reihe solche Ziele, gegen welche man sich die beste Wirkung versprechen kann.

Die Artillerie des Vertheidigers wird, da sie meist schwächer als diejenige des Angreifers ist, dem Kampfe mit der Letzteren, so weit wie an-gängig, ausweichen, um, sobald die Infanterie-Kolonnen des Feindes zum eigentlichen Stoße vorgehen, ein möglichst intensives, mit der Annäherung des Gegners sich an Lebhaftigkeit steigerndes Feuer gegen dieselben zu unterhalten, ohne dasjenige der feindlichen Batterien zu beachten.

Die Artillerie des Angreifers sucht zunächst durch ein ruhiges, systematisch geleitetes Feuer die Geschütze des Vertheidigers möglichst schnell zu dämpfen, sie kann zu diesem Zwecke nicht stark genug auftreten.

Sobald die Infanteriemassen aufmarschirt sind und vorgehen, müssen auch die Batterien avanciren, um den Angriffspunkt mit lebhaftem Feuer konzentrisch zu umfassen.

Meist wird diese zweite Aufstellung noch nicht genügen, sondern es muß die Artillerie kurz vor Ausführung des Entscheidungsstoßes ohne Rücksicht auf die eigene Gefahr dicht an die feindliche Aufstellung herangeführt werden, um die feindlichen Batterien mit Uebermacht zum Schweigen zu bringen und den Einbruchspunkt mit ihren Geschossen zu überschütten.

Da die Artillerie im Feldkriege nur eine Hülfswaffe ist, welcher die Gefechtsaufgaben durch die höheren Truppenbefehls= haber gestellt werden, so können auch diese nur bestimmen, ob und wann die Artillerie ihre Stellungen zu räumen hat.

Nicht selten werden die Verhältnisse von ihr ein unerschütterliches Aus= harren auch unter ungünstigen Umständen bei verhältnißmäßig großen Ver= lusten fordern, und da, wo es gilt, das Vorgehen oder Nachdrängen des Feindes aufzuhalten, bis die diesseitigen Truppen herangekommen sind oder den gewünschten Vorsprung im Rückmarsch erreicht haben, darf selbst das Opfer einiger Geschütze und Batterien nicht gescheut werden. — Es ist dies unter solchen Umständen ein ehrenvoller Verlust, und besser ist es, einige Geschütze verlieren als die Schlacht und die Möglichkeit eines geordneten Rückzuges.

Im Hinblick auf den großen moralischen Einfluß, den erfahrungsmäßig das Verhalten der Artillerie auf die übrigen Waffen und damit mittelbar auf den Gang des Gefechtes ausübt, muß es die Artillerie sich zur Regel machen: eine Batterie, welche sich verschossen hat, nicht zurück zu nehmen und abzulösen, sondern ruhig in ihrer Stellung zu belassen und Munition oder weitere Verstärkung an Artillerie von rückwärts heranzuschaffen. — Wird der Abzug aber befohlen, so ist derselbe grundsätzlich im Schritt auszuführen.

Nur wenn man schnell Aufnahmestellungen einnehmen will; wenn es gilt, rückwärtige Artillerie=Positionen zu demaskiren; wenn man fürchten muß, vor einem Defilee abgeschnitten zu werden, oder wenn sonstige Gefahr augen= scheinlich vorliegt: muß man in stärkerer Gangart abziehen.

Die Gefechtsberichte bieten leider nur selten ein klares Bild von dem Ver= hältniß der Wirkung der in derselben Kampfperiode auftretenden Infanterie und Artillerie, so daß es schwer ist, jeder dieser Waffen den ihr gebührenden Antheil am Ergebnisse des Gefechtes richtig zuzumessen.

So viel läßt sich indeſſen aus den von uns gegebenen Gefechtsdarstellungen erkennen, daß in den behandelten Gefechten die Thätigkeit der Artillerie vor Allem in der Bekämpfung der gegneriſchen Artillerie beſtanden hat.

Wenn nun öſterreichiſcherſeits in dieſem Kampfe auch da, wo gezogene gegen= über gezogenen Batterien ſtanden, eine Ueberlegenheit in Anſpruch genommen wird, ſo kann dies nicht zugegeben werden.

Wir erinnern hier an das Auftreten der Artillerie der preußiſchen Avantgarde am Gefechtstage von Nachod. Die 5. 4pfdge Batterie hatte nicht nur der Batterie der öſterreichiſchen Brigade Hertwek gegenüber eine vorzügliche Wirkung, ſondern harrte auch ſpäter in Gemeinſchaft mit der 1. 4pfdgen Batterie mehrere Stunden lang im Feuer einer doppelten Ueberzahl von Geſchützen tapfer aus. — Daſſelbe gilt von den Batterien der Diviſion Hiller am Gefechtstage von Soor. Obgleich dieſelben von vornherein einer wahr= haft überwältigenden Ueberlegenheit an Artillerie gegenüberſtanden, ſcheuten ſie ſich nicht, den Kampf mit derſelben aufzunehmen. Später rückten ſie ſogar in deren Feuer zur beſſeren Unterſtützung des Gefechtes der Infanterie mit der Letzteren bis nahe an die feindliche Poſition heran. — Auch die Batterie Böhnke nahm bei Trautenau den Kampf mit überlegener Artillerie muthig an.

Beiſpiele von augenſcheinlicher, recht wirkſamer, vorbereiten= der Unterſtützung der Angriffe der Infanterie bieten uns die dar= geſtellten Gefechte nicht.

Die preußiſchen Angriffe gegen die öſterreichiſchen Stellungen auf dem Plateau des Wenzelsberges, ſowie gegen die Stellung der Brigade Mondel auf dem Kapellenberge am 27. Juni; die Fortnahme des Eichwaldes und der Faſanerie, ſowie der große Angriff der 10. Infanterie=Diviſion gegen die feindliche Hauptſtellung bei Skalitz, und die Fortnahme der Waldungen öſtlich und ſüdlich Burkersdorf und dieſes Ortes ſelbſt am 28. Juni; endlich auch die Einnahme von Schweinſchädel am 29. Juni: — alle dieſe Angriffe mußte die Infanterie ohne weſentliche Vorbereitung und Unterſtützung ihrer Artillerie durchführen.

Meiſt ſtand die Letztere überlegener Artillerie gegenüber, oder wurde durch die Terrainverhältniſſe an der Entwickelung reſp. an einer einigermaßen guten Wirkung (gegen den Kapellenberg) verhindert. Am wenigſten läßt ſich der Mangel an ausreichender Unterſtützung des Infanterie=Angriffes bei Skalitz entſchuldigen, wo die Umſtände eine freie Verfügung über die Artillerie geſtatteten. Uebrigens muß zugegeben werden, daß das ungeſtüme Vorgehen der Infanterie zum Theil die Schuld an dem beregten Mangel trug; man ließ der Artillerie keine ausreichende Zeit für ihre Wirkſamkeit.

Aber auch öſterreichiſcherſeits wurden die Angriffe gegen das Wenzels= berger Plateau, ſowie gegen die preußiſchen Stellungen bei Alt=Rognitz und auf dem Kapellenberge nicht ſo gründlich vorbereitet, wie es gegenüber einer mit viel beſſerem Gewehr bewaffneten feindlichen Infanterie nothwendig geweſen wäre, und nur das Vorgehen der Brigade Waldſtätten gegen Wiſokow findet aus= reichende Unterſtützung durch die ihr beigegebene ſtarke Artillerie.

Dagegen haben die Oeſterreicher in der Defenſive einige Momente günſtiger Artillerie=Wirkung gegen die feindliche Infanterie aufzuweiſen.

Wir zählen hierzu das Auftreten der Korps=Geſchütz=Reſerve des 6. Korps bei Kleny am 27. Juni, durch welches das Vorgehen der preußiſchen Infanterie über die Oertlichkeiten auf dem Wenzelsberger Plateau hinaus verhindert wurde;

ferner die Wirkung der Batterie der Brigade Mondel gegen den Galgenberg, nachdem dieser von preußischen Kompagnien genommen war, und auch diejenige der Batterien nordwestlich Schweinschädel am 29. Juni.

Daß die Besorgniß vor dem Verlust einiger Geschütze oder Batterien und die aus einem zu losen Zusammenhange zwischen den Geschützen und der ersten Staffel der Munitionswagen entsprungene mangelhafte Sorge für den Munitions= ersatz das Auftreten der preußischen Artillerie im Kriege 1866 mehr als be= rechtigt beeinflußte, läßt sich kaum leugnen und tritt auch in den von uns dargestellten Gefechten hervor.

Nach dieser Beziehung erinnern wir an das Abziehen der Batterien von den Höhen südlich Trautenau gerade in dem Moment, wo sie am wirksamsten werden mußten und am nothwendigsten waren, sowie an das Zurückgehen der anfänglich westlich Kleny aufgefahrenen Batterien durch das brennende Dorf hindurch in eine Stellung östlich desselben.

In beiden Fällen läßt sich die rückgängige Bewegung weder durch die er= littenen Verluste noch etwa durch den gehabten Munitionsverbrauch rechtfertigen.

Das Nichterscheinen der Divisions=Artillerie am 28. Juni nördlich der Straße Kleny—Skalitz dürfte gewiß zum Theil durch die Besorgniß, „in dem etwas bedeckten und durchschnittenen Terrain vielleicht einige Geschütze zu verlieren", zu erklären sein. — War aber die Beschaffenheit des Terrains nördlich Wisokow, in welchem 2½ österreichische Batterien zur Unterstützung des Angriffes der Brigade Wald= stätten auffuhren, nicht viel ungünstiger? Freilich verloren diese Batterien einige Geschütze und Munitionswagen! Wird man ihnen das aber je zum Vor= wurf machen können? Gewiß nicht!

Die Nothwendigkeit, der Artillerie im Gefecht stets eine Partikular= Bedeckung zuzuweisen, kann nicht anerkannt werden, und erscheint daher eine organisationsmäßige, permanente Zutheilung einer solchen durch die all= gemeine Ordre de bataille, wie solche in einigen Schriften und literarischen Aufsätzen nach dem Kriege 1866 befürwortet wurde, geradezu fehlerhaft. Es gilt dies auch in Betreff der Korps= (früher Reserve=) Artillerie (Korps= Geschütz=Reserve). Durch eine solche Zutheilung werden dem Ge= fechte der anderen Waffen unnöthig Kräfte entzogen.

Im Allgemeinen wird die Artillerie in so engem Zusammenhange mit den übrigen Waffen kämpfen, daß man deren Schutz ohne Bedenken der Ehre der ihr zunächst fechtenden oder stehenden Bataillone resp. Eskadrons ver= trauen kann.

Nur da, wo die Artillerie ausnahmsweise in weniger naher Verbindung mit anderen Waffen auftritt, wo sie beispielsweise auf den Flügeln einer Stellung exponirt erscheint, oder in der Einleitung des Gefechtes weit vor= geschoben wird: — müssen ihr entsprechende Abtheilungen von Infanterie oder Kavallerie zum Schutz beigegeben werden.

Die Stärke dieser Abtheilungen ist abhängig von den Terrain= und Gefechts= verhältnissen, wird aber unter den angedeuteten Umständen wohl durchgängig höher zu bemessen sein, als diejenige der Partikular=Bedeckung in den taktischen Lehrbüchern bemessen zu sein pflegt.

Im Hinblick auf die große Tragweite und die Trefffähigkeit der heutigen Gewehre muß noch besonders hervorgehoben werden, daß man Batterien, welche in vorderster Linie stehen, durch vorgeschobene Schützen gegen das Feuer feindlicherseits vorgeschobener Tirailleurs sichern muß. — Auf dem Marsche wird man die Artillerie durch die Einreihung in die Kolonne schützen, so daß sie während desselben einer Partikular-Bedeckung nicht bedarf.

Preußischerseits theilte man der Reserve-Artillerie meistens auf dem Marsche wie im Gefecht ein Bedeckungs-Bataillon zu, auch hielt man an der Regel fest, einzelnen Batterien im Gefecht eine Partikular-Bedeckung beizugeben, und fanden wir sogar in einem Falle einzelnen Batterien durch die Ordre de bataille dergleichen zugewiesen. — Auch die österreichische Korps-Geschütz-Reserve hatte bei Nachod ein Bataillon zur Bedeckung, das dem Kampfe ebensowohl unnöthigerweise entzogen wurde, wie die betreffenden preußischen Bataillone.

Schließlich bemerken wir hier noch in Betreff der verschiedenartigen organisationsmäßigen Eintheilung der Artillerie bei einem preußischen resp. österreichischen Korps, daß uns die Formirung von Infanterie-Divisionen und die Zutheilung von Artillerie-Abtheilungen zu denselben als Divisions-Artillerie zweckmäßiger erscheint, als die Eintheilung einzelner Batterien bei den direkt unter dem Korpskommando stehenden Infanterie-Brigaden als Brigade-Batterien.

Die erstere Formation entspricht in Betreff der Artillerie mehr dem Prinzip der Massenverwendung; während letztere leicht zur Zersplitterung und zur Lösung des taktischen Verbandes führt.

Eine Batterie ist nicht stark genug, um bei einer Infanterie-Brigade alle der Artillerie zufallenden Gefechtszwecke zu erfüllen. Dagegen ruft sie leicht eine Ueberschätzung der Gefechtskraft so dotirter Brigaden hervor und verleitet dazu, denselben unter besonderen Verhältnissen die alsdann durchaus nothwendig werdende Verstärkung an Artillerie nicht beizugeben.

Ferner ist es unnöthig und daher unzweckmäßig, der Reserve-Kavallerie, wo eine solche bei einem Korps eingetheilt ist, permanent eine Batterie beizugeben.

Der Moment des Eingreifens der Reserve-Kavallerie in das Gefecht ist im Allgemeinen erst gekommen, wenn die Hauptmassen des Feindes erschüttert sind, zu welchem Zwecke vorher die gesammte Artillerie lange Zeit gewirkt haben muß: kann dann von dem Eingreifen einer einzelnen Batterie noch eine bemerkenswerthe Wirkung erwartet werden? — Jener Moment ist aber auch so kurz und muß, soll er nicht verfehlt werden, so schnell benutzt werden, daß die betreffende Batterie gar keine Zeit zum Auffahren und zur Wirkung haben wird. — Die Folge dieser Verhältnisse ist daher gewöhnlich die, daß die Batterie entweder gar nicht zur Verwendung kommt oder sich willkürlich aus ihrem Verbande löslöst, um sich am Artillerie-Kampf zu betheiligen.

Erhält die Reserve-Kavallerie eines Korps einen besonderen Auftrag, so wird man ihr, wenn nöthig, zeitweise 1—2 Batterien beigeben müssen.

Die Loslösung der österreichischen Brigade-Batterien von ihrer Infanterie trat uns in den dargestellten Gefechten vielfach entgegen, und ebenso stellte sich die Vorbereitung des Angriffs der Brigaden durch die Batterie — ohne Unterstützung der Korps-Geschütz-Reserve — nirgends als genügend heraus.

Auf die schwache Dotirung der Brigaden Hertwek und Mondel bei Nachod und Trautenau ist die permanente Formation von Brigade-Batterien gewiß von Einfluß gewesen.

Die der Reserve-Kavallerie des preußischen 1. Armee-Korps am Tage von Trautenau zugetheilt gewesene 3. reitende Batterie kam ebenso wenig wie die Kavallerie selbst zur Verwendung.

Die 1. reitende Batterie, welche der Reserve-Kavallerie des 5. Korps am Tage von Nachod beigegeben war, setzte sich zwar, sobald der General v. Wnuck mit seiner Brigade das Gefechtsfeld erreichte und aufmarschirte, ins Feuer, blieb aber ohne Einfluß auf den Kavallerie-Kampf selbst. — Die Batterie würde also dem Ganzen viel nützlicher gewesen sein, wenn sie sich statt bei der Reserve-Kavallerie bei der Avantgarde befunden hätte, wo sie etwa 2 Stunden früher zur Thätigkeit gekommen wäre.

Am 28. und 29. Juni kam die Batterie der Brigade Wnuck ebensowenig wie Letztere zur Verwendung.

Die österreichischen Korps hatten keine Reserve-Kavallerie.

---

3. Das Gefecht der Kavallerie.

Die Kavallerie, für deren Gefechtsthätigkeit die Feuerwaffe einen nur sehr untergeordneten Werth hat, konnte aus deren Verbesserung nicht denselben oder auch nur einen annähernd gleichen Vortheil ziehen, wie die Infanterie und Artillerie, — wogegen die nach allen Beziehungen gesteigerte Feuerwirkung dieser beiden Waffen einen sehr nachtheiligen Einfluß auf die Verwendung und die Gefechtsthätigkeit der Kavallerie ausüben mußte.

Insbesondere wurde das Auftreten der Letzteren im Gefecht außerordentlich erschwert: durch die große Tragweite und Präzision, sowie durch die gesteigerte Ladegeschwindigkeit der neuen Gewehre, durch die veränderte Fechtart der Infanterie, durch das Auftreten derselben in kleinen, sich im Kampfe gegenseitig unterstützenden Abtheilungen, durch deren Anschmiegen an das in Folge der fortschreitenden Kultur des Bodens mehr als früher künstlich bedeckte und durchschnittene, die Bewegung der Kavallerie außerordentlich hemmende Terrain, sowie endlich durch die ebenfalls an Tragweite und — namentlich auf weite Entfernungen — an Treffsicherheit bedeutend erhöhte Wirkung der Artillerie.

Es lag in der Natur und im Wesen der Kavallerie als fechtenden Waffe, daß ihr durch einen verbesserten Karabiner solchen Verhältnissen gegenüber nur wenig zu helfen war. Eine Abhülfe wäre nur möglich gewesen durch eine bedeutende Erhöhung ihrer Geschwindigkeit und Manövrirfähigkeit, welche sie hätte befähigen können, die weiten Strecken, auf die sie jetzt von den anderen Waffen abbleiben muß, nicht nur in eben so kurzer, sondern in kürzerer Zeit als die früheren geringeren Entfernungen zurückzulegen, eine größere Zahl von Hindernissen leicht und in Ordnung zu überwinden und in Folge dessen der Infanterie ohne Scheu auch in ein bedecktes, unebenes und durchschnittenes Terrain hinein zu folgen.

Von Seiten der Kavallerie ist dies auch sehr richtig erkannt worden, und hat man durch eine entsprechende Friedens = Ausbildung dahin getrachtet, die eigene Beweglichkeit und Manövrirfähigkeit möglichst zu erhöhen, die Kampagne= Reiterei zu fördern und durch zweckmäßige Uebungen die Pferde zu weiten, ausdauernden Bewegungen zu befähigen. Die Natur des Pferdes setzt aber nach dieser Beziehung — namentlich einer Truppe im Ganzen — enge Grenzen, so daß es nicht möglich ist, auf dem angedeuteten Wege die nachtheiligen Gefechtsverhältnisse für die Kavallerie völlig auszugleichen.

Wenn daher kaum zu leugnen sein dürfte, daß der Gebrauch der Kavallerie auf dem Schlachtfelde durch die oben bezeichneten Umstände gegen früher sehr erschwert und beschränkt ist: so muß dagegen deren erhöhte Bedeutung für den Aufklärungsdienst in großen wie in kleinen Verhältnissen, insbesondere die Wichtigkeit größerer Kavallerie=Körper für die strategische Auf= klärung hervorgehoben werden.

Die ungeheuren Heeresmassen unserer Zeit, welche behufs einheitlicher, zweckmäßiger Leitung zur Theilung in Armeen und innerhalb der Letzteren wieder behufs Verpflegung und Unterbringung während der Operationen zur Zerlegung in mehrere Marschkolonnen zwingen und daher ein Ausbreiten der= selben über weite Räume nothwendig herbeiführen; ferner die Benutzung der Eisenbahnen als eines Transportmittels, das unter günstigen Verhält= nissen das schnelle Versetzen selbst größerer Truppenmassen von einem Punkte auf den andern gestatten: — erschweren der obersten Heeresleitung mehr wie früher die Erkenntniß der Bewegungen des feindlichen Heeres und eine darauf sich basirende richtige Schlußfolgerung bezüglich der Absichten des Gegners.

Und doch ist dies jetzt noch wichtiger wie früher, weil es mehr Zeit er= fordert, die getrennten Armeen und Kolonnen zum Entscheidungsschlage recht= zeitig zu vereinigen und weil eine auf irrthümliche Anschauung gestützte, unzweckmäßige Instradirung der Massen viel schwieriger als früher bei den kleinen Armeen zu verbessern ist.

Die Eisenbahnen und Telegraphen geben nun zwar in Verbindung mit der übermäßig angeschwollenen und daher nicht immer genau zu überwachenden Tages=Literatur der obersten Heeresleitung heutzutage Mittel zur Beurtheilung der feindlichen Maßregeln in die Hand, welche derselben früher nicht zur Verfügung standen: aber diese Mittel versagen fast gänzlich, sobald die Spitzen der beiderseitigen Heere sich berührt haben und der erste Zusammenstoß er= folgt ist.

Von da ab bleibt auch jetzt die oberste Heeresleitung vorwiegend auf die Meldungen verwiesen, welche ihr durch die Truppen, insonderheit durch die vorgeschobenen Kavallerie-Divisionen, zugehen, wobei ihr die anderweitig zufließenden Nachrichten nur hier und da willkommene Fingerzeige geben, oder zur Bestätigung oder Korrektur jener Meldungen dienen.

Die Verwendung der Kavallerie in selbstständigen Divisionen behufs Aufklärung der strategischen Verhältnisse liegt zwar eigentlich außerhalb der Grenzen unserer Betrachtungen, da wir derselben indessen in dem vor dem Kriege 1870/71 geschriebenen 2. Hefte unserer Wanderungen, wenn auch nur oberflächlich, gedacht haben: müssen wir auch hier einige darauf bezügliche Punkte berühren.

Wenn wir uns damals gegen die Bildung starker Kavallerie-Korps erklärten, weil dieselben — schwer beweglich und schwer zu verpflegen und daher meist an die Queue der Armee verwiesen — nur ein Bleigewicht für deren Operationen bilden und selten rechtzeitig auf dem Schlachtfelde erscheinen und eingreifen würden, und wenn wir uns dagegen für die Bildung einer größeren Zahl nicht zu starker aber selbstständiger Kavallerie-Divisionen aussprachen: so können die Erfahrungen des Krieges 1870/71 diese Ansichten nur bestätigen.

Man hatte in diesem Kriege deutscherseits keine Kavallerie-Korps, sondern nur derartige Divisionen gebildet, und sind die vorzüglichen Dienste, welche dieselben der Armee-Führung für die strategische Aufklärung und Sicherung leisteten, bekannt genug. — Diese Dienste traten sogar gegenüber der Gefechtsthätigkeit der Kavallerie so bedeutend hervor, daß man künftig bei Eintheilung der Letzteren in die allgemeine Ordre de bataille der Armeen zunächst die Bildung der Kavallerie-Divisionen zu berücksichtigen haben wird.

Wenn wir daher in dem oben angezogenen Hefte uns dahin aussprachen: „daß es nothwendig sei, von der überhaupt disponiblen Kavallerie einer Armee zunächst die Infanterie-Divisionen resp. Armee-Korps ausreichend zu dotiren und den dann noch verfügbaren Rest in nicht zu starke, selbstständige Truppenkörper — Kavallerie-Divisionen — zusammenzustellen" — so möchten wir diesen Satz jetzt umkehren.

Man dürfte sich jetzt wohl zunächst fragen, wie viele Kavallerie-Divisionen und in welcher Stärke und Zusammensetzung je nach der Beschaffenheit des Kriegsschauplatzes und der Verhältnisse, unter denen der Krieg voraussichtlich zu führen sein wird, erforderlich sind und dann den nach Aufstellung jener Divisionen noch verfügbaren Rest bei den Armee-Korps und Infanterie-Divisionen eintheilen.

Endlich möchten wir noch einen anderen Satz in jenem Hefte modifiziren.

Wir sagten daselbst: „Den selbstständigen Kavallerie-Divisionen sind bei weiten Detachirungen und für größere Aufgaben nicht nur eine angemessene Artillerie, sondern auch 1—2 Bataillone fahrender Infanterie und ein Detache= ment fahrender Pioniere resp. Mannschaften der Telegraphen= und Eisenbahn= Abtheilungen zuzutheilen; sollen sie ihre Aufgabe wirklich erfüllen und in ihren Bewegungen nicht durch jede kleine feindliche Infanterie-Abtheilung oder gar durch den bewaffneten Widerstand der Bevölkerung aufgehalten werden."

Die Beigabe fahrender Infanterie sollte mithin nur die Selbstständigkeit der Kavallerie-Divisionen sichern, weil im Hinblick auf deren Bewaffnung vor dem Kriege 1870 und mit Rücksicht auf die damals von Autoritäten dieser Waffe bezüglich der eventuellen Ausbildung des Mannes mit einem Karabiner neuester Konstruktion und dessen Verwendung im Gefecht zu Fuß abgegebenen Urtheile angenommen werden mußte, daß die Kavallerie in sich nicht die Mittel besitze, um auch nur den Widerstand verhältnißmäßig schwacher Infanterie= Abtheilungen zu bewältigen.

Die anderweitige Bewaffnung der Kavallerie und die auf die gemachten Kriegserfahrungen sich stützenden neueren Ansichten unserer Kavalleristen be= rechtigen uns aber jetzt zu dem Schlusse, daß die Kavallerie-Divisionen zu dem bezeichneten Zwecke im Allgemeinen die Beigabe von Infanterie nicht noth= wendig haben.

Bei Ausbildung der Truppe mit der Feuerwaffe und soweit möglich auch bei Ausrüstung und Ajustirung des Mannes wird dann aber dem Gefecht zu Fuß resp. den Unternehmungen zur Zer= störung der Eisenbahnen und Telegraphen eine höhere Bedeutung als früher beizumessen sein.

Unter dieser Voraussetzung ist es ein bedeutender Fortschritt, wenn man die Kavallerie-Divisionen von dem hemmenden Impediment der fahrenden In= fanterie als einem integrirenden Theile befreien kann. Eine zeitweise Zutheilung von Infanterie für bestimmte Unternehmungen und unter besonderen Verhältnissen wird man auch in Zukunft nicht vermeiden können.

———————

In allen von uns zur Darstellung gelangten Gefechten läßt sich ein wesentlicher Einfluß auf den Gang derselben durch die Thätigkeit der Kavallerie nicht erkennen.

Bei Trautenau und Nachod werden dort im Ganzen 2, hier 3—4 Regi= menter gegeneinander geführt und legen beiderseitig Proben ab von einem echt kavalleristischen Geiste, von Geschicklichkeit, Muth und großer Tapferkeit: aber weder dort noch hier wird durch das Resultat dieser Kämpfe der allgemeine Gang des Gefechtes beeinflußt.

Ein direktes Eingreifen der Kavallerie in das Infanterie-Gefecht fand nur mit unglücklichem Erfolg seitens einer Eskadron des österreichischen Erzherzog

Karl-Ulanen-Regiments bei Skaliß und mit glücklichem Erfolge seitens des preußischen 8. Dragoner-Regiments bei Nachod statt, an welchem Tage sich im letzten Moment auch noch 2 Eskadrons des preußischen 1. Ulanen-Regiments Gelegenheit zu einem erfolgreichen Angriff auf eine österreichische Batterie bot.

Eine verhältnißmäßig so geringe Thätigkeit der Kavallerie kann uns nur als Bestätigung der erschwerten Verwendung dieser Waffe auf dem Gefechts= felde dienen, bietet uns aber kaum ein ausreichendes Material zu taktischen Schlüssen.

Am glänzendsten treten die Momente des Kampfes von Kavallerie gegen Kavallerie hervor: sie geben ein unwiderlegliches Zeugniß davon, daß der alte Reitergeist, welcher einst die Schlachten und das Schicksal der Völker entschied, weder in der österreichischen noch in der preußischen Armee erstorben ist. Diese Kämpfe zeigen indessen im Allgemeinen dieselben Formen und dieselbe Durchführung, wie die Reitergefechte vor hundert Jahren und weisen darauf hin, daß die Kavallerie seit jener Zeit in ihrem Wesen keine Aenderungen erfahren hat.

Es charakterisiren sich diese Kämpfe damals wie jetzt durch die Attacke in geschlossener Ordnung mit darauf folgendem Gebrauch der blanken Waffe im Handgemenge, durch den Versuch, den Gegner im Aufmarsch zu überraschen, durch schnelle Aufeinanderfolge der Angriffe mit dem Bestreben gegenseitiger Umfassung und durch den entscheidenden Stoß mittelst zurückgehaltener Re= serven.

Schwieriger geworden ist dagegen schon das Auftreten der Kavallerie gegenüber der Artillerie, insofern die Letztere vermöge der größeren Trag= weite und Präzision ihrer Geschütze ein weiteres Zurückstellen der Kavallerie bedingt.

Die größeren Kavallerie-Körper werden in Folge dessen schwer zur Hand und seltener rechtzeitig in Thätigkeit zu bringen sein, und die bei den Di= visionen und Armee-Korps eingetheilten Regimenter, welche man dem feindlichen Artillerie-Feuer nicht immer wird entziehen können, werden große Verluste erleiden, bevor sie zur Aktion kommen. — Geschickte Terrainbenutzung, Be= weglichkeit und zweckentsprechende Formationsveränderungen gewinnen in Folge dessen eine erhöhte Bedeutung.

Der Kampf der Kavallerie gegen Artillerie hat indessen eine wesentliche Aenderung nicht erfahren. — Abziehen der feindlichen Partikular-Bedeckung durch geschlossene Angriffe eines Theiles der verfügbaren Reiterei, Einbrechen eines anderen Theiles in die Batterien in aufgelöster Ordnung, Zurückhalten des Restes — wenn nöthig — als Reserve für alle Eventualitäten und überraschendes Auftreten, womöglich gegen die feindlichen Flanken: gelten noch heute ebenso gut als Regel wie ehemals, und glauben wir kaum, daß es der Kavallerie jetzt schwerer wie früher ist, mit Erfolg gegen Artillerie zu wirken — Aufprotzende und abfahrende Batterien bleiben für die nachjagende Kavallerie eine willkommene Beute.

Die Schwierigkeiten, welche der Kavallerie heutzutage im Kampfe gegen Infanterie entgegentreten, wurden bereits oben hervorgehoben. Die Grund=Elemente dieses Kampfes sind indessen ebenfalls unver= ändert geblieben. — Zu allen Zeiten vermochte die Reiterei gegen eine mit Feuerwaffen ausgerüstete und in der Handhabung derselben wohl geübte Infanterie nichts auszurichten, wenn diese den Angriff kommen sah, noch nicht erschüttert war, ihre Ruhe bewahrte, die anstürmende Reitermasse kaltblütig herankommen ließ und ihr dann auf wirksame Entfernung ihre Geschosse entgegenschleuderte.

Die Kavallerie mußte daher jederzeit danach streben, die Infanterie in solchen Momenten oder an solchen Punkten zu fassen, wo durch äußere Um= stände oder durch Einflüsse moralischer Natur deren Widerstandsfähigkeit gebrochen war. — Bataillone, welche durch die Wirkung der feindlichen Artillerie= oder Infanterie=Geschosse erschüttert oder die durch Terrainverhältnisse in Un= ordnung und Auflösung gerathen waren; Bataillone, deren moralisches Element an sich ein niedriges oder durch voraufgegangene Niederlagen, durch unge= wöhnliche Anstrengungen und Strapazen gebrochen war; ferner taktisch mangel= haft ausgebildete Bataillone, welche, an sich wenig beweglich, in der Flanke überraschend angefallen werden konnten, sowie solche, denen die Munition mangelte oder deren Gewehre oder Munition durch die Witterung theilweise oder ganz unbrauchbar geworden waren, oder die überhaupt zur Herstellung der Feuerbereitschaft lange Zeit gebrauchten: das waren ehemals und sind auch jetzt noch gesuchte Angriffs=Objekte für die Kavallerie.

Wir wiesen aber bereits oben darauf hin, daß derartige Momente und Zustände, welche der Reiterei eine erfolgreiche Attacke in Aussicht stellen, in Folge der heutigen Bewaffnung, Beweglichkeit und Selbstständigkeit der In= fanterie, sowie namentlich in Folge des erhöhten Selbstvertrauens derselben viel seltener als früher eintreten werden; — auch sichert die Art des Ersatzes und der Ausbildung unserer Armeen jetzt mehr wie früher vor dem Einreißen einer Panique, welche sonst wohl der Kavallerie Gelegenheit zum Niederreiten und Niederhauen ganzer Infanterie=Brigaden bot.

Können wir nach Allem der Kavallerie auf dem Schlachtfelde selbst nur eine beschränktere Wirksamkeit zuschreiben, als ihr namentlich in den Schlachten der Blüthezeit der Lineartaktik thatsächlich gegeben war, so soll damit selbst= verständlich nicht gesagt sein, daß ihr nicht auch in Zukunft noch eine sehr wichtige Rolle im großen Schlachtendrama beschieden sei.

Läßt sich auch nicht mehr erwarten, daß — abgesehen von ganz unge= wöhnlichen Verhältnissen — die Kavallerie über das Schlachtfeld dahin fege und Bataillon nach Bataillon niederreite und vernichte, so kann sie doch immer noch die feindliche Reiterei unschädlich machen, Batterien stürmen, sowie die Infanterie in ihren Bewegungen hemmen und aufhalten und dadurch unter Umständen einen wesentlichen Einfluß auf den Gang des Gefechtes ausüben.

Mit bewundernswerther Unerschrockenheit und Tapferkeit hat sich die Kavallerie in einzelnen Schlachten und Gefechten des Krieges 1870/71, wo es galt, den anderen Waffen Luft zu schaffen, Zeit zu gewinnen, den Gegner zum Stutzen zu bringen und dadurch die Vorwärtsbewegungen der eigenen Infanterie und Artillerie zu fördern, selbst auf unerschütterte Infanterie-Abtheilungen gestürzt und so — wenn auch mit vielen eigenen Opfern und ohne Erfolg des eigentlichen Angriffes — wesentliche und wichtige Gefechtszwecke erfüllt.

Ein Moment in der Entwickelung der modernen Infanterie-Taktik — nämlich die starke Auflösung und kaum vermeidliche Durchein-anderwürfelung der Infanteriemassen — scheint allerdings die Wirk-samkeit der Kavallerie auf dem Gefechtsfelde sehr zu begünstigen: wenn aber aus diesem Umstande der Schluß gezogen worden ist, daß daraus eine neue Blüthezeit für die Reiterei hervorsprossen werde, so können wir uns dieser Ansicht nicht anschließen.

Tirailleurlinien wurden zu keiner Zeit als ein erwünschtes und an-gemessenes Objekt für den Angriff der Kavallerie angesehen, weil der mögliche Erfolg den wahrscheinlichen Opfern nicht entsprach. Nun haben zwar die großen Schützenschwärme, mit welchen heutzutage das Infanteriegefecht durch-geführt wird, eine ganz andere Bedeutung als die dünnen, nur zu Nebenzwecken bestimmt gewesenen Schützenlinien früherer Zeiten, so daß Erstere jetzt wohl als ein angemessenes Angriffs-Objekt für die Kavallerie erscheinen mögen: — aber der Erfolg bleibt nach wie vor ein fraglicher.

Eine liegende, im Terrain eingenistete Schützenlinie hat den Angriff der Kavallerie, namentlich wenn er in der Front erfolgt, nicht zu fürchten. Bleibt sie ruhig in ihrer Position, so wird sie durch ihr Feuer die Kavallerie fast stets zur Umkehr zwingen: sollte es aber auch der Letzteren ganz oder zum Theil gelingen, in die Position hinein zu bringen, so findet sie in den liegenden Schützen kein Objekt, dem Feinde große materielle Verluste bei-zubringen, wogegen sie nun dem vernichtenden Feuer der Soutiens und der nicht angegriffenen Theile der Tirailleurlinie, beim Rückzuge aber dem Gesammt-feuer der Letzteren ausgesetzt ist.

Günstiger gestalten sich die Verhältnisse, wenn es der Kavallerie gelingt, gegen eine solche Schützenlinie in überraschender Weise und von der Flanke her vorzubrechen; am günstigsten aber, wenn sie unter ähnlichen Verhältnissen auf einen sich bewegenden Schwarm trifft — und in beiden Fällen, wenn die Schützen, überrascht und besorgt, den Versuch machen, zu Knäueln zusammen zu laufen. Es liegt dann nicht nur die Gefahr sehr nahe, daß diese Schützen während des Laufens von den Reitern erreicht und niedergehauen werden, sondern es bilden die sich zusammenballenden Massen ein sehr willkommenes Ziel für die feindliche Infanterie, und die Kavallerie erhält während des Laufens und bis die Knäuel sich geordnet haben, kein Feuer.

Unsere Infanterie hat es sich daher, ihrer Feuerkraft vertrauend, bereits zur Regel gemacht, keine Knäuel zu bilden, sondern den Angriff der Kavallerie selbst in zerstreuter Ordnung nur durch das Feuer zurückzuweisen. — Die Kavallerie wird daher, auch wenn sie auf eine sich bewegende

Schützenlinie stößt, nicht viel mehr erreichen, als daß diese sich niederwirft und so momentan in ihrer Bewegung aufgehalten wird.

Da wo die Kavallerie, höhere Gefechtszwecke erfüllend, die Attacke auch unter Umständen wagen muß, die einen unmittelbaren, materiellen Erfolg nicht erwarten lassen, hat sie sich auf sehr große Verluste gefaßt zu machen, welche nur durch Ueberraschung und schnelle Bewegungen einigermaßen abzuschwächen sind. — Der Führer der Kavallerie muß sich demnach klar darüber sein, daß er unter derartigen Verhältnissen auch die größten Opfer nicht scheuen darf, und daß seine Aufgabe nicht nothwendig darin zu liegen braucht, Bataillone wirklich niederzureiten, Geschütze zu nehmen, Gefangene und Tro= phäen einzubringen, sondern daß dieselbe schon in dem Aufhalten feindlicher und in der Förderung eigener Bewegungen eine glänzende Lösung finden kann.

Um den richtigen Werthmesser für die Beurtheilung eines Kavallerie= Angriffes zu gewinnen, muß man, wie der Oberst v. Verdy sich in seinen Studien über Truppenführung sehr treffend ausdrückt, nicht sowohl zwischen „glücklichen und unglücklichen", als noch vielmehr zwischen „nützlichen und unnützen" Attacken unterscheiden.

Uebrigens wäre hier noch zu bemerken, daß die beiden Kavallerie=Regi= menter, welche im Kriege 1870/71 die stärksten Verluste hatten, in einer Schlacht nicht über 35—40 Prozent an todten und verwundeten resp. vermißten Mann= schaften und Pferden aufweisen: ein Verlust, der auch bei vielen Infanterie= Bataillonen erreicht und überschritten wurde, während im Großen und Ganzen die Verluste der Infanterie natürlich nicht nur absolut, sondern auch relativ an Prozenten sehr viel größer waren, als diejenigen der Kavallerie.

Wenn im Kampfe von Kavallerie gegen Kavallerie Form und Richtung der Attacke von höchster Bedeutung sind, so wird dagegen der Erfolg derselben im Kampfe gegen Infanterie und Artillerie fast lediglich durch das Erfassen des richtigen Momentes bedingt und zwar jetzt, wo derartige Momente schneller als früher verschwinden werden, in erhöhtem Maße.

Das Erfassen des richtigen Momentes ist aber lediglich Sache des Führers der Kavallerie, und wird von seiner Persönlichkeit mehr wie bei einer der beiden anderen Waffen der Erfolg abhängig bleiben.

Der Führer der Kavallerie, der seine Verhaltungsmaßregeln von oben erwartet und erst melden und anfragen läßt, ob er angreifen soll, wird sich nur zu leicht den günstigen Moment dazu entgehen lassen. Erfüllt von kühnem Thatendrange und dem Geiste der Initiative, darf er auf dem Gefechtsfelde keinen anderen Gedanken haben, als jeden Augenblick zu erspähen, wo ihm die Verhältnisse eine Aussicht auf Erfolg eröffnen und ihm gestatten, seine Truppe los zu lassen. — Dazu bedarf er eines ruhigen, klaren Blickes, des taktischen

Verständnisses, einer richtigen Würdigung der Terraingestaltung sowie der Wirkung der eigenen und der feindlichen Feuerwaffen, vor Allem aber der Fähigkeit eines raschen Entschlusses und einer blitzesschnellen Ausführung desselben.

Eine Vorbedingung für das Erfassen des richtigen Momentes liegt ferner darin, daß der Führer nicht an seiner Truppe klebt, auch nicht auf dem Gefechts= felde herumjagt. Von einem ausreichende Uebersicht bietenden Punkte muß er mit scharfem Auge den Gang des Gefechtes aufmerksam verfolgen und aus Letzterem gleichsam vorausfühlen, wann der Moment für die Thätigkeit der Kavallerie herannaht. — Er hat sich mit einer ausreichenden Zahl von intelli= genten, schneidigen, kühnen Offizieren auf flotten Pferden zu umgeben, welche seine Organe bilden, um die Gangbarkeit des Terrains zu rekognosziren, da für ihn zu sehen, wo er selbst nicht sein kann, und ihm über das zu melden, was außerhalb seines Gesichtskreises liegt. Ferner haben diese Offiziere die Verbindung mit der Truppe zu erhalten, derselben die Befehle zu überbringen und ihr, wenn nöthig, als Führer zu dienen.

In kleineren Verhältnissen — bei Detachements und bei einer Division — genügen zu diesem Zwecke der Adjutant und ein bis zwei Ordonnanz=Offiziere; bei der Reserve=Kavallerie eines Armee=Korps und bei den Kavallerie=Divisionen ist hierzu eine größere, den speziellen Verhältnissen entsprechende Zahl von Offizieren heranzuziehen.

Es ist selbstverständlich, daß in jedem Falle der Führer der Kavallerie, um seine Aufgabe erfüllen zu können, über die Situation im Allgemeinen, sowie über die Absichten des Kommandirenden vollständig orientirt sein muß.

Die Hauptbedeutung der Divisions=Kavallerie liegt in dem ihr zu= fallenden Aufklärungs=, Sicherungs=, Requisitions=, Ordonnanz= und Melde= Dienst. Wir haben desselben bereits in dem Kapitel über Märsche und Vor= posten gedacht und gleichzeitig auf das Anstrengende und Aufreibende dieses Dienstes hingewiesen.

Auf dem Gefechtsfelde ist der Divisions=Kavallerie eine um so schwierigere Aufgabe gestellt, als es nicht möglich sein wird, sie immer dem Feuer der feindlichen Artillerie und Infanterie zu entziehen. — Durch geschickte Benutzung des Terrains zur eigenen Deckung, durch zweckmäßige Formationen, sowie ent= sprechenden Formations= und Aufstellungswechsel, der allerdings nicht in ein unruhiges, zweckloses Hin= und Hermarschiren ausarten darf, wird der Führer zwar die Verluste mindern, aber nicht ganz vermeiden können, und das ruhige passive Ausharren im Feuer bleibt für die Kavallerie die schwierigste Aufgabe, welche ihr gestellt werden kann.

Für das Verhalten der Divisions-Kavallerie auf dem Gefechtsfelde gilt gleich wie für das Verhalten der Divisions-Artillerie als erste und vornehmste Regel: die Wahrung des engsten Zusammenhanges mit der In= fanterie der Division.

Die Kavallerie muß ihrer Infanterie, ohne deshalb ängstlich an ihr zu kleben, auch ohne Befehl folgen und sich ihr sobald wie irgend möglich wieder anschließen, wenn die Verhältnisse eine zufällige Trennung herbeigeführt hatten.

Sie muß auch während des Gefechtes ununterbrochen, soweit dies nöthig, das Terrain und die Verhältnisse beim Feinde aufklären und die Verbindung mit den neben kämpfenden Truppen aufrecht erhalten, vor Allem aber die Flanken der Division gegen Ueberraschungen sichern und sich rücksichtslos feind= lichen Truppen, insbesondere etwaiger Kavallerie, entgegenwerfen, welche, von dort her hervorbrechend, versuchen sollte, die Bewegungen der diesseitigen In= fanterie zu hemmen.

Demnächst muß sie, sich möglichst nahe dem ersten Treffen verdeckt auf= stellend, auch bereit sein, jeden Augenblick unterstützend in das Gefecht der Infanterie einzugreifen. Unvorsichtig und ungedeckt vorgehende Tirailleur= linien, auf= oder abprotzende Batterien, debouchirende Infanterie=Kolonnen, welche zu überraschen sind, bilden die Angriffsobjekte und Angriffsmomente für die Divisions=Kavallerie.

Diese Momente müssen mittelst kurzer vehementer Attacken entschlossen und mit Blitzesschnelle ausgenutzt werden, und sind diese Angriffe, wenn irgend möglich, von den Flügeln her gegen die feindliche Flanke zu richten.

Von dem Führer der Divisions=Kavallerie gilt noch ganz insbesondere, was wir oben über den Geist der Initiative, über die kaltblütige Ruhe im Beobachten und Urtheilen und über die Schnelligkeit in der Ausführung des gedachten Entschlusses sagten, denn er darf unter keinen Umständen einen Befehl zum Handeln erwarten, will er nicht immer zu spät kommen.

Die Deckung und Sicherung der Divisions=Artillerie ist gewiß eine wichtige, sehr häufig der Divisions=Kavallerie zufallende Aufgabe, doch kann sie nicht als deren einzige und wesentliche anerkannt werden.

Unter Umständen muß auch die Divisions=Kavallerie sich für ihre Infanterie opfern und zur Herstellung eines Gefechtes, zur Deckung des Rückzuges u. s. w. sich rücksichtslos auf den Feind stürzen.

Die Divisions=Kavallerie in Momenten, wo das Gefecht nicht vorwärts gehen will, durch die eigene Tirailleurlinie gegen den Feind vorbrechen zu lassen, um dessen Aufmerksamkeit und Feuer auf sich zu lenken und so der Infanterie und Artillerie Gelegenheit zu geben, schnell Terrain zu gewinnen, ist ein kühnes und gefährliches Unternehmen, darf aber nicht gescheut werden, wenn der beregte Zweck nur auf diese Weise erreicht werden kann.

Wie schwierig die der Divisions=Kavallerie in Obigem gestellten Gefechts= Aufgaben sind, und wie selten dieselbe daher Gelegenheit zum unmittelbaren

Eingreifen in den Kampf der Infanterie findet, zeigen uns die dargestellten Gefechte.

Bei Trautenau wird der Kampf durch das brillante Gefecht der Windisch=grätz= und Litthauischen Dragoner eröffnet, aber damit endigte auch die Thätig=keit der Kavallerie.

Auf preußischer Seite entzieht ein Befehl des General=Kommandos der 2. In=fanterie=Division ihr Kavallerie=Regiment und fesselt es während des ganzen Tages auf der Kommandeur=Höhe als Bedeckung einer Artillerie=Position, welche nur im letzten Gefechtsmoment in untergeordneter Weise zur Geltung gelangt. — Vom Kavallerie=Regiment der 1. Infanterie=Division verbleibt der größte Theil im Aupathale ohne Verwendung, während 1½ Eskadrons sich dem Vorgehen der Infanterie der 2. Division anschließen, ohne indessen eine andere Verwendung als die einer Partikular=Bedeckung zu finden.

Auf österreichischer Seite erscheinen zwar die 3 Eskadrons des 10. Korps mit den ersten Infanterie=Brigaden auf dem Gefechtsfelde und scheinen auch der Infanterie unmittelbar gefolgt zu sein, doch wird nirgends einer Gefechts=thätigkeit derselben (ausgenommen das Eingreifen eines Zuges in den Dragoner=kampf) erwähnt, und der geringe Verlust von 8 Pferden berechtigt auch zu dem Schlusse, daß ein Eingreifen in das Infanterie=Gefecht nicht stattgefunden hat. — Und sollte man nicht doch meinen, daß das zu verdeckten Aufstellungen vor=züglich geeignete Terrain und das wenig geordnete Vorgehen der preußischen Infanterie auf Hohenbruck und Alt=Rognitz mehrfach Gelegenheit zum Vor=brechen einzelner Eskadrons und Züge hätte geben müssen?

Am Gefechtstage von Nachod war durch Bildung der Brigade Wnuck der 10. Infanterie=Division ihr Kavallerie=Regiment genommen worden.

Das Kavallerie=Regiment der 9. Infanterie=Division versah den Sicherungs= und Aufklärungsdienst in vorzüglicher Weise und harrte später mit unerschütter=licher Ruhe im Feuer der österreichischen Artillerie aus; aber zum thätigen Ein=greifen in das Gefecht der Infanterie fand es die Gelegenheit nicht.

Dagegen muß die Thätigkeit des zur Brigade Wnuck gehörigen 8. Dragoner=Regiments, das unmittelbar nach dem großen Kavallerie=Kampfe bei Wisokow das Vorgehen diesseitiger Infanterie direkt unterstützte, hier nochmals als ein glänzendes Beispiel für die Wirksamkeit der Divisions=Kavallerie, deren Rolle das Regiment übernahm, rühmend hervorgehoben werden.

Das Zusammenwirken mit der Infanterie war mustergiltig: erst reitet die Kavallerie an und bringt die feindliche Infanterie zum Stehen, diesen Moment benutzt die eigene Infanterie, um den Gegner mit einem Kugelhagel zu über=schütten und die taktische Ordnung in seinen Reihen zu lösen, und eben dadurch bietet sie der Kavallerie wieder Gelegenheit zum Einhauen und zur Verfolgung des Feindes.

Von dem anderen Regiment der Brigade Wnuck griffen in einem späteren Gefechtsmoment 2 Eskadrons (1. Ulanen=Regiments) ebenfalls im Sinne und Geiste der Divisions=Kavallerie in das Gefecht nördlich Wisokow ein, indem sie in eine abziehende österreichische Batterie hineinritten und mehrere Geschütze nahmen.

Woher diese glänzenden Erfolge?

In beiden Fällen befand man sich, dort unabsichtlich, hier absichtlich, in un=mittelbarer Nähe der kämpfenden Truppen, dem Auge derselben durch gün=

stige Deckungen entzogen. Man war in Folge dessen im Stande, seinen Gegner zu überraschen, indem man den — dort sich zufällig bietenden, hier vorsichtig erwarteten — Moment zum Angriff richtig erkannte und schnell entschlossen durch rücksichtsloses Handeln ausnutzte.

Solche Gelegenheiten zum Handeln konnten sich dem Kavallerie-Regiment des österreichischen 6. Korps freilich nicht bieten, da es während des ganzen Gefechtes bei Schonow und Prowobow fern von dem eigentlichen Kampffelde verharrte.

In den Gefechten bei Skalitz, Schweinschädel und Soor tritt die Divisions-Kavallerie auf beiden Seiten in sehr untergeordneter Weise auf. Man verwendet sie nur als Partikular-Bedeckung für die Artillerie und zum Theil zur Aufklärung und Sicherung der Flanken. Bei Skalitz löst sich die Divisions-Kavallerie der preußischen 10. Division von ihrer Infanterie los, statt derselben in ein Terrain zu folgen, in welchem sie von großem Nutzen sein konnte, und das keineswegs ihre Wirksamkeit ausschloß. Nirgends aber treffen wir eine Spur wirksamen Eingreifens in das Gefecht der Infanterie.

Bei Skalitz attackirt eine Eskadron des österreichischen Erzherzog Karl Ulanen-Regiments ein preußisches Halbbataillon mit völligem Mißerfolg, und wenn die Ulanen des 10. Korps in dem Terrain zwischen Neu-Rognitz und Burkersdorf wirklich einzelne preußische Infanterie-Abtheilungen bedroht oder angegriffen haben, so blieb diese Thätigkeit doch ohne irgend einen bemerkenswerthen Einfluß auf den Gang des Gefechtes.

Das Alles führt uns doch zu dem Schlusse, daß wir von der Gefechts-thätigkeit der Divisions-Kavallerie nicht zu viel erwarten dürfen. Es stellen sich dem Auftreten derselben zu große Schwierigkeiten entgegen, und der mögliche Erfolg dürfte oft nicht in richtigem Verhältniß zu den Verlusten stehen: freilich, wo es gilt, der eigenen Infanterie in kritischen Momenten, wenn auch mit großen Opfern, Hülfe bringen; wo dieselbe des Schutzes gegen feindliche Reiterei bedarf, wo der Zustand gegnerischer Infanterie- und Artillerie-Abtheilungen ein großes Resultat versprechen, da darf der Führer der Divisions-Kavallerie nicht zögern, frisch und keck zu handeln.

Wir glauben, daß auch im Kriege 1870/71 die Divisions-Kavallerie keine wesentlich bedeutendere Rolle gespielt hat. Es liegt natürlich außerhalb unserer Grenzen, dies hier näher zu begründen, doch sei uns, um unsere Ansicht nicht ganz unbegründet zu lassen, ein Blick auf die offiziellen Verlustlisten der Regimenter der preußischen Divisions-Kavallerie in den Schlachten und Gefechten bis inkl. des 18. August gestattet.

In den sechs Schlachten und Gefechten bei Weißenburg, Wörth, Spicheren, Colombey—Nouilly, Vionville—Mars la Tour und Gravelotte—St. Privat waren im Ganzen 42 Kavallerie-Regimenter als Divisions-Kavallerie zur Stelle. Von diesen 42 Regimentern erlitten 5 gar keine und 16 fast gar keine Verluste, nämlich nur eine Totalsumme bis zu 10 an todten, verwundeten und vermißten Offizieren, Unteroffizieren, Mannschaften und Pferden.

Unbedeutend sind die Verluste bei 14 Regimentern, bei welchen die bezeichnete Totalsumme zwischen 10 und 30 liegt, und nur bei 7 — also bei $1/6$ der Gesammtzahl der Regimenter — übersteigt diese Summe die Zahl 30; aber auch der stärkste Verlust beläuft sich nicht über 4 Offiziere, 22 Mann und 43 Pferde, also pro Eskadron 1 Offizier, 5—6 Mann und 10—11 Pferde.

Dürfen wir daher auf ein unmittelbares Eingreifen der Divisions=Kavallerie in das Gefecht nicht zu stark rechnen, so sind wir um so mehr berechtigt, an dieselbe auch während des Gefechtes im Aufklärungs=, Sicherungs=, Ordonnanz= und Melde=Dienst sehr hohe Anforderungen zu stellen.

Die Gefechtsthätigkeit der Reserve=Kavallerie eines einzelnen Armee=Korps — wo eine solche noch vorhanden sein sollte — oder einer ganzen Armee liegt zum Theil in den ersten Momenten der Einleitung des Kampfes, zum größten Theil fällt ihr Gebrauch aber in die spätere Periode desselben zur schließlichen Entscheidung, zur Verfolgung des besiegten Feindes oder zur Deckung des eigenen Rückzuges. Ein Eingreifen unmittelbar in das Gefecht der Infanterie während der Verwickelung und zur Ausbeutung desselben wird nur selten möglich sein. Dagegen kann die Reserve=Kavallerie (zweckmäßiger Korps=Kavallerie, Armee=Kavallerie genannt) — namentlich wenn man noch das Heranrücken von rückwärtigen Infanterie=Korps und Divisionen erwartet — zur Deckung eines größeren Raumes auf den Flügeln einer Position oder auch — bei sehr ausgedehnten Stellungen — zwischen getrennt kämpfenden Armee= Abtheilungen verwendet werden.

In solchen Fällen wird man sie auch nicht immer dem Feuer der feind= lichen Artillerie entziehen können, während im Allgemeinen der Grundsatz gilt, daß die Reserve=Kavallerie — sei es durch geschickte Ausnutzung des Terrains, sei es durch entsprechende Entfernungen — außerhalb des wirksamen Feuers des Gegners aufzustellen und erst dann näher heranzuführen ist, wenn der Moment ihres Eingreifens naht.

Durch die großen Entfernungen wird die Führung und das rechtzeitige Eingreifen derselben sehr erschwert.

Das Verhalten des Führers ist oben bereits charakterisirt worden; ihm wird — meist ohne daß er deshalb der Verpflichtung zur Initiative enthoben wäre — der Moment, in welchem und das Objekt, gegen welches er seine Re= gimenter vorführen soll, von Seiten des Kommandirenden bezeichnet werden. Die Art der Ausführung bleibt unter allen Umständen seine Sache, und schon aus diesem Grunde muß er den Gang des Gefechtes sowie das Terrain auf= merksam beobachten und soweit nöthig und möglich für Gangbarkeit des letzteren sorgen, um nicht sein Vorgehen plötzlich durch Hindernisse verzögert zu sehen.

Die Formen, in welchen, und die Art und Weise, wie das Gefecht großer Kavalleriemassen zu führen ist, liegen außerhalb der Grenzen unserer Be= trachtungen. — Nur das Eine sei hier bemerkt, daß, wenn es bei der Divisions= Kavallerie häufig geboten erscheint, mit einzelnen Eskadrons und selbst mit Zügen aufzutreten und zu fechten, solches im Allgemeinen für die Reserve= Kavallerie als fehlerhaft zu bezeichnen ist. Dieselbe muß vielmehr ihre Wirkung massiren, daher mit geschlossenen Brigaden attackiren und partielle Vorstöße einzelner Regimenter und Eskadrons möglichst vermeiden. Die Schwierigkeit liegt darin, die Massen rechtzeitig und in entsprechender Richtung gegen das Angriffs=Objekt in Thätigkeit zu setzen, sie also auf dem kürzesten Wege, schnell und in konzentrirter Form bis zu dem Punkte vorzubringen, wo sie sich zum Gefecht entwickeln muß, und dann diese Entwickelung und die ihr sofort folgende Attacke in überraschender Weise auszuführen. In Ausnahmefällen wird übrigens auch die Reserve-Kavallerie ebenso gut mit dem angreifen müssen, was gerade zur Hand ist, wie es zuweilen geboten erschien, die Bataillone einer Brigade einzeln in das Gefecht zu werfen, und die Batterien auffahren zu lassen, wie sie nach und nach heran kamen. Was oben über den durch die Verhältnisse des modernen Gefechtes beschränkten Wirkungskreis der Kavallerie im Allgemeinen gesagt wurde, bezieht sich auch auf die großen Kavalleriemassen, auf die Reserve-Kavallerie der Korps und Armeen. Man wird zwar noch nicht darauf verzichten brauchen, in Momenten großer Krisen, wenn durch die langdauernde mörderische Wirkung der Feuerwaffen nicht nur die einzelnen Bataillone und Batterien, sondern auch die Leitung und Gefechtsdisziplin im Großen stark erschüttert ist, jene Kavalleriemassen gegen einander und gegen die Infanterie und Artillerie los zu lassen: es werden jedoch nicht in jedem Gefecht und in jeder Schlacht derartige Momente eintreten.

Wir erwähnten aber bereits oben, daß die Kavallerie — und zwar gilt dies speziell für die Reserve-Kavallerie — um höhere Gefechtszwecke zu erfüllen, auch schon früher, als im Moment der Krisis, wenn nicht mit „glücklichen", so doch mit „nützlichen" Attacken eingreifen muß.

Die Gesichtspunkte, durch welche eine derartige Verwendung der Reserve-Kavallerie bestimmt und geregelt wird, lassen sich kurz zusammenfassen unter den Begriffen des Schutzes resp. der Förderung der Bewegungen der diesseitigen Infanterie und Artillerie, namentlich in solchen Momenten, wo die letzteren in Folge der feindlichen Feuerwirkung ins Stocken gerathen oder nach rückwärts gerichtet sind.

Beispielsweise würden diese Gesichtspunkte zur Geltung kommen: wenn es gilt, Umgehungen des Feindes so lange aufzuhalten, bis die diesseitigen Reserven dagegen heran gezogen sind; Flankenstöße zu entkräften, welche gegen die zum entscheidenden Angriffe vorgehenden Infanteriemassen gerichtet sind; überhaupt stets, um der bedrängten Infanterie Luft zu schaffen und bedrohte Artillerie zu schützen; ferner um große Batterien, welche das Vorgehen der diesseitigen Infanterie und Artillerie verhindern, während desselben zu beschäftigen und, wenn angängig, zum Schweigen zu bringen und zu nehmen; um gewonnene Punkte in der feindlichen Stellung vor Rückschlägen zu sichern und den anderen Waffen Zeit zu verschaffen, sich darin fest zu setzen u. s. w.

Eine wichtige Rolle können die durch Artillerie verstärkten größeren Kavallerie-Körper noch gewinnen, wenn sie sich nicht darauf beschränken, die Flanken des eigenen Korps oder der eigenen Armee zu sichern, sondern wenn sie versuchen, durch weiter ausholende Bewegungen Flanken und Rücken des Gegners zu bedrohen.

Zum Schluß unserer Betrachtungen über die Gefechtsthätigkeit der Kavallerie muß noch das Eine bemerkt werden, daß an Ausbildung, Führung und moralisches Element derselben erhöhte Anforderungen gestellt werden müssen, soll die Waffe auch auf dem Schlachtfelde selbst ihre frühere Rolle behaupten resp. wieder gewinnen.

Die österreichischen Korps hatten nach der Ordre de bataille keine Reserve-Kavallerie, doch waren zur Unterstützung des 10. Korps an den Tagen von Trautenau und Soor das Regiment Windischgrätz-Dragoner und zur Unterstützung des 6. resp. 8. Korps an den Tagen von Nachod resp. Skalitz die 1. Reserve-Kavallerie-Division — letztere bei Nachod nur zum Theil — auf dem Gefechtsfelde zur Stelle.

Auf preußischer Seite befand sich beim 1. Armee-Korps eine verhältnißmäßig starke Reserve-Kavallerie, beim 5. Armee-Korps aber nur 1 Regiment, so daß man hier einer Infanterie-Division ihr Kavallerie-Regiment entzog, um eine Reserve-Kavallerie-Brigade bilden zu können.

Das Garde-Korps hatte nach der Ordre de bataille eine schwere Kavallerie-Brigade, doch befand sich dieselbe am Gefechtstage von Soor zur Unterstützung des 5. Armee-Korps detachirt.

Bei Trautenau wurde die preußische Reserve-Kavallerie sehr mangelhaft verwendet, sie kam gar nicht zur Aktion. Nach Einnahme des Kapellen- und Galgenberges war der Augenblick gekommen, wo sie die Stadt passiren und zur Sicherung der eigenen, sowie zur Bedrohung der Flanke des feindlichen Korps verwendet werden mußte: dann wäre sie auch zur Stelle gewesen, um während der großen Gefechtspause Nachrichten über das Verbleiben der geworfenen Infanterie-Brigade und über die Annäherung von Verstärkungen zu bringen und so den Angriffen der letzteren den Charakter der Ueberraschung zu nehmen.

Viel zweckmäßiger wurde preußischerseits am Gefechtstage von Nachod die improvisirte Reserve-Kavallerie schon während der ersten Gefechtsperiode zur Sicherung des Debouchirens des Korps verwendet. Oesterreichischerseits nahm man den gebotenen Kampf zwar an, doch mit zu schwachen Kräften. Hätte man es verstanden, seine Ueberlegenheit zur Geltung zu bringen und das Vorgehen der Kavallerie durch gleichzeitiges Vorgehen der anderen Waffen zu stützen, so konnte dadurch ein sehr wichtiger, den Gesammterfolg wesentlich beeinflussender Gefechtszweck erfüllt werden.

Bei Skalitz setzten die Terrain- und Gefechtsverhältnisse der Verwendung der Reserve-Kavallerie auf beiden Seiten große Schwierigkeiten entgegen, so daß dieselbe trotz ihrer bedeutenden Stärke nicht zur Aktion kam; ebenso bot das nicht durchgeführte Gefecht bei Schweinschädel der preußischen Reserve-Kavallerie keine Gelegenheit zum Eingreifen in den Kampf, und wurde sie nur zur Beobachtung des abziehenden Gegners verwendet.

Bei Soor fehlte auf beiden Seiten eine Reserve-Kavallerie.

------

4. Verwendung der Pioniere.

Im Allgemeinen muß die Verwendung der Pioniere in den von uns zur Darstellung gebrachten Gefechten als eine wenig hervortretende bezeichnet werden, obgleich sich mehrfach recht günstige Gelegenheiten dafür boten.

Die österreichischen Korps hatten nach der allgemeinen Ordre de bataille nur 1 Kompagnie Pioniere nebst einer Kriegsbrücken = Equipage und dazu gehöriger Kriegs=Bespannungs=Eskadron, während sich bei einem preußischen Armee=Korps 1 Pionier=Bataillon zu 4 Kompagnien mit einem leichten (Avant= garden=) Brücken=Train und eventuell auch noch eine Ponton=Kolonne befand. Von diesen 4 Kompagnien war grundsätzlich eine der Avantgarde zugetheilt, während die drei anderen sich entweder mit der Ponton=Kolonne bei der Reserve= Kavallerie befanden oder auch noch beim Gros des Armee=Korps vertheilt waren. Auf österreichischer Seite scheint die Pionier=Kompagnie mit der Kriegs= brücken=Equipage stets an die Queue der Marsch=Kolonne verwiesen zu sein. Wir finden in Folge dessen in den österreichischen Berichten nirgends einer Thätigkeit der Pioniere Erwähnung gethan, während preußischerseits dies doch mehrfach der Fall ist.

Im Kriege 1870/71 war die Eintheilung der Pioniere bei den preußischen Korps eine etwas andere und zwar eine innigere Verbindung derselben mit den Infanterie=Divisionen anstrebende. Man nahm statt 4 Kompagnien deren nur 3 mit in das Feld und theilte von diesen jeder Infanterie=Division 1 resp. 2 Kompagnien und bezw. einen leichten Feldbrücken=Train zu, während nur ein kleines Kommando zu der bei der Kolonnen=Abtheilung der Artillerie befind= lichen Ponton=Kolonne abgegeben wurde. Ein jeder Divisions=Kommandeur konnte hiernach frei über 1 oder 2 Pionier=Kompagnien verfügen.

Eine solche innige Verbindung der technischen Truppen mit den größeren Infanterie=Körpern entspricht allein der erhöhten Bedeutung, welche künstliche Deckungen und Terrainverstärkungen aller Art in Folge der enorm gesteigerten Wirkung der modernen Feuerwaffen gewonnen haben. — Die Franzosen ver= standen es im Kriege 1870/71 besser als die Deutschen, aus derartigen tech= nischen Arbeiten Nutzen zu ziehen, wobei freilich bemerkt werden muß, daß die Deutschen sich fast überall in der Offensive befanden, für welche wir künst= lichen Terrainverstärkungen trotz der gegentheiligen Ansicht einiger bekannten neueren Schriftsteller doch nur einen untergeordneten und zweifelhaften Werth beimessen können.

Zur Regelung der Thätigkeit der Pioniere von einem allgemeinen Gesichts= punkte aus befindet sich im Stabe des Armee=Korps oder der Armee ein höherer Ingenieur=Offizier. Derselbe ist dort ebenso wie der Kommandeur der Artil= lerie von den Absichten des kommandirenden Oberbefehlshabers zu unterrichten und empfängt je nach den Verhältnissen Direktiven oder auch wohl bestimmte Befehle für sein Ressort. Er hat indessen auch die Verpflichtung, seiner= seits, wo nöthig, den Erlaß entsprechender Befehle herbeizuführen, in dringen= den Fällen aber selbstständig Anordnungen zu treffen und demnächst darüber zu melden.

Während des Gefechtes befindet sich derselbe beim Stabe, von wo er die Bewegungen der Truppen, den Verlauf des Kampfes und das Terrain unaus= gesetzt aufmerksam zu beobachten hat, um alsbald seine Befehle geben zu können, wo immer das Bündniß der Truppen die Ausführung technischer

Arbeiten wünschenswerth erscheinen läßt. Die ihm speziell noch zur Verfügung stehenden Offiziere wird er zu Terrain-Rekognoszirungen verwenden, auf dem Marsche aber zur Avantgarde kommandiren, falls er sich nicht selbst bei dieser aufhält.

Aehnlich wird das Verhalten des Kommandeurs der einer Infanterie-Division zugetheilten Pionier-Kompagnie sein. Derselbe ist mithin nicht an seine Truppe gebunden. Er hält sich je nach den Verhältnissen beim Divisions-Stabe auf oder rekognoszirt das Terrain und beobachtet den Verlauf des Gefechtes. Auf dem Marsche wird er sich grundsätzlich bei der Vorhut befinden. Bei ihm sind auch die Offiziere der Kompagnie, bis auf einen, welchem er die Führung der Kompagnie einstweilen übergeben hat. Diese Offiziere sind zum Rekognosziren und Befehlsüberbringen zu verwenden. Gleich der Divisions-Artillerie und Divisions-Kavallerie haben auch die Pionier-Kompagnien den engen Zusammenhang mit der Division festzuhalten resp. so bald wie möglich wieder herzustellen, wenn derselbe durch den Gang der Ereignisse, durch Ausführung längere Zeit erfordernder Arbeiten u. s. w. zeitig aufgehoben wurde.

Zum Herstellen von Kommunikationen aller Art, also zur Ausbesserung schlechter Wegestellen, zum Forträumen von Bewegungshindernissen, zur Einrichtung von Uebergängen über Gräben, Bäche, kleine Flüsse mittelst vorgefundenen Materials dürfen die Pioniere Befehle nicht erst abwarten; diese Aufgaben fallen ihnen selbstverständlich zu, und haben sie dieselben aus eigener Initiative zu erfüllen.

Es heißt hier, frisch und entschlossen ans Werk gehen: lieber zehn Mal unnöthig arbeiten, als es einmal versäumen! Was schadet es, wenn der ausgebesserte Weg, die hergestellte Brücke nicht benutzt werden? Müssen der Kavallerist und Infanterist im Sicherungs- und Aufklärungs-Dienst nicht viele Meilen anscheinend unnütz zurücklegen, um nur festzustellen, ob auf einem gewissen Raum der Feind sich befinde oder nicht?

Wo es dagegen gilt, Stellungen durch Batterie-Einschnitte, Schützengräben u. s. w. zu verstärken, ist eine vorherige Kommunikation mit den betreffenden Truppenbefehlshabern nothwendig. Die Brückentrains dürfen nur auf Befehl der Divisions- resp. Korps-Kommandeure eingebaut werden, und die Zerstörung von Eisenbahnen, Telegraphen und Brücken ist auch den Pionieren ohne höhere Genehmigung nicht gestattet.

Sehr wichtig kann die Thätigkeit der Pioniere bei Lokalgefechten werden. Dazu ist unbedingt nöthig, daß ein Theil derselben der Infanterie unmittelbar folgt. In der Oertlichkeit angekommen, wird der Pionier-Offizier keine Befehle abwarten können, sondern aus eigener Initiative, natürlich im Einklange mit den Absichten der Truppenbefehlshaber, handeln müssen. Es gilt, Barrikaden forträumen, Verrammlungen zu beseitigen, Durchgänge durch Mauern und Gehöfte herzustellen oder, wenn man sich selbst in der Oertlichkeit festsetzen will, Lücken in der Lisiere und Eingänge zu schließen, sowie die Umfassungen und vor Allem Reduits und Abschnitte zu einer mehr oder weniger hartnäckigen Vertheidigung einzurichten.

Bei Trautenau wird preußischerseits nur der Thätigkeit der Pionier=
Kompagnie der Avantgarde in der Stadt selbst Erwähnung gethan, wo sie
Durchgänge für die Infanterie herstellt. Die anderen Pionier=Kompagnien
verblieben unthätig bei der Reserve=Artillerie.

Warum verwendete man sie nicht zum Herstellen möglichst vieler Uebergänge
und Durchgänge durch die Aupa sowie zur Einrichtung von Aufgängen auf
das Plateau südlich der Stadt? Hätten sie nicht bei Hohenbruck und Alt=
Rognitz, sowie namentlich am Nachmittage auf dem Kapellen= und Galgenberge
und Abends in den beabsichtigten Stellungen unmittelbar vor den Deboucheen
der Gebirgsstraßen durch Verstärken der betreffenden Positionen vorzügliche
Dienste leisten können?

Wenn auf österreichischer Seite die isolirte und sehr exponirte, dazu mit
der Besetzung einer großen Dertlichkeit beauftragte Avantgarden=Brigade Mondel
keine Pioniere zugetheilt erhielt, so muß dies entschieden als fehlerhaft be=
zeichnet werden.

Vor dem Gefecht bei Nachod werden die preußischen Pioniere zur Aus=
besserung der zerstörten und zur Herstellung von zwei neuen Uebergängen über
die Mettau verwendet, doch scheinen die Arbeiten nicht ganz gelungen zu sein.
Warum nicht? Lag es an der verzögerten Heranziehung der Pioniere?

Auf österreichischer Seite wird der Verwendung der Pioniere wieder
keine Erwähnung gethan.

Schwer zu verantworten dürfte es aber sein, daß am 27. Juni Nachmittags
und am 28. Juni in den frühen Morgenstunden nichts geschah, um in der
ganz nahe vor einem schwierigen Stadt= und Fluß=Defilee gelegenen Position
von Skalitz fortifikatorische Verstärkungen und Flußübergänge herzustellen. Wozu
hat man denn Feld=Pioniere, wenn sie unter solchen Verhältnissen nicht zur
Stelle sind und verwendet werden?

Ueber die Verwendung der preußischen Pioniere im Gefecht von
Soor fehlen uns zwar spezielle Daten, doch verdient es hervorgehoben zu
werden, daß sie Kommunikationen durch das brennende Staudenz herstellten,
den Brand im Dorfe zu löschen suchten und im späteren Gefechtsmoment nach
Burkersdorf herangezogen wurden.

Nachtrag zum Gefecht von Soor.

Das Doppelheft VII und VIII des Jahrganges 1874 der österreichischen
militärischen Zeitschrift bringt neuerdings noch einen Artikel mit der Ueber=
schrift „Ober=Praußnitz oder Praußnitz vom Major Sembratowicz,
provisorischen Generalstabs=Chef des 4. Armee=Korps im Jahre 1866."

Verfasser tritt in diesem Artikel, der die Operationen des 4. Armee
Korps in der Zeit vom 26. bis 29. Juni en détail schildert, in Betreff der
Verwechselung von Praußnitz und Ober=Praußnitz der Ansicht bei, welche der
Major Hotze in seinem Artikel im Novemberheft 1873 derselben Zeitschrift

niedergelegt hat, und auf die wir in der Anmerkung auf Seite 26 und 27, sowie in unserem Texte Seite 77 und 78 näher eingegangen sind.

Der Major Sembratowicz weist in seinem Artikel ebenfalls nach, daß das fatale Mißverständniß, dem seitens des Korps-Kommandos des österreichischen 10. Korps und demgemäß auch im offiziellen Werke des österreichischen General= stabes ein so großer und verhängnißvoller Einfluß auf den Gang des Gefechtes von Soor vindicirt wird, thatsächlich am 28. Juni bei demselben kaum existirt haben kann.

Die Beweisführung des Major Sembratowicz stützt sich im Wesentlichen auf dieselben Momente, wie die des Major Hotze, und wollen wir hier nur Einiges aus seinem Artikel folgen lassen.

Am 27. Juni früh 3 Uhr 45 Minuten kam beim Kommando des 4. Korps in Lanzow die Mittheilung vom 10. Korps an, daß Seine Excellenz der F.=M.=Lt. Baron Gablenz vom Armee=Kommando die Ermächtigung erhalten habe, sich mit dem 4. Korps bezüglich der Besetzung Arnaus ins Einver= nehmen zu setzen. Diese Mittheilung lautet weiter:

„Die Wichtigkeit der für die Besetzung Arnaus durch eine Brigade des 4. Korps sprechenden Gründe läßt auch die Ausführung dieser Maßregel als gewiß annehmen und das Ersuchen aussprechen, daß die hierzu fürgewählte Brigade angewiesen werde, sich alsogleich mit mir durch einen Kavallerie=Ordonnanz=Kurs in Verbindung zu setzen und mir von allen dem Korps=Kommando einzusendenden Berichten eine Abschrift zu senden. Andererseits käme ich durch die erwähnte Maßregel in die Lage, die in Arnau stehende Brigade im Bedarfsfalle durch eine Abtheilung, selbst bis zur Stärke einer Brigade, kräftigst zu unterstützen."

Der F.=M.=Lt. Graf Festetics gab nun mit Rücksicht auf diese Mit= theilung, sowie auf die Bewegungen des 3. Korps, welches links (westlich) vom 4. Korps stand und mit welchem ebenfalls Verbindung zu halten war, um 5½ Uhr Morgens (des 27. Juni) einen Befehl aus, nach welchem der G.=M. Fleischhacker mit seiner Brigade die in unserem Texte angeführte Auf= stellung bei Neuschloß unter Besetzung von Arnau und bei Ober=Praußnitz= Maftig zu nehmen hatte.

In diesem Befehle heißt es:

„Zwischen Neuschloß und dem Hauptquartier des 10. Korps ist ein Kavallerie=Ordonnanz=Kurs aufzustellen."

Von dieser Anordnung wurde dem Korps=Kommando des 10. Korps durch das auch im Artikel des Major Hotze enthaltene Schreiben (vergl. Anmerkung Seite 27) Nachricht gegeben, in welchem statt der Namen Ober=Praußnitz= Maftig nur die letzte Ortsbezeichnung gebraucht und also der Name Praußnitz gar nicht enthalten ist. Ist dieses Schreiben zum Korps=Kommando des 10. Korps gelangt — woran kaum gezweifelt werden darf —, so konnte dies über die Stellung der Brigade Fleischhacker gar nicht im Ungewissen sein: ja wir sind mit der Ansicht des Major Sembratowicz vollständig einverstanden, daß selbst dann nach obigen Vorgängen ein Zweifel hierüber nicht entstehen konnte, wenn der G.-M. Fleischhacker nach Einrichtung des Kavallerie-Ordonnanz-Kurs zum 10. Korps in seiner Meldung an dieses — d. i. in jenem leider nicht mehr vorfindigen Schreiben, dessen im Aufsatze des Major Hotze gedacht wird — sich der Bezeichnung Praußnitz bedient und etwa die Nebenbezeichnung „Ober" vor diesem Ortsnamen weggelassen hätte.

In Betreff der beiden Bataillone, welche das 4. Korps zufolge Befehls des Armee-Kommandos vom 28. Juni früh 2 Uhr Morgens nach Praußnitz-Kaile entsenden sollte, und die sich daselbst „von der Besetzung Cipels Ueber-zeugung zu verschaffen, darüber zu melden und bis auf weiteren Befehl in der dortigen Gegend zu verbleiben hatten", äußerten wir uns Seite 28 wie folgt:

„„Schließlich wäre noch zu bemerken, daß F.-M.-Lt. Baron Gablenz auch im günstigsten Falle 7½ Uhr früh nicht unbedingt auf die Anwesenheit dieser beiden Bataillone bei Praußnitz-Kaile rechnen durfte, da erst um 2 Uhr Nachts der betreffende Befehl an dieselben expedirt war, und sie noch einen Marsch von 2 Meilen zurückzulegen hatten. Ein Grund mehr, in aller Frühe des 28. Juni selbst Nach-richten über den Stand der Dinge bei Praußnitz-Kaile einzuziehen.""'

Major Sembratowicz, sagt in seinem Aufsatze, daß der betreffende Befehl des Armee-Kommandos etwa um 2½ Uhr früh auf der Höhe von Jaromerz beim Korps-Kommandanten des 4. Korps anlangte, der eben sein Korps vorbei-defiliren ließ. — Es wurden nun für diese Entsendung je 1 Bataillon der Brigaden Poeckh und Brandenstein, sowie 2 Geschütze und einige Reiter be-stimmt, welche sich am linken Elbufer nördlich unter Kommando des Oberst-lieutenants Scudier zu sammeln hatten.

Gegen 4½ Uhr kam der vom Armee-Kommando um 4 Uhr früh expedirte, mit Bleistift geschriebene Befehl an, daß „die Detachirung von 2 Bataillonen nach Praußnitz-Kaile zu unterbleiben habe". Auf Grund dieses Befehls wurde der Marsch jenes Detachements sistirt:

„welches um 8 Uhr früh ganz sicher in Kaile eingetroffen wäre".

Hieraus darf gewiß geschlossen werden, daß man beim 10. Korps um 7½ Uhr nicht sicher auf die Anwesenheit der beiden Bataillone bei Praußnitz-Kaile rechnen durfte: war es doch ein nicht in Rechnung zu stellender, günstiger Umstand, daß der Befehl die Bataillone traf, als sie sich bereits auf dem Marsche in der Direktion auf Praußnitz-Kaile befanden.

Gedruckt in der Königlichen Hofbuchdruckerei von E. S. Mittler und Sohn,
Berlin, Kochstraße 68—70.

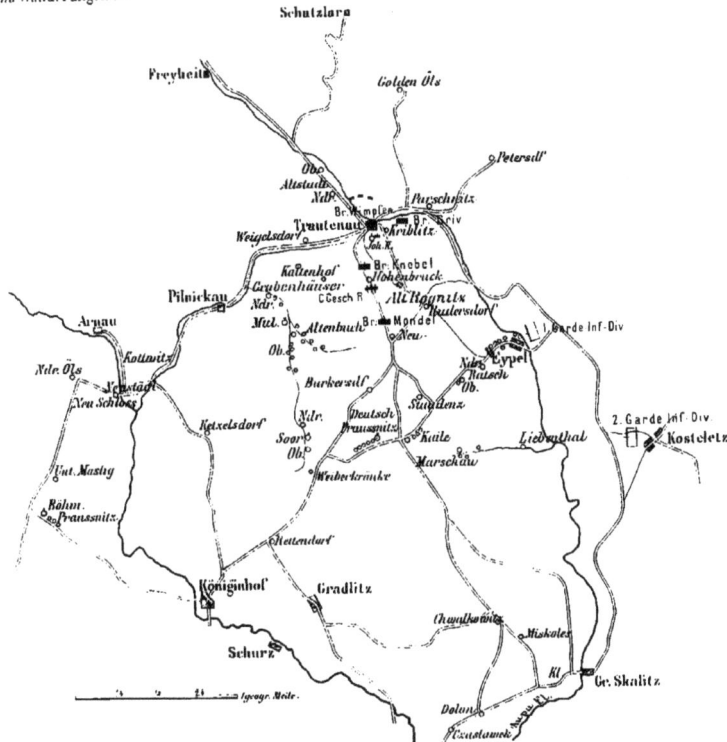

Verlag d. Kgl.Hofbuchh v. E S Mittler u. Sohn , Berlin (Kochstr. 68 70)

Lith. Institut v. Wilh. Greve, Berlin.

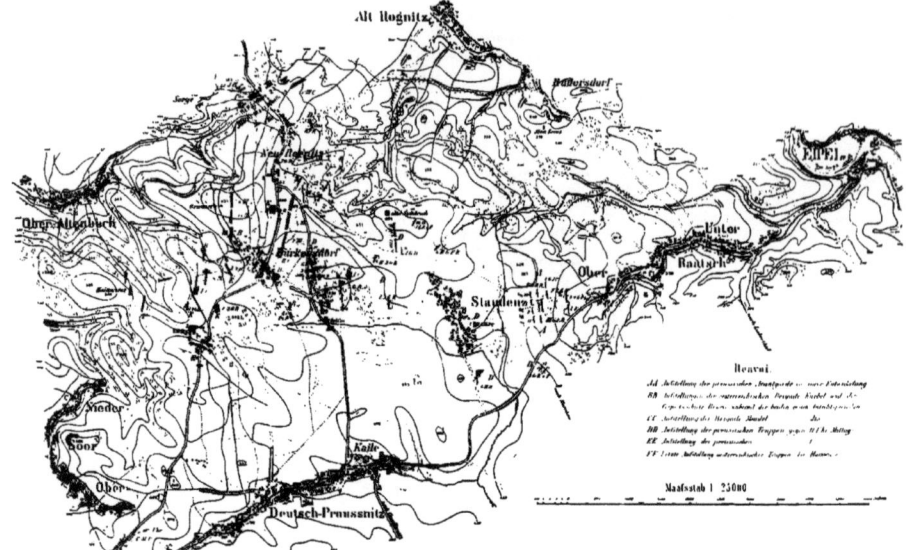

Alt Rognitz

Baldersdorf

Ober-Altenbuch

Burkersdorf

Unter

Ober Raatsch

Staudenitz

Nieder

Soor

Ober

Kaile

Deutsch-Praussnitz

Renvoi.

AA
BB
CC
DD
EE
FF

Maafsstab 1 : 25000

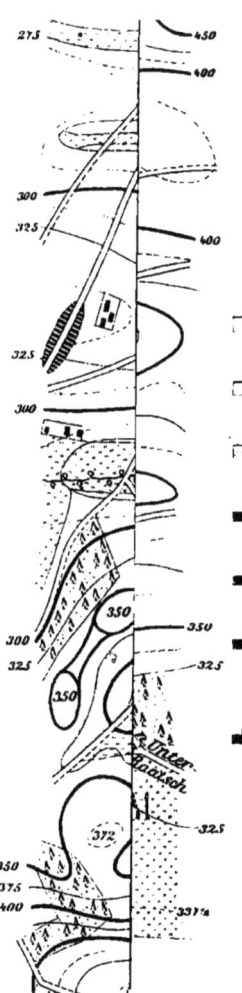

Renvoi

⌐ *Entwickelung der Brigade
Brivière beim Gefechtsbeginn*

⌐ *Stellung der Brigade gegen
12³⁄₄ Uhr Mittags.*

⌐ *Angriff des II.B.K.F.G.Gr.Rgts.
12 Uhr Mittags.*

◼ MM *Stellung des Bataillons
12³⁄₄ Uhr Mittags*

◼ NN *Engreifen des I.B.K.F.G.Gr.R
12³⁄₄ Mittags.*

◼ O.O. *Erscheinen des 3.G.Gr.Rgts.
Kön. Elisabeth auf dem Gefechtsfelde 3 Uhr N.M.*

◼ P.P. *Stellung der preuss. Truppen
gegen 5 Uhr N.M.*

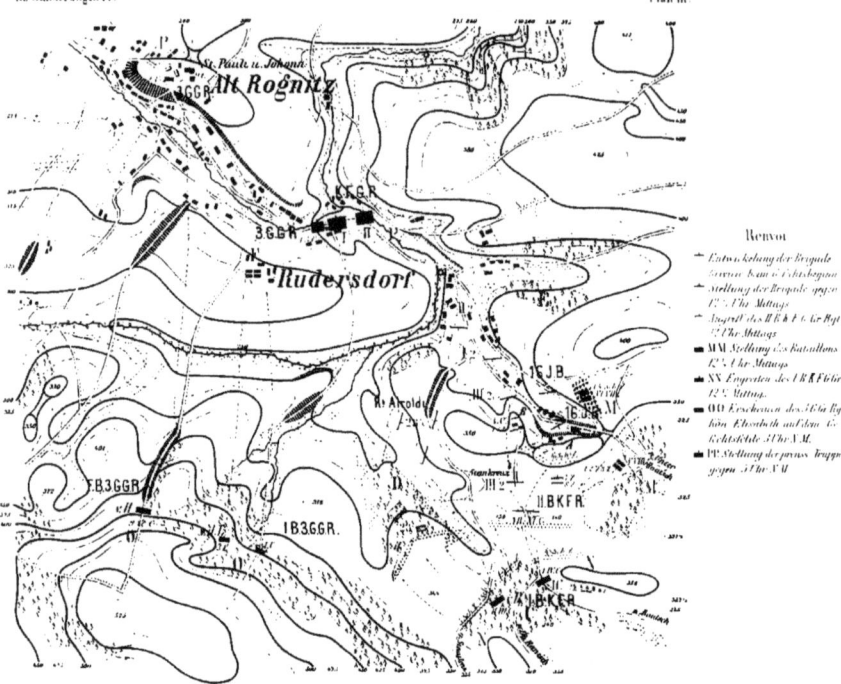

St. Pauli u. Johann
Alt Rognitz

Rudersdorf

Renvoi

1:12,500

Verlag d. Kgl. Hofbuchh. v. E.S. Mittler & Sohn, Berlin.